세상을
움직이는 책

KB034915

Also sprach Zarathustra

F. 니체 지음 | 박병덕 옮김

차라투스트라는 이렇게 말했다

육문사
Yukmoonsa

F.Nietzsche−Also sprach Zarathustra

세상을 움직이는 책

차라투스트라는 이렇게 말했다 개정판

초판 1쇄 | 2019년 8월 15일 발행

지은이 | F. 니체
옮긴이 | 박병덕
교 정 | 이정민
디자인 | 인지숙
펴낸이 | 이경자
펴낸곳 | 육문사

주소 | 경기도 고양시 일산동구 산두로 128, 909동 202호
전화 | 031−902−9948
팩시밀리 | 031−903−4315
출판등록 | 제313−2011−2호 (1974. 5. 29)

ISBN978−89−8203−142−7 04080
ISBN978−89−8203−000−0 (세트)

이 도서의 국립중앙도서관 출판예정도서목록(CIP)은 서지정보유통지원시스템
홈페이지(http://seoji.nl.go.kr)와 국가자료종합목록 구축시스템(http://kolis−net.nl.go.kr)에서
이용하실 수 있습니다. (CIP제어번호 : CIP2019027875)

차라투스트라는 이렇게 말했다

니체의 생애와 사상

　프리드리히 빌헬름 니체(Friedrich Wilhelm Nietzsche)는 1844년 프로이센의 작센(Sachsen) 주(州) 시골마을 뢰켄(Röcken)에서 루터(Luther)교 목사인 아버지 카를 루드비히 니체의 장남으로 태어났다. 할아버지도 목사였고, 어머니 집안인 엘라 가(家)와, 할머니 집안 크라우제 가(家)도 목사 또는 지방 감독 목사의 요직에 있었다. 생애를 통해 기독교에 대하여 가장 파괴적인 공격자였던 니체는, 이러한 종교적인 집안의 출신이었던 것이다.

　아버지 루드비히 니체는 신경질적이지만 온화하고 상냥한 인품으로, 음악을 좋아했다. 니체의 음악에 대한 애호는 아버지가 치는 피아노 소리를 들으면서 싹텄다. 어머니 프란치스카는 신앙심이 매우 깊은 분이었다.

　니체에게는 두 살 아래인 누이동생 엘리자베트와 남동생 요제프가 있었지만, 요제프는 두 살 때 죽었다. 니체가 다섯 살 되던 해, 아버지가 뇌경화증으로 세상을 떠났다. 그때 아버지의 나이 서른여섯이었다. 니체의 일가는 나움부르크(Naumburg)로 이주했다. 시골의 평온한 생활에서 도시 생활로 바뀐 것이다.

　순종적이며 성실하고 섬세한 성격의 니체는, 고독을 좋아하고 예의범절을 잘 지켰으며 근엄했다. 그 때문에 친구들로부터 '작은 목사님'이라는 별명을 얻을 정도였다. 그는 일찍부터 시를 짓기도 하고 성가(聖歌)를 작곡하기도 했다.

열네 살 때, 엄격한 수도적 생활과 인문주의적(人文主義的) 교육으로 유명한 포르타(Pforta)학교에 입학했다. 여기에서의 6년 동안은 니체의 고전적 교양의 기초와, 고대(古代)에의 관심을 넓힌 점에서 중요한 의의를 가진다. 그러나 그의 왕성한 지적(知的) 정열은 고전학에 한하지 않고, 문학·철학·음악·종교 등 모든 방면으로 확대되어 갔다. 그것은 그 자신의 말대로 '병적인 욕망'이었다. 그는 문예와 예술을 위한 작은 서클 〈게르마니아(Germania)〉를 만들어, 그 동인지(同人誌)에 수필·시·음악 등을 발표했다. 《나의 생애》가 쓰인 것도 이 시기이다.

　이때 그는 셰익스피어·횔덜린·쉴러 등을 애독하고, 피히테·에머슨을 존경했다. 이때부터 평생토록 그를 괴롭히는, 이유를 알 수 없는 두통이 빈번해졌다.

　1864년, 그는 본(Bonn) 대학에 입학했다. 처음에 그는 신학과 철학을 동시에 연구하면서, 어머니의 희망에 따라 목사가 될 것인가, 자유로운 지적(知的) 모험가로서 학문의 길을 갈 것인가, 잠시 진로 선택에 대해 고뇌했다. 그러나 마침내 그는 대학에서의 전공을 고전문헌학으로 결정했다. 포르타에서 받은 고전 교육의 영향, 그 자신의 고대(古代)에의 사랑, 문헌학자 리첼(Ritschel) 교수에 대한 존경과 그의 권유, 그리고 신학에 대한 반감이 크게 작용했으리라.

본(Bonn) 대학에서 일 년을 공부한 다음, 그는 리첼 교수를 따라 라이프치히(Leipzig) 대학으로 옮겼다. 그리고 리첼 교수의 지도하에 고전문헌학을 열정적으로 연구했다. 객관적이고 정확한 인식에 이르기 위한 신중함이나 정밀함을 마지막까지 잃지 않으려 하는 문헌학자의 인내력은, 언뜻 보아 니체적인 정열과는 아무런 관계도 없는 것처럼 보이나, 실은 이것이 그의 인식에의 길인 '지적 성실(知的誠實)'을 지탱하는 중요한 요소를 이루고 있는 것이다. 또 그것은, 정신의 열광을 진정시키고 생활을 규제하는 합리적인 힘으로서, 후년의 니체에 의해 자주 주창된 생(生)에 필요한 훈련으로서의 의미를 가진다.

라이프치히로 옮긴 지 얼마 안 된 어느 늦가을 날, 니체는 헌책방에서 한 권의 책을 집어 들게 된다. 쇼펜하우어의 《의지와 표상으로서의 세계》였다. 그는, 그 책의 우울·부정·체념의 기분에도 불구하고, 자기와 자기의 사명을 확신하는 듯한 문체와 저자의 인격에 끌려들어, 홀린 듯이 그 책을 탐독한다. 참으로 극적인 정신의 만남이었다.

이 열독은, 철학상의 학설은 처음부터 문제 삼지 않았는지도 모른다. 생(生)을 부정하는 입장인 염세 사상가 쇼펜하우어의 설(說)에 대하여, 어디까지나 생을 긍정하는 사상가가 되는 니체의 생각이 서로 양립할 수 없다는 것은, 만년에 그가 감사해야 할 이 스승을 부정하는 것을 기다릴 것까지도 없다. 당시 그는 이미 어느 정도 의식하고 있었던 것이다. 당시 쓰인 수기 《쇼펜하우어에 관하여》 속에서 이미 그는, 이 사상가의 학문적 결함을 날카롭게 지적하고 있다. 그럼에도 불구하고 쇼펜하우어의 학설은 10여 년간 니체에게 최고의 감동과 경악을 주고, 그의 삶의 방법을 인도했다.

쇼펜하우어 속에서 니체가 본 것은, 생의 부정 · 가차 없는 자기 부정을 두려워하지 않고, 그것을 응시하는 용자(勇者)의 자세였는지도 모른다. 쇼펜하우어는 증명을 위한 증명을 한 것이 아니라, 증명의 결과에 참으로 경악했으며, 그것을 정직하고 용감하게 받아들였다. 쇼펜하우어는 인생의 불행과 절망의 모습을 머릿속에서 계산한 것이 아니다. 그의 위대한 점은, 그가 그것을 직시하고 그것을 견디어 낸 데에 있다. 니체는 그렇게 생각했다.

쇼펜하우어를 체험한 3년 후(1868년), 니체는 그의 전 생애 중 가장 복잡한 애정과 증오의 파문을 일으키게 되는 리하르트 바그너와 그의 부인 코지마를 처음으로 만난다. 그 감격의 대면 이후 10년 동안 30세의 나이 차이가 있는 두 정신은, 이른바 '별의 우정'을 맺게 된다(니체 24세, 바그너 55세).

1869년 5월 바젤(Basel) 대학의 젊은 조교수가 된 니체는, 구름 걸린 알프스의 산정이 바라보이는 바그너의 별장식 저택을 방문했다. 당시의 바그너는 시인이며 작곡가이고, 정론가(政論家)이며, 철학자, 혁명가이기도 한 국왕의 신임을 받고 있는 인물이었다. 니체는 바그너의 가장 열렬한 이해자 · 귀의자(歸依者)가 된다.

"바그너가, 쇼펜하우어에게 무엇을 힘입고 있는지를, 또 쇼펜하우어야말로 음악의 본질을 인식한 유일한 철학자임을, 비할 수 없는 열의를 가지고 이야기하는 것을 들었을 때의 나의 기쁨. 아아, 그것은 너도 알 수 있을 것이다." 바그너와의 첫 대면의 모습을 친구 로데(Rohde)에게 보고한 편지이다.

그러는 한편, 니체는 세심 엄밀한 방법에 의한 고전문헌학의 연구에 몰두했다. 라이프치히에서는 테오그니데아·호메로스·디오게네스 등을 연구하여, 그 성과에 대해 리첼 교수의 상찬(賞讚)을 받기도 하고, 블론드의 여배우에게 구애하기도 했다. 그리고 나움부르크 야전포병연대에 입영했다가 낙마로 부상하여, 일 년 후에 제대했다.

1870년, 아직 25세의 니체는 바젤 대학 고전문헌학 정교수로 임명되었다. 이것은 아카데미즘의 세계에서 공전절후(空前絶後)라 할 수 있는 이례적인 발탁이었다. 리첼 교수는, 니체의 그때까지의 업적을 평가하여 무시험으로 학위를 주고, 바젤 대학으로부터의 조회에 이렇게 답했다. "……그는 장래 독일 문헌학의 가장 높은 자리에 설 것입니다. ……그는 우상입니다. 이 라이프치히의 젊은 고전문헌학자 사이에서. ……그는, 그가 원하는 모든 것을 이룰 것입니다."

학자로서 실로 화려한 데뷔를 한 것이다. 그러나 니체의 마음을 차지하고 있는 것은, 오히려 학문에의 의혹, 고전문헌학에의 불신, 학자풍에의 경멸감이었다. 여기에서도 니체 특유의 자기 부정·자기 극복의 형태를 볼 수 있다.

그는 종래의 문헌학을 극복하고, 새로운 유형의 문헌학을 만들어 내려는 의욕에 불타고 있었다. 그것은 '과학·철학·예술'의 공동이라는 사고방식이 된다. 결국은 문헌학·쇼펜하우어·바그너의 공동이다. 이에 의해 고대 그리스인의 생(生) 본연의 모습의 근저를 해명하고, 바그너로 구현(具現)되는 현대 독일 문화의 발전을 신뢰하여, 양자의 결합에 의해 게르만적 헬레니즘이라고도 할 수 있는 것을 재흥하려는 강한 열정이 끓어올랐다. 《음악의 정신으로부터의 비극의 탄생(Die Geburt der Tragödie aus dem Geiste der Musik)》(1872년)은 이렇게 하여 태어났다. 여기서 나타나는 소위 염세주의는 쇼펜하우어의 사상을 빌리지만, 이미 그 페시미즘(Pessimism)과는 성격을 달리한다. 삶의 근본을, 의미도 목적도 없는 맹목의 의지(意志)로 생각하는 쇼펜하우어는, 생을 부정적으로 보고, 최종적으로는 생으로부터의 해탈을 목표로 하지만, 니체가 취한 것은 의미도 목적도 없는 암흑의 생을, 그럼에도 불구하고 긍정하려고 하는 입장이다. 쇼펜하우어의 '약함의 페시미즘'에 대하여 '강함의 페시미즘'이다. 넘쳐나는 힘으로, 생의 가혹함과 파괴를 시인하는 염세주의인 것이다. 여기에서 이미 니힐리즘(Nihilism)을 능동적으로 받아들이려는 후년의 디오니소스적 긍정 · 운명애(運命愛)의 싹을 볼 수 있다. 이와 같은 긍정이나 시인(是認)의 형식은, 이 책에서는 예술이다.

여기서 소크라테스를 예로 인용하여 공격한 것은 언뜻 기이하게 생각되지만, 《그리스 비극 시대에 있어서의 철학》(1873년)을 최초로 하는, 그 즈음 쓰인 많은 양의 유고 단편(遺稿斷片)들이, 탈레스 · 헤라클레이토스 · 아낙사고라스 등의 소크라테스 이전의 철학자들 및 이오니아의 자연 철학자들을 대상으로 하여, 이 시대를 이상시하고 있음을 종합해서 생각할 필요가 있다.

공포와 심연이 내비치는 생의 근저를 예술에 의해 긍정하려고 하는 그리스인의 생활 방법을, 니체가 여기서 강조한 또 하나의 큰 동기는, 이것이 먼 옛날이야기가 아니라, 현대 독일에 있어서 실현되어 가고 있다는 기쁨과 신뢰감이었다. 쇼펜하우어의 영지(英智)와 바그너 음악이 일체가 된 형이상학적 예술, 독일 음악에 의한 그리스 문화 부흥의 가능성, 니체는 그것을 믿었을 뿐만 아니라, 스스로 그 탄생과 성장에 참여할 의무가 있다고 생각했다.

바그너 부부가 《비극의 탄생》을 감사와 감격으로써 환영한 것은 말할 나위도 없다. 바그너를 중심으로 하는 음악가·시인·학자들 사이에서는 박수갈채가 일어났으리라. 그러나 니체의 은사 리첼 교수는 이 사건에 경악하였다. 은사를 버리고 문헌학을 바그너의 선전(宣傳)에 바친 애제자에게, 그는 냉정했다.

이 책이 출판되고 몇 개월 후, 니체의 포르타학교 동창생이며 후년 독일 문헌 학계의 대가가 되는 빌라모비치 메를렌돌프가 《비극의 탄생》을 학문의 사도(邪道)로서 격렬하게 공격하자, 니체의 친구 로데와 바그너가 신문 지상을 통해 이 공격에 대해 반박하는 사건이 있었다. 이때 니체의 처녀작에 대한 학계의 반향은 최악이었다. 이 사건을 계기로 하여, 학문의 세계와 니체가 나아가려 했던 진리에의 길이 결별하게 된다. 일체의 동조자를 잃은 니체가, 고독과 냉한(冷寒)의 길을 걷게 되는 것은, 이에 의해 확실히 예시되었다 해도 좋을 것이다.

그의 생애를 통해, 이 처녀작 출판 후 몇 년 동안처럼 이중(二重)의 정신생활이 기이하게 교착된 시기는 없다. 학계의 혹평과 은사의 차가운 침묵은 분명 그에게는 괴로움이었지만, 바그너의 감격은 '별의 우정'을 더욱 깊게 했다. 그러나 그러한 외적인 사건과는 별도로, 내면에는 조용히 영위되는 사색에의 침잠이 있었다. 그것은 소크라테스 이전의 그리스 철학 연구였으며,《진리의 파토스(pathos)에 관하여》《도덕 외의 의미에 있어서 진리와 허위에 관하여》라는 중요한 두 논문을 중심으로 한 상당량의 단편(斷片)을 쓴 일이었다.

그것들 속에서, 니체는 이미 만년의 근본사상을 취하고, 일체공무(一切空無)의 우주 공간 속에서 진리를 구하는 인간의 파토스는 허위에의 의지(意志)에 지나지 않는다는 사실, 모든 진리는 공포와 심연 속에서 인간 지성이 개체를 보지(保持)하기 위해, 그것으로 위장하지 않을 수 없었던 착각이며, 착각인 것을 잊은 착각이 진리의 이름으로 불리는 것은, 생에의 깊은 필요에 의해서 발생하는 것으로, 모든 허위도 그 한계에서는 진리라는 사실 등을, 니체 특유의 언어론(言語論)으로써 이야기하고 있다. 거기에는 이미 예술에의 도취는 없다.

이러한 냉정한 회의적 사색이 진행되는 한편, 생의 입장을 강하게 긍정하는 정열적인《반시대적 고찰》네 편을 발표한 일이, 앞에서 말한 기이한 이중의 정신생활이다.

그 제1편《신앙 고백자로서의 저술가 다비드 슈트라우스》(1873년)는, 당분간 계속되는 바그너에의 기묘한 우정의 표시이다. 당시 화제가 되어 있던《신구(新舊)의 신앙》의 저자이며 유행 사상가인 슈트라우스를 들어, 독·불 전쟁(獨佛戰爭)의 승리에 의한 외적 융성의 그늘에 숨은 독일 문화의 내용 없음을 고발한다. 그는 어떤 의미에서는 이미 바그너의 신비주의보다 슈트라우스의 합리주의에 가까운 지점에 있었을 것임에도 불구하고, 이 진보주의자로 대표되는 '교양 속물' 전부를 바그너와 쇼펜하우어의 적으로서 신랄하게 공격한다.

제2편 《생에 대한 역사의 이해(利害)》(1874년)는 특히 중요하다. 이 책은, 당시의 너무나도 역사주의적인 학계의 풍조에 대한 비판으로, 과도한 역사의식은 생을 압살(壓殺)하는 까닭에, 개인·민족·문화 등에 있어서 역사에 대한 적당한 망각과 망은(忘恩)이 필요하다는 것, 비역사적인 것, 초역사적인 것, 말하자면 창조적 정신이야말로 역사적인 것과 나란히 인류의 건강에 없어서는 안 될 중요한 것임을 역설한다.

제3편은 《교육자로서의 쇼펜하우어》(1874년), 제4편은 복잡한 심리적 뉘앙스하에 쓰인 찬가 《바이로이트(Bayreuth)의 리하르트 바그너》(1876년)이다.

이후, 바그너와의 사이는 급속히 벌어진다. 그 가장 큰 원인은, 스스로 독자적인 길을 걷기 시작한 니체 자신의 자각에 있었다.

제4편 출판 직후, 바이로이트 극장 낙성의 기념 축제극에 참석한 니체는, 거기서 단지 큰 성공에 취한 대가의 오만과 군중의 어리석은 스노비즘(snobisme:속물근성)을 보았을 뿐이었다. "이것이 그리스 정신의 부흥인가." 그는 자신이 꿈꾸어 오던 이상이 무너져 내리는 것을 느꼈다. 바그너만이라도 흥분된 성공의 공허함을 느껴 주기를 바랐지만, 그것도 허사였다. 바그너는 이미 기독

교적인 〈파르지팔(Parsifal)〉의 계획에 몰두하고 있었다. 그 모습에는 신앙에의 성실함은 한 조각도 보이지 않고, 거장의 배우적인 몸짓만이 있을 뿐이었다.

《차라투스트라는 이렇게 말했다》와 그 밖의 작품 속에, 이후 바그너는 가짜 위대함을 나타내는 자로서, '광대'·'배우'·'마술사'로 희화화(戲畵化)되게 된다. 니체의, 천재를 숭배하고 예술에 의한 생의 긍정을 원했던 시대는, 이렇게 바이로이트의 환멸로 종지부를 찍게 된다.

그 환멸이 너무나 컸던 까닭에, 그에 이어지는 것은 극단적인 고독과 부정의 시기였다. 이제까지 '천재'로부터 받고 있던 압력에서 벗어나, 해방된 '자유정신', 자유로운 독립인으로서 문화·도덕·종교 등, 일체의 가치를 냉엄하게 분석하고 비판한다. 그 비판의 척도로서, 이제까지 예술이 차지하던 위치를 '과학'이 대신하게 된다. 때문에 이 단계를 '실증주의적 시대'라고 한다. 그러나 니체에 있어서 과학이나 실증(實證)에 대한 신뢰를 문자 그대로 해석해서는 안 된다. 그것은 부정(否定)을 위한 무기, 단순한 가면의 역할을 할 뿐이다. 이 시기부터 니체는 육체적·정신적인 고통이 심해졌다. 네덜란드의 여류 음악가 마틸드 트란페다하를 처음 만난 날, 그녀에게 결혼을 신청한 엉뚱한 사건도 있었다(1876년). 지칠 대로 지친 그는 1879년, 정식으로 대학을 떠난다. 10년간의 교수 생활이었다. 바젤(Basel) 시(市)는 연 4천 프랑의 은급(恩給)을 지급하게 된다. 이렇게 하여, 중병을 짊어진 이 고독한 정신의 유랑 생활이 시작된다.

    병고와 방랑으로 점철된 이 시기의 대표작은 《인간적인 너무나 인간적인》(1878~1880)이다. 이것은 《비극의 탄생》의 열광, 《반시대적 고찰》의 투쟁과는 달리, 차갑고 투명한 모럴리스트적인 지혜의 책이다. 형식은 모두 아포리즘(Aphorism) 스타일. 니체는 그 즈음 확실히 프랑스의 모럴리스트인 몽테뉴·파스칼·라 로슈푸코·퐁트넬·장 포올 등의 잠언적인 표현에 익숙해 있었다. 거기에는 독일적인 무거움을 피하려 하는 의도도 있었을 것이다. 그러나 근본 이유는, 이러한 단편 형식이 이 암중모색(暗中模索)의 회의적인 시기의 사색에 가장 적합했기 때문이다. 그는 지금 독자에게 이야기하고, 독자를 설득할 아무것도 가지고 있지 않다. 아무것도 믿지 않는다. 이 세상에는 선(善)도 악(惡)도 없다. 모든 것은 필연이다. 우리는 오로지 '사랑하지 않고 미워하지 않고' 주시하는 습관을 길러야 한다. 그렇게 함으로써, 선악의 대립·도덕 감정을 초월하여 진실에 견디는 강한 인간을 육성할 수 있다. 냉엄 가혹한 인식은 인간을 단련하고 높일 것이다. 종래 진리로 간주되어 온 일체의 것은, 선악을 초월한 이 '과학'의 입장에 서면, '인간적인 너무나 인간적인' 비참한 모습을 드러낸다. 그리하여 그것은 결국 상대적인 허위에 지나지 않는다는 것을 알게 된다. 이렇듯 몇 년 전 소크라테스의 과학적 정신을 맹렬히 매도(罵倒)하던 니체가, 이 책에서는 과학의 이름을 빌어, 과학의 수단으로써, 예술·종교·도덕률을 기만·망상·착각이라고 몹시 꾸짖는 것이다.

    1879년은 니체 자신에 의해서 '나의 생애 가운데 가장 어두운 겨울'이라 불리었다. 그해, 그의 병은 극도로 악화되어 생애의 마지막을 각오할 정도였다. 두통·구토·현기증이 극심해지고, 시력은 급속히 감퇴되었다.

생애의 마지막을 예감하고 고뇌 속에서 엎드려 있는 인간이, 마치 고뇌라는 것을 알지 못하는 것처럼 이야기하는 것, 《인간적인 너무나 인간적인》의 비밀은 그 가면성에 있다 할 수 있다. 가면이란 교활함이나 연기(演技)의 의미가 아니다. 존재의 보호이다.

그런데 그의 내부에서 어떤 드라마가 연출되고 있는지를 모르는 독자는, 이 책에 있어서 저자의 너무나 변한 모습에 아연해한다. 그의 절친한 친구 로데조차, '온실에서 갑자기 빙실(氷室)로 쫓겨난' 것 같은 기분이라고 평했다. 이 저작으로 니체는 한꺼번에 많은 독자층을 잃었다. 그 즈음 바그너로부터 보내온 〈파르지팔〉은 얘기했던 대로 기독교적 구원의 취기(臭氣), 히스테릭한 신비적 탐닉에 넘쳐 있어, 그를 극도로 환멸 시켰다. 니체가 보낸 《인간적인 너무나 인간적인》 전권(前卷)에 대하여 바그너로부터 온 것은, 잡지에 실린 니체의 공격문이었다. 코지마는 《배반자》라는 저서에서 '천박함과 어린아이 같은 궤변'이라고 공박했다. 이리하여 '별의 우정'은 파국적인 결말에 달한다.

니체의 이 저서에, 바그너 부부가 격노한 것도 무리가 아니다. 왜냐하면 거기서 부정되고 있는 예술가는 모두 바그너로 바꾸어 놓을 수 있기 때문이었다. 니체의 말을 빌면, 기독교적인 구제, 피안의 세계를 동경하는 것은 무엇보다도 퇴폐의 징후이며, 그런 의미에서 바그너는 전형적인 데카당스이다. 일찍이 위대한 천재라 믿던 상대는 '너무나 인간적'이고 퇴폐적인 약자였다. 존경의 대상이었던 이 권위로부터 자기를 해방한 '자유정신'은, 이렇게 하여 이제 서양 2천 년의 역사적인 권위로부터도 자유로워지려 한다. 그러나 권위로부터의 해방 그 자체는 참된 자유를 의미하지 않는다. 예속의 부자유란, 다른 의미에서 비예속(非隷屬)을 의미하며, 해방 역시 또 다른 부자유를 의미한다. 거기에 인간성의 패러독스가 있다.

니체가 '생명력의 최저점'을 느꼈던 최악의 병상은, 1880년부터 약간 회복된다. 충실한 제자 페터 가스트(Peter Gast)를 데리고 베네치아에서 몇 달 체류하면서, 니체는 독서욕과 창작욕의 회복을 느낀다. 그리하여 베네치아는 '나의 사랑하는 유일한 도시'가 된다. 한여름에는 마리엔바드로 거처를 옮겨, 《서광(曙光)》의 집필에 힘쓴다.

1880년 11월, 니체에게 있어 상당히 의미 깊은 이 도시 제노바에서의 첫 월동(越冬). 바다의 정복자들의 도시. 콜럼버스의 고향. 이 고독한 산책자는, 햇빛이 빛나는 날에는 해변의 바위 위에 올라가 시간을 보낸다. 적요(寂寥)의 극(極)을 구하는 것처럼 바다로 돌출해 있는 암초. "……이 거대한 침묵은 아름다움 그 자체이며 전율이다. 나의 가슴은 터질 듯하다"라고 니체는 노트에 썼다.

1881년 1월, 《서광》이 완성되고 여름에 출판되었다. 니체는 스스로 이것을 '긍정의 책'이라 불렀다. 여기에는 '공격'도 '악의'도 없으며, '화약의 냄새'도 나지 않는다.

"이 책은 바위 사이에서 볕을 쬐고 있는 한 마리 바다 동물처럼,

따뜻한 햇볕 아래 몸을 둥글게 하여 행복하게 뒹굴고 있는 것과
같다. 결국, 그 바닷가의 동물은 나였다."

이 말처럼 《서광》의 성격과 당시 그의 심경을 정확하게 표현한
것은 없다. 그러나 이 밝음, 이 상냥함의 밑바닥에는, 역시 일종
의 까닭 모를 우수가 감추어져 있다.

1881년 7월부터 10월까지, 니체는 엔가딘 협곡의 작은 마을 실
스 마리아에 체재했다. 은백(銀白)으로 빛나는 봉우리. 투명한 하
늘. 거기에 가득 차 있는 태양빛. 시간은 정지해 있는 것 같다. 이
'사람과 시간의 저편 6000피트'에서, 니체는 생애에 있어서 가장
신비스러운 체험을 했다. 8월의 어느 날, 실버 플라나 호반 숲속
을 산책하다가 스루라이트 마을 가까이에 있는 거대하게 솟은 바
위 근처에서 발을 멈추었다. 그때였다. '인생은, 있는 그대로의 모
습에 있어서 의미도 없고, 목표도 없고, 무(無)에의 종곡음(終曲
音)도 없이 불가피하게 회귀(回歸)한다. 즉 영겁회귀(永劫回歸),
이것이 니힐리즘의 극한의 형태, 무(無)의 영원!'—후에 영겁회귀
사상으로 표현되는 것이 갑자기 그를 덮쳤다. 이 체험, 이 광경의
너무나도 강한 확실성에 그는 전율했다. 그는 환희의 눈물을 흘리
고 몸을 떨며 웃었다……. 날카롭게 관찰하는 동시에, 원래 환시
(幻視)의 증세도 가진 그가 본 그 광경은 어떤 것이었을까? 우리
는 다만 그의 말에 의해서, 그 사상의 개요를 알 수 있을 뿐이다.
어쨌든, 니체의 내면을 지탱하는 가장 강렬한 사상의 기둥이, 여
기에서 비로소 그의 세계에 출현한 것은 의심할 여지가 없다.

《서광》의 속편으로서 이즈음부터 쓰기 시작하여 다음 해 6월에

탈고한 《즐거운 지식》은, 말하자면 이때에 '수태'된 광경이 《차라투스트라는 이렇게 말했다》로서 '분만'되기까지 18개월 동안의 회임기(懷妊期)의, 점점 높아져 가는 흥분과 새로운 자유의 지평에서의 긍정에의 예감을 이야기한 것이다.

《즐거운 지식》의 원제(原題)는 Die fröhliche Wissenschaft, 따라서 '지식'은 과학과 학문으로, 일찍이 《반시대적 고찰》에서는 생을 훼손하는 것, 《인간적인 너무나 인간적인》에서는 생을 보호하는 환상으로서의 가면이던 것이, 여기에서는 기쁘고 즐거우며 화려한 것으로서 생의 유희(遊戲)가 되어 있다. '유희'라는 말은, 니체 자신이 사용한 말이다.

니체는 이 책에서 처음으로, 기독교 신의 권위, 이제까지 존재에 의미와 가치를 부여해 온 그것을, 자각적으로 부정한다. '신의 죽음'이라는 니체의 유명한 말이 처음으로 나타난 것은, 이 단장(斷章)에서이다. 이 말을 사변적으로 가장 깊이 역사적으로 해석한 것이 하이데거이다. 그는 그의 논문 《니체의 말》, 〈신은 죽었다〉에서, 이 신은 플라톤 철학 이래의 것, 따라서 초감성계(超感性界)이다. 일반적으로 넓은 의미에서의 '피안'의 세계 · '진리'의 세계 · 형이상학적 세계 전체를 가리키고 있다고 해석하고 있다. 그에 의하면, '신의 죽음'이란 플라토니즘의 종언, 기독교를 포함한 유럽 형이상학 전체의 종언을 의미한다. 그것은 피안(彼岸)과 차안(此岸), 진리의 세계와 허위의 세계와 같은 대립적 사고 자체의 종언이다.

1882년, 《즐거운 지식》이 진행되는 도중에, 37세의 니체가 한 지적(知的)인 여성을 만나 사랑에 빠지고 실연당하는 지극히 '인간적인' 사건이 발생했다. 그 여성은 러시아 장군의 딸로서, 이름은 루 폰 살로메이다. 21세의 인습에 구애되지 않는 자유분방한 생활을 사랑하는 정신의 소유자였다. 이 사건은 철두철미 니체의 짝사랑으로 끝난다. 이 심산유곡에서 나온 것 같은 남자에게, 21세의 살로메는 존경과 호기심과 반발을 느꼈을 뿐이었다. 살로메와의 사건으로 니체는 누이동생 엘리자베트와 어머니와도 사이가 나빠져, 누이동생과는 거의 절교 상태가 된다. 니체는 실연과 의심과 소문으로 엉망진창이 되어 있었다. 그 즈음 누이동생은 니체가 싫어하는 바그너 주위의 한 사람, 광신적인 반유대주의자와 약혼하여, 1885년에 부부가 남미의 파라과이로 떠난다. 이렇게 하여 니체의 곁에서 모든 사람들이 떠나간다. 애제자 페터 가스트를 제외하고, 그를 진심으로 생각하는 사람은 모두 없어졌다 해도 좋으리라. 그 즈음, 병도 돌발적인 발작을 되풀이했다. 상처받은 마음은 이미 아무것에서도 위안을 발견하지 못한다. 그럼에도 불구하고—이 '그럼에도 불구하고(trotzdem)'야말로 니체의 기본적 자세이다—그를 기다리고 있는 것은 비약과 환희였다…….

"……돌연, 무어라 표현할 수 없는 확실함과 정묘함으로, 사람의 마음속 깊은 곳을 흔들어 깜짝 놀라게 하는 것이 눈에 보이게 되고 귀에 들려온다는 의미에서, 계시라는 말은 사실을 명쾌하게 나타낸다. 사람은 듣는 것이지, 찾아 구하는 것이 아니다. 단지 받아들일 뿐 누가 주는지를 묻지 않는다. ……실제로, 사물이 스스로 와서, 자기 자신을 비유로서 제공하는 것처럼 생각된다. …… 이것이 나의 인스피레이션의 체험이다."(《이 사람을 보라》)

1883년 2월 3일부터 13일까지 겨우 10일 동안에 단숨에 쓴 《차라투스트라는 이렇게 말했다》 제1부 집필의 흥분 상태를, 니체는 위와 같이 전하고 있다. 실버 플라나 호반에서의 기적적인 체험으로부터 18개월, 차츰 성숙한 구상이 폭발적으로 표현 형식을 얻었던 것이다. 그 겨울을 제노바 근처 라팔로의 고요한 바닷가 작은 집에서 지낸 니체는, 날마다 산책을 즐겼다. 어떤 날은 후미를 돌아 포르트피노 곶[岬]까지 산책하기도 했다. 그런 산책길에서 《차라투스트라는 이렇게 말했다》 제1부 전체가 니체의 마음에 떠올랐다. '좀 더 정확하게 말하면 차라투스트라가 나를 덮친 것이다.'

이렇게 제1부가 단숨에 써지던 날, 그날 바그너가 죽었다. 그 소식을 듣고 운명은 신성한 시간을 일치시켰다고 니체는 생각한다. 과거의 스승이 죽은 날, 그의 '초인'이 탄생한 것이다. 니체 만년의 가장 창조적인 시기가 이렇게 하여 시작된다. 천재 숭배의 시대, 부인(否認)의 시대에 이어 제3의 창조의 시대이다.

이와 같은 니체의 정신적 전개에 있어서 세 단계는, 그 자신도 충분히 자각하고 있었다. 그리고 전기(前期)의 자기 초극(超克)으로서 중기가 생겨나고, 중기의 자기 초극으로서 후기가 생겨났다고 말하는 그의 생각은, 《차라투스트라는 이렇게 말했다》 〈차라투스트라의 설교〉의 첫머리 '세 단계의 변화'에서, '낙타'→'사자'→'어린아이'의 변화의 비유에서도 엿볼 수 있다.

거기에서 무거운 짐을 짊어진 '낙타'는 의무와 금욕을 의미하며, 존경할 만한 것에 복종하고, 적극적으로 배우는 정신이다. 그것은, '그대, 해야 한다'의 계율에 따르는 시대이다. 그러나 사막에 들어섰을 때, 낙타는 '사자'로 변한다. 사자는 자유를 탈취하고, 고독에 견디며, 스스로 주인이려 한다. 단단히 묶여 있던 존경과 복종의 고삐를 풀고, '나, 원한다'의 자유정신으로 들어간다. 비판·투쟁의 시대이다. 그러나 사자는, 이제부터의 창조를 위해 자유를 확보했을 뿐이다. 새로운 모든 가치의 창조는 사자로서는 할 수 없다. 자유를 획득했어도 그것만으로는 자유가 아니다. 이렇게 하여 니체는 다음 단계를 말하게 된다. "나의 형제들이여, 사자조차 하지 못하는 일을 어린아이가 할 수 있다. 그것이 무엇일까? ……어린아이는 순수하다. 망각이다. 새로운 시작이며 유희(遊戱)이다. ……그렇다. 나의 형제들이여, 창조라는 유희를 위해서는 '그렇다'라는 신성한 긍정이 필요하다."

우리는 니체가 이 시기에 어떠한 자유감(自由感)을 쟁취했는지 충분히 설명할 수는 없다. 그러나 새로운 정신권(精神圈)이 열리고, 사상과 말이 넘쳐《차라투스트라는 이렇게 말했다》는 물론,《선악의 피안》《도덕의 계보》《우상의 황혼》《바그너의 경우》《안티크리스트》등, 가장 주목해야 할 저작이 폭발적으로 만들어진 것을 보면, 그가 참으로 적극적인 창조의 자유, 즉 그가 말하는 어린아이의 단계에 들어간 것을 알 수 있다.

그런데《차라투스트라는 이렇게 말했다》라고 하는 작품의 혼돈된 성격은, 그 주인공이 '초인'으로 높아져 가는 발전의 형태를 빌어, 니체가 자기의 '운명'의 일부를 토해 내고 있음에 기인한다. 동시에 그것은, 인류의 운명을 문제 삼는다. 저자는 자신의 운명은 인류의 운명이라는 신념하에 이것을 쓴 것으로, 비유나 상징의 형태로 암시한 방향은, 문제의 소재(所在)가 인간 존재의 구원, 다시 말해, 일체의 구원이 없는 공간에 있어서 구원은 어떻게 하여 가능한가 하는 물음에 있음을 보이고 있다. 니체는 후에, 자신에 관하여 말한다. "나의 사명은, 인류의 최고 자성(自省)의 순간, 즉 인류가 과거를 바라보고 미래를 바라보고, 우연의 지배·사제의 지배로부터 벗어나, '어째서?' '무엇을 위하여?'와 같은 물음을, 처음으로 인류 전체로서 발(發)하는 정오(正午)를 준비하는 데에 있다……."(《이 사람을 보라》)

그렇게 보면, '3단계 변화'는 단순히 니체 자신의 내면의 발전을 비유한 것만은 아니다. 그것은 인류의 역사, 기독교에 의해서 의미와 가치가 부여되어 온 유럽 정신사의 비유이다. 일찍이 사제의 지배하에 '낙타'였던 정신은, 먼저 '신의 죽음'의 확인에 의해 사막의 '사자'가 된다. 그러나 이제까지 인간 존재에 의미와 가치를 부여해 온 그 신의 죽음은, 그 존재의 무의미, 무가치를 의미하게 된다. 인간 존재는 우연이다. 세계와 우주에도 아무런 필연성이 없다. 이와 같은 니힐리즘의 확인, 그 공포의 직시가 차라투스트라의 출발점이다. 그리고 거기로부터, '나는 인간들에게 그의 존재 의미를 가르치려 한다. 그 의미란 곧 초인이다'라고 하는 그의 진로가 결정된다.

이 절대자가 없는 지상에서 초인을 가르친다는 것은, 새로운 절대자를 가르치는 것이 아니다. 어떠한 절대자도 존재하지 않는 것, 모두가 상대적인 것, 우선 그것을 확인할 일이다. 차라투스트라가, '자유의 사막'에 있는 사자로 하여금 전통적 도덕의 상징인 '초룡(超龍)'과 싸우게 하여 그것을 부정하는 것은, 그러한 의미일 것이다.

그러나 니힐리즘을 직시하고, 이제부터의 진행에의 자유를 확보하는 것이 사자가 가진 힘의 한도로, 그 앞으로부터 완전히 독자적인 니체 사상이 된다. 우선 초인은, '지상(地上)의 의의(意義)'로, 지상을 떠난 어떤 관념이 아니다. 그것은 천상(天上)으로부터의 의의를 거절하고, 어디까지나 지상에 충실하려 하는 의지(意志)이다. 그러나 지상 그 자체에는 아무런 의의도 없다. 그것은 추악하고 더러우며, 오류이고 허위이며 무(無)이다. 결국 그것은 '큰 추악, 큰 불행, 큰 실패'지만, 이와 같은 것일 수밖에 없는 생(生)을, 그렇기 때문에 긍정하는 것, 거기에 전신(轉身)이 일어난다. 니힐리즘의 자각에 의한 생(生)의 부정, 그것을 감히 긍정하는 단계, 부정에의 새로운 사랑, 그것이 그가 말하는 '운명애(運命愛)'의 의미이다.

기독교의 신이 없으면, 신의 나라를 목표로 하여 과거에서 미래로 직진하는 직선적인 시간관념도 있을 수 없다. 그러한 목적론을 거절하고, 어디까지나 이 추악한 우연적인 지상의 생에 충실하려고 하는 니체에 있어서, 시간의 관념이 고대 그리스식의 원환적(圓環的)인 것이 되는 것은 불가피한 결과이다. 최후의 심판이라는 종국이 없으면, 시간은 둥근 고리이다. 그러나 그런 시간 속에서 연출되는 것은, 이 추악하고 무의미한, 목적에 의한 구제를 빼앗겨 버린 지상의 생에서, 그것은 영원히 똑같은 형태로 되풀이된다고 볼 수밖에 없게 된다. 이만큼 견디기 힘든 것은 없지만, 그것을 확실히 자각한 것이 그의 영겁회귀설(永劫回歸說)이다. 따라서 그것은 '니힐리즘의 가장 극단적인 형태'라고 할 수 있다. 그러나 그것이 얼마나 견디기 힘든 것이든, 아니, 견디기 힘들면 힘들수록, 그것을 긍정에 의해 돌파하려고 하는 것이 니체의 태도이다. "이것이 생(生)이었던가! 좋다, 그렇다면 다시 한 번!" 이 결단에 의한 돌파, 자기 해방이야말로 니체가 영겁회귀라는 말로 표현하려 하는, 신비적이라고도 할 수 있는 자유감이다. 이리하여 니힐리즘의 극단적인 형태인 영겁회귀설은, 동시에 '생의 긍정의 최고 형태'가 된다.

《차라투스트라는 이렇게 말했다》 제2부는, 제1부가 탄생한 같은 해인 1883년 여름 실스 마리아에서, 이것 역시 겨우 2주일 동안에 씌었다. 또 제3부를 다음 해 1884년 1월, 남프랑스의 니스에서 10일 동안에 완성한다. 제4부는 약간 사이를 두어, 1885년 2월, 니스에서 완성했다. 그러나 제4부는 원고를 받아 주는 출판사가 없어서, 자비(自費)로 40부를 인쇄하여 가까운 사람들에게 증정했을 뿐이다.

니체가 40세 전후에 집필한 4부로 이루어진 《차라투스트라는 이렇게 말했다》는, 그의 저작 중에서 가장 통일적인 형태를 지닌 것이나, 그 통일적인 파악이 쉽지 않다. 이 책의 큰 특색은, 시(詩)가 부수물이 아닌 사색 그 자체가 되어 있는 것으로, 높은 의미에서 시와 사색의 융합이라 할 수 있다. 시적 암시(詩的暗示) 속에, 니체의 사색의 살갗을 드러내는 듯한 정직함이 있다.

유고 단편(遺稿斷片)들을 통해 관찰해 보면, 니체는 《차라투스트라는 이렇게 말했다》의 속고(續稿)를 쓰려 했던 것 같다. 그러나 그것은 실현에 이르지 못했다. 이 책을 집필하는 동안 새로운 계획이 싹터, 《차라투스트라는 이렇게 말했다》의 근본 문제를 산문적·이론적으로 표현하여, 오해의 여지가 없이 조명(照明)하고자 하는 데에 열의가 옮겨졌기 때문이다. 니체의 비망록에는 다음과 같은 구절이 보인다. "결의. 내가 이야기하는 것으로 한다. 인제 차라투스트라가 이야기하는 것이 아니다."

  1882년에 계획이 싹터, 1884년부터 실제로 원고를 쓰기 시작한, 그 이론적 주저(主著)의 성격을 엿볼 수 있게 하는 것으로서는, 발표되지 않은 단편들이 남아 있을 뿐이다. 처음 몇 차례에 걸쳐 〈힘에의 의지〉라는 제목하에, 마지막에는 〈모든 가치의 전환〉이라는 제목하에, 체계적 저술이 구상되었다. 그러나 니체가 발광하지 않았다고 해도, 구상대로 저술이 완성될 수 있었는지는 의심스럽다. 니체는 1884년에서 1885년경에는 아직 자신의 철학에 대한 체계화 문제를 의식하고 있었던 듯하나, 그 후 1888년 말까지 이 문제와 직접 상관이 없는 많은 저작을 차례차례로 발표하고, 발광 직전에는 자신의 목적을 충분히 달성했다는 자족심(自足心)과 일찍이 없었던 성공 의식을 가지고 있었기 때문이다.

  우리가 오늘날 니체의 이론적 주저(主著)로서 알고 있는 《힘에의 의지》는, 니체 사후, 동생 엘리자베트가 편집한 것으로, 그것이 니체 본래의 의도에 의해 정리된 것이라고 오랫동안 생각되어 왔다. 그런데 한자(Hansa) 출판사의 니체 3권 저작집(1954~1956)

의 편저자 슐레히터가, 처음으로 동생의 작위적인 편집상의 편향을 지적하고,《힘에의 의지》전체를 해체하여, 이것을《80년대의 유고에서》라는 이름하에 아포리즘을 모은 체재로 고쳐 발표했다. 슐레히터에 의하면, 누이동생 엘리자베트는, 그 밖에도 30통에 이르는 니체의 편지에 손질을 했다. 파라과이에서 사업에 실패하고 남편이 자살하여 고국으로 돌아온 이 야심만만한 여성은, 그후 오빠의 철학 선전에서 보람을 찾았다. 그녀는 오빠의 편지류를 자신의 입장에 유리하게 개찬하기 위하여, 편지의 가장자리를 태우거나, 잉크로 이름 부분을 지우는 등 여러 가지 손질을 가했다. 이것이 이른바 선풍을 불러일으켰던, 누이동생의 위조 사건이다.

그러한 작위가 있었다 하더라도, 니체의 전체상(全體像)이 그것으로 일변하는 것은 아니다. 어쨌든 발광하기 몇 년 전에 이 중요한 단편이 씌었다는 것은 사실로서, 이미 간행된 다른 저작과 함께, 니체 마지막 고투의 모습을 우리에게 보여 주고 있다.

1885년부터 1887년에 걸쳐 니체가 정력을 쏟은 것은《선악의 피안》(1886년)과 그 보설(補說)로서 쓰인《도덕의 계보》(1887년)이다. 모두 자비 출판(自費出版)했다. 니체는 그 즈음, 여름은 실스 마리아에서, 겨울은 니스에서 지내면서,《차라투스트라는 이렇게 말했다》에 대한 세상의 몰이해를 조용히 견디며, 자연과학이나 법학 영역의 넓은 독서에 의해서 적요함을 달래고, 특히 마키아벨리를 열심히 읽어, 정치와 도덕의 근저(根底)에 대하여 생각을 단련했다. 그 최초의 성과가《선악의 피안》이다.

이것은 19세기 후반의 유럽 정신 상황을 다방면에서 비판하여,

다기(多岐)한 사상을 아포리즘 형식으로 표현한 것으로서, 차라투스트라가 말하는 '위대한 정오'에 자연적으로 익어 떨어진 과실처럼, 독특한 경쾌함과 아름다운 음조를 지녔다. 독일어의 언어적 창조로서 가장 완성도가 높은 것이라 할 수 있다. 그러나 그것을 이해할 수 있는 독자가 없었다. 일찍이 절친한 친구였던 로데조차, "이 속에 쓰인 철학적인 부분은 빈약하여 아이들 장난과 같다. 정치적인 면은 어처구니없으며, 세상 물정에 너무나 어둡다. ……오직 남의 흉내를 내며, 닥치는 대로 일을 하고 있는 이 정신의 불모함"이라고 말했다. 베른의 어떤 잡지에는, '니체의 위험한 책'이라는 혹평문이 실리기도 했다. 이런 와중에서 유일한 예외가 있었으니, 그것은 프랑스의 거두(巨頭) 이폴리트 텐느의 호의적인 반응이었다. 이에 니체가 감격한 것은 두말할 나위도 없다.

이와 같은 악평에 대답하기 위해, 니체는 주저(主著)의 일부로 예정해 두었던 자료를 기초로 하여, 1887년 여름 〈하나의 논박서〉라는 부제(副題)를 가진 《도덕의 계보》를 2주일 동안에 썼다. 전작(前作)의 그와 같은 반응이 아포리즘이라는 가장적(假裝的) 표현 형식에 있었음을 안 니체는, 이 책에서 오랜만에 일반적인 논술 형식을 취했다. 첫 번째 논문에서는, 세인이 이제까지 신봉해 온 도덕적 가치 판단은, 고대 지배자의 고귀한 도덕에 대한 기독교적 노예들의 원한 감정, 후자의 전자에 대한 커다란 반란에 지나지 않는다고 설명하며, 그것은 그대로 《안티크리스트》에 이어져 〈기독교의 심리학〉을 제시한다. 두 번째 논문은, 일반이 신의 목소리로서 믿고 있는 양심을 밖으로의 방출을 막아 안으로 향한 잔인한 본능으로 한 〈양심의 심리학〉이며, 마지막 세 번째 논문에서는, 사제의 금욕주의는 해로운 이상(理想)이며, 허무에의 의지에 지나지 않는데, 그 이상을 열렬히 구하는 것은, '사람은 아무 것도 원하지 않는 것보다 오히려 무(無)를 원한다!'라고 하는 데카당의 현상이라고 단정하여, 〈사제의 심리학〉을 시도했다. 이렇게 하여 차라투스트라의 입을 빌려 행하던 기독교 공격은, 소리 높여 그 자신의 말로서 직서(直叙)되게 되었다.

1888년, 그의 정신적 활동의 마지막을 장식하는 이 일 년만큼, 생애를 통하여 다작(多作)이었던 해는 없다. 일몰(日沒) 전 한순간의 찬란한 빛, 불붙은 화약의 마지막 폭발과도 비슷한 백열적(白熱的)인 문장이 쓰인다. 《바그너의 경우》《우상의 황혼》《안티크리스트》《이 사람을 보라》《니체 대 바그너》, 그리고 《디오니소스 취가(醉歌)》 등이 완성되는데, 어느 것이나 탄력 있는 독특한 문체로 씌어, 세상의 무시도 고독도 병고도 초월한 자기 황홀감, 싸움에 이긴 승리자의 만족스러운 미소와 해학, 가까이 다가오고 있는 암흑을 예지하고 있는 듯한 과거 생애에의 감사와 애정이, 그것들을 관통하는 주조(主調)를 이루고 있다.

1887년부터 1888년 사이에는 도스토옙스키의 《지하 생활자의 수기》를 읽고 감동하며, 스탕달을 애독하고, 비제의 〈카르멘〉을 사랑한다. 코펜하겐 대학에서 브란데스가 니체의 철학을 소개하는 공개 강연을 한 것도 그해 4월이었다.

《바그너의 경우》는, 니체 자신도 말하고 있는 것처럼, '근대적 정신의 진단학'의 소산으로, 바그너를 근대적 인간의 모순을 대표적으로 나타내고 있는 증례(症例), 근대병(病)의 전형으로서, 어디까지나 상징적으로 취급하고 있다.

《우상의 황혼 또는 어떻게 망치를 들고 철학하는지》는, 말할 나위도 없이 바그너의 악극 《신들의 황혼》을 비꼰 제목이다. 우상이란, 이제까지 진리라 부르던 것 일체를 가리키며, 망치가 이것을 산산조각으로 깨뜨려 간다는 것이다. "이 저작은 나의 철학의 압축판입니다"라고 니체는 브란데스에게 쓰고 있다. 거기에서는 소크라테스는 퇴폐의 전형으로서 부정되고, 이성도 도덕도 뒤엎어진다. 기독교에는 천민의 도덕이라는 낙인이 찍혀지고, 괴테나 빈켈만 식의 그리스 상(像)은 디오니소스적인 것에 의해서 흔들린다. 추호의 가차(假借)도 없는 그 비판은, 한 마디도 소홀히 하지 않는 언어 형식을 취하고 있다. 니체의 아포리즘 문체는 이 책에서 정점에 달했다 해도 좋다.

이 시기의 작품으로 가장 돋보이는 것은 《안티크리스트》이다. 거기에는 잠언체 형식으로서의 시적(詩的)인 완성도(完成度)는 없지만, 그 대신 집요하게 같은 주제를 되풀이하는 끈기와, 니체의 기독교관(觀)의 가장 단적이며 이론적인 표현이 있다. 특히 주목해야 할 점은 역사적 기독교를 격렬히 비판하는 니체가, 예수 그 사람을 부정하고 있지 않다는 사실이다. 그러나 그는, 기독교도의 입장에서 예수를 신성시하고 있는 것도 아니며, 르낭(Renan) 식의 인간론적 척도로써 예수를 해석하고 있는 것도 아니다. 즉 신앙자의 입장에서 예수를 본 것도 아니고, 자유사상가의 입장에서 예수를 본 것도 아니다. "진정한 기독교인은 단 한 사람밖에 없었다. 그리고 그 사람은 십자가에 매달려 죽었다"라고 말하면서, 니체는 그 순수한 기독교인, 즉 예수에게 깊은 이해를 보인다. '사도(使徒)들의 작은 교단이, 가장 중요한 점을 이해하지 못했던 것은 명백하다. 예수의 죽음 같은 모범적인 죽음, 르산티망(ressentiment:원한, 한)의 감정을 모두 초월한 저 자유감(自由感)·초월감을, 그들은 이해하지 못했던 것이다. ……그들의 마음에 기세를 더해간 것은, 다름 아닌 가장 비복음적(非福音的)인 감정, 복수감(復讐感)이다. 이와 같은 죽음으로 사건이 결말지어져서야 되겠는가! 그들에게는 '보복'·'심판'이 필요했다. 그러나, '보복'하고 '심판'하는 것 이상으로 비복음적인 것이 또 어디에 있겠는가!'

이상과 같은 인용으로 니체의 기독교관을 일정한 방향으로 특징짓는 것은 위험한 일이지만, '어린아이'를 최고의 단계로 한 니체 그 사람의 종교성(宗敎性)에 관하여 특히 생각하게 하는 것이 있음을 부정할 수는 없다.

《안티크리스트》에 이어, 좀 색다른 《이 사람을 보라》를 놀랄 만큼 단시일 내에 쓰고, 《니체 대 바그너》를 정리하는 것으로, 그의 정신 활동은 끝을 고한다.

1888년 말부터 정신 착란의 징후가 나타났다. 이탈리아의 토리노 광장에서 죽은 듯이 쓰러져 있는 그가 사람들에게 발견되어 이틀 낮 이틀 밤을 소파에서 혼수상태를 계속하다가 눈을 떴을 때에, 그는 이미 그가 아니었다. 마구 노래하고, 마구 춤추었다. 거리를 헤매면서 통행인에게, "나는 신이다. 이와 같이 변장한 것이다"라고 말하기도 했다. 친구들이나 만난 일도 없는 저명인에게 영문을 알지 못할 편지를 쓰고, 거기에 디오니소스 · 십자가에 매달린 자 · 안티크리스트 등을 서명했다. 디오니소스와 안티크리스트가 마지막까지 그에게서 떠나지 않은 상념이었던 것이다. 그중에서 가장 유명한 것은 "아리아도네, 나는 너를 사랑한다. 디오니소스"라고 쓴 수수께끼 같은 편지로, 그것을 받은 사람은 코지마 바그너 부인이었다. 생각해 보건대, 그는 바그너를 부정하기는 했지만, 젊은 시절의 저 행복한 토리프센의 나날을 부정한 적은 한 번도 없었던 것 같다. 이상한 편지를 받은 오버베크(Overbeck)가 바젤에서부터 달려왔다. 니체는 그 친구의 얼굴을 보자, 흐느끼면서 그 가슴에 쓰러졌다.

자기에게 가장 성실하고, 스스로 운명을 헤쳐 온 사람의 정신은 이렇게 하여 꺼졌다.

그 후, 나움부르크의 어머니 집에서 8년간, 어머니의 사후(死後)에는 바이마르의 누이동생 엘리자베트 곁에서 2년간을, 썰물처럼 높아져 가는 명성도 알지 못한 채, 니체는 생애를 통한 정신의 폭풍우로부터 해방되어, 자기 자신의 그림자처럼 살았다.

차 례 / 차라투스트라는 이렇게 말했다

차라투스트라는 이렇게 말했다 제3부

차라투스트라는 이렇게 말했다 제4부

〈일러두기〉

■ 도서출판 육문사 발행 세상을 움직이는 책 《차라투스트라는 이렇게 말했다》는 1995년 5월 10일 교양사상신서로 발행된 중판본을 현대에 맞게 어휘, 문법을 수정하여 재개정 3판으로 재출간을 하였다.

■ 본문 하단의 각주는 역자가 독자들의 이해를 돕기 위해 붙인 역주이다.

■ 본문에 나오는 인명과 지명은 외래어 표기법을 따르며 관행상 굳어진 표기는 그대로 표기하였다.

차라투스트라는 이렇게 말했다

제1부

차라투스트라의 서설(序說)

1

차라투스트라[1]는 서른 살이 되었을 때, 그의 고향과 고향의 호수를 떠나 산속으로 들어갔다. 그곳에서 그는 그의 영혼과 고독을 즐기면서 10년[2] 동안을 지루함 없이 지냈다. 마침내 그의 마음이 변했다.—그리하여 그는 어느 날 아침 동틀 무렵에 일어나 태양[3]을 향해 다가가며 이렇게 외쳤다.

너, 위대한 천체여! 만일 너에게 너의 햇살을 비춰 줄 상대가 없었다면 너의 행복은 무엇이었겠는가!

10년 동안 너는 이곳 나의 동굴을 비춰 주었다. 그러나 나와 나의 독수리와 나의 뱀[4]이 없었더라면, 너는 너의 빛과 너의 여행에 권태를 느꼈을 것이다.

---

1) 고대 페르시아의 종교인 조로아스터(Zoroaster)교의 교조(敎祖)인 조로아스터의 이름을 딴 것이지만, 이 종교와는 아무런 관련도 없다. 따라서 차라투스트라는 니체의 한 분신(分身)으로 해석할 수 있다.

2) 차라투스트라가 30세 때 산에 들어가 10년 동안 고독한 정신생활을 한 후 40세라는 성숙한 나이에 인간에게 가르치기 시작했다는 것과 예수의 40일 동안의 광야에서의 시험받은 것을 비교하라. 40년 동안의 고독한 정신생활을 한 차라투스트라와 40일 동안 광야에서 시험받은 예수, 그리고 인간을 가르치기 시작한 차라투스트라의 나이와 예수의 나이를 암시함으로써 차라투스트라의 성숙과 예수의 미숙을 암시하고 있다. 니체는 1881년 8월 영구회귀(永久回歸) 사상을 체험했을 때, 10년 동안 침묵을 지키고 나서 이 사상을 적극적으로 전개하려 했다.

3) 조로아스터교는 배화교(拜火敎)이며 태양을 숭배하는 종교였음을 연상하라. 여기에서의 태양은 인식과 삶의 근원을 상징하는 것으로서, 니체의 근본적인 모든 사상의 통합을 상징한다.

4) 독수리와 뱀은 차라투스트라를 따르는 동물로서, 독수리는 차라투스트라의 긍지를 상징하며, 뱀은 차라투스트라의 지혜를 상징한다. 긍지와 지혜는 차라투스트라의 덕을 상징한다.

그러나 우리들은 아침마다 너를 기다려, 너에게서 너의 넘치는 빛을 흠뻑 취했으며, 그것에 대해 너를 축복했다.

보라! 이제 나는 꿀을 너무 많이 모아들인 꿀벌처럼 나의 지혜에 싫증이 났다. 이제 나에게는 손을 뻗쳐 나의 지혜를 취할 상대가 필요하다.

나는, 인간들 속의 현자(賢者)들이 그들의 어리석음 속에서 다시 행복해지고, 가난한 자들이 그들의 풍요함 속에서 행복해질 때까지 나의 지혜를 나누어 주고[5] 싶다. [6]

그러기 위해 나는 깊은 곳으로 내려가야만 한다. 마치 네가 저녁때 바닷속으로 가라앉아 하계(下界)까지 비춰 주듯이. 너 풍요로운 천체여!

내가 그들에게 내려가고자 하는 인간들이 그렇게 부르듯이 나는 '몰락'[7]해야만 한다. 마치 너처럼.

그러니 나를 축복하라. 넘치는 행복도 질투하지 않고 바라볼 수 있는 조용한 눈이여!

이 잔[8]을 축복하라. 너의 환희의 빛을 온 세상에 뿌려 줄 황금빛 물이 넘쳐흐르려는 이 잔을!

---

5) '나누어 주는 것'은 차라투스트라의 중요한 덕으로, 덕은 몰락에의 의지를 가리킴.

6) 예수가 현자들(학자, 바리새인)을 꾸짖고 마음이 가난한 자들을 축복한 성서의 내용이 이 대목의 바탕을 이루고 있다. 현자들은 차라투스트라에게서 '자기 초극'을 배워야 하며, '자기 초극'을 하게 되면 자기의 지혜의 공허함을 알게 되어, 자랑으로 여기고 있던 자기의 지혜를 부정하게 된다. 즉 어리석음으로 돌아가게 되는 것이다. 이 어리석음이야말로 인식한 자로서의 자기 창조의 기반이다. 어리석음이야말로 마음(정신)이 가난한 자들의 경지인 것이다.

7) 10년 동안에 걸친 산속에서의 고독한 정신생활에서 세상 사람들에게 내려가는 것을 나타내고 있다. 즉 고독에서 세상으로 내려가는 것을 뜻한다. 몰락은 자기 고독의 부정이라는 의미에서 자기 부정이다. 그러나 자기 부정의 끝은 비극이 아니라 축복이다. 즉 부정의 끝은 긍정이다.

8) 니체 자신.

보라! 이 잔은 다시 비워지기를 원하며, 차라투스트라는 다시 인간으로 되돌아가기를 원한다.

—이리하여 차라투스트라의 몰락은 시작되었다.

2

차라투스트라는 홀로 산을 내려왔다. 그는 도중에 아무도 만나지 못했다. 그러나 그가 숲속으로 들어섰을 때 갑자기 한 노인[9]이 그의 앞에 나타났다. 그 노인은 근채류(根菜類)를 찾기 위해 그의 신성한 오두막에서 나와 숲속으로 온 것이다. 그 노인은 차라투스트라에게 이렇게 말했다.

"이 나그네는 내게 낯선 얼굴이 아니군. 여러 해 전에 이곳을 지나간 적이 있어. 이름이 차라투스트라라고 했지. 많이 변했군.

그때 그대는 그대의 잿더미[10]를 산으로 끌고 올라갔었지. 그런데 오늘은 그대의 불[11]을 골짜기로 가지고 들어갈 셈인가? 그대는 방화범의 형벌이 두렵지 않은가?

그래, 차라투스트라가 틀림없어. 눈은 맑게 빛나고, 입가에는 아무런 구역질도 찾아볼 수 없어. '마치 춤추는 사람'[12]처럼 걸어가고 있지 않는가?

---

9) 세상으로부터 은둔하여 소박한 신앙을 갖고 있는 기독교도를 상징함.
10) 니체가 쇼펜하우어의 철학에 도취되고, 바그너의 음악에 빠져, 잿더미처럼 무기력한 존재였음을 상징함.
11) 10년 동안에 걸친 산속에서의 고독한 사색 생활에서 성숙시킨 근본적인 여러 사상을 상징하고 있으며, 특히 자기 초극의 정열, 즉 초인 사상을 의미한다.
12) 선악의 피안에 선 경쾌한 자유의 경지를 상징함.

참 많이도 변했군! 차라투스트라는 어린아이[13]가 되었어. 각성자(覺醒者)가 된 거야. 그런데 그대는 아직도 잠들어 있는 자들과 도대체 무엇을 하려고 하는가?

그대는 바닷속과 같은 고독 속에서 살아왔으며, 바다는 그대를 쫓아냈다. 아아! 그대는 육지로 올라가려 하는가? 아아! 그대는 스스로 그대의 육체를 다시 질질 끌려고 하는가?"

차라투스트라는 대답했다.

"나는 인간을 사랑하오."

그러자 성자(聖者)가 말했다.

"내가 마을을 떠나 마치 사막과도 같은 숲속으로 들어온 것은 무엇 때문이었겠는가? 내가 인간을 너무 사랑했기 때문이 아니었던가? 그러나 이제 나는 신을 사랑하고 있을 뿐 인간은 사랑하고 있지 않다. 인간은 내게는 너무나 불완전한 존재이다. 인간에 대한 사랑은 나를 파멸시킬 것이다."

차라투스트라가 대답했다.

"나는 사랑에 대해 아무 말도 하지 않았소. 나는 인간에게 선물[14]을 주려고 하오."

"그들에게 아무것도 주지 말라." 성자는 말을 이었다.

"오히려 그들에게서 일부[15]를 빼앗아 그들과 함께 짊어지라, 그대에게도 즐거운 일이기만 하다면. 그것이 그들을 가장 즐겁게 해

---

13) 12)의 '춤추는 사람'과 같은 의미.
14) 차라투스트라가 인간을 사랑하는 것은 기독교적인 의미의 사랑이 아니다. 즉 그의 선물은 이웃 사랑이나 동정의 표현으로서의 적선이 아니다. 그의 선물은 인간들의 자각을 촉구하고, 자기 부정·자기 초극에 눈뜨게 하는 준엄한 선물이다.
15) 인간들의 고뇌.

줄 것이다. 그리고 만일 그대가 그들에게 뭔가를 주고 싶다면 적선(積善) 이상은 하지 말라. 그것도 그들로 하여금 구걸케 하라!"

"아니오. 나는 적선은 하지 않겠소. 나는 그렇게 가난하지는 않소." 하고 차라투스트라가 대답했다.

성자는 차라투스트라를 비웃고 나서 말했다.

"그러면 그들이 그대의 보물을 받을지 시험해 보라! 그들은 은자(隱者)[16]들을 믿지 않으며, 또한 우리가 선물을 주기 위해 왔다는 것을 믿지 않는다. 거리를 지나가는 우리의 발짝 소리는 그들에게는 너무나 쓸쓸하게 들릴 것이다. 그리고 해가 떠오르기까지는 아직 먼 한밤중에, 그들이 잠자리에서 거리를 걸어가는 한 남자의 발짝 소리를 듣게 되면, 아마 그들은 '저 도둑놈이 어디로 가는 걸까?' 하고 스스로에게 물을 것이다. 인간들에게 가지 말고 숲속에 머물러 있으라! 아니면 차라리 짐승들에게 가라! 어찌하여 그대는 나처럼 곰들 중의 한 마리의 곰, 새들 중의 한 마리의 새가 되려고 하지 않는가?"

"그런데 성자는 숲속에서 무엇을 하시오?" 차라투스트라가 물었다.

성자가 대답했다. "나는 노래를 지어 부르지. 그리고 노래를 지을 때, 나는 울기도 하고, 웃기도 하고, 중얼거리기도 한다. 나는 이렇게 신을 찬미한다. 노래하고 울고 웃고 중얼거리며, 나는 나의 신을 찬미한다. 그런데 그대는 우리[17]에게 어떤 선물을 가져왔는가?"

---

16) 자기의 독자적인 인생관을 가지고 숨어 사는 거사(居士).
17) 성자와 같은 은둔 생활을 하는 기독교인들.

차라투스트라는 이 말을 듣고 성자에게 작별 인사를 하고 이렇게 말했다. "나는 그대들에게 줄 것을 아무것도 갖고 있지 않소! 그러니 당신들에게서 아무것도 빼앗아 가지 않도록 어서 나를 보내 주시오!"

그리하여 노인과 차라투스트라는 마치 소년들처럼 큰 소리로 웃으며 서로 헤어졌다.

차라투스트라는 혼자 있게 되자, 마음속으로 이렇게 중얼거렸다.

"그럴 수가 있나! 저 늙은 성자는 자신의 숲속에서 '신이 죽었다'[18]는 것을 아직도 듣지 못했다니!"

3

차라투스트라가 그 숲 건너편에 있는 가장 가까운 마을에 도착했을 때, 그는 시장에 많은 사람들이 모여 있는 것을 발견했다. 한 줄타기 광대가 재주를 부린다[19]는 소식이 전해졌기 때문이었다. 그래서 차라투스트라는 군중을 향해 이렇게 말했다.

'나는 그대들에게 초인(超人)을 가르치노라.' 인간은 초극(超克)되어야 할 존재이다. 그대들은 인간을 초극하기 위해 무엇을 했는가? 이제까지 모든 존재들은 자신을 초월하여 무엇인가를 창조해 왔다. 그런데 그대들은 이 위대한 조류(潮流)의 썰물이기를 원하

---

18) 신의 죽음을 인식하는 것은 창조적인 의지를 가질 수 있음을 의미한다.
19) 초인에의 의지를 나타내고 있다.

며, 인간을 초극하기보다는 오히려 동물로 되돌아가기를 원하는
가? 인간에게 원숭이는 어떤 존재인가? 웃음거리이며 괴로운 수
치(羞恥)일 뿐이다. 초인에게는 인간이 바로 그와 같은 웃음거리
이며 괴로운 수치이다. 그대들은 벌레에서 인간에 이르는 길을 걸
어왔지만, 그대들 내부의 많은 것들은 아직도 벌레이다. 그대들은
전에는 원숭이였으며, 지금도 인간은 어떤 원숭이보다 더 원숭이
인 것이다. 그러나 그대들 중에서 가장 현명한 자라 할지라도 식
물과 유령(幽靈)[20]의 불일치이며 혼혈아에 지나지 않는다. 그러나
내가 그대들에게 유령이나 식물이 되라고 말하겠는가?

보라, 나는 그대들에게 초인을 가르치노라!

초인은 대지를 의미한다.[21] 그대들의 의지로 하여금 말하도록
하라. 초인은 대지를 '의미해야 한다'고!

형제들이여! 그대들에게 간절히 바라노니 '대지에 충실 하라.'
그리고 그대들에게 내세(來世)의 희망에 대하여 말하는 자들을 믿
지 말라! 의식적이든 무의식적이든 그들은 독(毒)을 뿌리는 자들
이다. 그들은 인생을 경멸하는 자들이며, 죽어가는 자들이며, 스
스로 독을 먹은 자들이다. 대지는 이러한 자들에게 지쳐 버렸다.
그러므로 그들은 사라져 버리는 것이 마땅하다!

전에는 신을 모독하는 것이 최대의 모독이었다. 그러나 신은 죽
었다. 그리고 동시에 이러한 모독자들도 또한 죽었다. 이제는 대
지를 모독하는 것이, 불가사의한 존재를 대지의 의미보다 더 높게

---

20) '식물'은 행위의 결여, 즉 무위(無爲)로 살아가는 것을 의미한다. '유령'은 대지를 초월하려는,
얼핏 보아서는 숭고해 보이는 영혼이 사실은 쓸모없다는 것을 의미한다.

21) 지상적(地上的)인 자기 초극의 의지는 참으로 창조적인 의지이며, 이 의지에 의해 비로소 대지
에 의미가 주어진다.

평가하는 것이 가장 두려운 일이다.

전에는 영혼은 육체를 경멸의 눈초리로 바라보았으며, 그 경멸이 최고의 선(善)이었다. 영혼은 육체가 야위고 굶주려 수척해지기를 원했다. 그리하여 육체와 대지로부터 빠져나올 생각이었다.

오오, 그러나 오히려 야위고 굶주려 수척해진 것은 영혼 자신이었으며, 잔인함은 영혼의 기쁨이었다.

그러나 나의 형제들이여! 말해 보라. 그대들의 육체가 그대들의 영혼에 대해 뭐라고 말하는가? 그대들의 영혼은 빈곤이며, 불결이며, 비참한 안락이 아닌가?

실로 인간은 하나의 불결한 강물이다. 불결한 강물을 받아들이면서도 자신은 불결해지지 않기 위해서는 인간은 바다이어야만 한다.

보라, 나는 그대들에게 초인을 가르치노라. 초인은 이러한 바다이며, 그 속에서는 그대들의 크나큰 경멸[22]도 가라앉아 버린다.

그대들이 경험할 수 있는 가장 훌륭한 것은 무엇인가? 그것은 크나큰 경멸의 때이다. 그대들의 행복도, 그대들의 이성도, 그대들의 미덕도 모두 구역질이 나는 때이다.

그대들이 이렇게 말할 때이다. "나의 행복이 무엇이란 말인가? 그것은 빈곤이며, 불결이며, 비참한 안락이다. 그러나 나의 행복은 생존 그 자체를 긍정하지 않으면 안 된다!"

그대들이 이렇게 말할 때이다. "나의 이성이 무엇이란 말인가? 그것은 사자가 먹이를 갈망하듯 지식을 갈구하는 것이 아닌가? 그것은 빈곤이며, 불결이며, 비참한 안락이다!"

---

22) 자기 초극의 빛에 싸인 상태에서의 자기 자신에 대한 경멸.

그대들이 이렇게 말할 때이다. "나의 미덕이 무엇이란 말인가? 그것은 이제까지 나를 광란(狂亂)케 한 적이 없다. 나는 나의 선과 나의 악에 얼마나 지쳐 버렸는가! 그것은 빈곤이며, 불결이며, 비참한 안락이다!"

그대들이 이렇게 말할 때이다. "나의 정의(正義)가 무엇이란 말인가? 나는 내가 불길이며 작열하는 숯불이 아님을 알고 있다. 정의로운 사람은 불길이며 작열하는 숯불인 것이다!"

그대들이 이렇게 말할 때이다. "나의 동정(同情)이 무엇이란 말인가? 동정[23]은 인간을 사랑하는 자가 못 박히는 십자가가 아닌가! 그러나 나의 동정은 결코 십자가의 형벌이 아니다!"라고.

그대들은 이와 같은 말을 해본 적이 있는가? 그렇게 외쳐본 적이 있는가? 아, 그대들이 그렇게 외치는 소리를 들었다면 얼마나 좋았을까!

하늘을 향해 외치는 것은 그대들의 죄가 아니라 그대들의 비열이다. 죄를 지을 때의 그대들의 바로 그 비열함이 하늘을 향해 외치는 것이다!

혓바닥으로 그대들을 핥아줄 번갯불은 어디 있는가? 광기(狂氣)는 어디 있는가?[24] 그대들에게 접종(接種)되어야 할 광기는?

보라, 나는 그대들에게 초인을 가르치노라. 초인은 번갯불이며 광기인 것이다!—

차라투스트라가 이렇게 말했을 때, 군중 속에서 한 사람이 외

---

23) 니체는 동정에서 비롯되는 기독교적 사랑을 부정한다.
24) 번갯불과 광기는 자신의 행복·이성·덕에 대한 철저한 경멸을 불러일으키는 열정, 즉 '크나큰 경멸'을 가능케 하는 자기 초극에의 열정을 말한다.

쳤다. "우리는 줄타기 광대에 대해 이제 충분히 들었다. 어서 광대를 보여 달라!" 군중들은 차라투스트라를 비웃었다. 그러나 줄타기 광대는 그 말이 자기에게 하는 말인 줄 알고 줄을 타기 시작했다.

4

그러나 차라투스트라는 군중의 모습을 보고 이상하다고 생각했다. 그래서 그는 이렇게 말했다.

인간은 동물과 초인 사이에 놓인 밧줄이며—심연 위에 놓인 밧줄이다.

건너가는 것도 위태롭고, 지나가는 도중도 위태롭고, 뒤돌아보는 것도 위태롭고, 그 위에 떨며 머물러 있는 것도 위태로운 일이다.

인간의 위대한 점은, 인간은 하나의 다리이지 목적이 아니라는 것이다. 인간에게 있어서 사랑받을 수 있는 것은, 인간이 '과도(過渡)'이며 몰락이라는 것이다.

나는 몰락이 아니면 살아갈 방도를 모르는 자들을 사랑한다.[25] 그들은 건너가는 자들이기 때문이다.

나는 크게 경멸하는 자들을 사랑한다. 그들은 위대한 숭배자이며 피안을 동경하는 화살이기 때문이다.

---

25) 자기를 초극하기 위해서는 자기 몰락을 원해야 한다는 것을 나타냄.

나는 몰락하고 희생해야 하는 까닭을 '별(星)들의 배후'[26]에서 찾는 자들이 아니라, 언젠가 대지가 초인의 것이 되도록 하기 위해 대지에게 자신을 바치는 자들을 사랑한다.

나는 인식하기 위해 살며, 언젠가 초인이 살 수 있도록 하기 위해 인식하려고 하는 자들을 사랑한다. 그리하여 그들은 기꺼이 몰락해 가는 것이다.

나는 초인을 위해 집을 짓고, 초인에게 대지와 동물과 식물을 마련해 주기 위해 일하고 창조하는 자들을 사랑한다. 그들은 그렇게 해서 기꺼이 몰락해 가기 때문이다.

나는 자기의 덕을 사랑하는 자들을 사랑한다. 덕은 몰락에의 의지이며 동경의 화살이기 때문이다.

나는 자기 자신을 위해 한 방울의 정신도 숨겨 두지 않고 완전히 자신의 덕의 정신이고자 하는 자들을 사랑한다. 그리하여 그들은 정신으로서 다리를 건너가는 것이다.

나는 자기의 덕을 자기의 성품이 되게 하고 자기의 운명이 되게 하는 자들을 사랑한다. 그리하여 그들은 기꺼이 자신의 덕을 위해 살고 자신의 덕을 위해 죽는 것이다.

나는 지나치게 많은 덕을 소유하려 하지 않는 자들을 사랑한다. 하나의 덕은 두 개의 덕보다 낫다. 왜냐하면 하나의 덕은 운명이 매달리기에는 더 훌륭한 매듭이기 때문이다.

나는 감사를 받으려고도 하지 않고 감사를 돌려주려고도 하지 않는, 영혼을 아끼지 않는 자를 사랑한다. 그는 언제나 남에게 베

---

26) '별'은 '이상'을 의미한다. '별들의 배후'는 이상으로 생각해 온 배후 세계, 즉 형이상학적인 세계를 가리킴.

풀며, 자신을 위해 간직하려 하지 않기 때문이다.

나는 주사위가 자기에게 행운을 가져왔을 때 부끄러워하며 "나는 사기꾼인가?" 하고 묻는 자를 사랑한다. 그는 멸망을 원하기 때문이다.

나는 행동하기 전에 황금과 같은 말들을 슬쩍 던지고 항상 자기가 약속한 것보다 더 많은 것을 실행하는 자를 사랑한다. 그는 스스로 몰락을 원하기 때문이다.

나는 앞으로 올 사람을 정당화시키고 이미 지나간 사람들을 구제하는 사람을 사랑한다. 그는 현존하는 사람들에 의해 멸망하기를 원하기 때문이다.

나는 자신의 신을 사랑하기 때문에 자신의 신을 정벌하는 자를 사랑한다. 그는 그의 신의 분노로 인해 멸망할 것이기 때문이다.

나는 상처를 받게 될 가능성에 있어서까지도 깊은 영혼을 갖고 있으며, 사소한 일에 의해서도 파멸될 수 있는 자를 사랑한다. 그리하여 그는 기꺼이 다리를 건너가는 것이다.

나는 자기 자신을 잊어버리고 모든 사물을 자기 내부에 거느릴 정도로 넘쳐흐르는 영혼을 지닌 자를 사랑한다. 그리하여 모든 사물은 그의 몰락이 되는 것이다.

나는 자유로운 정신과 자유로운 마음을 지닌 자를 사랑한다. 그리하여 그의 머리는 그의 마음의 내장일 뿐이며, 그의 마음은 그를 몰락으로 몰아넣는 것이다.

나는 인류의 머리 위에 걸쳐 있는 먹구름으로부터 하나씩 떨어지는 무거운 빗방울과 같은 자들을 사랑한다. 그들은 번개가 칠 것을 예언하고, 예언자로서 멸망해 가기 때문이다.

보라, 나는 번개의 예언자이며, 먹구름으로부터 떨어지는 무거운 빗방울이다. 그러나 이 번개는 '초인'이라고 불린다.

5

차라투스트라는 말을 마치고, 다시 군중을 돌아보고는 곧 입을 다물었다. "저기 저들이 서 있다" 하고 그는 마음속으로 중얼거렸다. "저들은 웃고 있다. 저들은 내 말을 이해하지 못한다. 나는 저들의 귀에 알맞은 입이 아니다.

저들이 눈으로 듣게 하기 위해 먼저 저들의 귀를 부숴야 하는가? 큰 북〔大鼓〕이나, 참회를 권하는 설교사처럼 떠들어대야 하는가? 아니면 저들은 더듬거리며 말하는 자[27]만을 믿는 것일까?

저들은 스스로 자랑으로 여기는 것을 갖고 있다. 저들은 그것을 무엇이라고 부르고 있는가? 저들은 그것을 교양이라고 부르고 있으며, 그것이 저들을 목자(收者)들로부터 구분시키는 것이다.

그러므로 저들은 자신에 대해 '경멸'이라는 말이 사용되는 것을 듣기를 싫어한다. 그러므로 나는 저들의 긍지를 향해 말해야 한다.

그러므로 나는 가장 경멸스러운 자에 대해 저들에게 말해야 한다. 가장 경멸스러운 자인 '최후의 인간'에 대해."

그리하여 차라투스트라는 군중을 향해 이렇게 말했다.

지금이야말로 인간이 자기의 목표를 세워야 할 때이다. 지금이

---

27) 황홀 상태에서 잠꼬대하는 광신자.

야말로 인간이 가장 큰 희망의 씨앗을 뿌려야 할 때이다.

인간의 땅은 아직은 그렇게 할 수 있을 만큼 충분히 기름져 있다. 그러나 언젠가는 이 땅은 메마르고 황폐해져, 큰 나무는 더 이상 그곳에서 자랄 수 없게 될 것이다.

슬프도다! 인간이 자신의 동경의 화살을, 인간을 초월한 저쪽으로 쏘지 않고, 그의 활시위가 울리는 법을 잊을 때가 다가오고 있다.

그대들에게 말하거니와 인간이 춤추는 별[28]을 탄생시키기 위해서는 자신의 내부에 카오스(Chaos)를 갖고 있어야 한다. 거듭 말하거니와 그대들은 아직 그대들의 내부에 카오스를 갖고 있다.

슬프도다! 인간이 더 이상 별을 탄생시키지 못할 때가 다가오고 있다. 더 이상 자기 자신을 경멸하지 못하는 가장 경멸스러운 인간의 시대가 다가오고 있다.

보라! 내가 그대들에게 '최후의 인간'[29]을 보여 주리라.

"사랑이란 무엇인가? 창조란 무엇인가? 동경이란 무엇인가? 별이란 무엇인가?"라고 최후의 인간은 물으면서 눈을 껌벅거린다.

대지는 작아져 버렸으며, 모든 것을 작게 만드는 최후의 인간은 그 위에서 뛰어다닌다. 그 종족은 마치 벼룩처럼 근절시킬 수 없으며, 따라서 최후의 인간은 가장 오랫동안 사는 것이다.

"우리는 행복을 발견했다." 최후의 인간들은 이렇게 말하면서 눈을 껌벅거린다.

---

28) 초인.
29) 더 이상 자신의 몰락을 원할 수 없고, 더 이상 자기 자신을 경멸할 수 없는 가장 경멸스러운 인간으로, 인간 가운데 머물러 있는 극한적 인간.

그들은 살기 힘든 곳을 떠나 버렸다. 그들은 온정(溫情)을 필요로 하기 때문이다. 그들은 아직도 자기 이웃을 사랑하고, 이웃에게 자신을 비벼댄다. 그들에게는 온정이 필요하기 때문이다.

그들은 질병과 불신을 죄악으로 간주한다. 그래서 그들은 조심스럽게 천천히 걷지 않으면 안 된다. 그래도 돌이나 사람에 걸려 넘어지는 사람은 바보인 것이다!

때때로 약간의 독(毒)은 행복한 꿈을 가져온다. 그리고 마침내 행복한 죽음을 위해 많은 독을 마시는 것이다.

그들은 여전히 일을 한다. 일은 오락이기 때문이다. 그러나 그들은 그 오락이 자신을 피로하게 하지 않도록 조심한다.

그들 중 어느 누구도 더 이상 부유해지거나 가난해지지 않는다. 부유도 가난도 그들에게는 너무도 무거운 짐이기 때문이다. 그런데도 누가 지배하기를 원하며, 누가 복종하기를 원하겠는가? 그들에게는 지배하는 것도 복종하는 것도 모두 너무 무거운 짐인 것이다.

그들은 목자(牧者)가 없는 양떼이다. 모두가 똑같은 것을 원하고 모두가 똑같다. 다르게 생각하는 사람은 누구나 자진해서 정신병원으로 들어간다.

"전에는 온 세상이 미쳤었다." 그들 중에서 가장 총명한 자들은 이렇게 말하고 눈을 껌벅거린다.

그들은 영리하여 이제까지 일어났던 모든 일들을 잘 알고 있다. 그래서 그들의 조롱은 끝없어 계속된다. 그들은 끊임없이 말다툼을 하지만 곧 화해한다. 그렇지 않으면 소화불량에 걸리기 때문이다.

그들은 낮에는 낮대로 밤에는 밤대로 작은 쾌락을 즐긴다. 그러나 그들은 건강을 중요시한다.

"우리는 행복을 발견했다." 최후의 인간들은 이렇게 말하고 눈을 껌벅거린다.

여기서 '서곡'이라고도 불리는 차라투스트라의 첫 번째 설교가 끝났다. 그때 군중의 고함 소리와 환호 소리가 그의 설교를 가로막았기 때문이었다. "오, 차라투스트라여, 최후의 인간을 보여 다오." "우리들을 최후의 인간으로 만들어 다오! 그러면 우리는 그대를 초인이라고 부르리라." 군중들은 이렇게 고함치며 큰소리로 웃어댔다. 그러자 차라투스트라는 슬퍼져 마음속으로 이렇게 중얼거렸다.

저들은 나를 이해하지 못한다. 나는 저들의 귀에 알맞은 입이 아니다.

산속에서 너무 오랫동안 살았으며, 나무들과 시냇물에 너무 많이 귀를 기울여 온 탓일지도 몰라. 나는 목자(牧者)들에게 이야기하듯 저들에게 이야기하고 있는 것이다.

나의 영혼은 마치 아침의 산처럼 확고하고 영롱하다. 그러나 저들은 나를 냉혹하고 혹독한 조롱꾼이라고 생각하고 있다.

저들은 지금 나를 바라보며 큰 소리로 웃고 있다. 그들은 아직도 나를 증오하며 비웃고 있다. 저들의 웃음 속에는 얼음 같은 냉소가 들어 있다.

6

그때 모든 사람을 조용하게 하고 모든 사람의 눈을 집중시킨 일이 일어났다. 줄타기 광대[30]가 재주를 부리기 시작한 것이다. 그는 작은 문으로 걸어 나와, 시장과 군중의 머리 위로, 두 개의 탑 사이에 가로질러 놓은 밧줄 위를 걸어가기 시작했다. 그가 밧줄의 한가운데 이르렀을 때, 그 작은 문이 다시 열리면서 어릿광대처럼 얼룩덜룩한 옷차림을 한 사나이가 뛰쳐나와 재빨리 첫 번 광대의 뒤를 따랐다.

"어서 가, 이놈의 절름발이야" 하고 그는 사나운 소리로 외쳤다. "어서 가, 게으름뱅이야, 이 훼방꾼아, 얼굴이 창백한 녀석아! 내 발길에 채일라! 너는 탑과 탑 사이에서 도대체 무엇을 하고 있느냐? 탑 속에 들어가 있는 게 네게는 어울린다. 너는 탑 속에 갇혀 있어야 해. 너보다 뛰어난 자를 위해 비켜 줘야 할 길을 너는 가로막고 있는 거야!" 그는 한 마디씩 할 때마다 점점 앞의 광대에게 가까이 다가갔다. 그가 상대방의 한 발짝 뒤에까지 다가섰을 때, 모든 사람의 입을 다물게 하고, 모든 사람의 눈을 쏠리게 한 무서운 일이 일어났다.

그는 갑자기 악마처럼 고함을 지르고, 자기 앞길을 가로막고 있는 광대를 훌쩍 뛰어넘었던 것이다. 그런데 상대방은 자기의 경쟁 상대가 그처럼 승리를 거둔 것을 보자, 갑자기 당황하여 밧줄을 놓쳐 버렸다. 그는 장대를 내던지고는 막대기보다도 더 빨리 땅으로 곤두박질했다. 시장과 군중은 마치 폭풍이 몰아치는 성난 바다와도 같았다. 저마다 뿔뿔이 흩어져 도망쳐 버렸다. 특히 광대의 몸뚱이가 곤두박질한 장소는 더욱 그러했다.

---

30) 니체는 자기 자신을 세 인물상으로 해체한다. 차라투스트라와 줄타기 광대와 어릿광대가 그것이다. 니체는 자신을 쇼펜하우어의 세계관과 자신의 세계관 사이에 놓인 줄 위에서 곡예 하는 광대로 보았다.

그러나 차라투스트라는 그대로 서 있었다. 광대의 몸뚱이가 바로 그의 옆에 떨어진 것이다. 그는 상처가 심했으나 아직 죽지는 않았다. 얼마 후 그 광대는 의식을 되찾고는 자기 옆에 무릎을 꿇고 앉아 있는 차라투스트라를 보았다.

"당신은 무얼 하고 있습니까?" 마침내 광대가 입을 열었다. "나는 악마가 발을 걸어 나를 넘어뜨릴 것이라는 것을 오래전부터 알고 있었습니다. 이제 악마가 나를 지옥으로 끌고 갈 거예요. 당신이 좀 막아 주시겠습니까?"

"친구여, 내 명예를 걸고 말하지만", 차라투스트라가 대답했다. "그대가 말한 것들은 전혀 존재하지 않는다. 악마도 없고 지옥도 없다. 그대의 육체보다도 그대의 영혼이 먼저 죽을 것이다. 그러니 더 이상 두려워 말라!"

광대는 믿을 수 없다는 듯이 차라투스트라를 올려다보며 말했다. "만일 당신의 말이 사실이라면 나는 죽더라도 아무것도 잃지 않을 것입니다. 나는 매를 맞고 굶주려가며 춤을 추도록 길들여진 한 마리의 짐승과 다름없습니다."

"그렇지 않다." 차라투스트라가 말했다. "그대는 모험을 그대의 천직으로 삼아 왔다. 거기에는 경멸할 것이 아무것도 없다. 이제 그대는 그대의 천직으로 인해 멸망하는 것이다. 그러므로 내가 내 손으로 그대를 묻어 주리라."

차라투스트라가 이렇게 말했을 때, 죽어가는 사람은 차라투스트라에게 고마움을 표시하기 위해 차라투스트라의 손을 찾으려는 듯 손을 움직였을 뿐 더 이상 아무런 대답도 없었다. ─

7

어느새 해가 지고, 시장은 어둠에 묻혀 버렸다. 그러자 사람들은 흩어져 갔다. 호기심과 두려움마저도 싫증이 났기 때문이었다. 그러나 차라투스트라는 죽은 광대 옆 땅바닥에 앉아 시간이 가는 것도 잊은 채 생각에 잠겨 있었다. 마침내 밤이 되어 싸늘한 바람이 고독한 자의 머리 위를 스쳐갔다. 차라투스트라는 자리에서 일어나 마음속으로 중얼거렸다.

차라투스트라는 오늘 참으로 멋진 낚시질을 했다! 인간은 하나도 낚지 못하고 송장[31] 하나를 낚았으니 말이야.

인간의 존재는 처참하고도 무의미한 것이다. 한 광대가 인간의 목숨을 앗아갈 수도 있으니.

나는 인간에게 그들의 존재의 의미를 가르쳐 주고 싶다. 그것은 초인이며, 인간이라는 먹구름으로부터 번쩍이는 번개이다.

그러나 나는 여전히 그들로부터 멀리 떨어져 있으며, 나의 말은 그들의 가슴에 이르지 못한다. 인간에게는 나는 여전히 바보와 송장의 중간인 것이다.

밤은 어둡고 차라투스트라가 갈 길도 또한 어둡다. 가자, 싸늘하게 굳어 버린 길동무여! 내가 그대를 내 손으로 묻어 줄 곳으로 메고 가리라.

---

31) 정신을 가지고 자기 생활을 영위할 줄 모르며, 남의 장단에 춤을 추는 저속한 군중들로부터 소외되고 냉대를 받는 웃음거리가 된 것을 상징하고 있다.

8

차라투스트라는 이렇게 중얼거리고 나서, 시체를 등에 메고 길을 떠났다. 그가 백 발짝도 채 가기 전에 한 사람이 살금살금 그에게 다가와 귀에 대고 속삭였다. 이게 어찌 된 일인가! 그에게 속삭인 사람은 바로 탑의 그 광대였다.

"이 마을에서 떠나거라. 차라투스트라여!" 그가 말했다. "이곳에서는 너무나 많은 사람들이 당신을 미워한다. 선량한 사람들도 의로운 사람들도 모두 당신을 증오하고, 당신을 자신들의 적이며 자신들을 경멸하는 자라고 부르고 있다. 참된 신앙을 가진 신앙심이 깊은 사람들까지도 당신을 증오하며, 당신을 사람들에게 위험한 자라고 부르고 있다. 그들이 당신을 비웃은 것은 당신에게는 행운이었다. 당신은 정말로 광대처럼 말했기 때문이다. 당신이 죽은 개의 친구가 된 것은 당신에게는 행운이었다. 당신이 그처럼 자신을 낮추었기 때문에 당신은 오늘 목숨을 유지한 것이다. 그러나 이 마을에서 떠나거라. 그렇지 않으면 내가 당신을 뛰어넘을 것이니, 그것은 곧 산 자가 죽은 자를 뛰어넘는 것이리라." 광대는 이렇게 말하고 사라졌다. 그러나 차라투스트라는 계속해서 어두운 거리를 걸어갔다.

그가 그 마을 입구까지 왔을 때, 무덤 파는 사람들[32]이 그에게 다가왔다. 그들은 횃불[33]로 그의 얼굴을 비춰 본 다음 그가 차라투스트라임을 알고 그를 심하게 조롱했다. "차라투스트라가 죽은

---

32) 학자들을 의미한다. 그들은 역사를 창조해 나가는 것이 아니라, 일어난 일을 기록할 뿐이라는 의미에서, 즉 그들의 책이라는 관 속에 넣는데 지나지 않는다는 의미에서, 상징적으로 사용되고 있다.

33) 기독교적 전통에 입각한 철학의 빛.

개를 메고 간다. 차라투스트라가 무덤 파는 자가 되었으니 얼마나 다행한 일인가! 저런 고깃덩어리를 만지기엔 우리들의 손은 너무나 깨끗하니까 말이야. 차라투스트라는 악마로부터 악마의 먹이를 훔쳐낼 셈인 모양이지. 그렇다면 행운을 비네! 그리고 맛있게 먹게나! 그러나 악마가 차라투스트라보다 더 훌륭한 도둑이라면 어떻게 한다! 그렇다면 악마는 차라투스트라와 송장을 모두 훔쳐 먹어 버릴 거야!" 그들은 큰 소리로 웃어대며 머리를 서로 맞대었다.

차라투스트라는 아무런 대꾸도 하지 않고 계속해서 걸어갔다. 그는 두 시간 동안 숲과 늪을 뚫고 걸어갔다. 그동안 굶주린 늑대들의 울부짖는 소리가 수없이 들려오자, 그는 시장기를 느꼈다. 그래서 그는 등불이 비치는 어느 외딴집 앞에 걸음을 멈췄다.

"시장기가 마치 도둑처럼 나를 엄습하는구나." 차라투스트라가 말했다. "시장기가 숲과 늪에서, 그것도 한밤중에 나를 엄습했구나.

나의 시장기는 변덕스럽기도 하구나. 나의 시장기는 보통 식사 시간 후에만 찾아오는데, 오늘은 한 번도 찾아오지 않았다. 나의 시장기는 이제까지 어디 있었을까?"

차라투스트라는 그 집의 문을 두드렸다. 그러자 한 노인이 등불을 들고 나와 물었다. "누구이기에 와서 남의 단잠을 깨우는 거요?"

"산 사람 하나와 죽은 사람 하나요." 차라투스트라가 대답했다. "먹을 것과 마실 것을 좀 주시오. 온종일 식사할 것을 잊고 있었습니다. 굶주린 자에게 음식을 주는 자는 자신의 영혼을 맑게 하는 것이라는 지혜의 말씀도 있습니다."

노인은 집안으로 사라졌다가 곧 되돌아와 차라투스트라에게 빵과 포도주를 내놓았다. "이곳은 굶주린 사람들에게는 나쁜 곳이라오." 노인이 말했다. "내가 이곳에 사는 것도 그 때문이지. 동물들과 사람들은 은자(隱者)인 나를 찾아오지, 어서 당신의 길동무에게 먹으라고 하시오. 그는 당신보다 더 지쳐 있군." 차라투스트라가 대답했다. "나의 길동무는 죽었습니다. 그러니 그에게 먹으라고 할 수는 없지요." "그건 내가 상관할 일이 아니야." 노인은 퉁명스럽게 말했다. "내 집 문을 두드리는 사람은 누구나 내가 주는 음식을 먹어야만 하네. 먹고 잘들 가게!"

그 후 차라투스트라는 별빛의 안내를 받으며 다시 두 시간쯤 걸어갔다. 그는 밤에 다니는 일에 익숙해 있었으며, 또 잠들어 있는 만물의 얼굴을 들여다보기를 좋아했기 때문이다. 그러나 희미하게 밝기 시작하자, 차라투스트라는 자신이 깊은 숲속에 와 있으며 길이 끊겨 있음을 알았다. 그래서 그는 늑대들로부터 죽은 자를 보호하기 위해, 그 시체를 자기 머리 쪽에 있는 속이 텅 빈 나무속에 눕혀 놓았다. 그리고 그는 이끼로 뒤덮인 땅 위에 누웠다. 몸은 지쳐 있었으나 영혼은 평온했다. 그는 이내 잠이 들었다.

9

차라투스트라는 오랫동안 잠을 잤다. 새벽뿐만 아니라 아침도 그의 머리 위를 지나갔다. 마침내 그는 눈을 떴다. 차라투스트라는 놀라서 숲과 적막 속을 들여다본 다음 자기 자신의 내부를 들여다보았다. 그리고는 마치 갑자기 육지를 발견한 항해자처럼 벌떡 일어나 환성을 질렀다. 새로운 진리를 발견했기 때문이었다.

그리하여 그는 마음속으로 이렇게 말했다.

하나의 빛이 내 머리에 떠올랐다. 내가 가고자 하는 곳마다 어깨에 메고 다녀야 하는 죽은 길동무나 시체가 아닌, 살아 있는 길동무가 내게는 필요하다.

그들 스스로가 원해서 나를 따르며, 내가 가고자 하는 곳을 함께 가고 싶어 하는, 살아 있는 길동무가 필요한 것이다.

하나의 빛이 내 머리에 떠올랐다. 차라투스트라는 사람들에게가 아니라 그 길동무에게 말해야 한다! 차라투스트라는 가축의 무리를 돌보는 목자(牧者)나 개[34]가 되어서는 안 된다!

나는 가축의 무리로부터 많은 자들을 끌어내기 위해서 온 것이다. 사람들과 가축의 무리가 내게 화를 낼 것이며, 목자들은 차라투스트라를 도둑이라고 부를 것이다.

나는 그들을 목자라고 부르지만, 그들은 자신들을 선량하고 의로운 자라고 부르고 있다. 나는 그들을 목자라고 부르지만, 그들은 자신들을 참된 신앙을 가진 신앙심 깊은 자라고 부르고 있다.

선량하고 의로운 자들을 보라! 그들은 누구를 가장 증오하는가? 자기들의 가치 목록을 찢어 버리는 자·파괴자·법을 파괴하는 자이다.—그러나 그 사람이야말로 창조자인 것이다.

온갖 신앙을 가진 신앙심 깊은 자들을 보라! 그들은 누구를 가장 증오하는가? 그것은 그들의 가치 목록을 찢어 버리는 자·파괴자·법을 파괴하는 자이다. 그러나 그 사람이야말로 창조자인 것이다.

---

34) 대중의 지도자나 수호자.

그 창조자는 시체들이나 가축의 무리나 신도(信徒)들을 찾는 것이 아니라 길동무들을 찾는 것이다. 그 창조자는 함께 새로운 가치 목록을 작성할 동료 창조자들을 구하는 것이다.

그 창조자는 길동무인 동시에 함께 거두어들일 동료 수확자들을 찾는다. 모든 것이 익어 수확을 기다리고 있기 때문이다. 그러나 그는 충분한 낫[鎌]을 가지고 있지 않기 때문에[35] 손으로 이삭을 훑으며 화를 내고 있다.

그 창조자는 자신의 낫을 갈 줄 아는 동반자들을 찾는다. 그들은 선과 악의 파괴자[36]이며 경멸자라고 불릴 것이다. 그러나 그들이야말로 거두어들이는 자들이며 기뻐하는 자들이다.

차라투스트라는 함께 창조하는 자, 함께 거두어들이는 자, 함께 기뻐하는 자들을 찾고 있다. 그가 가축의 무리나 목자들이나 시체들과 무슨 관계가 있단 말인가!

그대, 나의 최초의 길동무여, 고이 잠들라! 나는 그대를 그대의 텅 빈 나무속에 잘 매장했으며, 늑대들의 눈에 띄지 않게 해놓았다.

그러나 나는 그대와 작별하려 한다. 때가 온 것이다. 새벽과 새벽 사이에 새로운 진리가 내 머릿속에 떠올랐다.

나는 목자나 무덤 파는 자는 되지 않으리라. 나는 다시는 군중들과 이야기하지 않으리라. 내가 죽은 자와 이야기하는 것도 이것이 마지막이다.

나는 창조하는 자들과, 수확하는 자들과, 기뻐하는 자들과 사귀

---

35) 〈요한복음〉 4장 35절, 〈마태복음〉 9장 37절 참조.
36) 기존의 도덕을 무시하는 자.

리라. 그리고 그들에게 무지개와 초인에 이르는 계단을 보여 주리라.

나는 혼자서 사는 은둔자와 둘이서 사는 은둔자[37]를 향해 나의 노래를 부르리라. 그리하여 이제까지 들어 보지 못했던 것들을 들을 수 있는 귀를 가진 자들의 마음을 나의 행복으로 충만케 하리라.

나는 나의 목표를 향해 나아가리라. 나는 나의 길을 걸어가리라.

나는 주저하는 자들과 게으른 자들을 뛰어넘으리라. 그리하여 나의 나아감이 그들의 몰락이 되게 하리라!

10

차라투스트라가 마음속으로 이렇게 말했을 때, 태양은 정오에 있었다. 그때 그는 이상하다는 듯이 하늘을 응시했다. 머리 위에서 한 마리의 새의 날카로운 울음소리가 들려왔기 때문이다. 어찌된 일인가! 독수리 한 마리가 커다란 원을 그리며 하늘을 날고 있는데, 그 독수리에는 한 마리의 뱀이 먹이가 아니라 친구처럼 매달려 있었다. 그 뱀은 독수리의 목에 감겨져 있었다.

"저것은 나의 동물들이다!" 차라투스트라는 이렇게 말하며 마음속으로 기뻐했다.

"태양 아래 가장 긍지 있는 동물과 태양 아래 가장 영리한 동물

---

37) 제1부 〈친구에 대하여〉에 나오는 "나에게는 언제나 여분으로 한 사람이 따르고 있다……나는 나를 상대로 대화에 열중한다"와 연관을 지을 수 있을 것이다.

인—저들은 살피러 나온 것이다.

저들은 차라투스트라가 아직 살아 있는지를 알고 싶은 것이다. 진실로 나는 살아 있는가?

나는 동물들 사이에 있는 것보다 인간들 사이에 있는 것이 더 위험하다는 것을 깨달았다. 차라투스트라는 위험한 길을 따라가고 있다. 나의 동물들이여, 나를 인도해 다오!"

차라투스트라는 이 말을 마치자, 숲속에서 만났던 성자의 말이 떠올라 한숨을 쉬며 마음속으로 이렇게 중얼거렸다.

"내가 영리하다면 얼마나 좋을까! 나의 뱀처럼 가슴으로부터 현명하다면 얼마냐 좋을까!

그러나 나는 불가능한 것을 바라고 있다. 그러므로 나는 나의 긍지가 항상 나의 현명함과 함께 있기를 원한다!

그리하여 언젠가 나의 현명함이 나를 떠난다면—아, 현명함은 날아가 버리기를 좋아하는 것이 아닌가!—그때는 나의 긍지도 또한 나의 어리석음과 함께 날아가 버리기를!"

—이리하여 차라투스트라의 몰락은 시작되었다.

차라투스트라의 설교

1. 세 단계의 변화에 대하여

나는 그대들에게 정신의 세 단계의 변화[38]에 대하여 설명하겠다. 즉 정신이 어떻게 낙타가 되고, 낙타가 어떻게 사자가 되며, 끝으로 사자가 어떻게 어린아이가 되는지를.

내부에 경외(敬畏)를 간직하고 있는 정신, 중력(重力)을 견디어 내는 강한 정신을 위한 많은 무거운 것들이 있다. 이 정신의 강함은 무거운 것을, 가장 무거운 것을 갈망한다.

무거운 것이 무엇인가? 중력을 견디어 내는 정신은 이렇게 묻고는, 낙타처럼 무릎을 꿇고 앉아, 충분히 많은 짐이 실려지기를 원한다.

그대, 영웅들이여. 내가 몸에 짊어지고 나의 강함을 즐길 수 있을 만큼 가장 무거운 것은 무엇인가? 중력을 견디어 내는 정신은 이렇게 묻는다.

가장 무거운 것은 그대의 긍지에 고통을 주기 위해 그대 자신을

---

38) 정신의 세 단계의 변화란 인간 존재의 자각, 즉 자기 인식이 점점 깊어지고 높아지는 단계를 의미한다. 여기서 '낙타의 정신'은 타인에의, 전통적인 가치에의, 도덕에의 철저한 복종을 의미하며, '사자의 정신'은 낙타의 정신을 가진 자기 자신에 대한 자기 부정의 정신을 의미하며, 더 이상 아무것에도 구애되지 않는 자유정신, 즉 정신과 육체가 참된 자기로서의 최종적인 통합을 이룬 상태를 최종 단계인 '어린아이의 정신'으로 표현하고 있다.

낮추는 것이 아닌가? 그대의 지혜를 조롱하기 위해 그대의 어리석음을 환하게 드러내는 것이 아닌가?

아니면, 우리들의 주의(主義)가 승리를 축하하고 있을 때, 그 주의로부터 떠나는 것인가? 유혹자를 유혹하기 위해 높은 산으로 올라가는 것인가?

아니면, 지식의 도토리와 지식의 풀을 먹으며 진리를 위해 영혼의 굶주림을 겪는 것인가?

아니면, 병들어 있는 그대를 위로하려 온 자들을 돌려보내고, 그대가 요구하는 것을 조금도 듣지 못하는 귀머거리와 우정을 맺는 것인가?

아니면, 진리의 물이라면 더러운 물속에라도 들어가 차가운 개구리들과 뜨거운 두꺼비들[39]을 경멸하지 않는 것인가?

아니면, 우리를 경멸하는 자들을 사랑하고, 유령(幽靈)이 우리를 놀래 주려고 할 때, 그 유령에게 악수를 청하는 것인가?

중력을 견디어 내는 정신은 이들 가장 무거운 것 모두를 짊어진다. 그리하여 정신은 무거운 짐을 짊어지고 서둘러 사막으로 들어가는 낙타처럼 자신의 사막으로 서둘러 가는 것이다.

그러나 이 가장 쓸쓸한 사막에서 두 번째 변화가 일어난다. 여기서 정신은 사자가 되는 것이다. 그리하여 사자는 자유를 획득하려고 하며 자신의 사막에서 주인이 되려고 한다.

그는 여기서 자신의 최후의 주인을 찾아 헤맨다. 그러나 그는 이 최후의 주인, 자신의 최후의 신에 대적하려고 한다. 그는 승리를 획득하기 위해 그 거대한 용과 필사적으로 싸우는 것이다.

---

39) 감정이 메마른 사람들과 감정이 지나친 사람들을 상징한다.

정신이 더 이상 '주인'이나 '신'으로 부르려 하지 않는 그 거대한 용이란 무엇인가? 그 거대한 용은 '그대, 해야 한다'라고 불린다. 그러나 사자의 정신은 '나는 하고 싶다'라고 말한다.

'그대, 해야 한다'는 금빛을 번쩍이며, 이 정신이 가는 길 한복판에 누워 있다. 그것은 비늘 달린 한 마리의 짐승으로 각각의 비늘에서는 '그대, 해야 한다'가 금빛으로 번쩍이는 것이다.

천 년의 가치가 비늘에서 번쩍이는 모든 용들 중에서 가장 힘센 그 용은 이렇게 말한다. "모든 사물의 모든 가치—그것은 내 몸에서 번쩍이고 있다"라고.

"모든 가치는 이미 창조되었으며, 모든 창조된 가치, 그것은 내 안에 있다. 이제는 '나는 하고 싶다'는 더 이상 존재하지 않을 것이다!"라고 용은 말한다.

나의 형제들이여, 정신 속에 왜 사자가 필요한가? 체념과 경외로 가득 찬 무거운 짐을 진 짐승으로는 왜 충분하지 않은가?

새로운 가치를 창조하는 것—그것은 사자조차도 할 수 없는 것이다. 그러나 새로운 창조를 위해 자유를 창조하는 것—그것은 사자의 힘으로 할 수 있는 것이다.

스스로 자유를 창조하고, 의무에 대해서까지도 신성한 부정(否定)을 하는 것, 그것을 위해 사자가 필요한 것이다, 나의 형제들이여.

새로운 가치에 대한 권리를 획득하는 것—그것은 중력에 견디고 경외로 가득 찬 정신으로서는 가장 두려운 행위이다. 이러한 정신에게는 그것은 실로 강탈이며, 동물이 먹이를 낚아채는 행위와 같은 것이다.

이 정신은 전에는 '그대, 해야 한다'를 자신의 가장 신성한 것으로 사랑했다. 그러나 이제 이 정신은 자신의 사랑으로부터 자유를 강탈하기 위해 가장 신성한 것 속에서까지도 환상과 자의(恣意)를 발견해야 한다. 이 강탈을 위해 사자가 필요한 것이다.

그러나 말해 보라, 나의 형제들이여, 사자조차도 할 수 없는 것을 어린아이가 할 수 있겠는가? 강탈하는 사자가 왜 다시 어린아이가 되어야 하는가?

어린아이는 천진난만 그 자체이며, 망각이다. 하나의 새로운 시작이며, 하나의 유희(遊戱)이다. 스스로 굴러가는 바퀴이며, 첫 번째 운동이며, 하나의 신성한 긍정이다.

그렇다. 나의 형제들이여, 창조의 유희를 위해서는 신성한 긍정이 필요하다. 이제 정신은 '자신의' 의지를 욕구하며, 세계로부터 격리된 정신은 '자신의' 세계를 획득한다.

나는 그대들에게 정신의 세 단계의 변화를 설명하였다. 즉 정신이 어떻게 낙타가 되고, 낙타가 어떻게 사자가 되며, 끝으로 사자가 어떻게 어린아이가 되는지를―

차라투스트라는 이렇게 말했다. 그때에 그는 '얼룩소'라고 불리는 마을에 머무르고 있었다.

2. 덕(德)의 강좌에 대하여

차라투스트라는 잠[40]과 덕에 대해 설교를 잘한다고 칭찬받는

---

40) 니체는 '잠'을 비창조적인 것으로 보고 있다.

어떤 현자에 대해 들었다. 그는 그 때문에 많은 존경과 보수를 받았으며, 모든 젊은이들은 그의 강의를 듣기 위해 그의 앞에 모여든다는 것이었다. 차라투스트라는 그에게로 가서 젊은이들과 함께 그의 강의를 들었다. 현자는 이렇게 말했다.

"잠에 대한 경의(敬意)와 잠 앞에서의 겸손! 이것이 가장 중요한 일이다! 그러므로 밤에 잠을 잘 이루지 못하고 깨어 있는 자들을 멀리하라!

도둑도 잠과 마주치면 부끄러워한다. 즉 도둑은 항상 밤에 조용조용히 돌아다닌다. 그러나 뻔뻔스러운 야경꾼은 부끄러움도 없이 호루라기를 가지고 다닌다.

잠을 자는 것은 하찮은 기술이 아니다. 그대들은 잠을 자기 위해서는 하루 종일 눈을 뜨고 있어야 한다.

그대들은 낮 동안에 열 번 그대 자신들을 초극(超克)해야 한다. 그것은 많은 피로를 가져오며, 영혼의 마취제인 것이다.

또한 그대들은 낮 동안에 열 번 자기 자신과 화해해야 한다. 초극은 괴로운 것이며, 자신과 화해하지 않는 사람은 잠을 잘 이루지 못하기 때문이다.

그대들은 낮 동안에 열 개의 진리를 발견해야 한다. 그렇지 않으면 그대들의 영혼이 굶주린 까닭에 그대들은 밤중에도 진리를 찾아 헤맬 것이다.

그대들은 낮 동안에 열 번 큰 소리로 웃고 쾌활해야 한다. 그렇지 않으면 괴로움의 아버지인 위장이 밤중에 그대들을 괴롭힐 것이다.

잠을 잘 자기 위해서는 모든 덕을 지니고 있어야 한다는 것을 아는 사람은 거의 없다. 만일 내가 위증(僞證)을 한다면?[41] 만일 내가 간통을 한다면?[42]

만일 내가 이웃집 하녀에게 욕정을 품게 된다면?[43] 이러한 것들은 모두 깊은 잠을 방해할 것이다.

모든 덕을 갖추고 있는 경우에도 기억해 두어야 할 것이 하나 있다. 그것은 이러한 덕들까지도 적당한 때에 잠들게 해야 한다는 것이다.

그것은 이러한 덕, 이 귀여운 작은 여인들이 서로 다투지 않게 하기 위해서이다! 그것도 그대를 사이에 놓고서 다투지 않게 하기 위해서이다. 그대, 불행한 자여!

신과 이웃에 대해 화목 하라. 깊은 잠은 그것을 요구한다. 그리고 이웃의 악마와도 화목 하라! 그렇지 않으면, 그 악마는 밤마다 그대를 찾아와 괴롭힐 것이다.

관헌(官憲)들에 대해 경의를 표하고 복종하라. 그릇된 관헌일지라도! 깊은 잠은 그것을 원한다. 권력이 굽은 다리로 걷기를 좋아하는 것을 어떻게 하겠는가?

나는 자기 양떼를 가장 녹음이 우거진 풀밭으로 인도하는 자를 언제나 가장 훌륭한 목자라고 부르리라. 그런 목자는 깊은 잠을 잘 수 있다.

나는 빛나는 명예도, 막대한 재물도 원치 않는다. 그것들은 쓸개에 염증을 일으키기 때문이다. 그러나 알맞은 명성과 적당한 재

---

41) 〈출애굽기〉 20장 16절 참조.
42) 〈출애굽기〉 20장 17절 참조.
43) 이웃의 잘못이나 악덕도 너그럽게 보는 것.

물이 없이는 깊이 잠들 수 없다.

나쁜 교제보다 약간의 교제가 나에게는 더 바람직하다. 그러나 그러한 교제들은 적당한 시기에 찾아왔다가 적당한 시기에 떠나야만 한다. 그렇게 되면 깊이 잠들 수 있다.

마음이 가난한 사람들도 나를 매우 기쁘게 한다. 그들은 잠을 촉진시켜 주기 때문이다. 그들은 행복하다. 특히 사람들이 그들을 의롭다고 인정하는 한.

덕이 있는 사람은 낮을 이렇게 보낸다. 이윽고 밤이 되면 나는 잠을 부르지 않으려고 주의한다! 덕의 주인인 잠은 불리기를 원치 않기 때문이다!

대신에 나는 나 자신이 낮에 행했던 일과 생각했던 것들을 더듬어 본다. 나는 한 마리의 암소처럼 끈기 있게 되새기면서 자신에게 묻는다. 네가 열 번 초극한 것은 무엇무엇이냐고.

그리고 열 가지의 화해와, 열 가지의 진리와, 열 가지의 웃음은 어떤 것이었냐고.

이런 생각을 골똘히 하면서 내가 마흔 가지 생각으로 흔들리고 있을 때, 덕의 주인인 잠이 갑자기 내게 덮쳐오는 것이다.

잠이 내 눈을 두드린다. 그러면 내 눈은 무거워진다. 잠이 내 입을 어루만진다. 그러면 내 입은 열린 상태로 있게 된다.

도적 중에서 가장 사랑스러운 도적인 잠은, 참으로 부드러운 발걸음으로 살금살금 내게 다가와서 나의 생각들을 훔쳐낸다. 그러면 나는 이 강단(講壇)처럼 가만히 서 있는 것이다.

그러나 나는 오래 서 있지는 않는다. 나는 이미 누워 있는 것이다."

차라투스트라는 현자의 말을 듣고 마음속으로 웃었다. 왜냐하면 그때 한 줄기의 빛이 그의 머리에 떠올랐기 때문이었다. 그래서 그는 마음속으로 이렇게 중얼거렸다.

이 마흔 가지의 생각을 가진 현자는, 내가 보기엔 바보에 지나지 않는다. 그러나 그는 어떻게 하면 잠을 잘 이룰 수 있는지에 대해서는 잘 알고 있구나.

이 현자와 가까이 사는 자는 행복하다. 그러한 잠은 전염되며, 두꺼운 벽까지도 뚫고 전염되는 것이다.

그가 앉아 있는 의자에도 어떤 마력이 깃들어 있다. 젊은이들이 덕의 설교자 앞에 앉아 있는 것은 쓸데없는 일이 아니다.

그의 지혜란, 잠을 잘 자기 위해 깨어 있는 것이다. 그리고 만일 인생이 참으로 아무런 의미도 갖고 있지 않으며, 또 내가 무의미를 선택해야만 한다면, 그것은 또한 내게 가장 가치 있는 무의미일 것이다.

일찍이 사람들이 덕을 가르치는 스승을 찾을 때, 그들이 가장 먼저 구한 것이 무엇이었는가를 이제야 분명히 알겠다. 그들은 좋은 잠과, 좋은 잠을 가져다주는 마취제와도 같은 덕을 구한 것이다!

사람들로부터 찬양받는 모든 설교하는 현자들에게는 지혜라는 꿈이 없는 잠을 의미했다. 그들은 인생의 보다 깊은 의미를 알지 못했던 것이다.

그리고 오늘날에도 역시 이 덕의 설교자만큼은 찬양을 받지 못하지만, 이 덕의 설교자와 같은 자들이 더러 있다. 그러나 그들의 시대는 이미 지났다. 그리하여 그들은 오랫동안 서 있지 못할 것이다. 아니 이미 그들은 누워 버린 것이다.

이 잠꾸러기들은 행복하다. 그들은 곧 잠들어 버릴 것이기 때문이다.

차라투스트라는 이렇게 말했다.

3. 배후(背後) 세계를 그리는 자들에 대하여

일찍이 나 차라투스트라도 배후 세계[44]를 그리는 모든 사람들과 마찬가지로, 자신의 망상(妄想)을 인간의 피안(彼岸)에 던졌다. 그때 세계는 나에게 고뇌와 번민에 가득 찬 신의 작품으로 보였다.

그때 세계는 나에게 꿈나라요, 어떤 신이 꾸며낸 허구(虛構)로 보였으며, 불만으로 가득 찬 신의 눈앞에 피어오르는 아름다운 연기로 보였다.

선과 악, 환희와 비애, 나와 너, 이러한 것들은 모두 창조자의 눈앞에 피어오르는 아름다운 연기로 생각되었다. 그 창조자는 자기 자신에게서 눈길을 돌리고 싶어 했고, 그래서 그는 세계를 창조한 것이다.

자신의 고뇌를 외면하고 자기 자신을 잃어버린다는 것은, 고뇌를 안고 있는 자에게는 도취적인 쾌락이다. 도취적인 쾌락과 자신의 상실—전에는 나는 이 세계를 그렇게 생각했다.

영원히 불완전한 이 세계, 영원하고도 불완전한 모순적인 모습

---

44) 형이상학적인 세계.

—그것을 만들어낸 불완전한 창조자에게는 도취적 쾌락—전에는 나는 이 세계를 그와 같이 생각했다.

이처럼 나는 전에는 배후 세계를 그리는 모든 자들처럼, 나의 망상을 인간의 피안에 던졌다. 그것은 진정 인간의 피안이었는가?

아, 형제들이여, 내가 창조한 이 신은, 모든 신들과 마찬가지로 인간이 만들어낸 것이며, 인간의 광기의 소산이었다.

그 신은 인간이었으며, 그것도 인간과 자아의 빈약한 단편(斷片)에 지나지 않았다. 유령은 나 자신의 잿더미와 나 자신의 불길로부터 나에게 온 것이다. 그것은 사실이다! 그것은 피안으로부터 나에게 온 것이 아니다.

그래서 어떤 일이 일어났는가, 나의 형제들이여? 고뇌자인 나는 자신을 초극했다. 나는 자신의 잿더미를 산으로 운반했다.[45] 나는 스스로 보다 밝은 불길[46]을 만들어냈다. 보라! 그때 유령은 나에게서 '도망친' 것이다.

이제 회복기에 있는 나에게는 그러한 유령을 믿는다는 것은 고뇌이며, 고통이며, 굴욕인 것이다. 나는 배후 세계를 그리는 자들에게 이렇게 말한다.

모든 배후 세계를 창조한 것은 고뇌와 무능력이었다. 그리고 그것은 가장 고뇌하는 자만이 경험하는 순간적인 행복의 광란이었다.

단 한 번의 도약으로, 단 한 번의 필사적인 도약으로 궁극에 도달하려는 권태, 더 이상 의욕하려고도 하지 않는 가련한 무지의

---

45) 지난날의 염세주의적 사상의 청산을 의미한다.
46) 성서의 지혜보다 더 밝은 지혜.

권태, 그것이 모든 신들과 내세를 창조한 것이다.

내 말을 믿으라, 형제들이여! 육체에 절망한 것은 육체였다. 혼미한 정신의 손가락으로 최후의 벽을 더듬었던 육체였던 것이다.

내 말을 믿으라, 형제들이여! 대지에 절망한 것은 육체였다. 존재의 배꼽[47]이 자신에게 속삭이는 소리를 들은 육체였던 것이다.

그래서 육체는 머리로—머리로뿐만이 아니라—최후의 벽을 뚫고, '피안의 세계'로 뛰어넘으려고 했다.

그러나 '피안의 세계', 즉 하나의 천계적(天界的) 허무이자 인간성을 상실한 비인간적인 그 세계는 인간에게 완전히 숨겨져 있다. 그리고 존재의 배꼽은 오직 인간으로서만 인간에게 이야기하는 것이다.

실로 모든 존재는 증명하기 어려우며, 또한 그것으로 하여금 말을 하게 하기도 어렵다. 그러나 말해 보라, 형제들이여, 만물 중에서 가장 불가사의한 것이 오히려 가장 분명하게 증명되고 있지 않는가?

그렇다, 스스로 모순과 혼란을 지니고 있음에도 불구하고, 이 자아는 자신의 존재에 대하여 가장 정직하게 이야기한다. 창조하고 의욕하고 평가하는 이 자아는 사물의 척도이며 가치인 것이다.

또한 가장 정직한 존재인 이 자아는 육체에 대해 이야기한다. 그리고 그것은 구상(構想)하고, 열광하고, 부러진 날개를 파닥거릴 때에도 여전히 육체를 원하는 것이다.

자아는 더욱더 정직하게 말하는 것을 배우며, 그것을 배우면 배울수록 자아는 육체와 대지를 위한 더욱 많은 말과 영예를 발견

_____

47) 존재의 가장 내면적인 본질.

한다.

나의 자아는 새로운 긍지를 나에게 가르쳐 주었다. 나는 그 긍지를 사람들에게 가르치려고 한다. 더 이상 머리를 천상적(天上的)인 것들의 모래 속에 파묻지 말고 자유롭게 하라! 대지를 위하여 의미를 창조하는 지상적(地上的)인 머리를!

나는 새로운 의지를 사람들에게 가르치려고 한다. 인간이 맹목적으로 걸어온 길을 원하고, 그것을 선(善)이라고 부르며, 마치 죽어가는 자들처럼 더 이상 이 길에서 살금살금 기어 도망치지 말라!

병들어 죽어가는 자들이야말로, 육체와 대지를 경멸하고, 천상적인 것들과 구원의 핏방울[48]을 만들어낸 자들이었다. 그러나 그들은 이 달콤하고도 무시무시한 독(毒)까지도 자신들의 육체와 대지로부터 빨아먹은 것이다!

그들은 자신의 비참으로부터 도망치려고 했으나, 모든 별들은 그들에게서 너무나 멀리 있었다. 그래서 그들은 한숨을 내쉬었다. '아, 다른 존재와 행복으로 기어들어갈 수 있는 천상(天上)의 길이라도 있었으면 좋으련만!' 그리하여 그들은 자신을 위해 하나의 출구(出口)와 피비린내 나는 유독 음료(有毒飮料)를 만들어낸 것이다!

그리하여 이 배은망덕한 자들은 자신의 육체와 이 대지로부터 초탈(超脫)한 것으로 생각했다. 그들의 초탈의 발작과 광희(狂喜)는 누구의 덕택이었던가? 그것은 그들의 육체와 이 대지의 덕택이었던 것이다.

---

48) 예수가 흘린 피.

차라투스트라는 병든 자들에게 관대하다. 나는 그들의 위안하는 태도와 배은(背恩)에 대해 화를 내지 않는다. 그들이 회복되어 가는 자가 되고, 초극하는 자가 되고, 보다 건전한 육체를 지니기를 원한다!

나, 차라투스트라는 회복되어 가는 자가 자신의 망상에 사로잡혀, 밤중에 자기 신의 무덤가를 헤매어도, 그에게 화를 내지 않는다. 그러나 그의 눈물까지도 나에게 병과 병든 육체임을 말해 주는 것이다.

허구(虛構)를 만들어내고, 신을 동경하는 자들 중에는, 언제나 병적인 자들이 많이 있었다. 그들은 사리(事理)에 밝은 자와 정직이라는 가장 기본적인 덕을 몹시 미워한다.

그들은 언제나 암흑시대를 회고한다. 그 당시에는 실제로 망상과 신앙은 별개의 것이었다. 이성의 광란(狂亂)은 신과 흡사한 것이었으며, 회의는 죄였다.

나는 이러한 신과 흡사한 자들[49]에 대한 모든 것을 너무나 잘 알고 있다. 그들은 믿어지기를 원했으며 회의는 죄이기를 원했다. 또한 나는 그들이 가장 확고하게 믿는 것이 무엇인지를 너무나 잘 알고 있다.

그들이 가장 확고하게 믿는 것은 내세와 구원의 핏방울이 아니라 자신의 육체인 것이다. 그들의 육체는 그들에게 있어서는 물자체(物自體)[50]인 것이다.

그러나 그들에게는 육체는 병적인 것이다. 따라서 그들은 자신

---

49) 기독교인들.
50) Ding an sich, 즉 현상(現象)의 참된 실재.

의 살 껍질로부터 몹시 벗어나고 싶어 한다. 그래서 그들은 죽음
에 대해 설교하는 자들의 말에 귀를 기울이고, 또 그들 자신도 내
세에 대해 설교하는 것이다.

형제들이여, 차라리 건전한 육체의 목소리에 귀를 기울이라. 그
것이야말로 보다 순수하고 보다 정직한 목소리이다.

건전하고 완전한 육체는 보다 정직하고 보다 순수한 목소리로
이야기한다. 그리고 이 육체는 대지의 의미에 대해 이야기한다.

차라투스트라는 이렇게 말했다.

4. 육체를 경멸하는 자들에 대하여

나는 육체를 경멸하는 자들에게 말하고자 한다. 그들로 하여금
다른 것을 배우고 다른 것을 가르치게 하기 위해서가 아니다. 나
는 다만 그들로 하여금 그들 자신의 육체로부터 떠나게 하려 함이
며, 그리하여 침묵을 지키게 하려 함이다.

"나는 육체이며 또한 영혼이다"라고 어린아이들은 말한다. 어
른이라고 해서 어린아이들처럼 말해서는 안 될 이유라도 있단 말
인가?

각성한 자, 깊이 아는 자들은 말한다. "나는 오직 육체일 뿐, 육
체 이외의 아무것도 아니다. 영혼이란 다만 육체의 내부에 있는
그 무엇을 나타내는 말에 지나지 않는다"라고.

육체는 하나의 커다란 이성(理性)이며, 하나의 의미를 갖는 복
합체이며, 전쟁인 동시에 평화이며, 양떼인 동시에 목자(牧者)

이다. [51]

　형제들이여, 그대들이 '정신'이라고 부르는 그대들의 조그마한 이성도 그대들의 육체의 도구이다. 그대들의 커다란 이성의 조그마한 도구이며 장난감인 것이다.

　그대들은 '자아'라고 말하며, 이 말에 긍지를 가지고 있다. 그러나 보다 위대한 것은—그대들은 이것을 믿으려 하지 않지만—그대들의 육체이며, 그대들의 육체의 커다란 이성이다. 이 커다란 이성은 '자아'를 말하지 않고, '자아'를 행하는 것이다.

　감각이 느끼는 것, 정신이 인식하는 것은 결코 그 자체가 목적이 아니다. 그러나 감각과 정신은 스스로 만물의 목적이라고 그대에게 설득하고 싶어 한다. 그만큼 이 양자는 허영심이 강하다.

　감각과 정신은 도구이며 장난감이다. 그 배후에는 역시 '자기'가 있다. '자기'도 또한 감각의 눈으로 찾고, 정신의 귀를 기울인다.

　'자기'는 항상 귀를 기울이고 찾는다. 그것은 비교하고, 억압하고, 정복하고, 파괴한다. 그것은 지배하며, 또한 자아의 지배자이기도 하다.

　형제여, 그대의 모든 생각과 감정의 배후에는 '자기'라는 강력한 명령자이며 낯선 현자가 있다. 그는 그대의 육체 속에 살고 있으며, 그가 바로 그대의 육체인 것이다.

　그대의 가장 훌륭한 지혜보다도 그대의 육체 속에 더욱 많은 이성이 존재한다. 그럼에도 불구하고 그대의 육체가 항상 그대의 가장 훌륭한 지혜를 필요로 하는 것은 무엇 때문인가?

　그대의 '자기'는 그대의 '자아'와 자아의 자랑스러운 도약(跳躍)

---

51) 육체가 포괄하는 다양한 기능은 마치 목자에게 지배되는 가축의 무리와 같다.

을 비웃는다. "사상의 이러한 도약과 비약은 나에게 무엇이란 말인가?" 하고 '자기'는 혼잣말을 한다. "그것은 나의 목적에 도달하는 하나의 우로(迂路)이다. 나는 '자아'를 끌고 가는 새끼줄이며, 또한 '자아'의 모든 개념을 시사(示唆)하는 자이다."

'자기'는 '자아'에게 말한다. "고통을 느껴라!" 그러면 자아는 고통을 느낀다. 그리고 고통을 느끼지 않기 위해서는 어떻게 해야 하는가를 깊이 생각한다. 자아가 생각하는 것은 바로 그 '때문'이다.

'자기'는 '자아'에게 말한다. "즐거움을 느껴라!" 그러면 '자아'는 즐거움을 느낀다. 그리고 자주 즐거움을 느끼려면 어떻게 해야 하는가를 깊이 생각한다. '자아'가 생각하는 것은 바로 그 '때문'이다.

나는 육체를 경멸하는 자들에게 한 마디 하려고 한다. 그들의 경멸은 그들의 존중에서 비롯된 것이다. 존중과 경멸, 가치와 의지를 창조한 것은 무엇인가?

창조적인 '자기'가 그 자신을 위해, 존중하는 것과 경멸하는 것을 창조했으며, 그 자신을 위해 기쁨과 슬픔을 창조한 것이다. 창조적인 육체가 그 자신을 위해, 자신의 의지의 손으로써 정신을 창조한 것이다.

그대, 육체를 경멸하는 자들이여, 그대들의 어리석음과 경멸에 있어서까지도 그대들은 그대들의 '자기'에 봉사하고 있다. 그대들에게 말하거니와 그대들의 '자기'는 스스로 죽기를 원하며 삶을 외면하고 있다.

그대들의 '자기'는 가장 갈망하는 것, 즉 자신을 초월하여 창조하는 것을 더 이상 행할 수 없는 것이다. 그것은 '자기'가 가장 원하는 것이며, 그것은 '자기'의 정열의 전부인 것이다.

그러나 그대들의 '자기'가 그렇게 하기에는 이미 너무 늦었다. 그래서 그대들의 '자기'는 몰락하기를 원하는 것이다. 육체를 경멸하는 자들이여!

그대들의 '자기'는 몰락하기를 원하며, 그래서 그대들은 육체를 경멸하는 자가 된 것이다! 그대들은 더 이상 그대들 자신을 초월하여 창조할 수 없기 때문이다.

또한 그 때문에 그대들은 지금 인생과 대지에 대해 분노를 느끼고 있는 것이다. 그대들의 경멸의 눈초리에는 무의식적인 질투가 깃들어있다.

나는 그대들의 길을 가지 않는다. 육체를 경멸하는 자들이여! 그대들은 초인으로 건너가는 다리[橋][52]가 아니다!—

차라투스트라는 이렇게 말했다.

5. 환희와 정열에 대하여

형제여, 만일 그대가 하나의 덕을 지니고 있으며, 그것이 그대 자신의 덕이라면, 그대는 그 덕을 누구하고도 공유(共有)하고 있지 않은 것이다.[53]

그대는 분명 그 덕에 이름을 붙여 부르기를 좋아하며, 또 그 덕

---

52) 인간 존재의 본질은 고정적인 것이 아니라 일종의 과정임을 나타낸다.
53) 덕은 자기 실존에 의한 자기 고유의 것이라는 뜻.

을 애무하기를 좋아할 것이다. 그대는 그 덕의 귀를 잡아당기며 그대의 덕과 희롱하기를 좋아한다.

보라! 이제 그대는 그 덕의 이름을 민중과 공유하고 있으며, 그대는 그대의 덕으로 말미암아 군중이 되고 가축의 무리가 된 것이다.

그대는 다음과 같이 말해야 했을 것이다. "나의 영혼을 괴롭히기도 하고 기쁘게 하기도 하며, 또 나의 뱃속의 배고픔이기도 한 나의 덕은 말로 표현할 수도 없고 이름 지을 수도 없는 것이다"라고.

그대의 덕은 이름 지을 수 없는 높은 것이라야 한다. 그리고 그대가 그 덕에 대해 이야기해야 할 때, 말을 더듬거림을 결코 부끄러워하지 말라.

더듬거리면서 이렇게 말하라.

"이것은 '나의' 선이며, 나는 이것을 사랑한다. 그러므로 '나는' 나의 선을 좋아할 뿐이며, 나의 선을 원할 뿐이다.

나는 그것을 신의 계명으로서 원하는 것이 아니며, 인간의 법령으로서 원하는 것이 아니다. 그 덕은 나를 피안(彼岸)이나 낙원으로 인도하는 도표(道標)이어서는 안 된다.

내가 사랑하는 것은 지상적(地上的)인 덕이다. 그 속에는 재지(才智)는 거의 없으며, 모든 사람에게 공통된 지혜도 매우 적게 들어있다.

그러나 이 새는 나의 지붕에 둥지를 틀고 있다. 그러므로 나는 그것을 사랑하고, 가슴에 껴안는다—이제 그 새는 나의 지붕 밑 보금자리에 많은 황금 알을 품고 있다"라고.

이와 같이 그대는 더듬거리면서 그대의 덕을 찬양해야 한다.

일찍이 그대는 정열들을 갖고 있었으며, 그대는 그것들을 악이라고 불렀다. 그러나 이제 그대는 그대의 덕들만을 갖고 있을 뿐이며, 그대의 덕들은 그대의 정열들로부터 성장한 것이다.

그대는 이러한 정열들의 핵심(核心)에 그대의 최고의 목표를 두었다. 그래서 그대의 정열들은 그대의 덕과 환희가 된 것이다.

그리고 설사 그대가 광포한 자의 혈통을, 호색가의 혈통을, 또는 광신자의 혈통을, 혹은 복수심에 불타는 자들의 혈통을 이어받았다고 하더라도, 그대의 모든 정열은 결국 덕으로 변했으며, 그대의 모든 악마는 천사로 변했다.

일찍이 그대는 그대의 움막 속에 사나운 개들을 기르고 있었다. 그러나 그 개들은 결국 새들로 변하고 귀여운 가희(歌姬)들로 변한 것이다.

그대는 그대의 독(毒)에서 그대의 향유(香油)를 만들어냈으며, 고뇌인 그대의 암소에서 우유를 짜내어, 이제 그대는 암소의 젖가슴에서 짜낸 달콤한 우유를 마신다.

그리하여 이후로는 그대로부터 어떠한 악도 나오지 않으리라. 그대의 덕들간의 싸움으로부터 생겨나는 악을 제외하고는.

나의 형제여, 만일 그대가 행운아라면 그대는 하나의 덕만을 지닐 뿐, 많은 덕은 지니지 않을 것이다. 그리하여 그대는 보다 쉽게 다리를 건너갈 것이다.

많은 덕을 지니는 것은 훌륭한 일이기는 하지만, 그것은 고달픈 운명이다. 많은 사람들이 덕들의 싸움과 싸움터에 지쳐서, 사막으로 가서 스스로 목숨을 끊어 버렸다.

형제여, 전쟁이나 싸움을 악이라고 생각하는가? 그러나 그것은 필요한 악이며, 그대의 덕들간의 질투와 불신 비방은 필요한 것이다.

보라, 그대의 덕들이 각기 최고의 위치를 차지하기를 얼마나 갈망하는가를. 그대의 덕들은 각기 그대의 정신을 '자기의' 심부름꾼으로 삼으려고 그대의 온 정신을 원한다. 그들은 분노에 있어서도, 증오에 있어서도, 사랑에 있어서도 그대의 온 정신을 원한다.

모든 덕은 다른 덕들을 질투한다. 질투는 무서운 것이며, 덕들마저도 질투로 인해 멸망하는 것이다.

질투의 불길에 휩싸인 자는 마침내 전갈처럼 독침을 자신에게로 돌리게 된다.

아, 나의 형제여, 그대는 그대의 어떤 덕이 자기 자신을 비방하고 자신을 찔러 죽이는 것을 본 일이 없는가?

인간은 초극(超克)되어야 하는 존재이다. 그러므로 그대는 그대의 덕들을 사랑하지 않으면 안 된다. 왜냐하면 그대는 그대의 덕들에 의해 파멸될 것이기 때문이다.

차라투스트라는 이렇게 말했다.

6. 창백한 범죄자에 대하여

그대, 재판관들이여, 제물(祭物)을 바치는 자들이여, 그대들은 제물로 바칠 동물이 고개를 떨어뜨리기 전에는 죽이려 하지 않는다. 보라, 창백한 범죄자는 고개를 떨어뜨리고 있으며, 그의 눈으로부터 커다란 경멸이 이렇게 말한다.

"나의 자아는 초극되어야 할 존재이다. 나의 자아는 나에게는 인간에 대한 커다란 경멸이다." 그의 눈동자는 이렇게 말한다.

그는 자기 자신을 재판했다.—그것은 그의 최고의 순간이었다. 숭고한 자를 다시 그의 저열한 상태로 되돌려 보내지 말라!

이와 같이 자기 자신으로 말미암아 고민하는 자에게는 빨리 죽는 것 이외에는 구제의 길이 없는 것이다.

그대, 재판관들이여, 그대들이 그를 죽이는 것은 동정이어야 하며, 복수이어서는 안 된다. 그리고 그대들이 그를 죽일 때 그대들 자신의 생존을 정당화하도록 하라!

그대들이 죽이는 자와 화해하는 것만으로는 충분치 않다. 그대들의 비애가 초인에 대한 사랑이 되게 하라, 그리하여 그대들은 그대들이 생존을 계속하고 있는 것을 정당화하라!

그대들은 '적'이라고 말해야 하며, 결코 '악한'이라고 말해서는 안 된다. 그대들은 '병든 자'라고 말해야 하며, 결코 '불량배'라고 말해서는 안 된다. 그대들은 '어리석은 자'라고 말해야 하며, 결코 '죄인'이라고 말해서는 안 된다.

그대, 붉은 법복(法服)을 걸친 재판관이여, 그대가 생각 속에서 행한 모든 일들을, 만일 그대가 공공연히 입 밖에 낸다면, 누구나 "이 더러운 자, 이 독사와 같은 자를 몰아내라!" 하고 외칠 것이다.

그러나 생각과, 행위와, 행위에 대한 관념은 서로 전혀 관계가 없는 것이다. 그들 사이에는 인과(因果)의 수레바퀴는 돌지 않는다.

하나의 관념이 이 창백한 인간을 창백하게 만들었다. 그가 행위를 할 때는, 그는 자기의 행위를 능히 감당할 수 있었다. 그러나 그 행위가 이루어진 후 그는 자기 행위의 관념을 감당할 수 없었다.

이제 그는 언제나 자기를, 한 행위의 실천자로 간주하게 되었다. 나는 그것을 광기라고 부른다. 그에게서 예외가 원칙으로 변한 것이다.

분필로 그린 선(線)이 암탉을 묶어 버린 것처럼, 그가 행한 행동이 그의 빈약한 이성을 묶어 버린 것이다. 나는 그것을 행위 '이후의' 광기라고 부른다.

들으라, 그대 재판관들이여! 또 하나의 광기가 있다. 그것은 행위 '이전의' 광기이다. 아, 그대들은 이 영혼 속에 깊이 들어간 적이 없다!

붉은 법복(法服)을 걸친 재판관은 이렇게 말한다. "이 범죄자는 왜 사람을 죽였는가? 그는 강탈하려고 했다"라고. 그러나 그대들에게 말하거니와 그의 영혼은 강탈을 원한 것이 아니라 피를 원했다. 그는 칼자루의 희열을 갈망했던 것이다!

그러나 그의 빈약한 이성은, 이와 같은 광기를 이해하지 못하고 그를 설득했다. "피가 무슨 소용이 있단 말인가!" 하고 이성은 말했다. "강탈이라도 하지 않겠는가? 복수하지 않겠는가?"

그러자 그는, 자신의 빈약한 이성의 속삭임에 귀를 기울였다. 이성의 속삭임은 납덩이처럼 그를 짓눌렀다. 그리하여 그는 사람을 죽이고 강탈한 것이다. 그는 자신의 광기를 부끄러워하고 싶지 않았다.

그리고 이제 그의 죄의식의 납덩이가 다시 그를 짓눌러, 그의 빈약한 이성은 빳빳해지고 마비되고 무거워졌다.

그가 머리를 흔들 수만 있었다면, 그의 무거운 짐은 아래로 굴러 떨어졌을 것이다. 그러나 누가 그의 머리를 흔들어 줄 수 있겠는가?

이 사람은 무엇인가? 정신을 통하여 세계 속으로 뻗쳐 나오는 질병의 집합인 것이다. 그리하여 그 질병들은 세계 속에서 자신의 먹이를 잡으려 한다.

이 사람은 무엇인가? 서로 화목하게 지내지 못하는 사나운 뱀의 무리이다. 그래서 그 뱀들은 각기 세상에 흩어져 먹이를 구한다.

이 가련한 육체를 보라! 이 육체가 괴로워하고 갈망한 것을, 빈약한 영혼은 자기 멋대로 해석했다. 그리하여 영혼은 그것을 살인의 욕망·칼자루의 희열에 대한 갈망으로 해석한 것이다.

지금 이 세상의 소위 악은 병든 자를 엄습한다. 병든 자는 자신에게 고통을 주는 것으로써 다른 사람을 해치려고 한다. 그러나 시대마다 다른 선과 악이 있었다.

전에는 회의(懷疑)가 악이었으며, '자기'에 대한 의지가 악이었다. 당시에는 병자는 이단자가 되고, 마녀(魔女)가 되었다. 이단자 혹은 마녀로서 병자는 스스로 괴로워했으며, 또한 다른 사람도 괴롭히려고 했다.

그러나 이런 말은 그대들의 귀에 들어가지 않을 것이다. 그것은 선량한 사람들을 해치는 말이라고 그대들은 말한다. 그러나 그대들이 말하는 그 선량한 자들이 나에게 무슨 상관이 있단 말인가!

그대들이 말하는 선량한 자들이 지니고 있는 많은 점들이 나에게는 구역질이 난다. 그러나 그들의 악이 구역질을 일으키는 것은 아니다. 나는 그들이 제발 이 창백한 범죄자처럼 어떤 광기를 지니기를, 그리고 그로 인해 파멸하기를 바란다!

나는 진실로 그들의 광기가 진실, 혹은 충실, 또는 정의라고 불려지기를 바란다. 그러나 그들은 오래 살기 위해, 가련한 안락 속에서 오래 살기 위해 자신의 덕을 가지고 있는 것이다.

나는 강물 옆에 있는 난간이다. 나를 붙잡을 수 있는 자는 나를 붙잡아라! 그러나 나는 그대들의 지팡이는 아니다.

차라투스트라는 이렇게 말했다.

7. 읽기와 쓰기에 대하여

모든 글 중에서 나는 피로 쓰인 것만을 사랑한다. 피로 써라. 그러면 그대는 피가 곧 정신임을 알게 될 것이다.

타인의 피를 이해한다는 것은 쉬운 일이 아니다. 나는 태만한 독서가들을 미워한다.

독자를 아는 자라면 그들을 위해 아무것도 하지 않을 것이다. 1세기 동안 독자라는 것이 더 계속해서 존재한다면, 정신 자체가 악취를 풍기게 될 것이다.

모든 사람이 책 읽기를 배울 수 있다면, 마침내 글 쓰는 일뿐만 아니라 생각하는 일까지도 부패시켜 버릴 것이다.

일찍이 정신은 신이었다. 다음에 정신은 인간이 되었다. 그리고 이제 정신은 천민이 되었다.

피와 잠언(箴言)으로 글을 쓰는 자는, 읽히기를 바라는 것이 아니라 암송되기를 바란다.

산과 산 사이의 가장 가까운 길은, 봉우리에서 봉우리에 이르는 길이다. 그러나 그러기 위해서는 그대는 긴 다리[脚]를 갖고 있어야 한다. 잠언은 산봉우리이어야 한다. 그리고 잠언을 듣는 자는 몸집이 크고 키가 커야 한다.

희박하고 맑은 공기, 가까이에 있는 위험, 즐거운 악의에 찬 정신, 이들은 서로가 어울리는 것들이다.

나는 산의 요정(妖精)들[54]에게 에워싸여 있기를 원한다. 나는 용기가 있기 때문이다. 유령들을 위협하여 쫓아내는 용기는, 자신을 위해 산의 요정들을 창조한다. 용기는 웃고 싶어 하는 것이다.

나는 이미 그대들이 느끼는 것처럼 느끼지 않는다. 내가 아래로 내려다보는 이 구름, 내가 조소하는 이 먹장구름, 그것은 바로 그대들에게는 번개 구름인 것이다.

그대들이 높이 오르기를 열망할 때, 그대들은 위를 쳐다본다. 그러나 나는 높이 올라와 있기 때문에 내려다본다.

그대들 중에서 누가 웃으면서 동시에 높이 솟아오를 수 있겠는가?

가장 높은 산에 오르는 자는, 모든 비극의 유희와 비극의 진지함을 비웃는다.

지혜는 우리가 용기 있고, 태연하고, 조소하고, 난폭하기를 원한다. 지혜는 여성이며, 언제나 용사만을 사랑한다.

그대들은 나에게 말한다. "인생은 견디기 힘든 무거운 짐이다"라고. 그러나 만일 인생이 그런 것이 아니라면, 무엇 때문에 그대들은 아침에는 자부심을 갖고 저녁에는 체념을 가져야 하는가?

인생은 견디기 힘든 무거운 짐이다. 그러나 제발 그렇게 허약한 체하지 말라! 우리는 모두가 무거운 짐을 견디어 내는 훌륭한 수탕나귀이며 암탕나귀가 아닌가!

우리는 한 방울의 이슬만 떨어져도 하늘거리는 장미꽃 봉오리와 어떤 공통점을 갖고 있는가?

---

54) 초인의 여러 가지 위험스러운 사상들.

우리가 인생을 사랑하는 것은, 인생에 익숙해 있기 때문이 아니라, 사랑에 익숙해 있기 때문이라는 것은 사실이다.

사랑 속에는 언제나 어느 정도의 광기가 들어 있다. 그리고 광기 속에는 언제나 어느 정도의 이성이 들어 있다.

인생을 사랑하는 나에게도 역시 나비들과 비눗방울과 이것들과 흡사한 인간들이 행복이라는 것을 가장 많이 알고 있는 것처럼 생각된다.

이 경박하고, 어리석고, 가련하고, 활발한 작은 영혼들이 이리저리 날아다니는 것을 보고 있노라면, 나 차라투스트라는 감동하여 눈물을 흘리고 노래를 부르게 된다.

내가 만일 신을 믿게 된다면, 그것은 오직 춤출 줄 아는 어떤 신[55]뿐일 것이다.

그리고 내가 나의 악마를 보았을 때, 나는 그 악마가 엄숙하고, 철저하고, 심원하고, 진지하다는 것을 알게 되었다. 그것은 그로 인해 모든 것이 파멸하는 중력(重力)의 영(靈)[56]이었다.

이것을 죽이는 것은 분노에 의해서가 아니라 웃음에 의해서이다. 자, 중력의 영을 죽이지 않겠는가!

나는 걷는 법을 배웠다. 그 이후 나는 줄곧 달렸다. 나는 나는 법을 배웠다. 그 이후로는 나는 움직이기 위해 누군가에 의해 밀려질 필요가 없다.

지금 나는 경쾌하다. 지금 나는 날고 있다. 지금 나는 나 자신을

---

55) 가볍게 춤추고, 날아다니고, 쾌활하게 희롱하는 어린이의 경지에 있는 신을 뜻하는 것으로, 디오니소스 신을 지칭한다.

56) '춤출 줄 아는 신'에 반대되는 말로, 어린이의 경지에 이르려는 자기 초극의 의지 또는 행위에 불가결한 저항력의 총칭이다.

아래로 내려다본다. 지금 어떤 신이 내 몸속에서 춤을 추고 있다.

차라투스트라는 이렇게 말했다.

8. 산 허리의 나무에 대하여

차라투스트라는 한 젊은이[57]가 자기를 피하는 것을 목격한 적이 있었다. 그가 어느 날 저녁에, '얼룩소'라고 부르는 마을을 에워싼 산속을 혼자 걸어가고 있을 때, 그는 그 젊은이가 한 나무에 기대앉아 피로한 눈으로 골짜기를 내려다보고 있는 것을 발견했다. 차라투스트라는 그 젊은이 옆에 있는 나무를 움켜잡고 이렇게 말했다.

"내가 이 나무를 양손으로 흔들려고 해도 내 힘으로는 흔들리지 않을 것이다.

그러나 우리 눈에 보이지 않는 바람은 이 나무를 괴롭히고 굽히고자 하는 방향으로 마음대로 굽힌다. 우리를 가장 괴롭히고 가장 심하게 굽히는 것은 눈에 보이지 않는 손이다."

젊은이는 당황하여 벌떡 일어나 말했다.

"차라투스트라의 목소리가 들려오는군. 그를 생각하고 있었는데."

차라투스트라가 대답했다.

---

57) 미숙한 등산객, 즉 정신의 자유를 찾아 사랑과 희망을 안고 높은 산을 오르려는 고독한 등산객을 뜻함.

"어찌하여 그대는 그토록 놀라는가? 인간도 나무와 다를 것이 없다. 높고 밝은 곳으로 올라가려 하면 할수록 뿌리는 더욱더 힘차게 땅속으로, 밑으로, 어둠 속으로, 심연 속으로, 악 속으로 들어가는 것이다."

"그렇소, 악 속으로!" 젊은이가 외쳤다. "당신은 나의 영혼을 벗겨 버렸소. 어떻게 나의 영혼을 벗겨 버릴 수가 있었소?"

차라투스트라는 미소를 지으며 말했다. "벗겨 내는 자가 먼저 그 영혼을 창조하지 않는 한, 결코 벗겨지지 않는 영혼은 수없이 많다."

"그렇소, 악 속으로!" 젊은이는 다시 외쳤다. "당신은 진리를 말했소, 차라투스트라여, 내가 높은 곳으로 오르려고 한 이후로는 나는 나 자신을 믿을 수가 없었으며, 다른 사람들도 더 이상 나를 믿으려 하지 않소. 어째서 그런 일이 일어났을까요?

나는 너무도 빨리 변하오. 나의 오늘은 나의 어제를 반박하오. 나는 계단을 오를 때 때때로 계단을 몇 개씩 뛰어 넘어가오. 계단은 나의 그러한 행동을 결코 용서해 주지 않는 것이오.

높이 오르면 나는 언제나 외톨이가 된다오. 나에게 말을 거는 사람은 하나도 없고, 고독의 찬바람에 나는 몸을 떨게 된다오. 도대체 나는 높은 곳에 올라 무엇을 하려는 것일까요?

나의 경멸과 나의 동경은 함께 성장하오. 나는 높이 오르면 오를수록 올라가는 나 자신을 경멸하오. 도대체 나는 높은 곳에 올라 무엇을 하려는 것일까요!

나는 내가 기어오르는 것과 비틀거리는 것이 얼마나 부끄러운지 모르오! 나는 자신이 숨가빠함을 얼마나 조소하는지 모르오! 나는 날아다니는 자를 얼마나 증오하는지 모르오! 나는 높은 곳에서 얼마나 지쳐 버렸는지 모르오!"

젊은이는 여기까지 말을 하고 입을 다물었다. 차라투스트라는 그가 기대어 서 있던 나무를 유심히 바라보며 이렇게 말했다.

"이 나무는 이곳 산 허리에 혼자 외롭게 서 있다. 이 나무는 인간과 동물을 초월하여 높이 솟아 있다.

그러므로 이 나무가 이야기하고 싶어 했다 하더라도, 이 나무는 자기의 말을 이해하는 자를 발견할 수 없었을 것이다. 이 나무는 그만큼 높이 성장한 것이다.

그러나 이 나무는 기다리고 또 기다리고 있다. 도대체 무엇을 기다리고 있는 것일까? 이 나무는 구름과 매우 가까이 살고 있다. 이 나무가 기다리고 있는 것은 최초의 번개가 아니겠는가?"

차라투스트라가 말을 마쳤을 때, 젊은이는 흥분하여 외쳤다. "그렇소, 차라투스트라여, 당신의 말은 진리요, 나는 높이 오르려고 했을 때, 나 자신의 몰락을 열망했소. 당신은 내가 기다리고 있던 번개요! 보시오, 당신이 우리에게 나타난 이후 내가 어떻게 되었는가를! 나를 파멸시킨 것은 당신에 대한 '질투'였소!" 젊은이는 이렇게 말하고 괴로운 듯이 울었다. 그러자 차라투스트라는 팔로 그를 감싸 안고 나란히 걷기 시작했다.

그들이 얼마 동안 걸어갔을 때 차라투스트라는 이렇게 말했다.

내 가슴이 찢어지는구나. 그대의 말보다도 그대의 눈이, 그대가 당면한 모든 위험을 분명히 나에게 말해 주고 있다.

그대는 아직 자유롭지 않다. 그대는 아직도 자유를 '탐구하고' 있다. 그대의 탐구는 그대를 지치게 했으며, 그대로 하여금 밤새도록 잠을 이루지 못하게 했다.

그대는 자유가 있는 높은 곳을 그리워하고, 그대의 영혼은 별들을 갈망하고 있다. 그러나 그대의 사악한 모든 충동들도 또한 자유를 갈망하고 있다.

그대의 사나운 개들은 자유를 그리워한다. 그대의 정신이 모든 감옥을 부수려고 할 때, 이 사나운 개들은 자기 움막 속에서 기뻐하며 짖어댄다.

내가 보기에는 그대는 아직도 자유를 꿈꾸고 있는 포로이다. 아, 이러한 영혼의 포로들은 영리해지지만, 또한 간사해지고 비열해지기도 하는 것이다.

정신의 자유를 얻은 자도 또한 자신을 정화시키지 않으면 안 된다. 그의 내부에는 아직도 많은 감옥과 불결한 것들이 남아 있다. 그의 눈은 아직도 순수해져야 한다.

그렇다, 나는 그대의 위험을 알고 있다. 그러나 나의 사랑과 희망으로 나는 그대에게 간청한다. 그대의 사랑과 희망을 버리지 말라!

그대는 아직도 자신을 고귀하다고 느끼고 있다. 그리고 그대를 싫어하고 그대를 악의에 가득 찬 시선으로 바라보는 다른 사람들도 역시 아직도 그대를 고귀하다고 생각하고 있다. 그러나 모든 사람들이 고귀한 자를 장애물로 생각하고 있음을 잊지 말라.

선량한 자들조차도 고귀한 자를 장애물로 생각한다. 그리고 선량한 자들이 그를 선량한 자라고 부를 때에도, 그들은 그렇게 부름으로써 그를 쫓아 버리려는 것이다.

고귀한 자는 새로운 것을, 새로운 덕[58]을 창조하려고 한다. 선

---

58) 정신이 자유로운 경지. 즉 어린아이의 경지.

량한 자는 옛것을 원하고 옛것이 보존되기를 바란다.

그러나 고귀한 자에게 위험한 것은, 그가 선량한 자가 될지도 모른다는 것이 아니라, 뻔뻔스러운 자·조소하는 자·파괴자가 될지도 모른다는 것이다.

아, 나는 자신의 최고의 희망을 잃어버린 고귀한 자들을 알고 있다. 그리하여 그들은 모든 높은 희망을 비방하게 되었다.

그러자 그들은 부끄러운 줄도 모르고 일시적인 쾌락에 묻혀 살았으며, 내일의 목적은 거의 가지고 있지 않았다.

"정신도 역시 관능적인 쾌락이다." 그들은 이렇게 말했다. 그리하여 그들의 정신의 날개는 부러졌다. 이제 그들의 정신은 이리저리 기어다니며 자신이 먹고 살 더러움을 만들고 있다.

전에는 그들은 영웅이 되려고 했다. 그러나 지금 그들은 관능주의자가 되었다. 그들에게는 영웅은 괴로움이며 공포인 것이다.

그러나 나는 나의 사랑과 희망으로 그대에게 간청한다. 그대 영혼 속의 영웅을 버리지 말라! 그대의 최고의 희망을 신성한 것으로 간직하라!

차라투스트라는 이렇게 말했다.

9. 죽음의 설교자들에 대하여

죽음을 설교하는 자들[59]이 있다. 그리고 대지는, 삶으로부터 떠

---

59) 죽음을 구원의 길이라고 주장하는 염세주의자들.

나라는 설교를 들어야 할 자들로 가득 차 있다.

대지는 불필요한 인간들로 가득 차 있다. 삶은 너무나 많은 자들[60] 때문에 부패되었다. 그들이 '영생'에 현혹되어 이 삶으로부터 사라지기를!

죽음을 설교하는 자들은 '누런 자들' 혹은 '검은 자들'이라고 불린다.[61] 그러나 나는 그대들에게, 그들을 몇 가지 다른 색깔로 보여 주려고 한다.

내부에 맹수(猛獸)를 거느리고 있는 무서운 자들이 있다. 그들은 강한 욕망에 빠지거나 자학(自虐)하는 것만을 일삼는다. 그리하여 그들의 욕망조차도 자학인 것이다.

이 무서운 자들은 아직도 인간이 되지 못한 것이다. 그들이 삶으로부터 떠나라는 설교를 하고, 그들 자신이 삶으로부터 떠나가기를!

영혼이 고갈되어 가는 자들[62]이 있다. 그들은 태어나자마자 죽어가기 시작하며, 권태와 체념의 가르침을 동경한다.

그들은 죽은 상태에 있고 싶어 한다. 우리는 그들의 이러한 소망을 시인해야 한다! 이 죽은 자들을 깨우지 않도록 조심하자. 이 산송장들을 해치지 않도록 조심하자!

그들은 병자나 늙은이나 시체를 만나면, 주저하지 않고 이렇게 말한다. "인생은 모순이다!"라고.

그러나 모순되어 있는 것은 그들 자신이며, 존재의 일면만을 보

---

60) 불필요한 인간들, 남아도는 자들, 잉여 인간들과 같은 의미로 사용되고 있다.
61) '누런 자들'은 황달병 환자의 불쾌감에, '검은 자들'은 염세주의자들의 부정한 태도에 결부시키고 있다. 모든 염세주의자들을 지칭한다.
62) 기독교인들을 가리킴.

고 있는 그들의 눈이다.

그들은 깊은 우울에 싸인 채, 죽음을 가져올 작은 우연한 사건들을 갈망한다. 그들은 이빨을 악물고 기다리고 있는 것이다.

또한 그들은 달콤한 것에 손을 뻗고는 자신의 어린애 같은 행동을 비웃는다. 그들은 지푸라기 같은 자신의 삶에 집착하면서도 자신이 아직도 한 가닥의 지푸라기에 집착하고 있음을 비웃는다.

그들의 지혜는 이러하다. "계속해서 살아가는 자는 바보이다. 그러나 우리는 바로 그러한 바보들이 아닌가! 그것이야말로 인생에서 가장 어리석은 것이다!"

"인생은 괴로움에 불과하다"—그들 중 어떤 자들은 이렇게 말하는데, 그들은 거짓말을 하는 것이 아니다. 그러니 그들로 하여금 삶을 끝내도록 하라! 괴로움일 뿐인 삶이 끝나도록!

그리고 그대들의 덕에 대한 가르침은 이런 것이어야 한다. "그대들은 자살해야 한다! 그대들은 자신에게서 몰래 도망쳐야 한다!"

"육욕은 죄악이다"—죽음을 설교하는 자들 중에는 이렇게 말하는 자들도 있다. "이 죄악을 피하기 위해 자식을 낳지 말아야 하지 않겠는가!"

"아이를 낳는 것은 고생스러운 일이다"—다른 자들이 말한다—"무엇 때문에 자식을 낳아야 하는가? 불행한 자들을 세상에 내보낼 뿐이 아닌가!" 이렇게 말하는 자들도 역시 죽음을 설교하는 자들이다.

"인간을 불쌍히 여겨야 한다"—또 다른 사람들은 이렇게 말한다. "내가 가지고 있는 것을 가져가라! 나를 나이게 하는 것을 가져가라! 그럴수록 나는 그만큼 삶의 구속으로부터 벗어나게 된다!"

만일 그들이 진심으로 동정하는 자라면, 그들은 그들의 이웃들로 하여금 삶에 구역질을 느끼도록 할 것이다. 악마가 되는 것—이것이야말로 그들의 진정한 선일 것이다.

그러나 그들은 삶으로부터 도망치고 싶은 것이다. 그들이 그들의 쇠사슬과 선물로써 다른 사람들을 더욱 굳게 속박한다 하더라도, 그것이 그들에게 무슨 상관이 있단 말인가!

또한 인생은 견디기 힘든 노동과 불안에 불과하다고 생각하는 그대들도 역시 삶에 지쳐 있는 것이 아닌가? 그대들도 죽음의 설교에 도취되어 있는 것이 아닌가?

그대들은 모두 견디기 힘든 노동을 즐기고, 신속한 것, 새로운 것, 기이한 것들을 좋아하지만—그대들에게는 그대들 자신이 견디기 어려운 것이다. 그대들의 근면은 하나의 도피이며, 자신을 잊으려는 의지이다.

만일 그대들이 좀 더 삶을 믿었다면, 그대들은 그처럼 순간에게 자신을 내맡기지는 않았을 것이다. 그러나 그대들은 기다릴 만한 여유도 가지고 있지 못하며, 게으름뱅이가 될 만한 여유도 또한 가지고 있지 않다!

죽음을 설교하는 자들의 목소리가 곳곳에서 울려 퍼지고 있다. 그리고 대지는 죽음의 설교를 들어야 할 자들로 가득 차 있다.

죽음이 아닌 '영생'을 설교하는 자들의 목소리가 울려 퍼지고, 또 대지가 '영생의 설교'를 들어야 할 자들로 가득 차 있다 하더라도, 내게는 마찬가지이다. 그들이 빨리 사라지기만 한다면!

차라투스트라는 이렇게 말했다.

10. 전쟁과 전사(戰士)들에 대하여

우리는 우리의 최강의 적으로부터 용서받기를 원치 않으며, 또한 우리가 진심으로 사랑하는 자들로부터 용서받기를 원치 않는다. 그러므로 나는 그대들에게 진리를 말하려 한다!

싸우고 있는 형제들이여! 나는 진심으로 그대들을 사랑한다. 나는 그대들과 동등한 자이며, 또 항상 동등한 자였다. 그리고 나는 그대들의 가장 큰 적이기도 하다. 그러므로 나로 하여금 그대들에게 진리를 말하게 하라!

나는 그대들의 가슴속에 들어 있는 증오와 질투를 알고 있다. 그대들은 증오와 질투를 알지 못할 만큼 위대하지는 못하다. 그렇다면 적어도 그것들을 부끄러워하지 않을 만큼은 위대해져라!

그리고 그대들이 인식의 성자가 될 수 없다면, 적어도 인식의 전사(戰士)가 되라. 인식의 전사들은 인식의 성자의[63] 반려자이며 또한 인식의 성자의 전(前) 모습이다.

나는 많은 병사들을 본다. 그러나 그럴 수만 있다면 나는 많은 전사들을 보고 싶다. 병사들이 몸에 걸치고 있는 것은 '제복'이라고 불린다. 그들이 제복으로 감추고 있는 것이 제복처럼 획일적(劃一的)인 것이 아니기를!

그대들은 항상 적을, '그대들 자신의' 적을 찾는 사람이 되어야 한다. 그리고 그대들 중 어떤 사람들에게는 얼핏 보아도 증오가 깃들어 있음을 알 수 있다.

---

63) '인식의 전사'란 정신적인 영역에서의 전사를 가리키며, '인식의 성자'란 최고의 진리를 깨친 자로서 초인의 사상을 전사들에게 가르치는 자를 말한다.

그대들은 자신의 적을 찾아내야 한다. 그대들은 그대들의 싸움을 계속해야 한다. 그대들의 사상을 위해!

그리고 그대들의 사상이 패배할지라도 그대들의 정직(正直)은 개가(凱歌)를 외쳐야 한다.

그대들은 평화를 새로운 전쟁을 위한 수단으로서 사랑해야 한다. 그것도 오래 계속되는 평화보다는 짧은 평화를.[64]

나는 그대들에게 노동이 아니라 전투를 권한다. 나는 그대들에게 평화가 아니라 승리를 권한다. 그대들의 노동이 전투이기를, 그대들의 평화가 승리이기를!

인간은 활과 화살을 갖고 있을 때 비로소 묵묵히 그리고 얌전하게 앉아 있을 수 있다. 그렇지 못할 때에는 소란을 피우고 언쟁을 하게 마련이다. 그대들의 평화가 승리이기를!

그대들은 훌륭한 원인은 전쟁까지도 신성한 것으로 만든다고 말하는가? 그대들에게 말하거니와 훌륭한 전쟁은 모든 원인을 신성한 것으로 만든다.

전쟁과 용기는, 이웃에 대한 사랑보다는 위대한 일을 더 많이 해 왔다. 그대들의 동정이 아닌 그대들의 용기가 지금까지 조난자(遭難者)들을 구해 온 것이다.

"선(善)이란 무엇인가?" 하고 그대들은 묻는다. 용감해지는 것이 선이다. 소녀들에게 물어 보라. "선이란 아름답고 감동적인 것이다"라고 대답할 것이다.

사람들은 그대들을 비정하다고 말한다. 그러나 그대들의 마음

---

64) 평화가 오랫동안 계속되면 전사로서의 마음이 해이해지기 때문이다.

은 깨끗하고 바르다. 나는 그대들의 상냥한 마음속에서 우러나는 겸손함을 사랑한다. 그대들은 자신의 밀물을 부끄러워하지만, 다른 사람들은 자신의 썰물을 부끄러워한다. [65]

그대들은 추악한가? 그렇다면 나의 형제들이여 추악한 자들의 외투인 숭고함을 몸에 걸치라!

그대들의 영혼이 위대해지면 그대들의 영혼은 교만해지고, 그대들의 숭고함 속에 사악함이 깃들게 된다. 나는 그대들을 알고 있다.

악의에 있어서는, 교만한 자는 약한 자와 일치한다. 그러나 양자는 서로 오해한다. 나는 그대들을 알고 있다.

그대들은 증오하는 적은 갖되 경멸하는 적은 가져서는 안 된다. 그대들은 그대들의 적을 자랑스럽게 여겨야 한다. 그러면 그대들의 적의 성공은 또한 그대들의 성공이 될 것이다.

반항—그것은 노예의 고귀함이다. 그대들의 고귀함이 복종 속에서 나타나게 하라! 그대들의 명령까지도 복종이 되게 하라!

훌륭한 전사(戰士)에게는 '그대 해야 한다'가 '내가 하리라' 보다 더 유쾌하게 들린다. 그러므로 그대들은 먼저 그대들이 좋아하는 모든 것들로 하여금 그대들에게 명령하도록 해야 한다.

삶에 대한 그대들의 사랑이, 그대들의 최고의 희망에 대한 사랑이 되게 하라. 그리고 그대들의 최고의 희망이 삶에 대한 최고의 사상이 되게 하라!

그러나 그대들은 나로 하여금 그대들의 최고의 사상을 명령하

---

65) 냉혹한 자들은 자신의 다정함(밀물)을 부끄러워하지만, 그렇지 못한 자들은 자신의 무정함(썰물)을 부끄러워한다.

도록 해야 한다. 인간은 초극되어야 하는 존재라는 최고의 사상을.

이와 같이 그대들은 복종하고 투쟁하는 삶을 살아가라! 오래 사는 것이 무슨 가치가 있는가! 어떤 전사가 위로받기를 원하겠는가!

나는 그대들을 위로하지 않는다. 나는 그대들을 진심으로 사랑한다, 투쟁하고 있는 형제들이여!

차라투스트라는 이렇게 말했다.

11. 새로운 우상에 대하여

아직도 어딘가에는 여러 민족과 민중이 존재하지만, 우리들에게는 존재하지 않는다. 나의 형제들이여, 여기에는 여러 국가가 존재하는 것이다. [66]

국가? 그것이 무엇이냐고? 자, 귀를 기울이고 내 말을 들으라. 이제 내가 그대들에게 민족의 죽음에 대해 말하리라.

국가란 모든 냉혹한 괴물(怪物) 중에서도 가장 냉혹한 괴물이다. [67] 또한 그것은 냉혹하게 거짓말을 한다. 다음과 같은 거짓말이 그 입에서 새어 나오는 것이다. "나 곧 국가는 민족이다."

---

66) 민족과 국가(새로운 우상)를 대비시켜 말하고 있다. 민족이 자연적인 통합체라면, 국가는 인위적인 통합체이다.

67) 민족은 하나의 신앙과 사랑에 의해 자연적으로 결합되어 있으며, 거기에는 따뜻한 피가 흐르고 있다. 그러나 이에 대해 국가는 인위적인 구성체로서 싸늘하다는 것을 의미한다.

그것은 거짓말이다! 민족을 창조하고 민족의 머리 위에 신앙과 사랑을 걸어 놓은 것은 창조자들이었다. 이와 같이 그들은 인생에 이바지한 것이다.

많은 사람들을 겨냥하여 올가미들을 설치해 놓고 그것을 국가라고 부르는 것은 파괴자들이다. 그들은 사람들의 머리 위에 칼한 자루와 백 가지 욕망을 걸어 놓았다.

아직도 민족이 존재하는 곳에서는 그 민족은 국가를 이해하지 못하고, 국가를 독살스러운 눈으로서 또는 관습이나 법률에 대한 범죄로서 증오한다.

민족의 징표(徵表)로서 나는 다음과 같은 것을 그대들에게 말하고자 한다. 모든 민족은 선과 악에 대하여 각기 자기의 언어로 이야기 한다. 이웃 민족들은 그 말을 이해하지 못한다. 그 민족은 습관과 법률 속에서 그들의 언어를 창조해낸 것이다.

그러나 국가는 선악에 대한 모든 언어를 동원하여 거짓말을 한다. 국가가 말하는 것은 모두가 거짓말이며, 국가가 소유하고 있는 것은 모두 훔친 것이다.

국가에 속하는 모든 것은 거짓이다. 물어뜯기를 잘하는 국가는 훔쳐낸 이빨로 마구 물어뜯는다. 국가의 내장(內臟)까지도 거짓이다.

선악에 대한 언어의 혼란, 이 징표(徵表)를 나는 그대들에게 국가의 징표라고 말하고자 한다. 이 징표는 죽음에의 의지를 가리킨다! 이 징표는 죽음을 설교하는 자들을 손짓하며 부른다!

세상에는 너무나 많은 자들이 태어난다. 국가는 이 남아도는 자들을 위해 만들어진 것이다!

보라, 국가가 그들을, 엄청나게 많은 자들을 어떻게 자기편으로 끌어들이는가를! 국가가 어떻게 그들을 삼키고, 씹고 또 씹는 가를!

"지상에 나보다 더 위대한 것은 없다. 나는 '신'의 다스리는 손가락이다"—이 괴물은 이렇게 외친다. 그러면 기가 죽어서 굴복하는 것은 비단 귀가 길고[68] 눈이 어두운 자들만이 아니다!

아, 그대 위대한 영혼들이여, 그대들의 귀에도 국가는 엉큼한 거짓말을 속삭인다! 아, 국가는 자신을 낭비하기를 좋아하는 풍부한 마음을 가진 자들을 곧잘 알아낸다!

그렇다, 그대 낡은 신의 정복자들이여, 국가는 그대들을 곧잘 알아낸다! 그대들은 싸움에 지쳐 있다. 그리하여 그대들의 피곤은 새로운 우상을 섬기는 것이다!

이 새로운 우상은 영웅들이나 명예 있는 자들을 주위에 거느리고 싶어 한다! 이 냉혹한 괴물은 양심의 햇볕을 쬐기를 좋아한다.

만일 '그대들'이 이 새로운 우상인 국가를 숭배하기만 한다면 국가는 '그대들'에게 모든 것을 주려고 한다. 그리하여 국가는 그대들의 빛나는 덕과 긍지에 찬 눈빛을 매수하는 것이다.

국가는 남아도는 무수히 많은 자들을 끌어들이기 위해 그대들을 이용하려 한다. 그렇다. 여기서 교활한 악마의 계책이 생겨난 것이다. 거룩한 영예로 장식되어 방울소리를 내는 죽음의 말(馬)이![69]

그렇다. 여기서 스스로를 삶으로 찬미하는 만인을 위한 죽음이 고안되었으며, 그것은 실로 죽음을 설교하는 모든 자들에 대한 충

---

68) 당나귀, 즉 민중을 가리킴.
69) 트로이의 목마, 혹은 장군인 주인과 함께 매장된 말을 연상케 한다.

심으로부터 우러나온 봉사인 것이다!

선인과 악인을 막론하고, 모든 백성들이 독을 마시게 되는 곳, 그곳을 나는 국가라고 부르며, 선인과 악인을 막론하고 모든 백성들이 자기 자신을 상실하는 곳, 그곳도 나는 국가라고 부르며, 모든 사람들의 완만한 자살이 '삶'이라고 불리는 곳, 그곳 또한 나는 국가라고 부른다.

보라, 이 잉여(剩餘)인간들을! 그들은 자신들을 위해 창조자들의 작품들과 현자들의 보물들을 훔쳐내며, 훔쳐낸 것들을 교양이라고 부른다. 그리하여 그들이 훔쳐낸 것들은 모두 질병과 재난으로 변하는 것이다.

보라, 이 잉여인간들을! 그들은 항상 병들어 있다. 그들은 그들의 담즙(膽汁)을 토해내고, 그것을 신문(新聞)이라고 부른다. 그들은 서로가 서로를 탐식(貪食)하지만 소화를 시키지 못한다.

보라, 이 잉여인간들을! 그들은 부(富)를 손에 넣지만, 그로 인해 더욱 가난해진다. 그들은 권력을 원하며, 권력의 지렛대인 많은 돈을 무엇보다도 원한다. 이 무능력한 자들은!

보라, 이 기어올라가는 약삭빠른 원숭이들을! 그들은 서로가 서로를 기어올라 넘으며, 그리하여 진흙과 깊은 구렁 속으로 굴러 떨어져 버린다.

그들은 왕좌에 오르려고 서로 싸운다. 이것이 그들이 지니고 있는 광기인 것이다. 마치 행복이 왕좌 위에 앉아 있기라도 한 것처럼! 그러나 때때로 왕좌 위에는 쓰레기가 앉아 있으며, 또한 왕좌는 쓰레기 더미 위에 앉아 있는 것이다.

내가 보기에는 그들은 모두가 미치광이들이며, 기어오르는 원숭이들이며, 사나운 자들이다. 그들의 우상인 저 냉혹한 괴물은 악취를 풍기며, 이들 우상숭배자들도 또한 모두 악취를 풍긴다.

형제들이여, 그대들은 저들의 입과 욕망이 풍기는 악취 속에서 질식하기를 원하는가? 차라리 창문을 깨고 대기(大氣) 속으로 뛰쳐나오라!

악취를 피하라! 잉여인간들의 우상숭배에서 떠나라!

악취를 피하라! 이들 사람을 죽이는 독기(毒氣)에서 떠나라!

대지는 아직도 위대한 영혼들을 위해 열려 있다. 평온한 바다의 향기가 사방에서 불어오는 많은 자리들이 아직도 혼자 숨어 사는 자들과 둘이 숨어 사는 자들을 기다리고 있다.

자유로운 삶이 아직도 위대한 영혼들을 위해 열려 있다. 실로 조금밖에 소유하고 있지 않은 자는 소유되는 일도 그만큼 적은 것이다.[70] 알맞은 가난이여, 찬양받으라!

국가가 끝나는 곳, 그곳에서 비로소 잉여인간이 아닌 인간이 시작되며, 그곳에서 비로소 필요한 인간의 노래, 유일한, 무엇과도 바꿀 수 없는 선율이 시작되는 것이다.

국가가 끝나는 곳, 나의 형제들이여, 그곳을 보라. 그대들에게는 보이지 않는가, 무지개와 초인으로 향하는 다리가?[71]

차라투스트라는 이렇게 말했다.

---

70) 권력이나 부를 많이 소유하면 소유할수록, 그 주인이 되는 것이 아니라 그 노예가 되는 것임을 뜻한다.

71) '무지개'는 새로운 희망을. '다리'는 자기 초극의 의지를 뜻한다.

12. 시장의 파리떼에 대하여

나의 친구여, 그대의 고독 속으로 피하라! 나는 그대가 소위 위대한 사람들의 소동으로 인해 귀머거리가 되었으며, 소인(小人)들의 가시에 마구 찔림을 보고 있다.

숲과 바위는 그대처럼 침묵을 지킬 줄을 안다. 그대는 다시 그대가 사랑하는 무성한 나무와 같이 되라. 그 나무는 조용히 그리고 조심스럽게 바다 위로 뻗고 있다.

고독이 끝나는 곳, 그곳에서 시장(市場)[72]이 시작된다. 그리고 시장이 시작되는 곳에 이른바 위대한 배우들의 소란이 시작되고, 독파리들이 윙윙거리기 시작한다.

세상에서 가장 훌륭한 것일지라도 최초로 그것을 상연하는 사람이 없다면, 그것은 아무런 가치도 없는 것이다. 사람들은 이 상연자들을 '위대한 사람들'이라고 부른다.

군중은 위대함, 즉 창조에 대하여 거의 알지 못한다. 그러나 군중은 위대한 것들을 상연하는 모든 자들과 그것을 연출하는 모든 배우들에 대해서는 감식력을 가지고 있다.

세계는 새로운 가치의 창조자들 주위를 눈에 보이지 않게 회전한다. 그러나 군중과 영광은 배우 주위를 회전한다. 이것이 '세계의 운행'인 것이다.

배우는 정신은 갖고 있지만 정신의 양심은 거의 갖고 있지 않다. 그는 항상 가장 강한 믿음을 불러일으키는 것, 즉 '자기 자신'에 대한 믿음을 불러일으키는 것을 믿고 있다.

---

72) 속세.

그는 내일 새로운 신념을 가질 것이며, 모레는 또 다른 새로운 신념을 가질 것이다. 그는 군중과 마찬가지로 빠른 감수성과 변덕스러운 기질을 갖고 있다.

전복시키는 것—그것은 그에게는 증명하는 것을 의미하며, 광란으로 몰고 가는 것—그것은 그에게는 확신시키는 것을 의미한다. 그리고 피는 그에게 최상의 근거인 것이다.

예리한 귀에만 들리는 진리를 그는 거짓말 또는 헛소리라고 부른다. 그는 세상에서 소란을 피우는 신들만을 믿는 것이다!

시장은 위엄을 부리는 어릿광대들로 가득 차 있으며, 군중은 그들의 위대한 사람들을 자랑으로 여긴다! 군중에게는 그들은 당대의 영웅들인 것이다.

그러나 시간은 그들을 다그친다. 그리하여 그들은 그대를 다그친다. 그리고 그들은 그대에게도 '예스'냐 '노'냐를 요구한다. 욕될지어다, 그대는 '예스'와 '노' 사이에 자리 잡으려 하는가? 그대 진리를 사랑하는 자여, 이들 완고하고도 강압적인 자들로 인해 시기하는 자가 되지 말라! 진리가 완고한 자의 팔에 매달린 적은 이제까지 한 번도 없었다.

이 과격한 자들을 피해 그대의 안전지대로 돌아가라. 인간은 시장에서만 '예스'냐 '노'냐의 공격을 받는 것이다.

모든 깊은 샘은 체험이 느린 법이다. '무엇이' 자신의 심연에 떨어졌는가를 알기까지는 깊은 샘은 오랫동안 기다려야 하는 것이다.

모든 위대한 일들은 영예와 시장으로부터 멀리 떨어진 곳에서 일어난다. 이제까지 새로운 가치의 창조자들은 영예와 시장으로부터 멀리 떨어진 곳에서 살아왔다.

나의 친구여, 그대의 고독 속으로 피하라! 나는 그대가 독파리들에게 쏘이는 것을 보고 있다. 피하라, 차갑고 거친 바람이 부는 곳으로!

그대의 고독 속으로 피하라! 그대는 소인들과 가련한 자들에게 너무 가까이 살아왔다. 숨겨진 그들의 복수로부터 도망쳐라! 그들은 그대에게 복수만을 일삼는다.

더 이상 그들에게 대항하지 말라! 그들은 수도 없이 많으며, 파리채가 되는 것은 그대의 운명이 아니다.

소인들과 가련한 자들은 수없이 많다. 빗방울과 잡초들은 이제까지 많은 웅장한 건물들을 파괴시켜 왔다.

그대는 돌은 아니지만, 이미 많은 빗방울로 말미암아 구멍이 뚫어졌다. 그대는 앞으로 수많은 빗방울에 의해 깨지고 박살이 날 것이다.

나는 그대가 이미 파리떼로 인해 지쳐 버린 것을 알고 있다. 나는 그대가 백 군데나 상처를 입고 피투성이가 된 것을 알고 있다. 그런데도 그대의 자존심은 화를 내려고 하지 않는다.

그들은 오로지 그대의 피를 원한다. 빈혈에 걸린 그들의 영혼은 피를 갈망한다. 그래서 그들은 그대를 마구 쏘아대는 것이다.

그러나 그대 심원한 자여, 그대는 작은 상처에도 매우 괴로워한다. 그런데 그대의 상처가 미처 아물기도 전에, 같은 독벌레가 그대의 손등을 기어다니고 있다.

그대는 이 단것을 좋아하는 놈들을 죽이기에는 너무 자존심이 강하다. 그러나 그들의 독 묻은 비행(非行)을 참는 것이 그대의 운명이 되지 않도록 조심하라!

그들은 그대를 칭찬하며 그대 주위를 윙윙거리며 날아다닌다.

그들은 칭찬하며 치근대는 것이다. 그들은 그대의 살과 피에 접근하고 싶은 것이다.

그들은 마치 그대가 신이나 악마이기나 한 것처럼 그대에게 아첨한다. 그들은 신이나 악마 앞에서 칭얼거리듯이 그대 앞에서 칭얼거린다. 그것이 어떻단 말인가! 그들은 아첨꾼이며 칭얼거리는 자들일 뿐이다.

그리고 그들은 때때로 그대에게 친절을 베풀기도 한다. 그러나 그것은 언제나 비겁한 자들의 지혜였다. 그렇다, 비겁한 자들은 생각이 깊은 법이다!

그들은 그들의 편협한 영혼으로 그대에 대해 많은 것을 생각한다. 그대는 그들에게는 항상 의혹의 대상인 것이다! 많이 생각되는 것은 모두 결국 의심스러워지게 마련이다.

그들은 그대의 모든 덕들 때문에 그대에게 벌을 내리는 것이다. 그들이 진심으로 그대를 용서하는 것은 그대의 실책뿐이다.

그대는 온화하고 마음이 올바르기 때문에 이렇게 말한다. "그들이 소인이라는 이유로 그들을 비난해서는 안 된다." 그러나 그들의 편협한 영혼은 이렇게 말한다.

"모든 위대한 존재는 마땅히 비난받아야 한다."

그대가 그들을 온화하게 대할 때에도, 그들은 그대가 그들을 멸시하고 있다고 생각한다. 그래서 그들은 그대의 친절에 대해 여러 가지 은밀한 해독으로 보답한다.

그대의 말 없는 긍지는 언제나 그들의 비위를 상하게 한다. 그대가 허영심이 강한 자가 될 만큼 겸손해지면 그들은 매우 기뻐할 것이다.

우리가 어떤 사람의 버릇을 인정하면 우리는 그 버릇을 부채질하는 것이다. 그러므로 소인들을 조심하라!

그들은 그대 앞에서 스스로 소인임을 느낀다. 그들의 저열함은 밖에서 보기에는 희미하지만, 그대를 향한 숨겨진 복수심 속에서 활활 타오른다.

그대가 그들에게 가까이 다가가면 그들은 자주 입을 다물고, 마치 꺼져 가는 불에서 연기가 사라지는 것처럼, 그들에게서 힘이 빠져나가는 것을 그대는 간파하지 못했는가?

그렇다, 나의 친구여, 그대는 그들에게는 양심의 가책이다. 그들은 그대에게 부끄러운 존재들이기 때문이다. 그래서 그들은 그대를 증오하고 그대의 피를 빨아먹으려 하는 것이다.

그대의 이웃들은 항상 독파리떼로 남아 있을 것이다. 그대에게 있어서 위대한 것, 바로 그것이 그들을 더욱 독이 많은 자로 만들고 더욱 파리떼로 만들 것이다.

피하라, 나의 친구여, 그대의 고독 속으로, 차갑고 거친 바람이 부는 곳으로! 파리채가 되는 것은 그대의 운명이 아니다.

차라투스트라는 이렇게 말했다.

13. 순결에 대하여

나는 숲을 사랑한다. 도시는 살기에 적합한 곳이 아니다. 그곳에는 음탕한 자들이 너무 많이 득실거리고 있다.

음탕한 여인의 꿈속으로 떨어지는 것보다 살인자의 손으로 떨어지는 것이 낫지 않은가?

이 사람들을 보라, 그들의 눈은 이 세상에서 여자와 동침하는 것보다 더 훌륭한 일을 알지 못한다고 고백하고 있다.

그들의 영혼 밑바닥에는 오물들이 깔려 있다. 그럼에도 불구하고 이 흙탕물이 정신과 같은 것을 갖고 있다니!

최소한 그들이 동물로라도 완전하다면! 그러나 동물들에게는 천진스러움이 있다.

내가 그대들에게 그대들의 관능(官能)을 죽이라고 권하는가? 나는 그대들에게 관능의 천진함[73]을 권한다.

내가 그대들에게 순결을 권하는가? 순결은 소수의 사람들에게는 미덕이지만, 대부분의 사람들에게는 악덕에 가까운 것이다.

그들은 금욕을 행한다. 그러나 그들의 일거일동(一擧一動)에서는 육욕이라는 암캐의 질투에 찬 눈초리가 번득인다.

불만에 찬 이 짐승은 그들이 지닌 덕의 꼭대기까지, 그리고 그들의 싸늘한 영혼 깊은 곳까지 따라다닌다.

그리고 한 조각의 고깃덩이가 자기에게 주어지지 않을 때, 육욕이라는 암캐는 아첨하면서 한 조각의 정신을 구걸한다.

그대들은 모든 비극과 가슴을 찢는 온갖 불행을 사랑하는가? 그러나 나는 그대들의 육욕이라는 암캐는 믿지 않는다.

내가 보기에는, 그대들의 눈은 너무나 잔인하며, 괴로워하는 자들을 음탕한 눈으로 바라본다. 그대들의 육욕이 위장하여 스스로 동정(同情)이라고 자칭하고 있는 것이 아닌가?

나는 이런 비유를 그대들에게 말하려고 한다. 자신의 악마를 내쫓으려고 하다가 오히려 자신이 돼지의 무리 속으로 들어간 자가

---

73) 성생활 자체는 선도 악도 아니며, 무리하게 억제하거나 영적으로 남용하는 일이 없는 상태.

적지 않다.[74)

순결을 지키기 어려운 사람에게는 순결을 단념하도록 권해야한다. 순결을 지키는 일이 지옥, 즉 영혼의 흙탕물과 영혼의 음탕함에 이르는 길이 되지 않도록.

내가 불결한 일에 대하여 말하고 있다고 생각하는가? 불결한 말을 하는 것은 나에게 그다지 혐오스러운 일은 아니다.

인식한 자가 진리의 물속으로 들어가기를 싫어하는 것은, 진리가 불결할 때가 아니라 얕을 때이다.

참으로 마음속 깊은 곳까지 순결한 사람들이 있다. 그들은 그대들보다 마음이 온유하고 그대들보다 더 자주 웃고 더 진심으로 웃는다.

그들도 또한 순결을 비웃으며 이렇게 말한다. "순결이란 무엇인가? 순결이란 어리석음이 아닌가? 그러나 이 어리석음이 우리에게 온 것이지, 우리가 이 어리석음에게 간 것은 아니다. 우리는 이 손님에게 사랑과 쉴 곳을 제공했다. 이제 이 손님은 우리와 함께 살고 있다. 이 손님이 원할 때까지 머물러 있게 하라!"라고.

차라투스트라는 이렇게 말했다.

14. 친구에 대하여

"내게는 항상 또 한 사람이 붙어 다닌다"—은둔자는 이렇게 말

---

74) 〈마태복음〉 8장 30~32절 참조.

한다. "하나에 하나를 곱하면—항상 결국 둘이 된다!"

나는 항상 나 자신과의 대화에 지나치게 열중한다. 만일 내게 친구가 없다면 그것을 어떻게 견디어낼 수 있겠는가?

은둔자에게는 친구는 항상 제삼자이며, 제삼자는 나와 나 자신과의 대화가 심연으로 빠지지 못하도록 막아 주는 코르크마개이다.

아, 모든 은둔자들에겐 너무나 많은 심연이 있다. 그들이 친구를 그리워하고 친구의 높은 세계를 그리워하는 것은 바로 그 때문이다.

그런 점에서 타인에 대한 우리의 믿음은 우리가 우리 자신을 믿고 싶어 한다는 것을 폭로하는 것이다. 친구를 그리워하는 것은 우리들 자신을 폭로하는 것이다.

그리고 우리들은 종종 우리들의 사랑에 의해 오직 질투를 뛰어넘기만을 원한다. 그리고 공격을 받을 가능성이 자신에게 있다는 것을 감추기 위해 우리는 종종 공격하여 적을 만드는 것이다.

"나의 적이라도 되어 다오!"—감히 우정을 요구하지 못하는 참된 존경은 이렇게 말한다.

만일 그대가 친구를 갖기 원한다면 그대는 또한 그 친구를 위해 싸울 각오를 해야 하며, 싸우기 위해서는 적이 '될 수' 있어야 한다.

그대는 그대의 친구의 내부에 도사리고 있는 적까지도 존경해야 한다. 그대는 그에게로 건너가지 않고 그대의 친구에게 접근할 수 있는가?

그대는 그대의 친구의 내부에 그대의 최선의 적을 갖고 있어야 한다. 그대가 그에게 대항할 때, 그대의 마음은 그에게 가장 가까이 접근해 있음을 느낄 것이다.

그대는 그대의 친구 앞에서 벌거숭이가 되기를 원하는가? 있는 그대로의 그대를 그대의 친구에게 보여 주는 것이 그대의 친구에 대한 존경일까? 그러나 그대가 그렇게 하면, 그대의 친구는 그 때문에 그대를 악마에게 내주고 싶어 할 것이다!

자기를 숨기지 않는 사람은 다른 사람을 분개하게 한다. 이것이 곧 그대들이 벌거숭이가 되기를 두려워해야 할 이유인 것이다! 그렇다, 만일 그대들이 신이라면, 그대들은 그대들이 입고 있는 옷을 부끄러워할 수 있을 것이다!

그대는 그대의 친구를 위해 아무리 아름답게 치장을 해도 부족하다. 왜냐하면 그대는 그대의 친구에게 있어서, 초인으로 향하는 화살이며 동경이어야 하기 때문이다.

그대는 그대의 친구가 어떤 모습을 하고 있는지 알기 위해, 그가 잠들어 있는 것을 살펴본 적이 있는가? 잠들어 있을 때의 그대의 친구의 모습은 그 이외의 경우에 있어서의 모습과는 다른 것이다. 그것은 면이 고르지 못한 불완전한 거울에 비친 그대 자신의 모습이다.

그대는 그대의 친구가 잠들어 있는 것을 살펴본 적이 있는가? 그대는 그의 모습에 놀라지 않았는가? 오, 나의 친구여, 인간은 초극되어야 할 존재인 것이다.

친구는 추측에 있어서 그리고 침묵을 지키는 데 있어서 명수(名手)이어야 한다. 그대는 모든 것을 보려고 해서는 안 된다. 그대는 그대의 친구가 깨어 있을 때 하는 일을 그대의 꿈을 통해 알아내야 한다.

그대의 동정은 추측이어야 한다. 그것은 먼저 그대의 친구가 동정을 원하는지 아닌지를 알기 위해서이다. 어쩌면 그가 사랑하는 것은 그대의 맑은 눈과 영원한 눈초리일지도 모른다.

친구에 대한 동정은 단단한 껍질 속에 숨겨 두라. 그리하여 이 동정을 깨물려면 그대는 이빨 한 대쯤 부러져야 한다. 그렇게 하면, 동정은 비로소 달콤한 맛이 날 것이다.

그대는 그대의 친구에 대하여 맑은 공기이며, 고독이며, 빵이며, 약인가? 자기 자신의 쇠사슬은 풀지 못하면서 친구에게는 구제자인 사람들이 많이 있다.

그대는 노예인가? 그렇다면 그대는 친구가 될 수 없다. 그대는 폭군인가? 그렇다면 그대는 친구를 가질 수 없다.[75]

여자 내부에는 너무나 오랫동안 노예와 폭군이 숨어 살아왔다. 그 때문에 여자는 아직도 우정을 맺을 수 없는 것이다. 여자는 사랑만을 알고 있을 뿐이다.

여자의 사랑 속에는 그녀가 사랑하지 않는 모든 것에 대한 불공평과 무분별이 들어 있다. 그리고 여자의 지적(知的)인 사랑 속에도 역시 빛과 함께 불의의 공격과 번개와 밤이 들어 있다.[76]

아직도 여자에게는 우정을 맺을 능력이 없다. 여자들은 아직도 고양이요, 새이다. 아니면 고작해야 암소이다.

아직도 여자에게는 우정을 맺을 능력이 없다. 그러나 말해 보라, 그대 남자들이여, 그대들 가운데 우정을 맺을 능력을 갖고 있는 자는 누구인가?

---

75) 진정한 친구 관계는 서로 적으로 경외심을 느끼는 동등한 사이에서만 성립될 수 있음을 나타내고 있다.

76) '빛'은 사랑에 대한 예리한 눈을, '불의의 공격과 번개와 밤'은 여자의 변덕스러움을 뜻한다.

오, 그대 남자들이여, 그대들의 영혼은 얼마나 가난하고 초라한가! 그대들이 그대들의 친구에게 주는 것만큼, 나는 나의 적에게까지도 주려고 한다. 그렇다고 해서 그 때문에 더 가난해지지는 않을 것이다.

세상에는 우의(友誼)라는 것이 있다—그러나 우정이 있기를!

차라투스트라는 이렇게 말했다.

15. 천(千)한 개의 목표에 대하여

차라투스트라는 수많은 나라와 수많은 민족을 보아 왔다. 그리하여 그는 수많은 민족에게서 각각의 고유한 선과 악을 발견했다. 차라투스트라는 지상에서 선악보다 더 강한 힘을 발견하지 못했다.

평가하지 않는 민족은 생존할 수 없을 것이다. 그러나 민족이 자신을 보존하기를 원한다면, 이웃 민족이 평가하는 것과 똑같이 평가해서는 안 된다.

어떤 민족에게는 선으로 간주되는 많은 것들이, 다른 민족에게는 조소와 비난의 대상이 되는 것을 나는 보았다. 어떤 곳에서는 악이라고 불리는 많은 것들이, 다른 곳에서는 화려한 영예로 장식되어 있는 것을 나는 보았다.

이웃 민족은 다른 이웃 민족을 조금도 이해하지 못했다. 각 민족의 영혼은 항상 이웃 민족의 광기와 사악함에 놀랐다.

각각의 민족의 머리 위에는 가치 목록(價値目錄)이 걸려 있다.

보라, 그것은 그 민족이 초극하고 있는 목록인 것이다. 보라, 그것은 그 민족의 힘에의 의지의 목소리인 것이다.[77]

어떤 민족은 어려운 일이라고 생각되는 것을 가리켜 찬양할 만한 일이라고 부르며, 꼭 필요하면서도 어려운 일을 가리켜 선이라고 부른다. 그리고 가장 어려운 곤궁에 빠져 있는 사람들을 구제하는 것, 가장 희귀한 것, 가장 어려운 것을 신성한 것으로 찬양한다.

어떤 민족으로 하여금, 그 이웃 민족이 공포와 질투를 느낄 만큼 지배하게 하고, 정복하게 하고, 빛나게 하는 것은 무엇이건, 그 민족은 그것들을 가장 고귀한 것, 가장 훌륭한 것, 모든 것의 척도가 되는 것, 그리고 모든 것의 의미로 간주하는 것이다.

나의 형제여, 만일 그대가 어떤 민족의 곤궁과 땅과 하늘과 이웃을 알기만 한다면, 그대는 분명 그 민족이 가지고 있는 초극의 법칙을 짐작할 수 있을 것이며, 또 왜 그 민족이 그 다리를 타고 자신의 희망을 향해 올라가는지를 짐작할 수 있을 것이다.

"그대는 언제나 제일인자가 되어야 하며, 다른 사람들을 능가해야 한다. 시기심 많은 그대의 영혼은, 그대의 친구 이외에는 아무도 사랑해서는 안 된다."—이 교훈이 한 그리스인 영혼을 뒤흔들어 놓았다. 그리하여 그는 위대함에 이르는 자신의 길을 걸어갔다.

"진실을 말하라, 그리고 활과 화살을 다루는 방법을 배워라."—이것은 내가, 바람직하면서도 어려운 이름으로 생각되었던 나의

---

77) 니체는 생명의 의지를 자기 보존의 의지로만 보지 않고, 보다 많은 지배력, 즉 보다 많은 힘을 소유하려는 의욕, 자기를 증대시키려는 자기 초극의 의지로 보고 있다.

이름[78]을 그들로부터 취한 민족[79]에게는 바람직하면서도 어려운 일로 생각되었다.

"부모를 공경하고 영혼의 뿌리로부터 부모의 뜻에 따르라." 또 어떤 민족은 이 초극의 목록을 자신의 머리 위에 걸어 놓았으며, 그로 인해 그 민족은 강대하고 영원한 민족이 되었다.

"충성을 다하자. 충성을 위해서는 악하고 위험한 일에 있어서도 명예와 생명을 걸라." 어떤 민족은 이 가르침에 의해 자신을 지배했으며, 이렇게 자신을 지배함으로써 그 민족은 큰 희망을 품게 되었으며 비대해졌다.

인간은 자신의 모든 선과 악을 자기 자신에게 부여해 왔다. 인간은 자신의 선과 악을 얻은 것도 아니며, 발견한 것도 아니며, 하늘의 목소리로서 인간에게 떨어진 것도 또한 아니다.

인간은 자신을 보존하기 위해 무엇보다도 먼저 사물에 가치를 부여했다. 인간은 사물의 의미를 창조했다. 인간적인 의미를! 그래서 인간은 자신을 '인간', 즉 '평가자'라고 부르는 것이다.

평가하는 것은 창조하는 것이다. 들으라, 그대 창조하는 자들이여! 평가하는 것 그 자체가, 모든 평가된 사물의 가치이며 재보(財寶)인 것이다.

가치는 오직 평가를 통해서만 존재한다. 평가가 없다면 존재의 호도(胡桃)는 알맹이가 없어질 것이다. 들으라, 그대 창조하는 자들이여!

가치의 변화―그것은 가치를 창조하는 자의 변화를 의미한다.

---

78) '차라투스트라'라는 이름은 '금빛의 별'을 의미한다는 어원적(語源的) 해석에 의함.
79) 고대 페르시아 민족.

창조자가 되어야 하는 자는 항상 파괴해야 한다.

처음에는 민족들이 창조자였으며 후에야 비로소 개개인이 창조자가 되었다. 개개인 그 자체야말로 최근의 피조물(被造物)인 것이다.

일찍이 민족들은 각기 가치 목록을 자신의 머리 위에 걸어 놓았다. 지배하기를 원하는 사랑과, 복종하기를 원하는 사랑이 함께 그런 목록을 만들어낸 것이다.

군중 속에서의 기쁨은 자아 속에서의 기쁨보다 먼저 생겨난 것이다. 그리하여 가책을 느끼지 않는 양심의 소유자들이 군중이라고 불리는 한, 가책을 느끼는 양심의 소유자만이 자아를 말하는 것이다.

다수의 이익을 구실로 자신의 이익을 도모하려는 사랑이 없는 교활한 자아, 그것은 군중의 근원이 아니라, 군중의 파괴인 것이다.

선과 악을 창조한 것은 언제나 사랑하는 자들이었으며, 창조하는 자들이었다. 사랑의 불길과 분노의 불길이 모든 덕의 이름으로 활활 타오르고 있다.

차라투스트라는 수많은 나라와 수많은 민족을 보아 왔다. 차라투스트라는 지상에서 사랑하는 자들이 창조한 것보다 더 강한 힘을 발견하지 못했다. 그들이 창조한 것은 '선'과 '악'이라고 불린다.

이와 같은 칭찬과 비난의 힘은 실로 괴물이다. 말해 보라, 형제들이여, 누가 나를 위해 그 괴물을 정복하겠는가? 말해 보라, 누가 천 개나 되는 이 짐승의 목에 멍에를 씌우겠는가?

지금까지 천 개의 목표가 존재해 왔다. 그것은 천의 민족이 존재해왔기 때문이다. 그러나 천 개의 목에 씌울 멍에가 아직도 없는 것이다. 바로 그 목표 한 개가[80] 아직도 없는 것이다.

그러나 말해 보라, 나의 형제들이여, 아직도 인류에게 목표가 결여되어 있다면, 인류 그 자체도 또한 아직도 결여되어 있는 것이 아니겠는가?

차라투스트라는 이렇게 말했다.

16. 이웃을 사랑하는 것에 대하여

그대들은 이웃 사람들에게 몰려가며, 또한 이웃 사람들에게 몰려가는 것을 아름다운 말로 표현한다. 그러나 그대들에게 말하지만, 이웃에 대한 그대들의 사랑은 그대들 자신에 대한 그릇된 사랑인 것이다.

그대들은 그대들 자신으로부터 이웃에게로 도피하며, 그대들은 그것을 그대들의 덕으로 삼고 싶어 한다. 그러나 나는 그대들의 '자기 상실'을 간파하고 있다.

'너'라는 호칭은 '나'라는 호칭보다 먼저 생겨났다. '너'라는 호칭은 신성시되고 있으나, '나'라는 호칭은 아직 그렇지 못하다.[81] 그래서 사람들은 이웃 사람들에게 몰려가는 것이다.

내가 그대들에게 이웃에 대한 사랑을 권하는 줄 아는가? 오히

---

80) 초인.

81) '이타(利他)'는 신성시되고 있으나, '이기(利己)'는 그렇지 못하다는 뜻.

려 나는 그대들에게 이웃들로부터 도망치고, 가장 멀리 있는 자[82)]를 사랑하기를 권한다!

이웃에 대한 사랑보다는 가장 멀리 있는 자, 앞으로 다가올 자에 대한 사랑이 더 높은 사랑이며, 인간에 대한 사랑보다는 사물과 유령[83)]에 대한 사랑이 더 높은 사랑이라고 나는 생각한다.

나의 형제여, 그대 뒤를 따라 달려오는 이 유령은 그대보다 훌륭하다. 그대는 어찌하여 이 유령에게 그대의 살과 뼈를 주지 않는가? 그대는 두려워하며 그대의 이웃에게로 달려간다.

그대들은 그대들 자신과 함께 남아 있는 것을 견디지 못하며, 그대들 자신을 충분히 사랑하지 않는다. 지금 그대들은 그대들의 이웃을 유혹하여 사랑하게 하고, 그대들의 이웃의 착각으로 그대들 자신을 도금(鍍金)하려 한다.

나는 그대들이 오히려 그대들의 모든 이웃과 이웃의 이웃들과 함께 있는 것을 견디지 못하기를 바란다. 그러면 그대들은 그대 자신 속에서 그대들의 친구와 그대들의 친구의 흘러넘치는 가슴을 창조하게 될 것이다.[84)]

그대들은 그대들 자신을 좋게 평가하고자 할 때 증인을 초대한다. 그리고 그를 현혹시켜 그대를 좋게 생각하도록 만들고는, 그대들은 그대들 자신을 좋게 생각하는 것이다.

자신이 알고 있는 사실에 반대되는 말을 하는 사람만이 거짓말을 하는 것이 아니라, 자신이 알지 못하는 것에 반대되는 말을 하

---

82) 초인.
83) 초인의 사상.
84) 친구의 창조란 결국 자기 창조로서, 가장 먼 자, 앞으로 올 자, 즉 초인에의 동경을 말한다.

는 사람이야말로 더욱 거짓말을 하는 것이다. 그런데 그대들은 다른 사람들과 교제할 때, 그대들 자신에 대하여 이와 같은 거짓말을 함으로써, 그대들의 이웃과 그대들 자신을 속이는 것이다.

바보는 이렇게 말한다. "사람들과의 교제는 성격을 그르친다. 특히 아무런 성격도 갖고 있지 않을 경우에는 더욱 그러하다."

어떤 사람은 자신을 찾기 위해 이웃에게 달려가고, 또 어떤 사람은 자신을 잃기 위해 이웃에게 달려간다. 자신에 대한 그대들의 그릇된 사랑은 고독을 감옥으로 만든다.

이웃에 대한 그대들의 사랑에 대해 대가를 치르는 것은, 멀리 있는 사람들이다. 그러므로 그대들 다섯 사람이 함께 모여 있을 때는 여섯 번째 사람은 항상 죽어야만 하는 것이다.

나는 그대들의 축제들도 또한 좋아하지 않는다. 나는 그대들의 축제에서 너무나 많은 광대들을 발견해 왔으며, 또 구경꾼들도 역시 광대처럼 행동했다.

나는 그대들에게 이웃이 아니라 친구를 가르친다. 친구가 그대들에게 대지의 축제이며 초인의 예감이 되게 하라.

나는 그대들에게 친구와 친구의 흘러넘치는 가슴을 가르친다. 그러나 만일 그대가 흘러넘치는 가슴들로부터 사랑을 받고 싶다면, 그대는 해면(海綿)이 될 줄 알아야 한다.

나는 그대들에게, 선(善)의 용기(容器)이며 내부에 완성된 세계를 지니고 있는 친구를 가르친다. 다른 사람에게 줄 하나의 완성된 세계를 항상 지니고 있는 창조적인 친구를.

그리하여 일찍이 그 친구를 위해 세계가 흩어졌던 것처럼, 세계는 다시 그에게로 되돌아오는 것이다. 악을 통해 선이 생성되듯이, 우연으로부터 목적이 생성되듯이.

미래와 가장 먼 것이 그대들에게 오늘의 본질이 되게 하라. 그대들은 그대들의 친구의 내부에 있는 초인을 그대들의 본질로서 사랑해야 한다.

형제들이여, 나는 그대들에게 이웃에 대한 사랑을 권하지 않는다. 나는 그대들에게 가장 먼 자에 대한 사랑을 권한다.

차라투스트라는 이렇게 말했다.

17. 창조자의 길에 대하여

나의 형제여, 그대는 사람들로부터 떨어져 혼자 있기를 원하는가? 그대는 그대 자신에 이르는 길을 찾기를 원하는가? 잠시 멈추어 내 말을 들으라.

"자신을 찾고자 하는 자는 자신을 잃어버리기 쉽다. 사람들로부터 떨어져 혼자 있는 것은 죄악이다."—군중은 이렇게 말한다.

군중의 목소리가 아직도 그대의 내부에서 울리고 있을 것이다. 그리하여 그대가 "나는 이미 당신들과는 다른 양심을 가지고 있다"라고 말한다면, 그것은 탄식이며 비탄일 것이다.

보라, 그대의 비탄을 야기한 것은 여전히 이 똑같은 양심이다. 그리고 이 양심의 마지막 희미한 빛이 아직도 그대의 고통 속에서 빛나고 있는 것이다.

그럼에도 불구하고 그대는 그대 자신에 이르는 고통의 길을 가려고 하는가? 그렇다면 그것을 위한 그대의 힘과 권리를 내게 보여 다오!

그대는 새로운 힘이고, 또한 새로운 권리인가? 최초의 운동인가? 자기 힘으로 굴러가는 수레바퀴인가? 또한 그대는 별들에게 강요하여 그대의 주위를 돌게 할 수 있는가?

아, 높은 지위에 대한 욕망들이 얼마나 많은가! 야심가들의 발작이 얼마나 많은가! 그대가 이러한 욕망하는 자와 야심가 중의 한 사람이 아님을 나에게 보여 다오!

아, 요란한 소리를 내는 풀무에 지나지 않는 위대한 사상들이 얼마나 많은가! 이 사상들은 사람들을 부풀어 오르게 하여 더욱 공허하게 만든다.

그대는 자신이 자유롭다고 말하는가? 나는 그대가 멍에에서 벗어났다는 말을 듣고 싶은 것이 아니라, 그대의 지배적인 사상을 듣고 싶은 것이다.

그대는 멍에에서 벗어날 권능을 지니고 있는 자인가? 자신의 멍에를 던져 버릴 때, 자신의 마지막 가치까지도 던져 버린 자들이 수없이 많다.

무엇으로부터 자유로운가? 차라투스트라는 그것에 대해서는 상관하지 않는다! 그러나 그대의 눈동자는 나에게 분명히 말해야 한다. 무엇을 '위한' 자유인가를.[85]

그대는 자신에게 그대 자신의 선과 악을 부여하고, 그대 자신의 의지를 그대의 머리 위에 율법으로서 걸어 놓을 수 있는가? 그대는 그대 자신의 재판관이 되고 그대의 율법의 복수자(復讐者)가 될 수 있는가?[86]

---

85) 자유는 새로운 가치 창조를 위한 것이어야 하며, 그 동기가 문제가 된다는 것을 뜻함.
86) 그대는 그대의 율법이 그대 자신의 발전을 방해할 때, 그것을 견제할 능력이 있는가.

자신의 율법의 재판관인 동시에 복수자인 자신과 함께 홀로 머물러 있다는 것은 무서운 일이다. 그것은 공간 속에, 고독의 차가운 숨결 속에 내던져진 별과 같은 것이다.

오, 그대 홀로 떨어져 있는 자여, 오늘도 그대는 많은 사람들로부터 고통을 받고 있으며, 오늘도 그대는 조금도 용기를 잃지 않고 있으며, 또 그대의 희망을 가지고 있다.

그러나 언젠가는 고독이 그대를 지치게 할 것이다. 언젠가는 그대의 긍지는 고개를 숙이고, 그대의 용기는 꺾일 것이다. 그리하여 그대는 언젠가는 외칠 것이다. "나는 외롭다!"라고.

언젠가는 그대는 그대 내부의 고귀한 것을 더 이상 보려 하지 않고 저속한 것을 보려 할 것이다. 그때 그대는 그대 내부의 저속한 모든 것들을 너무도 분명하게 볼 것이며, 그대의 숭고함은 마치 유령처럼 그대를 두렵게 만들 것이다. 그리하여 언젠가는 그대는 외칠 것이다. "모든 것이 거짓이다!"라고.

고독한 사람들을 죽이려는 감정들이 있다. 만일 그 감정들이 고독한 사람들을 죽이지 못한다면, 그 감정들이 죽어야 하는 것이다! 그러나 그대는 살해자가 될 수 있는가?

나의 형제여, 그대는 '경멸'이라는 말을 알고 있는가? 그리고 그대를 경멸하는 자들을 공정하게 대할 때의 그대의 정의의 고뇌를 알고 있는가?

그대는 사람들에게 그들이 그대에 대해 가지고 있는 견해를 바꾸기를 강요한다. 그들은 그대의 그런 행동에 대해 심하게 반항한다. 그대는 그들에게 가까이 다가가기는 했으나 그들을 그냥 지나쳐 버렸다. 그러므로 그들은 그대를 결코 용서하려 하지 않는다.

그대는 그들을 뛰어넘는다. 그러나 그대가 높이 오르면 오를수록 그들의 시기에 찬 눈에는 더욱더 작게 보이는 것이다. 그러므로 날아가는 자는 가장 미움을 받는다.

"당신들이 어떻게 나에게 공정할 수 있겠는가! 나는 당신들의 공정치 못함을 나의 몫으로 선택한다"라고 그대는 말해야 한다.

그들은 고독한 자들에게 비행(非行)을 저지르고 오물을 끼얹는다. 그러나 나의 형제여, 그대가 별이 되기를 원한다면, 그대는 그들이 그렇게 한다고 해서 그들을 희미하게 비춰주어서는 안 된다!

그리고 선하고 의로운 자들을 조심하라! 그들은 자신의 덕을 창조하는 자들을 십자가에 못 박기를 좋아한다. 그들은 고독한 자들을 미워한다.

성스러운 단순성을 조심하라! 그것에게는 단순하지 않은 모든 것들이 성스럽지 못한 것이다. 이 단순성은 불장난하기를 좋아하며 장작을 쌓아올려 화형시키기를 좋아한다.

또한 그대의 사랑이 그대를 기습하지 못하도록 조심하라! 고독한 자들은 그들이 만나는 사람 누구에게나 너무 쉽게 손을 내민다.

그대는 많은 사람들에게 그대의 손을 내밀어서는 안 된다. 앞발만을 내밀라. 그리고 나는 그대의 앞발이 맹수의 발톱을 갖고 있기를 바란다.

그러나 그대 자신이야말로 항상 그대가 만날 수 있는 가장 큰 적일 것이다. 그대 자신은 동굴과 숲속에 숨어서 그대를 기다리고 있는 것이다.

고독한 자여, 그대는 창조자의 길을 가고 있다! 그리고 그대가 가고 있는 길은 그대로 하여금 그대 자신과 그대의 일곱 마리의 악마의 곁을 스쳐 지나가게 할 것이다.

그대는 자신에게 이간자이고, 마녀(魔女)이고, 예언자이고, 바

보이고, 회의가(懷疑家)이고, 부정(不淨)한 자이며, 악한이 될 것이다. [87]

그대는 그대 자신의 불길로 자신을 불사르려고 해야 한다. 먼저 재가 되지 않고서 어떻게 새로워질 수 있겠는가?

고독한 자여, 그대는 창조자의 길을 가고 있다. 그대는 그대의 일곱 마리의 악마로부터 하나의 신을 창조하려고 한다!

고독한 자여, 그대는 사랑하는 자의 길을 가고 있다. 그대는 그대 자신을 사랑하며, 그 때문에 그대는 사랑하는 자들만이 그렇게 할 수 있듯이, 자신을 경멸한다.

사랑하는 자는 자기가 경멸하기 때문에 창조하기를 원한다! 자기가 사랑하는 것을 경멸한 적이 없는 자가 사랑에 대해 무엇을 알겠는가?

나의 형제여, 사람들을 떠나 그대의 사랑과 함께 그대의 창조와 함께 홀로 있으라. 그러면 정의가 절뚝거리며 천천히 그대의 뒤를 따를 것이다.

나의 형제여, 사람들을 떠나 나의 눈물과 함께 홀로 있으라. 자신을 초월하여 창조하기를 원하며, 그리하여 멸망해 가는 자를 나는 사랑한다.

차라투스트라는 이렇게 말했다.

---

87) 위에서 나온 '일곱 마리의 악마'를 나타낸 것으로 일곱 가지 유혹을 뜻한다.

18. 늙은 여자와 젊은 여자에 대하여

"차라투스트라여, 그대는 어찌하여 황혼 속을 그렇게 겁에 질려 살금살금 걸어가는가! 그대는 외투 속에 무엇을 그렇게 조심스럽게 감추고 있는가?

누군가가 그대에게 준 보물인가? 아니면 그대에게 태어난 어린아이인가? 아니면 악한 자들의 친구여, 그대 자신이 도둑질을 하러 가는 길인가?"

그렇다. 나의 형제여! (차라투스트라가 말했다). 이것은 내가 받은 보물이다. 내가 가지고 다니는 것은 작은 진리이다.

그러나 그것은 어린아이처럼 버릇이 없어, 내가 그의 입을 막고 있지 않으면 시끄럽게 떠들어댈 것이다.

오늘 나는 해 질 무렵에 혼자 길을 가다가 조그만 늙은 여자[88]를 만났는데, 그 여자는 내 영혼에게 이렇게 말했다.

"차라투스트라는 이제까지 우리 여자들에게 많은 이야기를 해왔소. 그러나 그는 여자에 대해서는 한 번도 이야기한 일이 없소."

나는 그녀에게 대답했다. "여자에 대한 이야기는 남자에게만 해야 한다."

"나에게도 여자에 대해 이야기해 주시오." 하고 그녀는 말했다. "나는 늙었으므로 그 이야기를 곧 잊어버릴 것이오."

그래서 나는 이 늙은 여자의 청을 받아들여 그녀에게 이렇게 말했다.

"여자에 관한 것은 모두가 수수께끼이다. 그리고 여자에 관한 모

---

88) 진리 또는 지혜.

든 것은 동일한 하나의 해답을 갖고 있다. 그것은 바로 임신이다.

여자에게 있어 남자는 하나의 수단이며, 그 목적은 언제나 아기이다. 그런데 여자는 남자에게 있어 무엇인가?

진정한 남자는 두 가지를 원한다. 그것은 위험과 유희이다. 그러므로 진정한 남자는 가장 위험한 장난감으로서 여자를 원한다.

남자는 전쟁을 위해 훈련을 받아야 하며, 여자는 전사(戰士)의 휴식을 위해 훈련을 받아야 한다. 그 이외의 것들은 모두 어리석은 짓이다.

전사는 지나치게 달콤한 과일은 좋아하지 않는다. 그러므로 전사는 여자를 좋아한다. 아무리 달콤한 여자라 할지라도 씁쓸하기 때문이다.

여자는 남자보다 어린아이들을 더 잘 이해한다. 그러나 남자는 여자보다 더 어린아이답다.

진정한 남자의 내부에는 어린아이가 숨어 있다. 놀이를 좋아하는 어린아이가. 여성들이여, 남자의 내부에 숨어 있는 어린아이를 발견하도록 하라!

여자는 아직 존재하지 않는 한 세계[89]의 여러 가지 덕의 빛을 받아 반짝이는 보석처럼 청순(淸純)하고 우아한 장난감이어야 한다.

별빛[90]이 그대들의 사랑 속에서 반짝이게 하라. '나는 초인을 낳고 싶다'가 그대들의 희망이 되게 하라.

그대들의 사랑 속에 용기가 들어 있게 하라! 그대들은 그대들로 하여금 두려움을 느끼게 하는 남자에게, 그대들의 사랑을 가

---

89) 초인의 세계.
90) 초인이라는 이상.

지고 돌진해야 한다.

그대들의 사랑 속에 그대들의 명예가 들어 있게 하라! 여자는 그이외에는 명예에 대해 거의 이해하지 못한다. 그러나 항상 사랑을 받기보다는 사랑을 하고, 또한 사랑함에 있어서 결코 제이인자가 되지 않는 것이 그대들의 명예가 되도록 하라.

여자가 사랑할 때 남자로 하여금 그녀를 두려워하게 하라. 여자는 사랑할 때는 모든 희생을 감수하며, 사랑 이외의 것은 모두 가치가 없다고 생각하기 때문이다.

여자가 증오할 때 남자로 하여금 그녀를 두려워하게 하라. 남자는 영혼 밑바닥에서부터 악할 따름이지만, 여자는 영혼 밑바닥에서부터 저열(低劣)하기 때문이다. [91]

여자는 누구를 가장 증오하는가?—쇠붙이가 자석(磁石)에게 이렇게 말했다. '나는 너를 가장 증오한다. 왜냐하면 너는 끌어당기기는 하지만 독점할 만큼 강하지는 않기 때문이다'라고.

남자의 행복은 '나는 원한다'이며, 여자의 행복은 '그는 원한다'이다.

'보라, 이제 세계는 완전해졌다!' 여자가 자기의 모든 사랑으로 복종할 때, 여자는 누구나 이렇게 생각한다.

그러므로 여자는 복종해야 하며, 또한 자신의 표면에 대응하는 깊이를 찾아내야 한다. 여자의 본성은 표면이며, 변하기 쉬운 얕은 물 표면의 막(膜)이기 때문이다.

그러나 남자의 본성은 깊으며, 그 흐름은 지하 동굴 속에서 굉

---

91) 남자는 억세고 지배적 본능을 지닌 인간으로, 그리고 여자는 노예 도덕 본능을 지닌 인간으로 보고 있다.

음(轟音)을 낸다. 여자는 그 힘을 느끼기는 하지만 이해하지는 못한다."

그러자 그 작은 늙은 여자는 내게 대답했다. "차라투스트라는 훌륭한 이야기를 많이 들려주었소. 특히 젊은 여자들을 위한 훌륭한 이야기들을.

참으로 놀라운 일이군! 여자들에 대해 거의 알지 못하면서도 여자들에 대해 그토록 정확하게 말하다니! 그것은 여자들에게는 있을 수 없는 일이란 없기 때문일까?

자, 이제 내가 감사의 표시로 주는 이 작은 진리를 받으시오! 나는 늙어 이 작은 진리를 충분히 알고 있소!

완전히 덮어 싸고 그 입을 막으시오. 그렇지 않으면 이 작은 진리는 시끄럽게 떠들어댈 것이오."

"그대의 작은 진리를 내게 다오, 여인이여!" 하고 나는 말했다. 그러자 그 작고 늙은 여자는 이렇게 말했다.

"당신은 여자들을 찾아가려 하오? 그대의 채찍을 잊지 마시오!"

차라투스트라는 이렇게 말했다.

19. 독사에 물린 상처에 대하여

어느 날 차라투스트라는 더위를 피해 무화과나무 아래 누워, 두 팔을 얼굴에 올려놓은 채 잠들어 있었다. 그때 독사 한 마리가 기어 와서 그의 목을 물었다. 그러자 차라투스트라는 아픔에 못 이겨 비명을 질렀다. 그는 얼굴에서 팔을 내리고 뱀을 쳐다보았다.

그러자 그 뱀은 차라투스트라의 눈을 알아보고는 어색한 듯이 몸을 돌려 도망치려 했다. "괜찮다. 도망치지 마라." 차라투스트라가 말했다. "너는 아직 나의 감사의 인사를 받지 않았다! 너는 내가 깨어야 할 시각에 깨워 주었구나. 나는 아직도 갈 길이 멀다." "당신이 갈 길은 얼마 남지 않았습니다." 독사가 슬픈 듯이 말했다. "나의 독이 당신을 죽일 테니까요." 그러자 차라투스트라가 미소를 지으며 말했다. "일찍이 용이 뱀의 독에 의해 죽은 적이 있느냐? 너의 독을 다시 가져가거라! 너는 너의 독을 내게 줄 만큼 넉넉하지는 못하다!" 그러자 그 독사는 다시 그의 목을 감고 상처를 핥았다.

차라투스트라가 언젠가 제자들에게 이 이야기를 했을 때, 제자들이 물었다.

"오, 차라투스트라여. 당신의 이야기 속에 들어 있는 도덕적인 교훈은 무엇입니까?"

차라투스트라는 이렇게 대답했다.

선하고 의로운 자들은 나를 도덕의 파괴자라고 부르고 있다. 즉 나의 이야기가 부도덕하다는 것이다.

그러나 그대들이 적을 가지고 있다면, 적의 악에 대해 선으로 보답하지 말라. 그것은 그대들의 적을 부끄럽게 만들기 때문이다. 오히려 그대들의 적이 그대들에게 어떤 선을 행했음을 입증하라.

그대들의 적에게 창피를 주기보다는 오히려 화를 내라! 그대들이 저주를 받고서도 축복하려 하는 것을 나는 좋아하지 않는다. 오히려 그대들의 적이 그대들을 저주한 것과 보조를 맞추어 조금쯤은 적을 저주하라!

그대들에게 큰 부정 하나가 가해지면, 이에 대해 재빨리 다섯 개의 작은 부정으로 보복하라! 혼자서 부정을 짊어지고 괴로워하는 자는 보기만 해도 소름이 끼친다.[92]

그대들은 이런 말을 알고 있는가? 나누어 짊어진 부정은 반은 정의이다. 그러므로 부정을 견디어낼 수 있는 자는 부정을 짊어져야 한다.

전혀 복수를 하지 않는 것보다는 작은 복수라도 하는 것이 인간적이다. 만일 그대들의 복수의 징벌이 그대들에게 부정을 행한 죄인을 위해 정의와 명예가 되지 못한다면, 나는 그대들의 복수의 징벌을 좋아하지 않는다.

자신의 옳음을 고집하는 것보다 자신의 그릇됨을 인정하는 것이 더 고상한 일이다. 자신이 옳을 경우에는 더욱 그렇다. 그러나 그렇게 할 수 있을 만큼 풍요롭지 않으면 안 된다.

나는 그대들의 냉혹한 정의를 좋아하지 않는다. 그대 재판관들의 눈에서는 항상 사형집행인과 그의 냉혹한 칼이 번득이고 있다.

말해 보라. 맹목적이 아닌 사랑인 정의가 어디 있겠는가?

그러므로 모든 형벌뿐만 아니라 모든 죄까지도 견디어내는 사랑을 찾으라.[93]

그러므로 재판관들을 제외한 모든 사람들에게 무죄판결을 내리는 정의를 찾으라.

들으라. 철두철미하게 정의로워지기를 원하는 자에게는 거짓말

---

92) 〈마태복음〉 5장 44절과 비교해 보라.
93) 맹목적이 아닌 사랑과 정의의 통합은 있을 수 없다. 그러므로 동시에 정의인 사랑, 동시에 사랑인 정의를 찾아내야 한다.

까지도 박애(博愛)가 되는 것이다.

그러나 내가 어찌 철두철미하게 정의로워질 수 있겠는가? 내가
어찌 모든 사람들에게 각각 그들의 것을 줄 수 있겠는가? 나는 모
든 사람들에게 나의 것을 주는 것으로 만족해야 한다.

끝으로 나의 형제들이여, 어떤 은둔자에게도 부정을 저지르지
않도록 조심하라! 은둔자가 어찌 잊을 수 있겠는가! 은둔자가 어
찌 보복할 수 있겠는가!

은둔자는 깊은 샘과 같다. 그 속에 돌 하나를 던지는 것은 쉬운
일이다. 그러나 그 돌이 바닥까지 가라앉으면, 누가 그것을 다시
꺼낼 수 있겠는가?

은둔자를 모욕하지 않도록 조심하라! 그대들이 은둔자를 모욕
한 경우에는 차라리 그를 죽이라!

차라투스트라는 이렇게 말했다.

20. 자식과 결혼에 대하여

나의 형제여, 나는 그대 외로운 자에게 질문을 던지리라. 나는
그대의 영혼의 깊이를 알기 위해, 이 질문을 추(錘)처럼 그대의 영
혼 속에 던지려 한다.

그대는 젊다. 그리고 그대는 결혼과 자식들을 갈망하고 있다.
그러나 나는 그대에게 묻고자 한다. 그대는 자식들을 갈망할 자
격이 있는 인간인가?

그대는 승리자이며 자신의 정복자이며, 그대의 관능의 지배자

이며, 그대의 덕의 주인인가? 나는 그대에게 이렇게 묻고자 한다.

아니면, 그대의 야수성과 필요성이 그대의 욕망으로부터 말하는 것인가? 아니면, 고독감이 그렇게 말하는가? 아니면, 자신에 대한 불만이?

나는 그대의 승리와 그대의 자유가 자식을 갈망하기를 원한다. 그대는 그대의 승리와 해방을 위해 살아 있는 기념비를 쌓아야 한다.

그대는 자신을 초월하여 그것을 쌓아야 한다. 그러나 무엇보다도 먼저 그대는 자신의 육체와 영혼을 바르게 쌓아야 한다.

그대는 앞을 향해서 뿐만 아니라 위를 향해서도 그대 자신을 신장시켜야 한다! 결혼의 정원이 그대 자신을 신장시키는 데 도움이 되기를!

그대는 보다 높은 육체를, 최초의 운동을, 스스로 굴러가는 수레바퀴를 창조해야 한다.—그대는 한 사람의 창조자를 창조해야 한다.

결혼, 나는 그것을, 그것을 창조한 자들보다 더 훌륭한 한 사람을 창조하고자 하는 두 사람의 의지라고 부른다. 이러한 의지를 의욕하는 자에 대한 존경으로서의 상호 존경을, 나는 결혼이라고 부른다.

이것이 그대의 결혼의 의미이며 그대의 결혼의 진상이 되도록하라. 그러나 너무나 많은 잉여인간들이 결혼이라고 부르는 것—아, 나는 그것을 무엇이라고 불러야 하는가?

아, 한 쌍의 영혼의 이 빈곤함이여! 아, 한 쌍의 영혼의 이 불결함이여! 아, 한 쌍의 영혼의 가련한 안락이여!

그들은 이 모든 것들을 결혼이라고 부르고 있다. 그리고 그들은 자기들의 결혼은 천국에서 맺어진 것이라고 말한다.

나는 잉여인간들의 이러한 천국을 좋아하지 않는다! 나는 천국의 그물에 잡힌 이 동물들을 조금도 좋아하지 않는다.

자기가 결합시키지 않은 자들을 축복하기 위해, 절룩거리며 다가오는 신을 멀리하라!

이런 결혼을 비웃지 말라! 자기의 부모에 대하여 울어야 할 이유를 갖고 있지 않은 어린애가 어디 있겠는가?

어떤 남자는 기품이 있고, 또 대지의 의미에 대해서도 알만큼 성숙해 있는 것처럼 내게 보였다. 그러나 내가 그의 아내를 보았을 때, 내게는 대지는 하나의 정신병원으로 생각되었다.

그렇다, 성자와 거위가 짝을 이룰 때, 대지가 경련을 일으켜 진동하기를 나는 바란다. [94]

어떤 남자는 진리를 탐구하러 영웅처럼 떠났으나, 결국 그는 치장된 보잘것없는 허위를 손에 넣었다. 그는 그것을 자기의 결혼이라고 부르고 있다.

어떤 남자는 상대방과 교제함에 있어 신중했으며 또 상대방을 선택함에 있어서도 신중했다. 그러나 그는 순식간에 그의 교제를 영원히 망쳐 버렸다. 그는 그것을 자기의 결혼이라고 부르고 있다.

어떤 남자는 천사의 덕을 지닌 하녀를 찾았다. 그러나 그는 곧 그녀의 하인이 되었다. 이제 그도 역시 천사가 되어야만 하는 것이다.

나는 모든 구매자(購買者)들이 신중하다는 것을 알고 있다. 그들은 빈틈없는 눈을 갖고 있다. 그러나 가장 빈틈없는 사람조차도

---

94) 결혼에 초인의 이상이 결여되어 있음을 개탄하고 있다.

포장된 상태의 그의 아내를 구입하는 것이다.

많은 단순한 우행(愚行)—그것을 그대들은 사랑이라고 부른다. 그대들의 결혼은 긴 어리석음으로써, 많은 단순한 우행을 매듭짓는다.

여자에 대한 그대들의 사랑과, 남자에 대한 여자의 사랑, 아 제발 이러한 사랑이 고뇌에 싸인 채 숨겨져 있는 신[95]들에 대한 동정이기를! 그러나 대개는 두 마리의 짐승의 서로에 대한 감각일 뿐이다.

그러나 그대들의 최선의 사랑까지도 격렬한 분장(扮裝)이며, 고통으로 가득 찬 열정에 불과하다. 사랑은 그대들의 길을 비추어 그대들을 보다 높은 길로 인도해야 할 횃불이다.

언젠가는 그대들은 그대들 자신을 초월하여 사랑해야 한다! 그러므로 먼저 사랑하는 것을 '배워라!' 그러기 위해 그대들은 그대들의 사랑의 쓴 잔을 마셔야 한다.

가장 훌륭한 사랑의 잔에까지도 쓴맛이 들어 있다. 그러므로 사랑은 초인에의 동경을 불러일으켜, 창조자인 그대들로 하여금 갈증을 느끼게 한다!

초인을 향한 창조자의 갈증 · 화살 · 동경. 말해 보라, 나의 형제여, 이것이 결혼에 대한 그대의 의지인가?

나는 이런 의지 · 이런 결혼을 신성하다고 부른다.

차라투스트라는 이렇게 말했다.

---

95) 남녀 속에 숨어 있는 고뇌에 싸인 정신적 욕구, 특히 자기 초극의 욕구.

21. 자유로운 죽음에 대하여

많은 사람들은 죽는 것이 너무 늦고, 몇몇 사람들은 죽는 것이 너무 이르다. '적당한 때에 죽으라!'라는 가르침은 아직도 생소하게 들릴 것이다.

적당한 때에 죽으라, 차라투스트라는 이렇게 가르친다.

그런데 적당한 때에 살지 못하는 자가, 어떻게 적당한 때에 죽을 수 있겠는가! 그런 자는 애초에 세상에 태어나지 않은 편이 더 낫다!—나는 잉여인간들에게 이렇게 충고한다.

그러나 잉여인간들까지도 자기들의 죽음을 중대한 것으로 생각한다. 그렇다, 가장 속이 빈 호두일지라도 깨질 때는 '딱' 소리를 내고 싶어 한다.

누구나 죽음을 중대한 일로 취급한다. 그러나 죽음은 아직도 축제가 되지 못했다. 사람들은 가장 훌륭한 축제를 신성하게 하는 법을 아직 배우지 못했다.

살아 있는 사람들에게 격려가 되고 맹세가 되는 완전한 죽음을, 나는 그대들에게 가르치려 한다.

자기의 삶을 완성시키는 자는 희망에 차 엄숙하게 맹세하는 자들에 둘러싸여 개가를 부르며 자신의 죽음을 맞는다.

그러므로 인간은 죽는 것을 배워야 한다. 그리고 이렇게 죽어 가는 자가 살아 있는 자들의 맹세를 신성하게 하지 않는 축제가 있어서는 결코 안 된다!

이렇게 죽는 것이 가장 훌륭한 죽음이다. 그리고 그 다음으로 훌륭한 죽음은, 싸우다가 죽음으로써 위대한 영혼을 완전히 소모시켜 버리는 죽음이다.

그러나 투사에게나 승리자에게나 한결같이 혐오스러운 것은 도둑처럼 기어들어오는—그러나 주인처럼 다가오는 그대들의 히죽거리는 죽음이다.

나는 그대들에게 나의 죽음과 같은 죽음을 권한다. 그것은 '내가' 원하기 때문에 내게 오는 자발적인 죽음이다.

그런데 나는 언제 죽음을 원해야 하는가?—목표와 후계자를 가지고 있는 자는 그 목표와 후계자에게 가장 바람직할 때 죽음을 원한다.

그리하여 목표와 후계자에 대한 존경심으로 인해, 그는 더 이상 삶의 성전(聖殿)에 시들어 빠진 꽃다발[96]을 걸어 놓으려 하지 않을 것이다.

진실로 나는 새끼줄을 꼬는 자들처럼 되기를 원치 않는다. 그들은 그들의 새끼줄을 꼬아 감에 따라 끊임없이 자신이 뒤로 물러선다.[97]

자신의 진리와 승리를 획득하기에는 지나치게 늙어버린 사람들이 많이 있다. 이빨이 빠진 입은 이미 어떠한 진리도 말할 권리를 갖고 있지 않은 것이다.

그리고 명예를 원하는 자는 누구나 적당한 때에 명예를 떠나야 하며, 적당한 때에 떠나는 어려운 재주를 부려야 한다.

자기가 가장 훌륭한 맛을 지니고 있을 때는 자신이 잡아먹히도록 허락해서는 안 된다. 오랫동안 사랑받기를 원하는 사람들은 이것을 알고 있다.

---

96) 창조력의 쇠퇴.
97) 여기서 새끼줄은 생명을 가리키며, 오래 살수록 생명력이 쇠퇴해 감을 이르고 있다.

가을의 마지막 날까지 기다려야만 하는 운명에 처한 시어빠진 사과들이 분명히 있다. 이 사과들에게는 익는 것과, 노랗게 물드는 것과, 시들어 버리는 것이 동시에 일어난다.

어떤 사람들은 마음이 먼저 노쇠하고, 어떤 사람들은 정신이 먼저 노쇠한다. 그리고 또 어떤 사람들은 청춘기에 이미 늙어 버린다. 그러나 청춘기에 늦게 들어서는 사람들은 청춘기에 오랫동안 머문다.

많은 사람들이 인생에서 실패한다. 한 마리의 녹벌레가 그의 가슴을 먹어 들어가고 있는 것이다. 그러므로 이러한 사람들은 자신의 죽음이 성공적인 것이 되도록 더욱더 유의해야 한다.

결코 단 맛을 내지 못하는 사람들이 많이 있다. 그들은 여름에 이미 썩어 버린다. 그들을 그의 가지에 그대로 매달려 있게 하는 것은 비겁이다.

세상에는 너무나 많은 사람들이 살아남아, 너무 오랫동안 그들의 가지에 매달려 있다. 폭풍이 몰아쳐 이 썩은 자들, 벌레 먹은 자들을 모조리 나무에서 떨어뜨리기를!

'일찍' 죽기를 설교하는 자들이 나타나기를! 그러한 설교자들이야말로 거센 폭풍일 것이며, 인생의 나무를 마구 흔들어댈 것이다! 그러나 내 귀에 들리는 것은 천천히 죽기를 권하는 설교와 모든 지상적(地上的)인 것들을 참고 견디기를 권하는 설교뿐이다.

아, 그대들은 지상적인 것들을 참고 견디라고 설교하는가? 그대 모독자들이여, 오히려 지상적인 것들이 그대들에게 지나치게 참고 견디고 있다!

천천히 죽기를 설교하는 자들이 존경하고 있는 저 히브리인은 실로 일찍 죽었다. 그리고 그가 너무 일찍 죽은 것이 그 이후 많은 사람들에게 재앙이 되어왔다.

그러나 히브리인 예수는, 히브리인들의 눈물과 우울, 그리고 선하고 정의로운 자들의 증오밖에 알지 못했다. 그래서 그는 죽음에 대한 동경에 사로잡히게 된 것이다.

그가 황야(荒野)에 머물러, 선하고 의로운 자들로부터 떨어져 있었더라면 좋았을 것을! 그랬더라면 아마도 그는 삶을 배우고, 대지를 사랑하는 것을 배웠을 것이다. 그리고 웃음도!

내 말을 믿으라, 형제들이여! 그는 너무 일찍 죽었다. 만일 그가 내 나이만큼 살았더라면, 그는 자진하여 자기의 가르침을 철회했을 것이다! 그는 그것을 철회할 수 있을 만큼 고귀한 자였다![98]

그러나 그는 아직 성숙하지 못했다. 젊은이들은 사랑함에 있어 미숙하며, 인간과 대지를 증오함에 있어서도 또한 미숙하다. 젊은이의 마음과 젊은이의 정신의 날개는 아직 얽매어 있으며 짓눌려 있는 것이다.

그러나 어른에게는 젊은이들보다 더 많은 어린이가 들어 있으며, 더 적은 우울이 들어 있다. 어른은 삶과 죽음에 대해 보다 잘 이해하고 있다.

더 이상 긍정할 때가 아닌 때에 엄숙하게 부정하는 자는 죽음에 대하여 자유롭고 죽음에 직면하여 자유롭다. 어른은 이와 같이 삶과 죽음을 이해하고 있다.

나의 형제들이여, 그대들의 죽음이 인간과 대지에 대한 모독이 되지 않도록 하라. 그것이 내가 그대들의 영혼의 꿀[99]에서 얻고

---

98) 니체는 그의 저서 《인간적인 너무나 인간적인》에서 예수를 '가장 고귀한 인간'이라고 말하고 있다.
99) 성숙된 영혼의 지혜.

자 하는 것이다.

그대들이 죽음에 처했을 때, 그대들의 정신과 그대들의 덕이 대지를 에워싼 황혼처럼 붉게 타올라야 한다. 그렇지 않으면 그대들의 죽음은 실패한 것이다.

나의 친구인 그대들이 나로 인해 더욱 대지를 사랑하게 되도록 하기 위해, 나는 그런 죽음을 원한다. 그리고 나는 나를 낳은 대지의 품속에서 평화를 얻을 수 있도록 다시 대지가 되기를 원한다.

차라투스트라는 하나의 목표를 갖고 있었으며, 자기의 공을 던졌다.[100] 이제 그대들은 나의 목표의 후계자가 되라. 나는 그대들에게 황금의 공을 던진다.

나의 친구들이여, 무엇보다도 나는 그대들도 또한 황금의 공을 던지는 것을 보고 싶다! 그래서 나는 좀 더 지상에 머물러 있으려고 한다. 내가 그렇게 하는 것을 용서하라!

차라투스트라는 이렇게 말했다.

22. 나누어 주는 덕에 대하여

1

차라투스트라가 정이 들었던 '얼룩 소'라는 마을을 떠날 때, 스스로 그의 제자라고 자칭하는 많은 사람들이 그의 뒤를 따랐다.

---

100) 초인의 이상을 지니고, 초인의 이상을 행동으로 옮겼다는 뜻.

그들이 한 교차로에 이르렀을 때, 차라투스트라는 그들에게 그곳에서부터 혼자 가겠다고 말했다. 그는 혼자 가기를 좋아하기 때문이었다. 그러자 그의 제자들은 작별의 정표로 지팡이 하나를 선사했다. 그것은 황금으로 된 손잡이에 뱀 한 마리가 태양을 휘감고 있는 모습이 새겨진 지팡이였다. 차라투스트라는 그 지팡이를 받아들고 기뻐하며, 그 지팡이에 몸을 의지했다. 그리고는 제자들에게 이렇게 말했다.

말해 보라. 어찌하여 황금이 최고의 가치를 지니게 되었는가? 그것은 희귀하고, 쓸모가 없고[101], 반짝이면서도 그 빛이 부드럽기 때문이다. 그것은 언제나 자신을 나누어 준다.

황금은 가장 높은 덕의 상(像)으로서만 최고의 가치를 갖게 된다. 나누어 주는 자의 눈초리는 황금처럼 빛난다. 황금의 광휘는 달과 태양 사이에 평화를 만들어 준다.

최고의 덕은 희귀하고, 무용(無用)하며, 반짝이면서도 그 빛은 부드럽다. 최고의 덕은 나누어 주는 덕이다.

나는 그대들의 마음을 잘 알고 있다. 제자들이여, 너희들은 나와 마찬가지로 나누어 주는 덕을 열망하고 있다. 어찌 그대들이 고양이나 늑대와 같을 수 있겠는가?

그대들은 스스로 희생물이 되고 선물이 되기를 갈망하고 있다. 그대들이 그대들의 영혼 속에 온갖 부(富)를 쌓기를 갈망하는 것은 그 때문이다.

그대들의 영혼은 재보(財寶)와 보옥(寶玉)을 한없이 열망하고

---

101) 니체는 범속한 유용성을 무용성으로 보고 있다.

있다. 그대들의 덕이 나누어 주기를 한없이 원하기 때문이다.

그대들은 일체의 사물이 그대들에게, 그대들의 내부로 흘러 들어오기를 강요한다. 그것은 흘러 들어온 모든 사물이 그대들의 사랑의 선물로서, 그대들의 샘으로부터 다시 흘러 나가게 하기 위해서이다.

이와 같이 나누어 주는 사랑은 모든 가치의 탈취자가 되어야 한다. 그러나 나는 이 탐욕을 건전하고 신성한 것이라고 부른다.

또 하나의 다른 탐욕이 있다. 그것은 너무나 가난한 탐욕, 굶주려 있기 때문에 항상 훔치려고 하는 탐욕, 병든 자들의 탐욕, 병든 탐욕이다.

이 탐욕은 모든 빛나는 것들을 도적의 눈으로 바라본다. 이 탐욕은 먹을 것을 풍부하게 갖고 있는 자를 굶주림의 탐욕으로 측정하고, 나누어 주는 자들의 식탁 주위를 항상 어슬렁거린다.

이러한 탐욕은 질병과 눈에 보이지 않는 타락을 말해 주는 것이다. 이 도둑 같은 탐욕은 육체가 병들어 있음을 말해 주는 것이다.

말해 보라, 나의 형제들이여, 우리가 나쁜 것, 가장 나쁜 것으로 간주하는 것은 무엇인가? 그것은 '타락'이 아닌가? 우리는 나누어 주는 영혼이 없는 곳에서는 항상 타락을 느끼게 된다.

우리의 길은 위로 향하며, 종족(種族)으로부터 종족을 초월한 곳으로 향한다. 그러나 '모든 것은 나를 위해'라고 말하는 타락하는 마음이 우리에게는 두려운 것이다.

우리의 마음은 위를 향해 날아 올라간다. 그것은 우리의 육체의 상징이며 진보와 고양(高揚)의 상징인 것이다.

모든 덕의 명칭들은 이러한 진보와 고양(高揚)의 상징이다.

이리하여 육체는 진보하고 투쟁하며 역사를 뚫고 나아간다. 그렇다면 정신은 육체에게 무엇인가? 정신은 육체의 투쟁과 승리의 전령(傳令)이며, 동료이며, 반향(反響)인 것이다.

선과 악의 모든 명칭은 상징이다. 그러한 명칭은 분명히 말하지 않고 다만 암시할 뿐이다. 그러한 명칭에서 지식을 얻으려 하는 자는 바보이다.

그대들의 정신이 상징적으로 이야기하려고 할 때는 항상 주의를 기울여라. 그때야말로 그대들의 덕이 그 기원(起源)을 갖고 있을 때이며, 그대들의 덕이 시작될 때이다.

그러면 그대들의 육체는 고양되고 소생할 것이다. 그대들의 육체는 자신의 기쁨으로 정신을 황홀케 할 것이다. 그리하여 그대들의 정신은 만물의 창조자 · 평가자 · 사랑하는 자 · 은혜를 베푸는 자가 될 것이다.

그대들의 마음이 강물처럼 넓게 흘러넘쳐, 주위에 사는 사람들에게 축복이 되고 위험이 될 때, 그때야말로 그대들의 덕이 기원을 갖고 있을 때이며 또한 시작될 때이다.

그대들이 칭찬과 비난을 초월하고, 그대들의 의지가 사랑하는 자의 의지로서 일체의 사물에 명령하고자 할 때, 그때야말로 그대들의 덕이 기원을 갖고 있을 때이며 또한 시작될 때이다.

그대들이 포근한 침대와 쾌적한 것을 경멸하고, 마음이 연약한 자들로부터 아무리 멀리 떨어져 잠을 자더라도 충분히 떨어진 것이 아닐 때, 그때야말로 그대들의 덕이 기원을 갖고 있을 때이며 시작될 때이다.

실로 그것은 새로운 선이며 새로운 악이다! 실로 그것은 심연에서 울려 나오는 새로운 고함소리이며 새로운 샘물의 목소리이다!

이 새로운 덕은 권력이다. 그것은 지배하려는 사상이며, 지혜로운 영혼이 그 주위를 휘감고 있다. 그것은 황금 태양이며, 인식의 뱀이 그 주위를 휘감고 있다.

2

차라투스트라는 여기서 잠시 침묵을 지키고 사랑스러운 눈으로 제자들을 둘러보았다. 그러고 나서 그는 입을 열었다. 그의 목소리는 조금 전의 목소리와는 달랐다.

형제들이여, 그대들의 덕의 권력으로 대지에 충실 하라! 그대들의 나누어 주는 사랑과 그대들의 인식이 대지의 의미에 봉사하기를! 나는 그대들에게 이렇게 간청한다.

그대들의 덕이 지상적인 것으로부터 날아가 버리지 않도록 하라! 그 날개가 영원의 벽에 부딪치지 않도록. 아, 얼마나 많은 덕이 날아가 버렸던가!

날아가 버린 덕을 나처럼 다시 대지로 끌어들이라.—그렇다, 육체와 삶 속으로 다시 끌어들이라. 그리하여 그대들의 덕이 대지에 의미를 부여하도록 하라, 인간적인 의미를!

정신도 덕과 마찬가지로 지금까지 수백 번 대지를 떠나는 과오를 범했다. 아, 이 미망(迷妄)과 실책이 모두 지금도 우리 육체 속에 살고 있다. 이 미망과 실책은 거기서 육체가 되고 의지가 되어 버렸다.

정신도 덕과 마찬가지로 지금까지 수백 번이나 시험하면서 길을 헤맸다. 그렇다, 인간은 하나의 시험이었다. 아, 얼마나 많은 무지와 미혹이 우리의 내부에서 육체가 되어 버렸는가!

수천 년의 이성뿐만 아니라 수천 년의 광기도 우리의 내부에서 폭발한다. 후계자가 되는 것은 위험한 일이다.

아직도 우리는 한 걸음 한 걸음 우연이라는 거인(巨人)과 싸워 나아가고 있으며, 지금까지 무지와 무의미가 전 인류를 지배해 왔다.

나의 형제들이여, 그대들의 정신과 그대들의 덕이 대지의 의미에 봉사하기를! 그리하여 일체의 사물의 가치가 그대들에 의해 새롭게 확립되기를! 그러기 위해 그대들은 투쟁하는 자가 되어야 한다! 그러기 위해 그대들은 창조자가 되어야 한다!

육체는 인식을 통해 자신을 정화(淨化)한다. 인식을 가지고 시험하면서 육체는 자신을 고양시킨다. 인식하는 자에겐 모든 충동은 신성한 것이며, 고양된 자의 영혼은 환희에 차 있다.

의사여, 그대 자신의 병부터 고치라.[102] 그러면 그대의 환자도 고치게 될 것이다. 자기 자신을 고치는 자를 눈으로 보는 것이, 그대의 환자에게 최선의 치료법이 되게 하라.

이제까지 한 번도 밟힌 일이 없는 오솔길이 천 개나 있다. 그리고 천 가지의 건강의 형태와 친 개의 숨겨진 삶의 섬들이 있다. 인간과 인간의 대지는 아직도 탐구되지 않은 상태이며, 벗겨지지 않은 상태로 남아 있다.

깨어 있으라, 그리고 귀를 기울이라, 그대 고독한 자들이여! 미래로부터 바람이 살며시 날개를 치며 불어온다. 그리고 예민한 귀에는 좋은 소식이 들려온다.

그대, 오늘의 고독한 자들이여, 그대, 사회에서 탈피한 자들이

---

102) 〈마태복음〉 27장 42절 참조. 여기서 의사는 예수를 가리킴.

여, 그대들은 언젠가는 한 민족이 될 것이다. 스스로 자기를 선발한 그대들에게서 선택된 민족 하나가 생겨날 것이다. —그리고 그 선택된 민족에게서 초인이 탄생할 것이다.

진실로 대지는 언젠가는 치유(治癒)의 장소가 될 것이다! 이미 대지의 주위에는 새로운 향기가 감돌고 있다. 건강을 가져다주는 향기가! 그리고 새로운 희망이!

3

차라투스트라는 여기까지 말을 하고는 마치 마지막 말을 하지 않은 사람처럼 말을 끊었다. 그는 지팡이를 손바닥에 세운 채 고개를 갸우뚱거리며 한동안 지팡이 균형을 잡으려 했다. 마침내 그는 이렇게 말했다. —그의 목소리는 변해 있었다.

나의 제자들이여! 이제 나는 혼자서 가리라. 그대들도 이제 나를 떠나 혼자가 되라! 나는 그것을 원한다.

나는 진실로 그대들에게 충고한다. 내게서 떠나라. 그리고 차라투스트라를 경계하라! 차라투스트라를 수치로 여기라! 그것이 더 바람직한 일이다. 그는 그대들을 기만했을지도 모른다.

인식한 자는 자기의 적을 사랑할 수 있을 뿐만 아니라, 자기의 친구를 증오할 수도 있어야 한다.

언제까지나 제자로만 머물러 있는 것은, 스승에 대한 올바른 보답이 아니다. 그대들은 어찌하여 나의 월계관을 빼앗으려고 하지 않는가?

그대들은 나를 숭배한다. 그러나 언젠가 그대들의 우상이 쓰러지게 되면, 그때는 어찌하려는가? 쓰러지는 우상에 깔려 죽지 않도록 조심하라!

그대들은 이 차라투스트라를 믿는다고 말하는가? 그렇지만 차라투스트라에게 무슨 소용이란 말인가? 그대들은 나의 신자이다. 그렇지만 신자가 무슨 소용이란 말인가?

그대들이 나를 발견했을 때는 그대들은 아직 그대들 자신을 찾지 못했다. 모든 신자들이 그러하다. 그러므로 모든 신앙은 매우 하찮은 것이다.

이제 나는 그대들에게 나를 잃고 자신을 찾으라고 명령한다. 그리고 그대들이 모두 나를 부인했을 때, 비로소 나는 그대들에게 돌아오리라.

나의 형제들이여, 진실로 그때 나는 다른 눈으로 나의 잃어버린 형제들을 찾으리라. 그때 나는 다른 사랑으로 그대들을 사랑하리라.

그리하여 그대들은 다시 나의 친구가 될 것이며, 똑같은 희망의 아들이 될 것이다. 그때 나는 세 번째로 그대들과 함께 있을 것이다. 그대들과 함께 위대한 정오(正午)를 축하할 수 있도록.

위대한 정오란, 인간이 자기의 행로 한복판인 동물과 초인의 중간에 서서 저녁으로 향하는 자신의 여행을 자기의 최고의 희망으로서 축복할 때이다. 그것은 새로운 아침으로 향하는 여행이기 때문이다.

그때 몰락해 가는 자는 자기 자신을 축복할 것이다. 그는 초인을 향해 건너가고 있기 때문이다. 그리고 그의 인식의 태양은 정오에 머물러 있을 것이다.

'모든 신들은 죽었다. 이제 우리는 초인이 살기를 원한다'—이것이 어느 날 위대한 정오에 우리의 최후의 의지이기를!

차라투스트라는 이렇게 말했다.

차라투스트라는 이렇게 말했다

제2부

1. 거울을 가진 아이

차라투스트라는 다시 산속으로 돌아갔다. 그는 그의 동굴의 고독 속으로 들어가 사람들을 멀리했다. 그리고 자기의 씨를 뿌린 사람처럼 기다리고 있었다. 그러나 그의 영혼은 초조와 그가 사랑하는 사람들에 대한 동경으로 가득 차 있었다. 그는 아직도 그들에게 나누어 줄 것을 많이 가지고 있기 때문이었다. 뻗쳤던 사랑의 손길을 거두고서도 나누어 주는 자로서의 수치심을 잃지 않는다는 것은 실로 가장 어려운 일이다.

이와 같이 고독한 가운데 세월이 흘러갔다. 그러나 그의 지혜는 더욱 성장하여, 그 풍요로움이 그를 괴롭혔다.

어느 날 아침 동트기 전에 그는 잠에서 깨어나, 잠자리에 누운 채로 한동안 생각에 잠겨 있었다. 마침내 그는 마음속으로 이렇게 말했다.

무엇 때문에 나는 꿈에서 그렇게 놀라 깨어났을까? 거울[1]을 가진 아이 하나가 내게 다가오지 않았는가?

"오, 차라투스트라여, 거울에 비친 당신 모습을 보시오!"라고 그 아이는 말했다.

그래서 거울 속을 들여다본 나는 외마디 소리를 질렀다. 내 마음은 떨고 있었다. 내가 거울 속에서 본 것은, 나 자신의 모습이 아니라 악마의 조소와 찌푸린 얼굴이었기 때문이었다.

진실로 나는 그 꿈이 무엇을 예시하고 있으며 무엇을 경고하고

---

1) 니체 자신의 사상의 반향(反響)을 뜻함.

있는지 너무나 잘 알고 있다. 나의 '가르침'이 위험에 빠져 있으며, 잡초2)가 밀이라고 불리기를 바라고 있는 것이다!

나의 적(敵)들이 강력해져서, 나의 가르침의 의미를 뒤틀어 놓은 것이다. 그리하여 내가 가장 사랑하는 자들까지도, 내가 그들에게 준 선물을 부끄럽게 생각하고 있는 것이다.

나는 친구들을 잃어버렸다. 내가 잃어버린 자들을 찾을 때가 왔다!

차라투스트라는 말을 마치자마자 자리에서 벌떡 일어났다. 그 모습은 가슴이 답답하여 공기를 갈망하는 자가 아니라, 마치 영감(靈感)을 받은 예언자나 영감을 받은 노래하는 자와 같았다. 그의 독수리와 그의 뱀이 놀라 그를 바라보았다. 밝아오는 행복이 아침 햇빛처럼 그의 얼굴을 환히 비추고 있었기 때문이다.

나의 동물들이여, 내게 무슨 일이 일어났는가? 나는 변하지 않았는가? 최고의 행복이 폭풍처럼 내게 닥쳐오지 않았는가?

나의 행복은 어리석다. 그러므로 나의 행복은 어리석은 말들을 할 것이다. 나의 행복은 아직 너무 젊다. 그러므로 나의 행복을 용서해 주기 바란다!

나의 행복은 내게 상처를 주었다. 괴로워하는 모든 자들이 나의 의사가 되어 주기를!

나는 다시 나의 친구들에게 내려갈 수 있으며 또한 나의 적들에게로 내려갈 수 있다! 차라투스트라는 다시 이야기하고, 나누

---

2) 차라투스트라의 가르침을 왜곡하면서도 제자로 사칭하는 자들.

어 주고, 그가 사랑하는 사람들에게 사랑을 베풀어 줄 수 있다.

나의 성급한 사랑은 흘러넘쳐 격류가 되어, 해 뜨는 곳과 해지는 곳을 향해 흘러내린다. 나의 영혼은 말 없는 산맥과 슬픔의 폭풍을 떠나 골짜기로 흘러 들어간다.

나는 너무 오랫동안 먼 곳을 동경하면서도 바라보고만 있었다. 나는 너무 오랫동안 고독에 빠져 있었다. 그리하여 나는 침묵을 지키는 법을 잊어버렸다.

나는 오로지 말〔言〕이 되었고, 높은 바위에서 떨어지는 폭포의 소리가 되었다. 나는 나의 말을 골짜기 아래로 퍼붓고 싶다.

그리하여 나의 사랑의 격류가 통과할 수 없는 곳, 길이 없는 곳으로 흘러 들어간다 해도 개의치 않겠다! 물줄기가 결국은 바다로 흘러 들어가지 않겠는가!

나의 내부에는 분명 하나의 호수가 있다. 그 호수는 격리된 호수이며 스스로 흘러넘치는 호수이다. 그러나 나의 사랑의 물줄기는 그 호수를 휩쓸고 흘러내려 바다에 이른다!

나는 새로운 길을 가고 새로운 말〔言〕이 내게 생겨났다. 모든 창조자들과 마찬가지로 나는 낡은 말에 지쳐 버렸다. 나의 정신은 더 이상 닳아빠진 구두를 신고 다니기를 원치 않는다.

나에게는 모든 말〔言〕들이 너무 느리게 달린다. 폭풍이여, 나는 너의 수레에 뛰어오르리라! 그리고 너까지도 나의 독(毒)으로 채찍질하리라.

절규(絶叫)처럼 기쁨의 함성처럼 나는 넓은 바다를 건너가리라. 나의 친구들이 기다리고 있는 행복으로 가득 찬 섬들을 발견할 때까지.

그곳에는 나의 친구들과 함께 나의 적들도 있다! 이제 나는 얼마나 사랑하는지 모른다, 내가 말을 걸 수만 있는 자라면 누구라도! 나의 적들도 또한 나의 행복의 일부분이다.

내가 가장 사나운 나의 말[馬]에 올라타려고 할 때, 나를 가장 많이 도와주는 것은 나의 창(槍)이다. 이 창은 나의 말에 봉사할 수 있도록 항상 만반의 준비를 갖추고 있는 하인이다.

내가 나의 적들을 향해 던지는 창이여! 드디어 내가 창을 던질 수 있게 된 것에 대해 나는 나의 적들에게 얼마나 감사하는지 모른다!

나의 구름의 밀도는 너무도 높다. 나는 번개의 큰 웃음 사이로 우박을 소나기처럼 아래로 쏟아 부으리라.

그때 나의 가슴은 힘차게 부풀어 오르고, 자신의 폭풍을 산 너머로 힘차게 불어 보내리라. 그러면 나의 가슴은 안정을 얻을 것이다.

실로, 나의 행복과 나의 자유는 폭풍처럼 다가온다! 그러나 나의 적들은 '악마 하나'가 자기의 머리 위에서 미쳐 날뛰고 있다고 생각할 것이다.

그렇다, 나의 친구들이여, 그대들도 역시 나의 사나운 지혜를 두려워할 것이다. 그리하여 그대들은 나의 적들과 함께 나의 지혜로부터 도망칠 것이다.

아, 내가 목자(牧者)의 피리로 그대들을 다시 불러들일 수만 있다면! 아, 나의 암사자인 지혜가 다정하게 울부짖을 줄만 안다면! 그리고 우리들 모두가 이미 그렇게 많은 것을 알고 있다면!

나의 사나운 지혜는 쓸쓸한 산봉우리에서 잉태하여, 거친 바위 위에서 아기를 낳은 것이다. 막내둥이를.

이제 나의 지혜는 불모(不毛)의 사막을 미친 듯이 달리면서 부드러운 풀밭을 찾아 헤맨다. 나의 늙고 사나운 지혜는!

　나의 친구들이여, 나의 사나운 지혜는 그의 가장 사랑하는 자식을 그대들의 가슴의 부드러운 풀밭 위에, 그대들의 사랑 위에 눕히고 싶어 한다!

　차라투스트라는 이렇게 말했다.

2. 행복으로 가득한 섬들

　무화과 열매가 나무에서 떨어지고 있다. 그 열매들은 맛있고 달콤하다. 열매가 나무에서 떨어질 때 열매의 빨간 껍질이 벗겨진다. 나는 익은 무화과 열매를 불어 떨어뜨리는 북풍이다.

　나의 친구들이여, 무화과 열매를 떨어뜨리듯이 나의 가르침을 그대들에게 떨어뜨린다. 자, 그 즙을 마시고 달콤한 과육(果肉)을 먹으라! 주위는 온통 가을이고 하늘이 맑은 오후이다.

　보라, 우리의 주위는 얼마나 풍요로운가! 이 넘치는 풍요 속에서 멀리 바다를 바라보는 것은 즐거운 일이다.

　전에는 그대들은 멀리 바다를 바라볼 때 '신'을 이야기했다. 그러나 이제 나는 그대들에게 '초인'을 이야기하도록 가르쳤다.

　신은 가상(假想)된 것이다. 그러나 나는 그대들의 가상이 그대들의 창조적 의지의 테두리를 벗어나지 않기를 바란다.

　그대들은 신이라는 것을 '창조할' 수 있는가?─창조할 수 없다면 모든 신에 대해 침묵을 지키라! 그러나 그대들은 분명 초인을 창조할 수 있을 것이다.

어쩌면 그대들은 그대들 자신을 초인으로 창조하지 못할지도 모른다, 나의 형제들이여! 그러나 그대들은 자신을 초인의 조상이나 선조로 만들 수는 있을 것이다. 이것이 그대들의 창조이기를!

신은 가상된 것이다. 그러나 나는 그대들의 가상이 생각할 수 있는 범위 안에 제한되기를 바란다.

그대들은 신을 '생각할' 수 있는가?—그러나 모든 것을 인간으로서 생각할 수 있는 것, 인간으로서 볼 수 있는 것, 인간으로서 느낄 수 있는 것으로 변화시키는 것, 그것이 그대들에게 진리에의 의지를 의미하기를! 그대들은 그대들 자신의 감각을 끝까지 따라야 한다!

그대들은 이제까지 그대들이 세계라고 불러온 것을 스스로 창조해야 한다. 세계는 그대들의 이성과 그대들의 의지와 그대들의 사랑에 의해 그대들의 모습대로 형성되어야 한다! 그러면 진실로 그대들은 행복에 도달할 것이다. 그대 인식한 자들이여!

이러한 희망이 없다면 그대들은 어떻게 삶을 견딜 수 있겠는가? 그대 인식한 자들이여! 이해할 수 없는 곳, 이성이 없는 곳에서는 그대들은 결코 행복해질 수 없다.

친구들이여, 그대들에게 나의 마음을 완전히 털어놓는다! '만일' 신들이 존재한다면, 내가 신이 되지 않고서 어떻게 견딜 수 있겠는가! '그러므로' 신들은 존재하지 않는다.

이 결론을 내린 것은 분명히 나다. 그러나 이제는 이 결론이 나를 끌고 간다.

신은 가상된 것이다. 그러나 이 가상된 것의 모든 고뇌를 마시고도 죽지 않는 자가 어디 있겠는가?

창조자가 그의 신념을 빼앗기고, 독수리가 그의 비상(飛翔)을 빼앗겨야 하겠는가?[3]

신은 모든 곧은 것을 뒤틀리게 하고, 서 있는 모든 것을 비틀거리게 하는 사상이다. 뭐라고? 시간은 지나가 버리며, 따라서 모든 일시적인 것은 거짓에 지나지 않는다고?

그러한 생각을 하는 것은 인간의 육체에게는 현기증이며 위장에게는 구토이다. 그러한 것을 상상하는 것을 나는 어지러움병이라고 부른다.

유일한 것, 완전한 것, 확고한 것, 충족한 것, 영원한 것에 대한 이러한 모든 가르침을, 나는 악이며 염세(厭世)라고 부른다.

모든 영원한 것, 그것은 다만 상징일 뿐이다. 시인들은 너무도 많은 거짓말을 한다.

그러나 시간과 생성(生成)에 대해서는 최선의 상징과 최선의 비유는 모든 일시적인 것에 대한 찬미이며 시인(是認)이어야 한다!

창조—그것은 고뇌로부터의 위대한 구제(救濟)이며, 이로 인해 삶은 보다 수월해진다. 그러나 창조자가 존재하기 위해서는 고뇌와 많은 변화를 필요로 한다.

그렇다, 그대 창조자들이여! 그대들의 삶 속에는 많은 쓰디쓴 죽음이 있어야 한다. 그대들은 모든 일시적인 것들의 대변자이며 시인자(是認者)이다.

창조자 자신이 새로 태어난 어린아이가 되기 위해서는, 그도 또한 어머니가 되어야 하며, 산모의 진통을 참아내야 한다.

진실로 나는 이제까지 백 개의 영혼과 백 개의 요람(搖籃)과 진

---

3) '참으로 창조적인 인식이 성립되려면, 신의 죽음이 전제되어야 한다. 근원적인 창조자로서의 신의 존재가 인정되는 한, 인간의 창조 행위도 실은 신의 창조에 의거하는 것이 되므로, 인간은 참으로 창조적인 주체가 될 수 없다'라는 니체의 사상을 나타내고 있다.

통을 지나 나의 길을 걸어왔다. 나는 수많은 죽음을 경험해왔으며 가슴이 찢어지는 듯한 마지막 순간들을 알고 있다.

그러나 나의 창조적인 의지·나의 운명이 그것을 원하고 있다. 좀 더 솔직하게 말한다면, 나의 의지가 바로 그러한 운명을 원하는 것이다.

나의 모든 '감정들'은 나의 내부에서 괴로워하며, 감옥에 갇혀 있다. 그러나 나의 '의지'는 항상 나를 해방시켜 주고, 내게 환희를 가져다준다.

의지는 자유롭게 해 준다. 이것이야말로 의지와 자유의 진정한 가르침이다―차라투스트라는 그대들에게 이렇게 가르친다.

더 이상 의욕하지 않고, 더 이상 평가하지 않고, 더 이상 창조하지 않는 것! 아, 이 커다란 권태가 항상 내게서 떠나 있기를!

인식하고 이해함에 있어서도 나는 출산과 생성 속에서의 나의 의지의 기쁨만을 느낀다. 만일 나의 인식 속에 순수함이 있다면, 그것은 나의 인식 속에 출산에 대한 의지가 들어 있기 때문이다.

이 의지가 나를 신들에게서 떠나게 했다. 만일 신들이 존재한다면, 창조할 무엇이 남아 있겠는가!

그러나 나의 이 불타는 창조 의지는, 나를 언제나 인간에게로 향하게 한다. 즉 그것은 쇠망치를 돌에게로 향하게 하는 것이다.

아, 그대 인간들이여, 나는 돌 속에 잠들어 있는 하나의 상(像)을 본다. 나의 영상(映像) 중의 한 상을! 아, 그것이 가장 견고하고 가장 못생긴 돌 속에 잠들어 있어야 하다니!

이제 나의 쇠망치는 나의 상(像)의 감옥을 부수기 위해 무섭게 분노한다. 돌에서 파편이 튄다. 그것이 내게 무슨 상관이 있는가!

나는 나의 상이 갇혀 있는 감옥을 부수리라. 그림자 하나가 내게 다가왔기 때문이다. 일찍이 모든 사물 중에서 가장 말이 없고 가장 아름다운 것이 내게 다가왔던 것이다!

초인의 아름다움이 그림자처럼 내게 다가온 것이다. 아, 나의 형제들이여! 이제 신들이 내게 무슨 소용이 있단 말인가!

차라투스트라는 이렇게 말했다.

3. 동정심 많은 자들에 대하여

나의 친구들이여, 그대들의 친구는 빈정대는 소리를 들어왔다. "차라투스트라를 보라! 그는 마치 짐승들 사이를 돌아다니듯이 우리들 사이를 돌아다니고 있지 않은가?"

그러나 이렇게 말하는 편이 더 좋았을 것이다. "저 인식한 자는 짐승들 사이를 돌아다닐 때와 똑같이 인간들 사이를 돌아다니고 있다"라고.

인식한 자는 인간 그 자체를 붉은 뺨을 가진 짐승이라고 부른다.

어찌하여 인간은 붉은 뺨을 갖게 되었는가? 그것은 인간이 너무나 자주 부끄러움을 느껴야 했기 때문이 아닌가?

오, 나의 친구들이여! 인식한 자는 이렇게 말한다. "수치, 수치, 수치, 이것이 인간의 역사이다!"라고.

그러므로 고귀한 자는 남에게 수치를 느끼게 하지 않도록 스스로 자제한다. 고귀한 자는 고뇌하는 자들 앞에서 스스로 수치를 느낀다.

나는 남을 동정함으로써 행복을 느끼는 인정 많은 자들을 좋아하지 않는다. 그들에게는 수치심이 너무나 결여되어 있다.

내가 동정을 베풀어야 할 경우에도, 나는 인정 많은 자라고 불리기를 원치 않는다. 그러므로 내가 동정을 베풀어야 할 경우에는, 나는 멀리 떨어져서 동정을 베푼다.

그리고 나는 내가 알려지기 전에 얼굴을 가리고 도망친다. 나는 그대들에게 그렇게 하기를 명령한다. 나의 친구들이여!

나의 운명이 항상 나를 그대들처럼 슬퍼하지 않고 고뇌하지 않는 자들을 만나도록, 또한 희망과 식사와 꿀을 함께 나눌 수 있는 자들을 만나도록 인도하기를!

진실로 나는 고뇌하고 있는 자들을 위해 많은 일을 했다. 그러나 내가 보다 더 즐거워할 줄 알게 되었을 때, 보다 더 훌륭한 일을 한 것처럼 생각되었다.

인간이 존재한 이후로 인간은 너무도 즐거워하지 않았다. 나의 형제들이여, 그것만이 우리의 원죄이다!

만일 우리가 보다 더 즐거워할 줄 안다면, 우리는 남에게 괴로움을 주거나 괴로움을 주려고 획책하는 것을 가장 잘 잊어버릴 것이다.

그러므로 나의 손이 괴로워하는 자를 도와주었을 때, 나는 나의 손을 깨끗이 씻고 또한 나의 영혼도 깨끗이 씻어낸다.

왜냐하면 괴로워하는 자의 모습을 보았을 때, 나는 그의 수치로 말미암아 수치를 느꼈기 때문이며, 내가 그를 도와주었을 때, 나는 그의 긍지에 심한 상처를 입혔기 때문이다.

큰 은혜는 사람을 감사하게 만들지 않고, 오히려 복수심을 불러 일으킨다. 만일 작은 친절이 잊히지 않으면, 그것은 갉아먹는 벌레가 된다.

"받는 것을 삼가 하라! 받는 것이 상대방의 영예가 되게 하라!" 나는 나누어 줄 것이 아무것도 없는 자들에게 이렇게 충고한다.

그러나 나는 나누어 주는 자이다. 나는 친구로서 친구들에게 기쁘게 나누어 준다. 그러나 낯선 자들과 가난한 자들은 스스로 나의 나무에서 과일을 따 먹으라. 그렇게 하는 것이 그들을 덜 부끄럽게 할 것이다.

그러나 거지들[4]은 완전히 추방되어야 한다! 거지들에게는 주는 것도 화나는 일이며, 주지 않는 것도 또한 화나는 일이다.

또한 죄지은 자들과 그릇된 양심을 가진 자들도 마찬가지이다! 나를 믿으라, 나의 친구들이여, 양심의 바늘은 다른 사람을 찌르기를 가르친다.

그러나 가장 나쁜 것은 하찮은 생각들이다. 진실로 하찮은 생각을 갖는 것보다는 악을 행하는 것이 낫다!

그대들은 말하리라. "여러 가지 작은 악의에서 느끼는 기쁨은 우리들을 많은 큰 악행으로부터 보호해 준다"라고. 그러나 이 경우에 보호받기를 바라서는 안 된다.

악행은 종기(腫氣)와 같다. 그것은 가렵고 쑤시며 곪아 터진다 —악행은 정직하게 말한다.

"보라, 나는 질병이다"—악행은 이렇게 말한다. 이것이 악행의 정직함이다.

그러나 하찮은 생각은 세균(細菌)과 같다. 그것은 숨어서 기어 다니며, 제 모습을 나타내려 하지 않는다—그리하여 마침내 이 작은 세균들에 의해 몸 전체가 썩어 말라죽게 된다.

---

4) 받는 데 수치를 느끼지 않는 자들. 자기의 무력함을 느끼지 않는 자들.

그러나 악마에게 사로잡힌 자의 귀에 나는 이런 충고를 속삭이리라. "그대의 악마를 키우는 편이 낫다! 그대에게도 위대함에 이르는 길이 하나 있다!"라고.

아, 나의 형제들이여! 우리는 모든 사람들에 대해 너무 많이 알고 있다! 그래서 우리는 많은 사람들을 꿰뚫어보지만, 그들은 여전히 이해할 수 없는 채로 남아 있는 것이다.

사람들과 함께 산다는 것은 어려운 일이다. 왜냐하면 침묵을 지키는 것은 대단히 어려운 일이기 때문이다.

우리는 우리가 싫어하는 자에 대해서가 아니라 우리와 전혀 관련이 없는 자에 대해서 가장 불공정하다.

그러나 그대에게 고뇌하는 친구가 있다면, 그의 고뇌를 위해 안식처가 되라. 그러나 딱딱한 침대, 야전 침대와 같은 안식처가 되라. 그러면 그대는 그를 위해 가장 큰 봉사를 하는 것이 되리라.

친구가 그대에게 악을 행하는 경우에 이렇게 말하라. "나는 그대가 나에게 저지른 잘못을 용서하리라. 그러나 그대가 '그대에게' 저지른 잘못, 그것을 내가 어떻게 용서할 수 있겠는가!"라고.

모든 위대한 사랑은 이렇게 말한다. "위대한 사랑은 용서와 동정까지도 초월한다"[5]라고.

자기 마음을 잘 단속하라. 만일 마음의 고삐를 풀어 주면 자신의 머리까지도 곧 잃게 될 것이다!

아, 세상에 동정심 많은 자들의 어리석음보다 더 큰 어리석음이

---

5) '위대한 사랑'의 입장에서 기독교적 이웃에 대한 사랑으로서의 동정을 비판하고 있다. '위대한 사랑'이란 사랑의 대상을 창조하는 창조적인 사랑으로서, 자타를 초월하여 타인도 자기도 포괄하는 사랑을 뜻하며, '위대한 사랑'의 입장에서 보면 동정은 작은 사랑, 자타가 수치를 느끼지 않을 수 없는 비속한 사랑임을 말하고 있다.

어디 있겠는가? 그리고 세상에 동정심 많은 자들의 어리석음보다 더 큰 괴로움을 주는 것이 어디 있겠는가?

동정을 초월하지 못한 모든 사랑하는 자들에게 화 있으라!

일찍이 악마가 나에게 이렇게 말했다. "신조차도 자신의 지옥을 갖고 있다. 그것은 인간들에 대한 신의 사랑이다"라고.

그리고 최근에 나는 악마가 이렇게 말하는 것을 들었다. "신은 죽었다. 인간들에 대한 동정으로 인해 신은 죽었다."

그러므로 동정하지 않도록 조심하라. '동정으로부터' 무거운 구름이 인간에게 덮쳐오는 것이다! 진실로 나는 험악한 날씨의 징후를 잘 알고 있다!

그러나 이 말도 또한 명심하라. 모든 위대한 사랑은 동정보다 높은 곳에 있다는 것을. 위대한 사랑은—사랑의 대상을 창조하기를 원하기 때문이다!

"나는 나 자신을 나의 사랑에 바친다. 그리하여 나는 '나의 이웃을 나 자신과 같이' 사랑한다"—모든 창조자들은 이렇게 말한다.

그러나 창조자들은 모두 엄격하다.

차라투스트라는 이렇게 말했다.

4. 성직자들에 대하여

언젠가 차라투스트라는 제자들에게 손짓을 해 보이며 이렇게 말했다.

여기 성직자들이 있다. 비록 그들이 나의 적이라 하더라도 칼을 잠재운 채로 조용히 그들의 옆을 지나쳐 가라!

그들 중에도 영웅이 있다. 그들의 대부분은 너무나 괴로움을 당해왔다. 그래서 그들은 남을 괴롭히고 싶어하는 것이다.

그들은 고약한 적이다. 그들의 겸손보다 더 복수심에 찬 것은 없다. 그러므로 그들에게 손을 대는 자는 자신을 더럽히기 쉽다.

그러나 나의 피는 그들의 피와 연결되어 있다.[6] 그러므로 나는 나의 피가 그들의 피 속에서도 존중되고 있는지 알고 싶다.

그들이 지나가 버리자, 차라투스트라는 고통에 사로잡혔다. 그리하여 그는 한동안 자신의 고통과 싸우고 나서 이렇게 말했다.

나는 이 성직자들을 가엾게 생각한다. 그들은 나의 기호에도 맞지 않는다. 그러나 이런 일은, 내가 인간들 사이에 있어 온 후로, 나에게 가장 사소한 일이다.

그러나 나는 그들과 고통을 함께 나누고 있으며, 또 함께 나누어 왔다. 내게 그들은 죄수들이며 낙인찍힌 자들로 보인다. 그들이 구원자라고 부르는 자가 그들을 묶어 놓은 것이다―.

그들은 그릇된 가치와 그릇된 언어의 굴레 속에 갇혀 있다! 아, 누가 그들의 구원자로부터 그들을 구해 줄 수 있겠는가!

일찍이 그들이 바다에 시달리고 있을 때, 그들은 한 섬에 상륙했다고 믿고 있었다. 그러나 보라, 그것은 잠들어 있는 괴물이었다.

그릇된 가치와 그릇된 언어, 이것들이야말로 언젠가는 죽어야

---

6) 니체는 루터교의 성직자 집안에서 태어났다.

할 인간들에게는 가장 사악한 괴물이다. 이 괴물들 속에서 비운(非運)이 잠든 채 오랫동안 기다리고 있는 것이다.

그러나 마침내 이 괴물은 잠을 깨어, 자기 위에 자신의 오두막을 지은 자들을 삼켜 버린다.

오, 이들 성직자들이 지어 놓은 이 오두막들을 보라! 그들이 교회라고 부르는 것을! 달콤한 향기를 풍기는 그들의 동굴을!

오, 위조된 빛이여, 눅눅한 공기여! 영혼이 마음껏 날아오르는 것이 허용되지 않는 장로여!

그들의 신앙은 오히려 이렇게 명령한다. "무릎을 꿇고 계단을 오르라, 너희 죄인들이여!"라고.

나는 그들의 수치와 경건(敬虔)이 깃든 사팔뜨기 눈을 보기보다는 차라리 부끄러워할 줄 모르는 자들을 보기를 원한다!

누가 그런 동굴과 속죄의 계단을 창조했는가? 자신을 숨기고 싶어 했던 자들, 맑은 하늘 앞에 부끄러움을 느꼈던 자들이 아닌가?

그리하여 맑은 하늘이 다시 허물어진 천정을 뚫고 허물어져 내린 벽 위의 풀과 붉은 양귀비꽃을 내려다볼 때—그때 나는 나의 마음을 다시 이 신의 장소로 돌리리라.

그들은 그들을 부인하고 그들에게 고통을 주는 것을 신이라고 불렀다. 실로 그들의 숭배에는 영웅적인 것이 많이 깃들어 있다!

그들은 인간을 십자가에 못 박는 것 이외에는 그들의 신을 사랑하는 방법을 알지 못했다!

그들은 시체로 살고자 했으며, 자신의 시체를 검은 옷으로 감쌌다. 나는 그들이 하는 말속에서도 시체안치실의 불쾌한 냄새를 맡는다.

그들의 이웃에 사는 사람들은, 악마의 예언자인 두꺼비의 달콤한 우수 어린 노래가 들려오는 검은 연못가에 살고 있는 것이다.

나에게 그들의 구원자를 믿게 하려면, 그들은 좀 더 좋은 노래를 불러야 할 것이다. 이 구원자의 사도들은 좀 더 구원되어 있는 것처럼 보여야 할 것이다!

나는 그들의 벌거벗은 모습을 보고 싶다. 오직, 아름다움만이 속죄를 설교해야 하기 때문이다. 그러나 이런 위장된 고뇌가 대체 누구를 설득할 수 있겠는가!

실로 그들의 구원자 자신은 자유에서, 자유의 제7천국[7]에서 온 것이 아니다! 실로 구원자 자신은 아직 인식의 양탄자 위를 밟은 적이 없는 것이다.

그들의 구원자의 정신은 많은 결함들로 이루어져 있다. 그러나 그들은 모든 결함에 그들의 망상을, 즉 그들이 신이라고 부르는 마개를 쑤셔 넣었다.

그들의 정신은 그들의 동정 속에 빠져 죽었다. 그리고 그들이 동정심으로 한껏 부풀어 올랐을 때, 수면에는 항상 큰 어리석음이 떠돌고 있었다.

그들은 열심히 소리를 지르며 그들의 가축들을 그들의 다리 위로 내몰았다. 마치 미래로 통하는 다리는 그것 하나밖에 없다는 듯이. 실은 이들 목자들도 아직 양떼에 속해 있는 것이다!

이들 목자들은 조그만 지력과 광대한 영혼을 갖고 있었다. 그러나 형제들이여, 지금까지의 가장 광대한 영혼이라는 것도 얼마나 작은 나라였던가!

그들은 자기들이 걸어온 길 위에 핏자국을 표시했으며, 그들의

---

7) 가장 높은 하늘을 뜻함.

어리석음의 진리는 피에 의해 증명되어야 한다고 가르쳤다.

그러나 피는 진리에게는 최악의 증인인 것이다. 피는 가장 순수한 가르침에게까지도 독을 먹여 망상과 증오로 변화시켜 버린다.

그리고 누군가가 자기의 가르침을 위해 불길 속을 지나간다 한들—그것이 무슨 증명이 되겠는가! 진실로 자신이 타오르는 불길에서 자신의 가르침이 생겨나는 편이 더 낫다!

열기를 품은 가슴과 싸늘한 머리, 이 양자가 만나는 곳에, 광풍이, '구원자'가 생겨난다.

진실로 사람들이 구원자라고 부르는 자들, 사람들의 마음을 빼앗는 이 광풍들보다 더 위대한 자들, 더 고귀한 자들이 존재해 왔다!

나의 형제들이여, 만일 그대들이 자유에 이르는 길을 찾기를 원한다면, 그대들은 이제까지 존재했던 어떤 구원자보다도 더 위대한 사람들에 의해 구원되어야 한다!

이제까지 초인은 존재한 적이 없다. 나는 가장 위대한 인간과 가장 보잘것없는 인간, 양자의 벌거벗은 모습을 보아 왔다.

그들은 아직도 너무나 닮아 있다. 나는 발견했다, 가장 위대한 인간까지도—너무나 인간적이라는 것을!

차라투스트라는 이렇게 말했다.

5. 덕 있는 자들에 대하여

연약하고 휴지(休止)상태의 의식을 가지고 있는 자들에게는, 우레와 하늘의 불꽃으로 말해야 한다.

그러나 아름다움의 목소리는 부드럽게 말한다. 아름다움의 목소리는 가장 깨어 있는 영혼 속으로만 스며든다.

오늘 나의 방패는 조용히 떨며 나를 향해 웃었다. 그것은 아름다움의 신성한 웃음이며 떨림이었다.

그대 덕이 있는 자들이여, 오늘 나의 아름다움은 그대들을 향해 웃었다. 그리고 나의 아름다움의 목소리는 내게 이렇게 속삭였다. "그들도 역시—대가를 받기를 원한다!"라고.

그대들도 역시 대가를 받기를 원하고 있다. 그대 덕 있는 자들이여! 그대들은 덕의 대가(代價)로 보수를, 땅의 대가로 하늘을, 그대들의 오늘의 대가로 영원을 얻기를 원하는가?

그대들은, 내가 그대들에게 보수를 줄 자도 없고 대가를 지불할 자도 없다고 가르친다고, 내게 화를 내고 있는가? 나는 덕이, 덕 그 자체의 보수라고도 가르치지 않는다.

아, 이것이 나의 슬픔이다. 보수와 형벌이 사물의 밑바닥에 깔려 있는 것이. 이제 그대들의 영혼의 밑바닥에까지도 보수와 형벌이 깔려 있다. 그대 덕이 있는 자들이여!

그러나 나의 말은 멧돼지의 코와 같이, 그대들의 영혼의 밑바닥을 파헤칠 것이다. 나는 그대들로부터 '쟁기의 날'이라고 불리기를 원한다.

나는 그대들의 마음속에 숨어 있는 모든 비밀을 파헤칠 것이다. 그리하여 파헤쳐져 그대들이 밝은 햇빛 속에 드러나게 되면, 그대들의 허위는 그대들의 진실에서 떨어져 나갈 것이다.

이것이 그대들의 참모습이기 때문이다. 그대들은 너무나 '순결하여' 복수 · 형벌 · 보수 · 보복 따위와 같은 불결한 말은 그대들에게는 어울리지 않는다는 것이.

그대들은 어머니가 자식을 사랑하는 것처럼 자신의 덕을 사랑한다. 그러나 어머니가 자기 사랑의 대가를 원한다는 말을 들어본 적이 있는가?

그대들의 덕은 그대들이 가장 사랑하는 그대들 자신이다. 그대들의 내부에는 순환의 갈망이 있다. 모든 순환은 다시 자기 자신을 획득하기 위하여 언제까지고 투쟁하며 회전한다.

그대들의 덕이 하는 일은 모두가 빛을 잃은 별과 같다. 그 빛은 영원히 떠돌아다니고 있다. 그 빛이 언제 떠돌아다니기를 멈출 것인가?

이와 같이 그대들의 덕의 빛은 덕의 과업이 끝난 후에도 여전히 떠돌고 있다. 비록 그대들의 덕이 잊히고 죽는다 하더라도 그 빛은 여전히 살아서 떠도는 것이다.

그대들의 덕은 그대들 자신이며, 외부에서 온 어떤 것이거나 피상적인 것, 허식이 아니다. 그대 덕 있는 자들이여, 이것이 그대들의 영혼의 밑바닥으로부터의 참모습이다!

그러나 채찍 아래서의 몸부림[8]을 덕이라고 부르는 사람들이 있다. 그대들은 그들의 비명소리를 너무 많이 들어왔다!

또한 자기의 악덕이 활기를 잃는 것을 덕이라고 말하는 자들도 있다. 그들의 증오와 질투가 활기를 잃고 축 늘어지면, 그들의 '정의'가 활기를 찾고 졸린 눈을 비빈다.

또한 밑으로 끌려가는 자들도 있다. 그들의 악마가 그들을 끌어내리는 것이다. 그러나 그들이 밑으로 가라앉으면 가라앉을수

---

8) 강요된 행위.

록 그들의 눈은 더욱 반짝이며, 그들의 신에 대한 동경은 더욱 불타오른다.

그대 덕 있는 자들이여, 그들이 외치는 소리도 역시 그대들의 귀에 들려오곤 했다. "현재의 내가 '아닌' 것, 그것이 내게는 신이며 덕이다!"라는 그들의 외침 소리가.

돌을 싣고 언덕길을 내려오는 수레처럼, 무거운 듯이 삐걱삐걱 소리를 내며 다가오는 사람들도 있다. 그들은 인간의 존엄성과 덕에 대해 많은 말을 한다. ─그들은 그들의 제동(制動)을 덕이라고 부르고 있다!

또한 태엽을 감아 준 시계와 같은 자들도 있다. 그들은 똑딱똑딱 소리를 반복하며, 이 소리가 덕이라고 불리기를 바란다.

나는 이런 자들을 재미있게 생각한다. 이런 시계들을 발견할 때마다 나는 장난삼아 태엽을 감아 줄 것이다. 그리하여 그들로 하여금 똑딱 소리뿐만 아니라 벨 소리도 내게 하리라!

또 어떤 자들은 자신이 갖고 있는 한 줌의 정의를 자랑하며, 그 정의를 위해 다른 모든 것에 대하여 죄를 범한다. 그리하여 세계는 그들의 부정(不正) 속에 빠져 죽게 된다.

아, '덕'이라는 말이 이런 자들의 입에서 나오면, 얼마나 불쾌하게 들리는가! 사실 그들이 "나는 정의롭다"라고 말할 때, "나는 복수심에 차 있다"라고 말하는 것처럼 들린다.[9]

그들은 그들의 덕으로 그들의 적의 눈을 도려내려고 한다. 그리하여 그들은 오직 남을 낮추기 위해 자기를 높이는 것이다.

---

9) '나는 정의롭다(Ich bin gerecht)'와 '나는 복수심에 차 있다(Ich bin gerächt)'는 독일어로 발음이 거의 같다.

또한 자신의 진구렁 속에 앉아 갈대 사이로 이렇게 말하는 자들도 있다. "덕—그것은 묵묵히 진구렁 속에 앉아 있는 것을 의미한다.

우리는 아무도 물어뜯지 않으며, 또 물어뜯으려 하는 자를 멀리한다. 그리고 우리는 어떠한 일에 있어서도 우리에게 주어진 의견을 갖고 있다"라고.

또한 겉치레를 좋아하여, 덕은 일종의 겉치레라고 생각하는 사람들도 있다.

그들은 덕 앞에 언제나 무릎 꿇고, 그들의 손은 언제나 덕을 찬미하지만, 그들의 마음은 덕에 대해서는 아무것도 알지 못한다.

또한 "덕은 반드시 필요하다"라고 말하는 것이 덕이라고 믿고 있는 사람들도 있다. 그러나 그들은 마음속으로는 경찰은 반드시 필요하다는 것만을 믿고 있다.

그리고 인간에게서 숭고한 점을 보지 못하는 많은 사람들은 인간의 저열함을 가장 가까이에서 볼 수 있는 것을 덕이라고 부르고 있다. 그리하여 그들은 자신의 독기 어린 눈을 덕이라고 부른다.

어떤 사람들은 고양(高揚)되기를 원하며, 그것을 덕이라고 부른다. 그리고 또 어떤 사람들은 내동댕이쳐지기를 원하며—그것을 덕이라고 부른다.

이상과 같이 거의 모든 사람들이 자기는 덕을 갖고 있다고 굳게 믿고 있다. 그리고 적어도 자기는 '선'과 '악'에 정통해 있다고 주장한다.

그러나 차라투스트라는 이 모든 거짓말쟁이와 바보들에게, "도대체 '그대들'이 덕에 대해 무엇을 알고 있는가? 그대들이 덕에 대해 무엇을 '알 수' 있겠는가?" 하고 말하기 위해 온 것은 아니다.

그렇다. 나의 친구들이여, 그대들로 하여금 바보와 거짓말쟁이들에게서 배운 낡은 말에 싫증을 느끼도록 하기 위해 차라투스트라가 온 것이다.

그대들로 하여금 '보수'·'보복'·'형벌'·'정의로운 복수'와 같은 말에 싫증을 느끼도록 하기 위해서이다.

그대들로 하여금 "하나의 행위가 이기적인 것이 아닌 한, 그것은 선이다"라는 말에 싫증을 느끼도록 하기 위해서이다.

아, 나의 친구들이여! 어린아이 속에 어머니가 있는 것처럼, 그대들의 행위 속에 '그대들' 자신이 들어 있는 것, 그것이 덕에 대한 '그대들'의 금언(金言)이 되게 하라!

실로 나는 그대들에게서 백 가지의 금언과 그대들의 덕의 가장 사랑스러운 장난감들을 빼앗아 버렸다. 그래서 그대들은 마치 어린아이들이 화를 내듯이 내게 화를 내고 있다.

어린이들이 바닷가에서 놀고 있었다. ―그때 파도가 밀려와 그들의 장난감을 바닷속으로 빼앗아 가 버렸다. 그래서 그들은 지금 울고 있는 것이다.

그러나 장난감을 빼앗아 갔던 그 파도가 여러 가지 새로운 장난감들을 갖다 주고, 여러 가지 새롭고 아름다운 조개들을 그들 앞에 펼쳐 놓을 것이다!

그러면 그들은 위로받게 될 것이다. 그리고 나의 친구들이여, 그대들도 그들처럼 위로를 받게 될 것이다―그리고 새롭고 아름다운 조개들을 얻게 될 것이다.

차라투스트라는 이렇게 말했다.

6. 천민(賤民)에 대하여

인생은 기쁨의 샘이다. 그러나 천민들도 함께 마시는 샘은 모두 독으로 가득 차 있다.

나는 깨끗한 모든 것을 좋아한다. 그러나 나는 이빨을 드러내고 웃는 불결한 자들의 입과 그들의 목마름을 보는 것을 좋아하지 않는다.

그들은 샘물 속 밑으로 시선을 던진다. 그러자 그들의 혐오스러운 웃음이 샘물 밖의 나를 향해 번뜩인다.

그들은 그들의 탐욕으로 신성한 샘물에 독을 뿌렸다. 그리고 그들이 그들의 더러운 꿈을 기쁨이라고 불렀을 때, 그들은 말에까지 독을 뿌린 것이다.

그들이 그들의 축축한 심장을 불에 던지면 불길은 타려 하지 않으며, 천민들이 불 가까이 접근하면, 정신 그 자체까지도 끓어오르며 연기를 낸다.

그들의 손에서는 과일은 구역질이 나고 썩어 버린다. 그들이 과일나무를 바라보면 과일나무는 안정을 잃고, 그 꼭대기는 시들어 버린다.

그리하여 삶을 등진 많은 사람들은, 다만 천민에게 등을 돌렸을 뿐이다. 그들은 샘물과 불길과 과일을 천민들과 함께 나누기를 원치 않았던 것이다.

또한 사막에 가서 사나운 짐승들과 함께 갈증에 시달린 많은 사람들은, 다만 불결한 낙타 몰이꾼들[10]과 함께 물통 곁에 앉기를

---

10) 선동가들.

원치 않았던 것뿐이다.

또한 파괴자처럼 그리고 곡식밭에 내리는 우박처럼 달려온 많은 사람들은, 다만 그들의 발을 천민의 입속에 집어넣어 그들의 목구멍을 막으려고 했던 것뿐이다.

인생 자체가 적의(敵意)와 죽음과 순교(殉敎)를 필요로 한다는 것을 아는 것, 그것은 내가 가장 어렵게 삼킨 음식은 아니었다.

나는 일찍이 다음과 같이 묻고, 나 자신의 물음이 목구멍에 걸려 거의 숨이 막힐 지경이었다. "뭐라고? 삶은 천민들도 '필요'로 한다고?

독이 들어 있는 샘, 악취를 내뿜는 불길, 더러운 꿈, 생명의 빵에 숨어 있는 구더기도 필요로 한단 말인가?"

나의 증오가 아니라 나의 구토가 게걸스럽게 나의 생명을 먹어버렸다! 아, 천민들도 정신을 부여받았다는 것을 알고는, 나는 때때로 정신에 대해 혐오를 느끼게 되었다!

그리고 나는, 지배자들이 오늘날 무엇을 지배라고 부르고 있는지를 알고, 그들에게서 등을 돌렸다. 그들이 말하는 지배란 권력을 위해 천민들과 흥정하고 거래하는 것이 아닌가!

나와는 언어가 다른 각처의 민중 사이에서 나는 귀를 막고 살았다. 그것은 권력을 위한 그들의 흥정과 거래의 말들이 내게는 낯선 채로 남아 있도록 하기 위해서이다.

나는 내 코를 막고서 모든 어제와 오늘을 불쾌한 마음으로 걸어왔다. 모든 어제와 오늘은 문필(文筆)을 업으로 하는 천민의 악취를 풍기기 때문이다!

나는 오랫동안 귀머거리처럼, 소경처럼, 벙어리처럼 살아왔다. 그것은 권력의 천민·문필의 천민·쾌락의 천민들과 함께 살지 않기 위해서이다.

나의 정신은 기진맥진하여 조심스럽게 계단을 올라갔다. 기쁨의 시물(施物)이 내 정신의 청량제(淸涼劑)였다. 이 소경의 삶은 지팡이에 의지하여 겨우겨우 발을 옮겨 나아갔다.

도대체 내게 무슨 일이 일어났는가? 나는 어떻게 나 자신을 구토에서 해방시켰는가? 누가 내 눈을 다시 뜨게 했는가? 나는 어떻게 천민들이 더 이상 샘물가에 앉아 있지 않은 높은 곳으로 날아올랐는가?

나의 구토, 바로 그것이 내게 날개를 만들어 주고, 샘물을 알아내는 능력을 창조해 준 것일까? 실로 나는 기쁨의 샘을 다시 찾아내기 위해 가장 높은 곳으로 날아 올라가야만 했다!

오, 나의 형제들이여, 나는 그곳을 찾아냈다. 가장 높은 이곳에서 기쁨의 샘이 나를 위해 세차게 용솟음치고 있다! 이곳에는 결코 천민들이 나와 함께 마실 수 없는 삶이 있다!

기쁨의 샘이여! 너는 지나칠 정도로 격렬하게 나를 위해 용솟음친다. 그리고 너는 잔을 채우고자 하여 때때로 잔을 다시 비운다!

그러나 나는 아직도 더욱 겸손하게 너에게 접근하는 법을 배우지 않으면 안 된다. 나의 마음은 아직도 너무 격렬하게 너를 향해 흘러가고 있기 때문이다.

나의 마음 위에서 나의 여름이 작열한다. 짧고 뜨겁고 우울하고 기쁨에 넘친 여름이. 그러나 나의 여름의 마음은 너의 냉기(冷氣)를 얼마나 열망하고 있는가!

떠나지 않으려고 서성거리던 나의 봄의 괴로움은 사라졌다! 6월의 나의 눈송이의 악의는 사라졌다! 나는 완전히 여름이 되었고 여름의 한낮이 되었다!

차디찬 샘물과 행복으로 가득한 정적(靜寂)을 지닌 가장 높은 곳에서의 여름. 오, 나의 친구들이여, 이곳으로 오라. 이 정적이 더욱 행복으로 가득하도록!

이곳이야말로 '우리의' 높이이며, 우리의 고향인 것이다. 우리는 이곳에서 너무나 고귀하고 대담하게 살기 때문에, 모든 불결한 자들과 그들의 갈증이 미치지 못한다.

그대들의 맑은 눈길을 나의 기쁨의 샘에 던져라, 친구들이여! 그렇게 한다고 해서 어찌 샘이 흐려지겠는가! 샘은 그대들에게 '자신'의 맑은 웃음을 던질 것이다.

우리는 '미래'라는 나무 위에 우리의 둥지를 튼다. 독수리가 우리 고독한 자들에게 음식을 물어다 줄 것이다!

불결한 자들이 결코 우리와 함께 나누지 못할 음식을! 그들은 자기들이 불을 먹고 있다고 생각할 것이며, 그들의 입은 화상을 입을 것이다!

우리는 이곳에 불결한 자들을 위해서는 집을 마련하지 않는다! 그들의 육체와 정신은 우리의 행복을 얼음 동굴이라고 부를 것이다!

그러므로 우리는 태풍처럼 그들의 머리 위에서 살도록 하자. 독수리의 이웃으로서, 눈(雪)의 이웃으로서, 그리고 태양의 이웃으로서. 태풍은 그렇게 살아간다.

나는 언젠가는 바람처럼 그들 사이를 불어 갈 것이다. 그리하여 나의 정신으로 그들의 정신에게서 숨결을 빼앗으리라. 나의 미래는 그것을 원한다.

실로 차라투스트라는 모든 낮은 지대를 휩쓰는 태풍이다. 그리고 그는 그의 적들과 모든 토하는 자들과 침 뱉는 자들에게 이렇게 충고한다. "바람에 '맞서' 침을 뱉지 않도록 조심하라!"라고.

차라투스트라는 이렇게 말했다.

7. 독거미들에 대하여

보라, 이것이 독거미[11]의 굴이다! 그대는 이 독거미를 보고 싶은가? 여기에 이 독거미의 거미줄이 걸려 있다. 이 거미줄을 건드려 보라.

자, 독거미가 스스로 나오고 있다. 어서 오너라! 독거미여. 너의 등에는 너의 검은 삼각의 표시가 있다.[12] 그리고 나는 너의 영혼에 무엇이 숨어 있는지도 알고 있다.

너의 영혼에는 복수심이 숨어 있다. 네가 깨무는 곳마다 검은 딱지가 생긴다. 복수심으로 인해 너의 독은 영혼을 어지럽힌다.

영혼을 어지럽게 만드는 그대들에게 나는 비유로써 이렇게 말한다. 그대 '동등'을 설교하는 자들이여! 그대들은 독거미이며, 숨겨진 복수심을 다루는 자들이다!

그러나 나는 곧 그대들이 숨어있는 곳을 환하게 밝히리라. 그러므로 나는 그대들의 얼굴을 향해, 큰 소리로 웃는다.

그대들의 분노가 그대들을 유혹하여 그대들의 거짓의 동굴로부

---

11) 동등을 주장하는 자들.
12) '검은'은 기독교에 심취한 사람들을 가리키며, '삼각'은 삼위일체를 설교하는 사람들을 가리킨다.

터 나오도록 하기 위해, 그대들의 복수가 그대들이 말하는 '정의'의 뒤에서 튀어나오도록 하기 위해, 나는 그대들의 거미줄을 찢어 버린다.

왜냐하면 '인간이 복수의 굴레로부터 해방되는 것', 이것이야말로 나의 최고의 희망에 이르는 다리이며, 오랜 폭풍우 뒤에 나타나는 무지개이기 때문이다.

그러나 물론 독거미들은 이와는 다른 것을 원한다. "세계가 우리의 복수의 폭풍우로 가득 차는 것, 그것이야말로 우리의 정의이어야 한다"—그들은 서로 이렇게 말한다.

"우리는 우리와 동등하지 않은 모든 자들에게 복수를 하고 모욕을 줄 것이다"—독거미의 마음을 가진 자들은 이렇게 다짐한다.

"그리고 '동등에의 의지'—바로 그것이 이후로는 덕의 명칭이 되어야 한다. 우리는 권력을 가진 모든 자들에 대항하여 목청을 높일 것이다!"

그대 동등을 설교하는 자들이여, 무력(無力)함의 폭군적 광기가 그대들의 내부에서 이렇게 '동등'을 호소하는 것이다. 그대들의 가장 은밀한 폭군적 욕망은 이와 같이 덕의 말들로 변장하는 것이다.

싫증이 난 자기기만 · 억제된 질투, 어쩌면 그대 조상들로부터 물려받은 것일지도 모르는 자기기만과 질투, 이것들이 복수의 불길과 복수의 광기로 변하여, 그대들로부터 폭발해 나오는 것이다.

아버지가 침묵을 지키고 있던 것은 아들이 말하는 법이다. 그러므로 나는 아들은 아버지의 노출된 비밀이라는 것을 때때로 발견하게 되었다.

그들은 영감을 받은 자들과 흡사하다. 그러나 그들에게 영감을 준 것은 마음이 아니라—복수심이다. 그리고 그들이 엄격해지고 냉정해졌을 때, 그들을 그렇게 만든 것은 정신이 아니라 질투심인 것이다.

그들의 질투심은 그들을 사상가의 길로 인도하기도 한다. 그들의 질투심의 표지(標識)는 이러하다—그들은 항상 지나치게 멀리 가므로, 지친 나머지 결국 눈〔雪〕 위에서까지도 자지 않을 수 없게 된다.

그들의 모든 불평 속에서는 복수의 소리가 울려 퍼지고, 그들의 모든 찬사 속에는 악의가 들어 있다. 그리하여 그들은 재판관이 되는 것을 최고의 행복으로 생각한다.

그러나 나의 친구들이여, 나는 그대들에게 이렇게 충고한다. 처벌하려는 충동이 강한 자들을 믿지 말라!

그들은 나쁜 종족이며 나쁜 혈통을 이어받은 자들이다. 그들의 얼굴에서는 사형 집행인과 경찰견(犬)이 노려보고 있다.

자신의 정의에 대해 많은 말을 하는 자들을 믿지 말라! 그들의 영혼에 부족한 것은 꿀만이 아니다.

그들이 자신을 '선하고 의로운 자'라고 말할 때, 그들이 바리새인이 되기에 부족한 것은—오직 권력뿐이라는 것을 잊지 말라!

나의 친구들이여, 나는 내가 다른 사람들과 혼동되거나, 내가 아닌 다른 나로 취급되는 것을 원치 않는다.

삶에 대한 나의 가르침을 설교하는 자들이 있다. 그러나 동시에 그들은 '동등'을 설교하는 자들이다. 그들은 독거미들인 것이다.

이 독거미들이 그들의 동굴 속에 앉아, 삶에 등을 돌리고 있으면서도 삶을 찬미하는 것은, 그렇게 함으로써 해치고자 하기 때문이다.

그들은 지금 권력을 가진 자들을 해치고자 한다. 아직도 그들은 죽음의 설교에 가장 익숙해 있기 때문이다.

만약 그렇지 않다면 독거미들은 다른 것을 가르쳤을 것이다. 일찍이 세계를 가장 중상하고 이교도들을 화형에 처한 자들은 바로 그들이었던 것이다.

나는 이 동등을 설교하는 자들과 혼동되기를 원치 않으며, 그들 중의 하나로 취급되기를 원치 않는다. 정의가 '내게' "인간들은 동등하지 않다"라고 말하고 있기 때문이다.

또한 인간들은 동등해져도 안 된다! 만일 내가 다른 말을 한다면, 초인에 대한 나의 사랑은 대체 무엇이겠는가?

인간들은 천 개의 다리(橋)와 통로를 지나 미래를 향해 나아가야 하며, 보다 많은 전쟁과 보다 많은 불평등이 인간들 사이에 존재해야 한다.[13] 나의 위대한 사랑은 나로 하여금 이렇게 말하게 한다!

인간들은 적의(敵意) 속에서 표상과 유령[14]의 고안자가 되어야 하며, 자기가 고안한 표상과 유령을 사용하여 서로 가장 치열한 전쟁을 해야 한다!

선악 · 빈부 · 귀천(貴賤), 그리고 덕의 모든 명칭들, 그것들은 무기이어야 하며, 삶은 스스로를 수없이 초극해야 한다는 것을 일깨워 주는 표지(標識)이어야 한다!

삶은 기둥과 계단으로 스스로를 높이 올리려 한다. 삶은 아득한 곳을 바라보기를 원하며, 환희로 가득 찬 광휘를 내다보기를 원한

13) 초인에 이르는 길은 사람에 따라 각각 다르다는 것을 말함.
14) 새로운 사상.

다—삶이 높이를 필요로 하는 것은 '그' 때문이다.

삶은 계단을 필요로 하며, 계단과 그 계단을 올라가는 자들 사이의 투쟁을 필요로 한다! 삶은 올라가기를 원하며, 올라가면서 스스로를 초극하기를 원한다.

보라, 친구들이여! 여기 독거미의 동굴이 있는 곳에 낡은 사원의 폐허가 솟아 있다. 밝은 눈으로 그것을 바라보라!

일찍이 이곳에 자기의 사상을 돌로 높이 쌓아올린 자는, 최고의 현자와 마찬가지로 인생의 모든 비밀을 알고 있었던 것이다!

아름다움 속에 조차도 투쟁과 불평등이 있으며, 권력과 지배를 위한 싸움이 있다는 것, 그것을 그는 여기서 가장 명백한 이유로 우리에게 가르치고 있다.

여기서는 둥근 천정과 아치가 얼마나 거룩하게 서로에 대항하며 싸우고 있는가. 그들은 빛과 그림자로써 얼마나 거룩하게 서로에 대항하며 싸우고 있는가. 이들 거룩하게 투쟁하는 것들은 얼마나 아름다운가!

나의 친구들이여, 우리도 이들처럼 아름답고 당당한 적이 되자! 우리 서로에 '대항하여' 거룩하게 싸우자!

아! 지금 나의 오랜 적인 독거미가 나를 물었다! 거룩할 정도로 아름답고 당당하게 내 손가락을 물었다!

'형벌과 정의가 행해져야 한다. 그로 하여금 적의를 찬미하는 노래를 부르지 못하게 하리라!'—독거미는 이렇게 생각한다.

그렇다. 독거미는 복수를 한 것이다! 아, 이제 독거미는 복수로 나의 영혼도 어지럽게 만들 것이다!

나의 친구들이여, 그러나 내가 현기증을 일으키지 '않도록' 나를 이 기둥에 단단히 묶어 다오! 나는 복수의 소용돌이가 되기보다는 차라리 기둥에 묶인 성자가 되고 싶다!

진실로 차라투스트라는 회오리바람이 아니다. 비록 그는 춤추는 자이기는 하지만, 독거미 춤을 추는 자는 아니다!

차라투스트라는 이렇게 말했다.

8. 저명한 현자들에 대하여

그대 저명한 현자들[15]이여! 그대들은 모두 민중과 민중의 미신에 봉사해 왔으며—진리에는 봉사해 오지 '않았다!' 민중이 그대들에게 경의를 표한 것은 바로 그 때문이다.

그리고 그대들이 신앙을 가지고 있지 않은 것을 사람들이 참아 준 것도 또한 바로 그 때문이다. 왜냐하면 그대들이 신앙을 가지고 있지 않은 것은 익살이며, 민중에 이르는 우로(迂路)[16]였기 때문이다. 이와 같이 주인은 노예들을 하고 싶은 대로 하게 내버려 두고, 노예들의 오만함을 즐기기까지 하는 것이다.

그러나 개들에게 미움 받고 있는 늑대처럼 민중에게 미움을 받고 있는 자는 자유로운 정신이며, 속박에 대적하는 자이며, 아무 것도 숭배하지 않는 자이며, 숲속에 사는 자이다.

이런 자를 그가 숨어 있는 곳에서 쫓아 버리는 것—그것을 민중은 언제나 '정의감'이라고 불렀다. 민중은 가장 날카로운 이빨을

---

15) 사회의 지도적인 철학자와 사상가들.
16) 민중에게서 나와 민중에게로 돌아가려는 현자들의 본질적인 의지를 꼬집고 있다.

가진 개들로 하여금 그런 자에게 덤벼들게 한다.

왜냐하면 태초부터 "민중이 있는 곳에 진리가 있다! 탐구하는 자에게 화 있으라!"라는 말이 존재해 왔기 때문이다.

그대 저명한 현자들이여! 그대들은 민중의 존경을 받으며 민중을 정당화시키려고 노력했다. 그리고 그대들은 그것을 '진리에의 의지'라고 불렀다.

그대들의 마음은 항상 자신에게 "나는 민중에게서 왔다. 신의 목소리도 역시 민중들로부터 내게 들려왔다"[17]라고 말하곤 했다.

그대들은 항상 민중의 대변자로서 당나귀처럼 고집이 세고 교활했다.

그리고 민중과 사이좋게 지내기를 원했던 많은 권력자들은 자기의 말(馬)들 앞에—한 마리의 조그만 당나귀를, 저명한 현자 하나를 매어 두었다.

그대 저명한 현자들이여, 이제 나는 그대들이 즉시 스스로 사자의 가죽을 벗어던지기를 바란다!

맹수의 얼룩무늬 가죽과 연구하는 자, 탐구하는 자, 정복하는 자의 텁수룩한 갈기(鬣)를!

아, 나로 하여금 그대들의 '순수함'을 믿게 하기 위해서는, 그대들은 우선 그대들의 숭배[18]의 의지를 부숴버려야 할 것이다.

순수한 자—신으로부터 버림받은 사막으로 들어가 자신의 숭배하는 마음을 부숴버린 자를 나는 그렇게 부른다.

---

17) 현자들에게는 민중이 그들 존재의 근원이었음을 의미하며, 또한 진리의 근원이었음을, 그리고 민중의 목소리야말로 그들에게는 신의 목소리라는 것을 말하고 있다.
18) 현자들의 진리에 대한 숭배 의지, 즉 민중에 대한 숭배 의지.

아마 그는 이글거리는 황색의 모래 속에서, 태양에 그은 채로, 울창한 그늘 아래 살아 있는 생명체들이 쉬고 있는 샘들로 가득 찬 섬들을 목마르게 훔쳐보는 것이다.

그러나 그의 갈증은 그를 그러한 안락한 생명체들처럼 되라고 설득하지는 않는다. 오아시스가 있는 곳에는 또한 우상도 있기 때문이다.

굶주린 자, 난폭한 자, 고독한 자, 신이 없는 자—사자의 의지는 그런 자가 되기를 원하는 것이다.

노예의 행복으로부터 해방되고, 신들과 숭배로부터 벗어나고, 두려워하지 않으면서도 경건하고, 위대하면서도 고독한 자가 되는 것, 그것이 순수한 자의 의지인 것이다.

순수한 자들, 자유로운 정신을 가진 자들은 사막의 주인으로서 항상 사막에서 살아왔다. 그러나 도시에는 배불리 먹인 저명한 현자들이 살고 있다—수레를 끄는 동물들이.

그들은 항상 당나귀들로서 수레를 끄는 것이다—'민중의' 수레를!

그 때문에 내가 화를 내는 것은 아니다. 그러나 그들이 비록 황금 마구(馬具)를 쓴 채 빛나고 있을지라도 그들은 여전히 노예이며, 마구를 쓴 짐승인 것이다.

그들은 때로는 칭찬할 만한 훌륭한 노예였다. 왜냐하면 그들의 덕이 이렇게 말하고 있기 때문이다. "만일 네가 노예가 될 수밖에 없다면, 네가 가장 훌륭하게 봉사할 수 있는 주인을 찾으라!

너의 주인의 정신과 덕은 네가 그의 노예가 됨으로써 성장해야 한다. 그러면 너 자신이 그의 정신과 그의 덕과 함께 성장할 것이다!"

그대 저명한 현자들이여, 민중의 노예들이여! 그대들은 민중의 정신과 덕과 함께 성장해 왔으며—또한 민중은 그대들을 통해 성장해왔다! 나는 그대들의 명예를 향해 이 말을 한다!

그러나 그대들은 그대들의 덕에 있어서까지도 여전히 민중이다. 그것도 '정신'이 무엇인지 모르는 시력이 약한 민중인 것이다!

정신이란 스스로 삶 속으로 뚫고 들어가는 삶이다. 정신은 자신의 고통을 통해 자신의 인식을 증대시킨다. —그대들은 이것을 알고 있었는가?

정신의 행복이란 희생의 제물로써 향유(香油)가 뿌려지고 눈물에 의해 정화되는 것이다. —그대들은 이것을 알고 있었는가?

장님의 눈멀음, 장님의 탐색과 모색은 오히려 그가 보았던 태양의 위력을 증명해야 한다. —그대들은 이것을 알고 있었는가?

인식한 자는 산들로 집을 '짓는' 방법을 배워야 한다! 산을 옮기는 것은 정신에게는 사소한 일이다. —그대들은 이것을 알고 있었는가?

그대들은 정신의 불꽃만을 알고 있을 뿐이다. 그대들은 정신의 정체인 모루(鐵砧)를 보지 못하며, 또한 쇠망치의 잔혹함도 보지 못하는 것이다!

사실 그대들은 정신의 긍지를 알지 못한다! 그러나 만일 고맙게도 정신이 말해 주기라도 한다면, 그대들은 정신의 겸손함을 더욱 견디지 못할 것이다!

이제까지 그대들은 그대들의 정신을 눈구덩이에 내던진 적이 한 번도 없었다. 그대들은 그럴 정도로 뜨겁지는 않은 것이다! 그러므로 그대들은 눈의 차디찬 황홀함도 또한 모른다.

그럼에도 불구하고 그대들은 모든 일에 있어서 정신과 친숙한

듯이 행동하고 있다. 그대들은 때때로 지혜로써 졸렬한 시인들을
위한 구호소와 병원을 만들곤 했다.

그대들은 결코 독수리[19]가 아니다. 그러므로 그대들은 공포 속
에서의 정신의 기쁨도 또한 알지 못한다. 새가 아닌 자는 심연 위
에 자기의 보금자리를 지어서는 안 된다.

그대들은 미온적인 자들이다. 그러나 모든 깊은 인식은 차갑게
흐르는 것이다. 정신의 가장 깊은 곳에 있는 샘물은 얼음처럼 차
다. 그것은 뜨거운 손과 열렬한 행동가에게는 청량제이다.

그대, 저명한 현자들이여! 그대들은 점잖게, 뻣뻣하게 그리고
꼿꼿하게 그곳에 서 있다—아무리 강한 바람이나 의지도 그대들
을 내쫓지 못한다.

그대들은 바람의 격렬함 앞에 둥글게 부풀어 오른 채 떨며 바다
를 건너가는 돛단배를 본 적이 없는가?

이 돛단배와 같이 나의 지혜는 정신의 격렬함 앞에 떨며 바다를
건너간다—나의 사나운 지혜[20]는!

그러나 그대 민중의 노예들이여, 저명한 현자들이여—그대들이
어찌 나와 동행할 '수' 있겠는가?

차라투스트라는 이렇게 말했다.

---

19) 초인을 지향하는 의지.
20) 초인을 지향하는 지혜.

9. 밤 노래

밤이다. 이제 솟아오르는 모든 샘물은 더욱 큰 소리로 이야기한다. 나의 영혼도 또한 솟아오르는 샘물이다.

밤이다. 사랑하는 자들의 모든 노래는 이제 잠에서 깨어난다. 나의 영혼 또한 사랑하는 자의 노래이다.

나의 내부에는 진정되지 않는, 진정시킬 수 없는 그 무엇이 있다. 그것은 소리를 지르려고 한다. 나의 내부에는 사랑의 열망이 있고, 이 열망은 사랑의 말을 속삭인다.

나는 빛이다. 아, 내가 밤이라면! 내가 빛에 둘러싸여 있다는 것, 그것이 나의 고독이다.

아, 내가 어둠이고 밤이라면! 그러면 나는 얼마나 빛의 가슴을 빨아먹으려고 했을까!

그러면 나는 그대들을 축복했을 것이다. 반짝이는 작은 별들이여, 하늘의 반딧불들이여!—그리고 나는 그대들의 빛의 선물에 행복할 것이다.

그러나 나는 나 자신의 빛 속에 살고 있다. 나는 나 자신으로부터 터져 나오는 불길을 다시 마신다.

나는 받는 자의 행복을 알지 못한다. 그리고 나는 때때로 훔치는 것이 받는 것보다 더욱 행복할 것이라고 꿈꾸곤 했다.

나의 손이 잠시도 쉬지 않고 나누어 주는 것, 그것이 나의 빈곤이며, 기대에 찬 눈과 환한 갈망의 밤들을 보는 것, 그것이 나의 질투이다.

오, 나누어 주는 자들의 불행이여! 오, 나의 태양의 일식(日蝕)이여! 오, 욕망을 향한 열망이여! 오, 포만(飽滿) 속의 심한 굶주림이여!

그들은 내게서 받는다. 그러나 나는 과연 그들의 영혼에 닿아 있는가? 주는 것과 받는 것 사이에는 간격이 있다. 아무리 작은 간격일지라도 결국 다리가 놓여야 한다.

나의 아름다움으로부터 굶주림이 자란다. 나는 내가 나누어 준 자들로부터 강탈하고 싶다―이와 같이 나는 악에 굶주려 있다.[21]

어떤 사람이 나의 손을 향해 손을 내밀었을 때, 나는 나의 손을 거두어들인다. 세차게 떨어지면서도 망설이는 폭포수처럼 나는 망설인다―이와 같이 나는 악에 굶주려 있다.

나의 풍족함은 그러한 복수를 만들어낸다. 이러한 간계가 나의 고독으로부터 솟아난다.

나누어 줌 속에 있는 나의 기쁨은 나누어 줌 속에서 죽었으며, 나의 덕은 그 풍족함으로 인해 자신에게 지쳐 버렸다!

항상 나누어 주는 자의 위험은 자신의 수치를 잃어버릴지도 모른다는 것이다. 항상 나누어 주는 자의 손과 마음은 완전히 나누어 줌으로 인해 감각이 없어진다.

나의 눈은 이미 간청하는 자들의 수치로 인해 눈물을 흘리지는 않는다. 나의 손은 잔뜩 받아 든 손이 떨리는 것을 느끼기에는 이미 너무 굳어 있다.

내 눈의 눈물과 내 가슴의 꽃은 어디로 사라졌는가? 오, 나누어 주는 자들의 고독이여! 오 빛을 나누어 주는 자들의 침묵이여!

---

21) 니체의 아름다움이란 초인을 위해 자신을 희생하려는 것이다. 그러나 아무도 그의 아름다움을 알아보지 못하고, 아무도 그가 주는 인식을 이해하지 못하기 때문에, 오히려 그는 그들에게 고통을 주려 한다. 그의 가르침이 올바른 평가를 받지 못하는 데서 그의 복수심이 생겨나며, 그는 고독에 빠질 수밖에 없는 것이다.

많은 태양들이 텅 빈 공간을 회전하고 있다. 그 태양들은 모든 어두운 것들에게 자신의 빛으로 이야기하지만—내게는 침묵을 지킨다.

오, 이것이야말로 빛을 나누어 주는 자를 향한 빛의 적의인 것이다. 냉혹한 빛은 자신의 길을 간다.

가장 깊은 마음으로 빛을 나누어 주는 자에게는 부당하게, 다른 태양들에게는 냉혹하게—그렇게 모든 태양은 각기 운행한다.

모든 태양들은 폭풍처럼 자기의 궤도를 따라 날아간다. 이것이 그들의 운행인 것이다. 그들은 그들의 꺾이지 않는 의지에 따른다. 이것이 그들의 냉혹함인 것이다.

오, 그대 어둡고 밤과 같은 자들이여, 빛을 나누어 주는 자들로부터 따스함을 빨아먹는 것은 그대들뿐이다! 오, 그대들만이 빛의 젖가슴으로부터 젖과 안락을 마시는 것이다!

아, 얼음이 내 주위를 둘러싸고 있다. 나의 손은 얼음에 화상을 입었다! 아, 나의 내부에는 갈증이 있으며, 그 갈증은 그대들의 갈증을 동경하고 있다!

밤이다. 아, 내가 빛이어야 하다니! 밤인 것들에 대한 갈증이여! 그리고 고독이여!

밤이다. 나의 동경이 이제 샘물처럼 나의 내부로부터 솟아난다. —나는 말하기를 갈망한다.

밤이다. 솟아오르는 모든 샘물은 이제 더욱 큰 소리로 이야기한다. 나의 영혼도 또한 솟아오르는 샘물이다.

밤이다. 사랑하는 자들의 모든 노래는 이제 잠에서 깨어난다. 나의 영혼도 또한 사랑하는 자의 노래이다.

차라투스트라는 이렇게 노래했다.

10. 춤 노래[22]

어느 날 저녁, 차라투스트라는 제자들과 함께 숲속을 걷고 있었다. 그가 샘물을 찾고 있을 때, 보라, 그는 나무들과 숲으로 둘러싸인 조용한 푸른 초원에 이르렀는데, 그 초원에서는 소녀들이 함께 어울려 춤을 추고 있었다. 소녀들은 차라투스트라를 알아보고는 곧 춤추기를 중단했다. 그러자 차라투스트라는 다정스러운 태도로 소녀들에게 다가가서 이렇게 말했다.

춤추기를 중단하지 말라, 귀여운 소녀들이여! 나는 악마의 눈을 가진 훼방꾼이 아니며, 소녀들의 적이 아니다.

나는 악마에 대한 신의 대변자이다. 그러나 그 악마는 중력의 영(靈)이다. 그대 경쾌한 자들이여, 내가 어찌 성스러운 춤의 적이 될 수 있으며, 아름다운 발목을 가진 소녀들의 적이 될 수 있겠는가?

나는 분명 숲이며 어두운 나무들의 밤이다. 그러나 나의 어둠을 두려워하지 않는 자는 나의 사이프러스 나무들 밑에서 장미가 피어 있는 언덕을 발견한 것이다.

그리고 그는 분명 소녀들이 가장 사랑하는 어린 신(神), 아직도 눈을 감은 채 샘물 옆에 누워 있는 신도 또한 발견할 것이다.

---

22) 영혼이 경쾌한 리듬을 타고 율동하는 생명의 찬미.

참으로 그는 환한 대낮에 잠들어 있는 것이다. 이 게으름뱅이는! 나비를 잡으려고 너무나 많이 뛰어다닌 것일까?

아름다운 무도자들이여, 내가 이 어린 신을 좀 혼내 주더라도 내게 화를 내지 말아 다오! 아마 그는 소리를 지르며 울음을 터뜨릴 것이다. 그러나 그는 울고 있을 때조차도 우스꽝스럽다!

그는 눈에 눈물을 가득 담은 채 그대들에게 춤을 청할 것이다. 그러면 나는 그의 춤을 위해 노래를 부르리라.

사람들이 '지상의 주인'이라고 부르는 나의 최고이며, 최강의 악마인 중력의 영을 조롱하는 춤 노래를.

이것이 큐피드와 소녀들이 함께 어울려 춤을 출 때 차라투스트라가 부른 노래이다.

오, 삶이여! 나는 최근에 그대의 눈을 들여다보았다. 그때 나는 깊이를 알 수 없는 심연으로 가라앉는 것 같았다.

그러나 그대는 황금 낚싯줄로 나를 끌어올렸다. 내가 그대를 가리켜 깊이를 알 수 없다고 말했을 때, 그대는 나를 비웃었다.

"그것은 모든 물고기들이 하는 말투이다." 그대는 말했다. "물고기들은 '자기들'이 깊이를 측정할 수 없는 것은 모두 깊이를 알 수 없다고 말한다.

그러나 나는 다만 변덕스럽고, 길들여지지 않고, 모든 일에 있어서 여자이며, 조금도 덕스럽지 못한 존재일 뿐이다.

비록 그대 인간들이 나를 가리켜 '심오한 자', '성실한 자', '영원한 자', '신비스러운 자'라고 부를지라도.

그러나 그대 인간들은 항상 그대들의 덕을 우리에게 준다—아,

그대, 덕을 지닌 자들이여!"라고.

이 미덥지 못한 여자는 이렇게 말하고는 큰 소리로 웃었다. 그러나 나는 그녀가 자기 자신에 대하여 나쁘게 말할 때, 그녀와 그녀의 웃음을 결코 믿지 않는다.

내가 나의 거친 지혜와 은밀하게 이야기했을 때, 지혜는 내게 화를 내며 이렇게 말했다. "너는 의욕한다. 너는 열망한다. 너는 사랑한다. 그것이 네가 삶을 '찬미'하는 이유이다!"

그때 나는 하마터면 화를 내고 있는 지혜에게 심술이 나서 진실을 이야기할 뻔했다. 인간은 자신의 지혜에게 진실을 이야기할 때보다 더 심술이 나서 대답할 수는 없는 것이다.

즉 우리 셋 사이는 이러하다. 내가 진심으로 사랑하는 것은 오직 삶뿐이다. 그리고 진실로 내가 그녀를 미워할 때, 나는 그녀를 가장 사랑한다!

그러나 나는 지혜를 좋아하며, 때로는 너무나 좋아한다. 왜냐하면 그녀는 내게 삶을 매우 많이 상기시켜 주기 때문이다!

지혜는 눈과 웃음을 가지고 있으며 황금 낚싯대까지도 가지고 있다. 지혜와 삶, 이 두 여자가 그렇게도 닮은 것을 내가 어찌하겠는가?

언젠가 삶이 내게 "저 여자는 누구인가, 저 지혜는?" 하고 물었을 때—나는 진지하게 대답했다. "아, 그렇다! 지혜다!

사람들은 그녀를 갈망하며, 만족해하지 않는다. 사람들은 베일을 통해서 그녀를 바라보며, 그물을 통해 그녀를 낚아챈다.

그녀는 아름다운가? 나는 모른다! 그러나 가장 영리한 늙은 물고기까지도 그녀에게 유혹당한다.

그녀는 변덕스럽고 반항적이다. 나는 때때로 그녀가 입술을 깨

물고 자기 머리를 거꾸로 빗고 있는 것을 보곤 했다.

어쩌면 그녀는 사악하고 거짓투성이며, 매우 음탕한 계집일 것이다. 그러나 그녀는 자신에 대해 나쁘게 말할 때야말로 가장 매력적이다"라고.

내가 삶에게 이렇게 말하자, 그녀는 악의에 찬 미소를 지으며 눈을 감았다. "너는 누구에 대한 이야기를 하고 있는가?" 그녀가 물었다. "분명 나에 대한 이야기를 하고 있는 것이겠지?

설사 너의 말이 옳다 하더라도—'그것을' 나에게 정면으로 말하다니! 이번에는 너의 지혜에 대해서도 말해 다오!"

아, 이렇게 말한 다음 그녀는 다시 눈을 떴다. 오, 사랑스러운 삶이여! 그러자 나는 또다시 끝을 알 수 없는 심연 속으로 빠져 들어가는 것 같았다.

차라투스트라는 이렇게 노래했다. 그러나 춤이 끝나고 소녀들이 가버리자, 그는 서글픈 마음을 금할 수 없었다.

태양은 이미 오래전에 졌구나. (마침내 그는 말했다) 초원은 축축하고, 숲으로부터 냉기가 밀려오고 있구나.

무언가 낯설고 알 수 없는 것이 내 주위에서 유심히 나를 바라보고 있다. 뭐라고! 차라투스트라여, 그대는 아직도 살아 있는가?

어찌하여? 무엇 때문에? 무엇으로? 어디를 향해? 어디서? 어떻게 해서? 삶을 계속한다는 것은 어리석은 일이 아닌가?

아, 친구들이여, 나의 내부에서 이렇게 묻는 것은 황혼이다. 용서해 다오, 나의 슬픔을!

저녁이 되었다. 나를 용서해 다오, 저녁이 된 것을!

차라투스트라는 이렇게 말했다.

11. 무덤의 노래

'저기 무덤의 섬, 침묵의 섬이 있다. 저기에는 나의 청춘의 무덤들도 있다. 나는 저쪽으로 항상 푸르른 삶의 꽃다발을 가져가리라.'

나는 마음속으로 이렇게 결심하고 바다를 건너갔다.

오, 그대 나의 청춘의 환영(幻影)이여, 나의 청춘의 환상이여! 오, 그대 사랑의 시선들이여, 그대 성스럽고 순간적인 시선들이여, 어찌하여 그대들은 그토록 빨리 사라져 버렸는가! 나는 오늘 나의 죽은 자들을 생각하듯이 그대들을 생각한다.

가장 사랑하는 나의 죽은 자들이여, 그대들로부터 달콤한 향기가 풍겨 나온다. 눈물을 닦아 주고 마음을 가라앉혀 주는 향기가. 실로 이 향기는 고독한 항해자의 마음을 움직여 가라앉혀 준다.

나는 아직도 가장 부유한 자이며, 가장 선망(羨望)을 받을 만한 자이다—가장 고독한 자인 나는! 그것은 내가 그대들을 '소유하고' 있었고, 그대들은 아직도 나를 소유하고 있기 때문이다. 말해 보라, 내게 떨어졌던 사과[23]만큼 빨간 사과가 누구에게 떨어진 적이 있는가?

오, 나의 가장 사랑스러운 자들이여! 나는 아직도 그대들의 사랑의 상속인이며 유산으로서, 그대들을 추모하기 위해 형형색색

---

23) 청춘시절의 이상주의에 대한 아름답고 즐거운 추억.

의 야생의 덕들의 꽃으로 피어나고 있다.

우리는 서로를 위해 만들어졌다. 그대 온화하고 낯선 놀라운 자들이여, 그대들은 겁 많은 새들처럼 나와 나의 동경에게 왔던 것은 아니다. 오히려 그대들은 신뢰하는 자들로서 신뢰하는 자인 내게 왔던 것이다.

그렇다. 그대들은 나와 마찬가지로 신의와 사랑스러운 영원한 것들을 위해 만들어졌다. 그대 성스러운 시선과 순간들이여, 그러나 이제 나는 그대들을 신의(信義) 없는 자라고 이름 지을 수밖에 없다. 나는 아직 그 이외의 다른 이름을 배운 적이 없기 때문이다.

실로 그대들은 너무도 일찍 사라져 버렸다, 그대 도망자들이여. 그러나 그대들은 나를 피해 도망친 것이 아니며, 내가 그대들을 피해 도망친 것도 또한 아니다. 우리의 신의 없음에 있어서는 우리는 서로에게 아무런 잘못도 저지르지 않았다.

그대 나의 희망을 노래하는 새들이여, 사람들은 '나'를 죽이기 위해 그대들을 죽였다! 그렇다, 나의 가장 사랑스러운 자들이여, 나의 심장을 꿰뚫기 위해 악의의 화살이 항상 그대들을 향해 겨누어졌다!

그리하여 그들은 그대들을 꿰뚫었다! 그대들은 언제나 내 심장이 가장 사랑하는 자들이었으며, 내가 소유하고 있는 자들이었으며, 나를 소유하고 있는 자들이었다. '그러므로' 그대들은 젊어서 죽을 수밖에 없었다. 너무나 일찍!

그들은 내가 소유하고 있던 가장 상처받기 쉬운 것을 향해 활을 쏘았다. 그것은 그대들이었다. 피부는 새의 솜털 같고 한 번만 힐끗 보아도 죽어 버리는 미소와 같은 그대들이었던 것이다!

그러나 나는 나의 적들에게 이렇게 말하고자 한다—"어떠한 살

인도 그대들이 내게 한 짓에 비하면 아무것도 아니다"라고.

그대들은 그 어떤 살인보다도 나쁜 짓을 나에게 저질렀다. 그대들은 내게서 보상할 수 없는 것을 빼앗아 갔다. 나는 그대들에게 이렇게 말한다, 나의 적들이여!

그대들은 내 청춘의 환상과 가장 사랑스러운 경이(驚異)를 죽였다! 그대들은 행복한 정령(精靈)들인 나의 소꿉친구들을 내게서 빼앗아 갔다! 나는 그들을 추모하기 위해 이 꽃다발과 이 저주를 놓아둔다.

나의 적들이여, 나는 이 저주를 그대들에게 퍼붓는다! 추운 밤에 노랫소리가 잘라지듯 그대들은 나의 영원을 잘라 버렸다! 영원은 겨우 성스러운 눈의 반짝임으로 내게 왔을 뿐이다. ―순간적인 것으로서!

일찍이 내가 행복했던 때, 나의 순결은 이렇게 말했다. "내게는 모든 존재가 성스러워질 것이다"라고.

그때 그대들은 악취를 풍기는 유령들을 거느리고 나를 습격했다. 아, 이제 그 행복했던 때는 어디로 도망쳐 버렸는가?

"내게는 모든 날들이 신성해질 것이다"―일찍이 나의 청춘의 지혜는 이렇게 말했다. 그것은 실로 기쁨에 넘친 지혜의 말이었다.

그러나 나의 적들이여, 그대들은 그때 나의 밤들을 내게서 훔쳐 내어 잠이 없는 고뇌에게 팔아넘겼다. 아, 그 기쁨에 넘친 지혜는 어디로 도망쳐 버렸는가?

일찍이 나는 행복한 새의 길조(吉兆)를 동경했다. 그때 그대들은 올빼미 유령으로 하여금 나의 길을 가로질러 날아가게 했다. ―불길한 징조로. 아, 그때 사랑스러운 나의 동경은 어디로 도망쳐 버렸는가?

일찍이 나는 모든 구토를 거부하기로 맹세했다. 그때 그대들은 나의 혈연과 이웃들을 종기(腫氣)로 변화시켰다. 아, 그때 가장 고귀한 나의 맹세는 어디로 도망쳐 버렸는가?

일찍이 나는 장님으로서 행복한 길을 걸어갔다. 그때 그대들은 이 장님이 가는 길 위에 오물을 집어던졌다. 그리하여 이제 전에 걷던 장님의 길이 내게 구토를 일으킨다.

그리고 내가 가장 어려운 일을 성취하고, 내가 성취한 여러 가지 초극의 승리를 축하했을 때, 그대들은 내가 사랑했던 사람들로 하여금 내가 그들을 가장 해친다고 외치게 했다.

실로 이 모든 것들이 그대들의 소행이었다. 그대들은 나의 가장 맛있는 꿀과 나의 가장 훌륭한 꿀벌의 부지런함을 쓰디쓴 것으로 만들어 버렸다.

그대들은 항상 나의 너그러움에게 가장 뻔뻔스러운 거지들을 보내곤 했다. 그대들은 항상 나의 동정심의 주위로 구제불능의 몰염치한 자들을 보내어 들끓게 하곤 했다. 그리하여 그대들은 나의 덕들의 신념에게 상처를 입혀 왔다.

그리고 내가 나의 가장 신성한 것을 제물로 바쳤을 때, 그대들의 '신앙심'은 즉시 보다 기름진 선물을 그 옆에 놓았다. 그리하여 나의 가장 신성한 것은 그대들의 기름진 제물의 냄새에 질식해 버렸다.

일찍이 나는 그때까지 추어 본 적이 없는 춤을 추기를 원했다. 나는 하늘을 뛰어넘어 춤을 추려고 했다. 그러자 그대들은 내가 가장 사랑하는 가수(歌手)[24]를 유혹했다.

---

24) 바그너를 가리킴.

그리하여 그 가수는 소름끼치는, 우울한 멜로디를 연주하기 시작했다. 아, 그는 슬픔에 잠긴 뿔나팔처럼 나의 귓속으로 나팔을 불어 넣었다!

살인적인 가수여, 악의에 찬 도구여, 가장 천진난만한 자여, 나는 가장 멋진 춤을 출 준비를 마치고 서 있었다. 그때 그대는 그대의 가락으로 나의 황홀경을 살해해 버렸다!

나는 오직 춤으로써만 최고의 사물들의 비유를 말할 수 있다— 이제 나의 가장 위대한 비유는 말해지지도 못한 채 나의 사지(四肢)에 남아 있게 되었다.

나의 최고의 희망은 말해지지도 못한 채, 이루어지지도 못한 채 그대로 남아 있는 것이다! 그리고 나의 청춘의 모든 환영(幻影)과 위안은 죽어 버렸다!

나는 어떻게 그것을 견디어냈던가? 나는 그러한 상처들로부터 어떻게 회복되었으며, 그 상처들을 어떻게 극복했던가? 나의 영혼은 이들 무덤들로부터 어떻게 되살아났던가?

그렇다, 나의 내부에는 상처를 입힐 수 없고 매장할 수 없는 그 무엇이 존재하며, 바위라도 뚫고 나오는 그 무엇이 존재한다. 그것은 '나의 의지'라고 불린다. 나의 의지는 묵묵히 그리고 변함없이 세월을 뚫고 나아간다.

나의 오랜 의지는 나의 발로 자기의 길을 걸어가려고 한다. 마음이 굳고 상처를 입지 않는 것, 그것이 나의 의지의 본성이다.

나는 나의 발뒤꿈치[25]에만은 상처를 입지 않는다. 가장 참을성

---

[25] 니체의 불굴의 의지가 담겨 있는 곳을 표현하는 것으로, 아킬레스의 발뒤꿈치를 비유해서 사용하고 있다.

이 많은 자여, 그대는 그곳에 살고 있으며, 항상 변함이 없다! 그대는 항상 모든 무덤들을 깨고 나오려 한다!

그대의 내부에는 아직도 이루어지지 않은 나의 청춘의 것들이 살고 있다. 그리고 그대는 이곳 누런 무덤의 폐허 위에, 생명으로서 그리고 청춘으로서 희망에 가득 차 앉아 있다.

그렇다, 그대는 아직도 모든 무덤들을 파괴하는 나의 파괴자이다. 만세, 나의 의지여! 부활은 무덤이 있는 곳에만 존재하는 것이다.

차라투스트라는 이렇게 노래했다.

12. 자기 초극에 대하여

그대 가장 현명한 자들[26]이여, 그대들을 마구 몰아대고 그대들의 열정을 불러일으키는 것을, 그대들은 '진리에의 의지'라고 부르는가?

'존재하는 모든 것들을 사고(思考) 가능한 것으로 만들려는 의지', '나'는 그대들의 의지를 그렇게 부른다!

그대들은 먼저 모든 존재들을 사고 가능한 것으로 '만들기'를 원한다. 왜냐하면 그대들은 건전한 불신을 가지고 그것들이 정말로 사고할 수 있는 것인가 아닌가 하고 의심하기 때문이다.

그러나 그것들은 그대들에게 스스로 복종하고 순응하지 않으면

---

26) 형이상학자들.

안 된다! 그대들의 의지는 그렇게 되기를 바라고 있다. 그것들은 마음의 거울로서, 그리고 반영으로서, 매끄러워져야 하며, 마음에 종속되어야 하는 것이다.

그대 가장 현명한 자들이여, 그것이 그대들의 의지의 전부이며, 곧 힘에의 의지이다. 그리고 그대들이 선과 악에 대해서, 그리고 가치 평가에 대해서 이야기할 때조차도 그러하다.

그대들은 그 앞에 그대들이 무릎을 꿇을 수 있는 세계를 창조하기를 원한다. 그것이 그대들의 최후의 희망이며 최후의 도취(陶醉)인 것이다.

무지 몽매한 자들, 즉 민중은—한 척의 배가 떠다니는 강과 같다. 그 배 속에는 근엄한, 그리고 가면을 쓴 가치 평가들이 앉아 있는 것이다.

그대들은 그대들의 의지와 그대들의 가치를 생성(生成)이라는 강물 위에 띄워 놓았다. 민중이 선이며 악이라고 믿는 것들은, 모두 내게 오랜 힘에의 의지를 폭로한다.

가장 현명한 자들이여, 이 배에 그러한 승객들을 태우고, 그들에게 화려하고도 자랑스러운 이름을 붙여 준 것은 그대들이었다—그대들과 그대들의 지배욕이었던 것이다!

이제 강은 그대들의 배를 운반해 간다. 강은 배를 운반해 가지 않으면 안 되는 것이다. 부서지는 파도가 물거품을 일으키거나 노하여 용골(龍骨)에 대항하더라도 그것은 대수로운 일이 아니다!

그대 가장 현명한 자들이여, 그대들에게 위험한 것과 그대들의 선악의 목적은 강물이 아니다. 그대들에게 위험한 것과 그대들의 선악의 목적은 의지 그 자체이며, 힘에의 의지, 끊임없이 생겨나는 삶에의 의지인 것이다.

그러나 그대들이 선악에 대한 나의 가르침을 이해할 수 있도록, 나는 생명에 대해 그리고 살아 있는 모든 존재들의 본성에 대해 그대들에게 이야기하려 한다.

나는 이제까지 살아 있는 자를 따라다녔다. 나는 그의 본성을 이해하기 위해 가장 큰 길과 가장 작은 길을 따라다녔다.

그가 입을 다물었을 때는, 그의 눈이 내게 말하는 것을 이해하기 위해 나는 백 개의 거울로 그의 시선을 비춰 보았다. 그러면 그의 눈은 내게 말을 했다.

그러나 내가 살아 있는 존재들을 발견하는 곳마다 나는 그들이 복종에 대해서 말하는 것을 들었다. 살아 있는 모든 존재들은 복종하는 자들인 것이다.

그리고 내가 들은 두 번째 것은, 스스로 복종할 수 없는 자는 지배를 받게 된다는 것이다. 이것이 생명체들의 본성이다.

그러나 내가 들은 세 번째 것은, 지배하는 것이 복종하는 것보다 더 어렵다는 것이다. 그것은 지배하는 자는 복종하는 모든 자들의 무거운 짐을 짊어져야 하며, 그 무거운 짐이 지배하는 자를 짓눌러 버리기 쉽기 때문만은 아니다.

나는 모든 지배 속에서 시험과 모험을 발견한다. 살아 있는 존재는 지배할 때 항상 자기 자신을 거는 것이다.

그렇다, 그가 자기 자신을 지배할 때조차도 그는 자기의 지배에 대해 보상을 해야만 한다. 그는 자신의 법의 재판관이 되어야 하며, 복수자가 되어야 하며, 희생자가 되어야 하는 것이다.

어찌하여 이런 일이 일어났는가? 나는 나 자신에게 이렇게 물었다. 살아 있는 자로 하여금 복종하게 하고, 지배하게 하고, 심지어 지배함에 있어서까지도 복종하게 하는 것은 무엇일까?

그대 가장 현명한 자들이여, 이제 나의 가르침에 귀를 기울이라! 내가 삶 그 자체의 심장 속으로 파고들어갔는지 어떤지, 그리고 그 심장의 뿌리까지 파고들어갔는지 어떤지 진지하게 검토해 보라!

살아 있는 자들을 발견할 때마다 나는 항상 힘에의 의지를 발견했다. 심지어 노예의 의지 속에서조차도 나는 주인이 되려는 의지를 발견했다.

약자의 의지는 약자를 설득하여 강자에게 봉사하게 한다. 즉 약자의 의지는 보다 약한 자를 지배하는 주인이 되기를 원한다. 약자도 이 쾌감만은 포기하려 하지 않는 것이다.

보다 작은 자가 가장 작은 자를 지배하는 쾌감과 힘을 얻기 위해 스스로 보다 큰 자에게 항복하는 것처럼, 가장 큰 자도 또한 항복하고 힘을 위해 생명을 거는 것이다.

가장 큰 자가 전념하는 것은 모험과 위험을 만나 죽음을 걸고 주사위 놀이를 하는 것이다.

희생과 봉사와 사랑의 눈길이 있는 곳, 그곳에는 또한 주인이 되려는 의지도 있다. 그곳에서 보다 약한 자는 비밀 통로를 통해 보다 강한 자의 성곽 속으로 숨어들어가며, 심지어 그의 심장 속에까지도 숨어들어간다. 그리하여 그는 힘을 훔쳐내는 것이다.

삶은 내게 이러한 비밀을 말해 주었다. "보라." 삶이 말했다. "나는 나 자신을 '한없이 반복해서 초극해야 하는 존재'이다.

그대들은 분명 그것을 생식에의 의지, 혹은 목적을 향한 충동, 보다 높은 것을 향한 충동, 보다 먼 것을 향한 충동, 보다 다양한 것을 향한 충동이라고 부르고 있다. 그러나 이것들은 모두 동일한 것이며, 하나의 비밀인 것이다.

나는 이 한 가지를 포기하느니 차라리 몰락하리라. 보라, 몰락이 있는 곳, 낙엽이 떨어지는 곳에서는 삶은 스스로를 희생한다. ─힘을 위해!

나는 투쟁이어야 하며, 생성이어야 하며, 목표이어야 하며, 목표들의 다툼이어야 한다. 아, 이러한 나의 의지를 추측할 수 있는 자는 나의 의지가 가야 할 길이 얼마나 '구부러진' 길인지도 또한 추측할 수 있을 것이다!

내가 무엇을 창조하더라도, 그리고 내가 나의 창조물을 아무리 사랑하더라도─나는 곧 나의 창조물과 나의 사랑에 대항하지 않으면 안 된다. 나의 의지가 그것을 원하기 때문이다.

인식한 자여, 그대도 또한 나의 의지의 통로이며 발자국에 지나지 않는다. 진실로 나의 힘에의 의지는 그대의 진리에의 의지의 발로 걷는다!

진리를 향해 '생존에의 의지'라는 가르침의 화살을 쏜 자[27]는 분명 그 진리를 맞추지 못했다. 그런 의지는─존재하지 않는 것이다!

존재하지 않는 것은 추구할 수가 없는 것이다. 그런데 존재하고 있는 것이 현재 존재하고 있으면서 어떻게 존재하기를 원할 수 있겠는가?

오직 삶이 있는 곳에만 의지도 있다. 그러나 그것은 삶에의 의지가 아니라─나는 그대들에게 가르치노니─힘에의 의지인 것이다.[28]

---

27) 쇼펜하우어를 가리킴.
28) 쇼펜하우어는 삶에의 의지를 삶의 본질이라고 주장했다. 그러나 니체는 힘에의 의지를 삶의 본질로 보고 있다.

살아 있는 자는 많은 것들을 삶 그 자체보다 더 높이 평가한다. 그러나 이러한 평가를 함으로써 그는 스스로—힘에의 의지를 말하고 있는 것이다!"

일찍이 삶은 내게 이렇게 가르쳤다. 가장 현명한 자들이여, 그러므로 나는 이 가르침으로 그대들의 마음의 수수께끼를 풀어 주리라.

진실로 그대들에게 말하노라. 영원히 변치 않는 선과 악은 존재하지 않는다! 선과 악은 그들 자신으로부터 벗어나 끊임없이 반복하여 자기 자신을 초극해야 하는 것이다.

그대, 가치를 평가하는 자들이여, 그대들은 선악에 대한 그대들의 가치와 신조에 의해 힘을 행사한다. 그리고 그것이 그대들의 감춰진 사랑이며, 그대들의 영혼의 광휘이며, 전율이며, 흘러넘침이다.

그러나 보다 강한 힘과 새로운 초극이 그대들의 가치를 뚫고 자라난다. 그리하여 알과 껍질은 깨어지는 것이다.

선과 악의 창조자가 되어야 하는 자는 진실로 먼저 파괴자가 되어야 하며 가치를 깨뜨려야 한다.

이와 같이 최고의 악은 최고의 선과 연결되어 있는 것이다. 그러나 그것은 창조적인 선이다.

그대 가장 현명한 자들이여, 그것에 대해 '말하기로' 하자. 비록 그것에 대해 말하는 것이 나쁜 일일지라도. 침묵을 지키는 것은 더욱 나쁜 일이다. 억압된 진리는 모두 독이 된다.

우리의 진리로 파괴할 수 있는 것은 모두—파괴하자!

지어야 할 집이 아직도 많이 남아 있다!

차라투스트라는 이렇게 말했다.

13. 숭고한 자들에 대하여

나의 바다 밑은 고요하다. 나의 바다가 사람을 조롱하기 좋아하는 괴물들을 숨기고 있다는 것을 누가 상상이나 할 수 있겠는가!

나의 깊은 곳은 흔들리지 않는다. 그러나 그곳은 떠다니는 수수께끼들과 웃음으로 반짝인다.

나는 오늘 숭고하고 근엄한 영혼의 참회자 한 사람[29]을 보았다. 오, 나의 영혼은 그의 추함에 얼마나 웃었던가!

그 숭고한 자는 가슴을 내민 채 숨을 들이켠 자세로 묵묵히 그곳에 서 있었다.

그는 자신의 사냥의 노획물인 추한 진리들을 몸에 늘어뜨리고 갈기갈기 찢어진 옷들을 더덕더덕 걸치고 있었다. 그의 몸에는 수많은 가시들도 붙어 있었다―그러나 나는 장미꽃은 하나도 보지 못했다.

그는 이제까지 웃음과 아름다움에 대해 배운 적이 없다. 이 사냥꾼은 인식의 숲으로부터 침울한 얼굴로 돌아온 것이다.

그는 맹수[30]들과의 싸움으로부터 집으로 돌아왔다. 그러나 한 마리의 맹수가 아직도 그의 진지함으로부터 응시하고 있다. ―초극되지 않은 맹수 한 마리가!

---

29) 기독교적 신앙을 가리킨다.
30) 인간성의 도덕적 이상주의에 대립되는 개념.

그는 덤벼들려는 호랑이처럼 그곳에 서 있다. 그러나 나는 이들 긴장한 영혼들을 좋아하지 않는다. 나의 입맛은 이들 위축된 자들을 몹시 싫어한다.

친구들이여, 그대들은 내게 맛과 맛보기에 대해 논쟁할 필요가 없다고 말하는가? 그러나 모든 삶은 맛과 맛보기를 둘러싼 싸움이다.

맛, 그것은 저울추인 동시에 저울의 눈금이며 저울이다. 저울추와 저울의 눈금과 저울을 둘러싼 싸움을 하지 않고 살기를 원하는 모든 살아 있는 자들에게 화 있으라!

이 숭고한 자기 자신의 숭고함에 싫증을 느낄 때, 그때 비로소 그의 아름다움이 나타날 것이다. 그리고 그때 나는 그를 맛보고, 그가 맛있음을 발견하리라.

그가 자기 자신에게 등을 돌릴 때, 그때 비로소 그는 자신의 그림자를 뛰어넘을 것이다―그리하여 그는 진실로 '자기 자신'의 햇빛 속으로 뛰어들 것이다.

그는 너무 오랫동안 그림자들 속에 앉아 있었다. 그리하여 이 영혼의 참회자의 뺨은 창백해졌으며, 그는 자기의 여러 가지 기대들로 인해 거의 굶어 죽을 지경에 이르렀다.

그의 눈에는 아직도 경멸이 들어 있으며, 그의 입가에는 아직도 구토가 숨어 있다. 그는 분명 지금 휴식을 취하고 있다. 그러나 이제까지 그는 햇빛 속에 누워 휴식을 취한 적이 없다.

그는 황소처럼 행동해야 한다. 그리하여 그의 행복은 대지를 경멸하는 냄새를 풍겨야 한다.

나는 그가 흰 황소로서 입김을 내뿜으며, 울부짖으며, 쟁기를 끌고 가는 것을 보고 싶다. 그리고 그의 울음소리도 또한 모든 지상적(地上的)인 것들을 찬미해야 한다!

그의 안색은 아직도 어둡다. 그의 손의 그림자가 그의 얼굴 위에서 희롱하고 있기 때문이다. 그의 눈빛도 또한 짙게 그늘져 있다.

그의 행위야말로 아직도 그를 뒤덮고 있는 그림자인 것이다. 손이 손을 움직이는 자를 어둡게 하고 있다. 그는 아직도 자기 행위를 초극하지 못한 것이다.

나는 그의 황소 같은 목덜미를 사랑한다. 그러나 이제 나는 천사의 눈도 또한 보고 싶다.

그는 또한 그의 영웅적인 의지도 잊어야 한다. 그는 숭고한 자뿐만 아니라 고양(高揚)된 자가 되어야 한다—영기(靈氣), 그것이 그를, 의지가 없는 자를 고양시켜 주기를!

그는 괴물들을 길들여 왔으며, 수수께끼들을 풀어 왔다. 그러나 그는 자신의 괴물들과 수수께끼들도 구제해야 하며, 자신의 괴물들과 수수께끼들을 천계(天界)의 어린이들로 변화시켜야 한다.

그의 인식은 아직도 미소를 짓는 것과 질투를 느끼지 않는 것을 배우지 못했다. 그의 폭발하는 정열은 아직도 아름다움 속에서 진정되지 않았다.

진실로 그의 열망은 포만(飽滿) 속에서가 아니라 아름다움 속에서 침묵하고 침잠해야 한다! 관대한 자의 관용은 우아함을 포함해야 하는 것이다.

팔을 이마 위에 올려놓은 자세로 휴식을 취하는 것, 그것은 영웅이 취해야 할 태도이며, 또한 그가 휴식을 초극해야 할 태도이다.

그러나 영웅이야말로 '아름다움'은 모든 것 중에서 가장 어려운 것이다. 아름다움은 모든 격렬한 의지들에게는 획득할 수 없는 것이다.

약간의 초과, 약간의 부족, 바로 그것이 아름다움에 있어서는 많은 것이며, 가장 많은 것이다.

그대 숭고한 자들이여! 이완된 근육과 무장이 해제된 의지로 서는 것, 그것이 그대들 모두에게 가장 어려운 일이다.

권력이 너그러워져 눈에 보이는 것으로 타락할 때, 나는 그러한 타락을 아름다움이라고 부른다.

그대, 권력을 가진 자들이여, 나는 누구에게서도 그대들에게서 만큼 아름다움을 요구하지는 않는다. 그대들의 선이 그대들의 최후의 자기 극복이기를.

나는 그대들이 어떠한 악도 저지를 수 있다고 생각한다. 그러므로 나는 그대들에게서 선을 요구한다.

진실로 나는 자기의 발톱이 무디어졌기 때문에 자신을 선한 자라고 생각하는 허약한 자들을 비웃곤 했다!

그대들은 기둥의 덕을 소유하기 위해 노력해야 한다. 기둥은 높이 올라가면 올라갈수록 더욱 아름답고 우아해지지만, 그 내부는 더욱 견고하고 더욱 많은 무게를 견디어낼 수 있어야 하는 것이다.

그렇다, 그대 숭고한 자여, 언젠가는 그대도 또한 아름다워져야하며, 그대 자신의 아름다움을 거울에 비춰 보아야 한다.

그때 그대의 영혼은 성스러운 욕망으로 부르르 떨게 되리라. 그리고 그대의 자만심 속에까지도 숭배하는 마음이 깃들 것이다.

진실로 영혼의 비밀은 이러하다. 즉 영웅이 영혼을 버렸을 때, 그때 비로소 꿈속에서 영혼에게 다가가는 것이다. ─초영웅(超英雄)은.

차라투스트라는 이렇게 말했다.

14. 교양의 나라[31]에 대하여

나는 너무나 멀리 미래 속으로 날아 들어갔다. 그리하여 공포가 나를 엄습했다.

내가 주위를 돌아보았을 때, 보라! 그곳에서는 시간만이 나의 유한인 동시대인(同時代人)이었다. [32]

그리하여 나는 다시 고국을 향해 날았다. —나는 점점 빠르게 날았다. 그리하여 나는 현재의 인간들에게로, 그대들에게로, 교양의 나라로 다시 날아왔다.

나는 처음으로 그대들을 보고 싶은 눈과 건전한 욕망을 가지고 돌아왔다. 실로 나는 마음속에 동경을 품고 그대들에게 왔다.

그러나 내게 어떤 일이 얼어났던가? 나는 몹시 두려웠으나—웃지 않을 수 없었다. 나의 눈은 일찍이 이렇게 여러 가지 색깔로 얼룩진 것[33]을 본 적이 없었다.

나의 발이 아직도 떨리고, 나의 심장도 또한 떨리면서도 나는 웃고 또 웃었다. "이곳은 모든 물감 단지들의 본거지임에 틀림없다!" 하고 나는 말했다.

그대 현대인들이여, 놀랍게도 그대들은 얼굴과 손발에 오십 개

---

31) 차라투스트라가 미래의 이상만을 추구하다가 현실로 눈길을 돌려, 현대인의 자주적인 창조성이 없음을 비유한 말.

32) 이미 한 사람의 동시대인도 없는 두려운 고독의 경지에 있음을 나타낸다.

33) 교양 또는 문화가 잡종을 이루고 있는 상태.

의 얼룩 반점을 칠한 채 그곳에 앉아 있었다.

그리고 그대들은 그대들 주위에 오십 개의 거울을 둘러놓고 그대들의 색깔 변화를 우쭐해하며, 색깔 변화를 반복하고 있었다.

실로 그대들은 결코 그대들 자신의 얼굴보다 더 훌륭한 가면은 쓸 수 없을 것이다, 그대 현대인들이여! 누가—그대들을 '알아볼' 수 있겠는가!

과거의 기호들을 온몸에 가득 써 놓고, 그 기호들 위에 여러 가지 새로운 기호들을 덧칠함으로써, 그대들은 모든 기호 해독자들로부터 그대들 자신을 잘도 숨겨 놓았다!

그러니 설사 신장(腎臟)을 검사하는 자라 할지라도 누가 그대들이 신장을 가졌다는 것을 믿겠는가! 그대들은 그림물감과 아교에 이긴 종잇조각을 구워 만든 것처럼 보인다.

모든 시대와 민족들이 그대들의 베일을 통해 가지각색으로 내다보고 있다. 모든 관습과 신앙이 그대들의 몸짓을 통해 가지각색으로 말하고 있다.[34]

그대들에게서 베일과 외투와 물감과 몸짓을 제거해 버린다면 그대들에게는 새들을 놀라게 할 정도의 것밖에 남지 않을 것이다.

진실로, 일찍이 나 자신이 색깔을 칠하지 않은 벌거벗은 그대들을 보고 놀란 새였다. 그리고 나는 그 해골이 내게 다가왔을 때 날아가 버렸다.

나는 차라리 저승에 가서 망령(亡靈)들의 날품팔이가 되리라! —저승에 사는 자들조차도 그대들보다는 살찌고 통통하다!

그대 현대인들이여, 내가 그대들의 벌거벗은 모습뿐만 아니라

---

34) 주체성이 없는 교양인을 꼬집고 있다.

옷을 입고 있는 모습도 또한 견딜 수 없는 것, 그것이야말로 나의 위장(胃臟)의 고통이다!

친숙하지 않은 미래의 것들, 날아간 새들을 소름 끼치게 했던 모든 것들이 실로 그대들의 '현실'보다 더 친숙하고 더 정답다.

왜냐하면 그대들은 이렇게 말하기 때문이다. "우리들은 완전한 현실주의자이다. 따라서 우리들은 신앙도 미신도 갖고 있지 않다." 그대들은 이렇게 말하면서 가슴을 편다―아, 펼 만한 가슴도 없으면서도!

그렇다, 그대들이 어찌 신앙을 가질 '수' 있겠는가, 그대 얼룩진 무늬로 뒤덮인 자들이여! 그대들은 이전에 신앙되었던 모든 것들의 그림인 것이다.

그대들은 신앙 그 자체의 살아 있는 부정이며 모든 사상의 분열이다. 그대 현실주의자들이여, 나는 그대들을 '신앙을 가질 자격이 없는 자들'이라고 부른다![35]

모든 시대가 그대들의 정신 속에서 서로 반박하면서 떠들어대고 있다. 그리고 모든 시대의 꿈과 논란(論難)이 그대들의 각성 상태(覺醒狀態)보다 더 현실적이었다.

그대들은 열매를 맺지 못하는 자들[36]이다. '그래서' 그대들에게는 신앙이 결여되어 있는 것이다. 그러나 창조를 해야만 했던 사람들은 항상 자신의 예언적인 꿈과 별점(星占)을 갖고 있었으며―신앙을 신봉했다!

---

35) 여기서 말하는 신앙은 창조적인 초월론적 신앙을 말하는 것으로, 니체는 이러한 신앙이 없이는 참된 창조가 있을 수 없다고 생각하고 있다.
36) 창조력이 결여된 자.

그대들은 무덤 파는 자들이 기다리고 있는 반쯤 열린 문이다. [37] 그리하여 이것이 '그대들'의 현실이다. "모든 것은 멸망할 가치가 있다"라고 하는 이것이.

아, 그대들은 어떤 모습으로 내 앞에 서 있는가, 그대, 열매를 맺지 못하는 자들이여, 그대들의 갈비뼈는 얼마나 여위어 있는 가! 그리고 그대들의 대부분은 분명히 그것을 이해하고 있었다.

그리하여 그들은 말했다. "어떤 신이, 내가 잠들어 있는 동안에 내게서 무엇인가를 빼앗아 간 것이 아닐까? 자신을 위해 조그만 여자 하나를 만들 수 있는 충분한 것을!

놀랍구나, 내 갈비뼈의 여윔이여!" 많은 현대인들이 이렇게 말하곤 했다.

그렇다, 그대 현대인들이여, 그대들은 내게는 웃음거리에 지나지 않는다! 특히 그대들이 그대들 자신에게 놀랄 때는 더욱 그러하다!

내가 그대들이 놀라는 것을 비웃지 못하고 그대들의 그릇에 담겨있는 구역질을 일으키는 모든 것들을 삼켜야만 한다면, 아!

그러나 내게는 짊어질 '무거운 짐'이 있으므로 나는 그대들을 경시하리라. 딱정벌레나 잠자리가 내 짐 위에 올라앉은들 어떻겠는가!

진실로 그것들로 인해 내 짐이 더 무거워지지는 않으리라! 그대 현대인들이여, 그대들로 인해 내게 심한 피로가 오지는 않으리라.

아, 나는 이제 나의 동경을 안고 어디로 올라가야 하는가? 나

---

37) '무덤 파는 자들이 기다리고 있는', '반쯤 열린 문' 등의 표현은 산송장과 같은 현대인들을 꼬집는 표현이다.

는 모든 산봉우리에서 내려다보며 나의 아버지의 나라와 어머니의 나라들을 찾는다.

그러나 나는 어디서도 고향을 찾을 수 없었다. 나는 어느 도시에도 머물러 있지 못하고 성문(城門)을 떠난다.

한때 나의 마음을 끌었던 현대인들은 내게는 이방인이며 웃음거리이다. 그리하여 나는 아버지의 나라와 어머니의 나라에서 추방되었다.

그러므로 이제 나는 나의 '아이들의 나라'만을 사랑한다, 먼 바다 위에 있는 아직 발견되지 않은 나라를. 나는 나의 배들에게 그것을 찾고 또 찾으라고 명령했다.

내가 나의 조상의 아이임에 대해 나는 나의 아이들에게 보상하리라. 그리고 모든 미래에게—'이' 현재를 보상하리라![38]

차라투스트라는 이렇게 말했다.

15. 순수한 인식에 대하여

어제 달이 떠올랐을 때, 나는 달이 하나의 태양을 낳으려고 한다고 생각했다. 그만큼 달은 둥그렇게 부풀어 만삭이 된 몸으로 지평선에 떠오르고 있었다.

그러나 달의 임신은 거짓이었다. 나는 달이 여자라기보다 오히려 남자라고 믿고 싶다.

---

38) 모든 과거를 바람직한 미래를 낳기 위한 필연적인 계기로 삼는 것을 의미한다.

이 겁 많은 밤의 친구는 남자이긴 하지만, 그다지 남자답지는 못하다. 실로 그는 나쁜 마음을 가지고 지붕 위를 돌아다닌다.

왜냐하면 그는 욕정에 차 있고 질투심이 많으며, 달 속의 수도자는 대지와 사랑하는 자들의 모든 기쁨에 욕정을 품고 있기 때문이다.

그렇다, 나는 그를 좋아하지 않는다. 지붕 위의 이 수고양이를! 나는 반쯤 닫힌 창가를 살금살금 기어다니는 모든 자들을 싫어한다.[39]

경건하게 그리고 말없이 그는 별들의 카펫 위를 걸어간다. 그러나 박차(拍車) 소리도 내지 않고 살금살금 걸어 다니는 발걸음을 나는 좋아하지 않는다.

정직한 사람들의 발걸음은 소리를 낸다. 그러나 고양이는 마루 위를 몰래 지나간다. 보라, 달은 고양이처럼 정직하지 못하게 떠오른다.

이 비유를 나는 그대 감상적인 위선자들에게 이야기하려 한다. 그대 '순수한 인식자들'에게 '나'는 그대들을—욕정으로 가득 찬 자들이라고 부른다!

그대들도 또한 대지와 지상적인 것들을 사랑한다. 나는 그대들을 잘 알고 있다!—그대들의 사랑 속에는 수치심과 나쁜 마음이 들어 있다—그대들은 달과 같은 자들이다!

그대들의 정신은 지상적인 것들을 경멸하도록 설득당했지만, 그대들의 내장(內藏)은 설득당하지 않았다. 이 내장이야말로 그

---

39) 조용히 지나가는 것도 아니고, 용감히 침입하는 것도 아니며, 단호히 빼앗는 것도 아닌, 교활하고도 우유부단한 밀회자의 태도를 싫어한다는 뜻.

대들의 가장 강한 부분인 것이다!

그리하여 이제 그대들의 정신은 그대들의 내장의 뜻에 따라야 하는 것을 부끄러워하고, 그 수치를 피하기 위해 샛길과 거짓의 길을 간다.

그대들의 허위의 정신은 스스로에게 이렇게 말한다. "내게 최고의 것은 욕망도 없고 개처럼 혓바닥을 늘어뜨리지도 않고 인생을 관조하는 것이다.

의지를 죽이고, 이기심의 지배와 탐욕에서 벗어나—온몸이 싸늘하게 잿빛으로 그러나 도취된 달의 눈으로 관조함으로써 행복해지는 것이다!"

유혹된 자는 자신을 이렇게 유혹한다. "내게 가장 훌륭한 것은 달이 대지를 사랑하듯이 대지를 사랑하고, 오직 눈으로만 대지의 아름다움을 느끼는 것이다.

그리하여 백 개의 눈을 가진 거울처럼 여러 사물 앞에 눕는 것 이외에는 아무것도 원치 않는 것, 그것을 나는 '순수한' 인식이라고 부른다"라고.

오, 그대, 감상적인 위선자들이여, 그대, 욕정으로 가득 찬 자들이여! 그대들은 욕망을 비난하고 있는 것이다!

진실로 그대들은 창조하는 자, 생식하는 자, 생성을 기뻐하는 자로서 대지를 사랑하는 것이 아니다!

순수함은 어디 있는가? 그것은 생식에의 의지가 있는 곳에 있다. 자신을 초월하여 창조하고자 하는 자야말로 가장 순수한 의지의 소유자인 것이다.

아름다움은 어디 있는가? 그것은 내가 나의 모든 의지로써 '의욕하지 않을 수 없는' 곳에 있다. 하나의 영상이 단지 영상에 그치지 않게 하기 위해, 내가 사랑하고 몰락하기를 바라는 데 있다.

사랑하는 것과 몰락하는 것은 먼 옛날부터 함께 어울려 왔다. 사랑에의 의지, 그것은 또한 기꺼이 죽음을 원하는 것을 의미한다. 나는 그대 비겁한 자들에게 이렇게 말한다!

그러나 이제 허울만 남은 그대들의 눈짓은 '관조'라고 불리기를 원한다! 그리고 비겁한 눈길이 닿도록 허락해 주는 것들은 '아름답다'라는 이름으로 불리고 있다. 오, 그대 고귀한 이름을 더럽히는 자들이여!

그러나 그대 순결한 자들이여, 순수한 인식자들이여! 비록 그대들이 배가 불러 지평선 위에 누워 있을지라도 그대들은 결코 출산하지 못하리라는 것, 그것이 그대들의 저주가 될 것이다!

그대 거짓말쟁이들이여, 실로 그대들은 그대들의 입을 고귀한 말들로 가득 채운다. 그렇다고 우리가 그대들의 가슴이 충만해 있다고 믿으리라고 생각하는가?

그러나 '나의' 말들은 빈약하고 비천하고 훌륭하지 못한 말들이다. 나는 그대들의 축제에서 식탁 아래 떨어지는 음식 찌꺼기들을 기꺼이 주워 올린다.

그러나 나는 그것들로 위선자들에게 진리를 말해 줄 수 있다! 그렇다, 내가 주워 올린 생선뼈 · 조개껍질 · 가시 돋친 잎사귀가 ─위선자들의 코를 간질여 줄 것이다.

그대들과 그대들의 축제 주위에는 언제나 탁한 공기가 감돌고 있다. 그대들의 여러 가지 음탕한 사상, 그대들의 여러 가지 거짓말과 비밀이 그 공기 속에 깃들어 있기 때문이다!

먼저 그대들 자신을 믿으라─그대들 자신과 그대들의 내장(內臟)을! 자기 자신을 믿지 않는 자는 항상 거짓말을 한다.

그대들은 어떤 신의 가면을 쓰고 있다, 그대 '순수한' 자들이여, 그대들의 소름 끼치는 무서운 뱀이 그 신의 가면 속으로 기어들어 자리를 잡고 있다.

그대 '관조자'들이여, 실로 그대들은 기만하는 자들이다, 일찍이 차라투스트라조차도 그대들의 성스러운 외모에 기만당했었다! 차라투스트라는 그 속에 가득 찬 뱀의 사리는 생각조차 못 했었다.

그대 순수한 인식자들이여, 전에 나는 그대들의 유희 속에 어떤 신의 영혼이 작용하고 있다고 생각했다! 전에 나는 그대들의 예술보다 더 훌륭한 예술은 없다고 생각했다!

멀리 떨어져 있었기 때문에, 뱀의 오물과 악취는 내게 숨겨져 있었다. 그리고 한 마리의 도마뱀의 간교한 지혜가 욕정을 품고 그곳을 기어다니고 있는 것도 또한 숨겨져 있었다.

그러나 나는 그대들에게 '가까이 다가갔다.' 그때 나를 위해 날이 밝아 왔다―이제 그대들을 위해 날이 밝아 오고 있다―달의 정사(情事)는 끝난 것이다!

보라! 현장이 발각된 달이 새파랗게 질려 저기 서 있다―서광 앞에!

이미 붉게 타오르는 태양이 솟아오르고 있기 때문이다―대지에 대한 '태양의' 사랑이 다가오고 있기 때문이다! 태양의 모든 사랑은 순수하며 창조적인 욕망이다!

보라! 태양이 얼마나 성급하게 바다를 건너오고 있는가를! 그대들은 태양의 사랑의 갈증과 뜨거운 입김을 느끼지 못하는가?

태양은 바다의 유방을 빨아들이기를 원하며, 바다의 깊이를 자신의 높이까지 들이마시기를 원한다. 이제 바다의 욕망은 천 개의 유방으로 부풀어 오른다.

바다는 태양의 갈증에 의해 키스 받고 빨리기를 '원한다.' 바다는 대기(大氣)가 되고, 높이가 되고, 빛의 길이 되고, 빛 그 자체가 되기를 '원한다!'

진실로 나는 태양처럼 삶과 모든 깊은 바다를 사랑한다.

그리고 '나'는 이러한 것을 인식이라고 부른다. 모든 깊은 것이 나의 높이까지 올라와야 하는 것을!

차라투스트라는 이렇게 말했다.

16. 학자들에 대하여

내가 누워 잠들어 있을 때, 한 마리의 양이 내 머리 위의 담쟁이 화관(花冠)을 먹어 버리고 나서 이렇게 말했다. "차라투스트라는 이미 학자가 아니다."

양은 이렇게 말하고는 태연히 의기양양하게 사라졌다. 한 어린이가 그것을 나에게 말해 주었다.

나는 이곳 어린이들이 놀고 있는 무너진 벽 모퉁이, 엉겅퀴와 빨간 양귀비꽃 사이에 누워 있기를 좋아한다.

어린이들에게는, 그리고 엉겅퀴나 빨간 양귀비꽃들에게는 나는 여전히 한 사람의 학자이다. 그들은 악의를 품고 있을 때조차도 천진난만하다.

그러나 양들에게는 나는 이미 학자가 아니다. 나의 운명은 그렇게 되기를 원하고 있다—나의 운명이 축복받기를!

사실은 이러하기 때문이다. 즉 나는 학자들의 집에서 뛰쳐나왔

으며, 그것도 문을 쾅 닫아 버렸던 것이다. [40]

나의 영혼은 굶주려 있으면서도 너무 오랫동안 그들의 식탁에 앉아 있었다. 그들과는 달리, 나는 마치 호두를 까는 것처럼 지식을 깨치는 일에 익숙하지 못했던 것이다.

나는 자유를 사랑하고 대지의 맑은 공기를 사랑한다. 나는 학자들의 존엄과 존경 위에서 잠드느니, 차라리 황소 가죽위에서 잠들기를 원한다.

나는 너무도 뜨거우며, 나 자신의 사상에 불타고 있다. 그 때문에 나는 자주 숨이 막힐 지경이다. 그러므로 나는 탁한 방에서 밖으로 나가지 않을 수 없는 것이다.

그러나 학자들은 싸늘한 그늘 속에 싸늘하게 앉아 있다. 그들은 모든 일에 있어서 오직 방관자가 되기를 원하며, 태양이 내리쬐는 계단에 앉지 않도록 조심한다.

거리에 서서 오가는 사람들을 멍청히 바라보는 사람들처럼, 그들은 남들이 생각해낸 사상을 멍하니 바라보기만 한다.

손으로 그들을 붙잡으면, 그들은 밀가루 부대처럼 반사적으로 먼지를 일으킨다. [41] 그러나 그들이 일으키는 먼지가 곡식에서, 그리고 여름 들판의 황금빛 환희에서 생겨난 것임을 누가 상상이나 하겠는가?

그들이 현자인 체할 때, 그들의 보잘것없는 잠언(箴言)과 진리가 나를 몸서리치게 한다. 그들의 지혜는 마치 늪 속에서 나온 것

---

40) 니체는 건강의 악화로 인해, 그리고 자기의 운명에 충실하기 위해 1879년 바젤 대학 교수직을 사임했다.

41) 학자들은 논의가 그들의 전문 분야에 이르면, 반사적으로 풍부한 학식을 내세워 반박한다.

처럼 악취를 풍긴다. 그리고 사실 나는 그들의 지혜 속에서 개구리울음소리를 들어왔다!

그들은 영리하다. 그리고 그들은 재간 있는 손가락을 갖고 있다. 그들의 다양함에 비해 '나의' 단순함은 무엇이겠는가!

그들의 손가락은 꿰매는 방법과 뜨개질하는 방법과 짜는 방법을 잘 알고 있다. 그리하여 그들은 정신의 양말을 짜내는 것이다!

그들은 훌륭한 시계들이다. 그들의 태엽을 정확하게 감아 주는 것만 주의하라! 그러면 그들은 충실하게 시간을 가리키며 조심스러운 소리를 낸다.

그들은 제분기(製粉機)처럼 맷돌처럼 일한다. 그들에게 곡식을 집어넣기만 하라! —그들은 곡식을 빻아 흰 가루로 만드는 방법을 알고 있다.

그들은 서로를 감시하며 가능한 한 서로를 신뢰하려 하지 않는다. 하찮은 잔재주에 있어서는 창조적인 그들은 절름발이들을 기다리며 누워 있다. —그들은 거미들처럼 기다리며 누워 있는 것이다.

나는 그들이 얼마나 조심스럽게 그들의 독을 준비하는가를 보아 왔다. 그들은 항상 유리로 만든 장갑[42]을 끼고 있다.

그들은 부정한 주사위 도박을 하는 방법도 알고 있다. 나는 그들이 땀을 뻘뻘 흘리며 그 도박에 열중하는 것을 보았다.

우리는 서로에게 낯선 자이며, 그들의 덕은 그들의 거짓과 부정한 주사위보다도 내 입맛에 더 맞지 않는다.

---

42) 유리 장갑은 남에게 보이지 않으므로, 그들이 독을 제조하고 있는 것을 숨기고, 타인에게 자기들의 교묘한 재주를 보여 주고 있다.

그래서 내가 그들 사이에서 살았을 때, 나는 그들 위에서 살았다. 그 때문에 그들은 나를 미워하게 되었다.

그들은 누군가가 자기들 머리 위에서 걸어 다니고 있다는 것을 알고 싶어 하지 않았다. 그래서 그들은 그들의 머리와 나 사이에 목재와 흙덩이와 오물을 쌓아 놓았다.

이와 같이 그들은 나의 발짝 소리가 들리지 않게 했다. 그 이후 지금까지 나는 가장 훌륭한 학자들로부터 가장 나쁜 것들을 들어 왔다.

그들은 그들과 나 사이에 인간의 모든 과오와 약점을 놓았으며 —그들은 그것을 그들의 집에서 '방음판(防音板)'이라고 부른다.

그럼에도 불구하고 나는 나의 사상으로 그들의 머리 '위'를 걸어 다닌다. 설사 내가 나의 과실(過失)로 걸어 다닌다 하더라도, 나는 그들 위에, 그리고 그들의 머리 위에 있을 것이다.

왜냐하면 인간은 동등하지 '않기' 때문이다. 정의는 그렇게 말한다. 그리고 내가 갈망하는 것을 '그들은' 갈망하지 못할 것이다!

차라투스트라는 이렇게 말했다.

17. 시인들에 대하여

"내가 육체에 대해 보다 더 잘 알게 된 이후로, 내게는 정신은 상징적인 정신에 불과하며, 모든 '영원한 것' 그것도 역시 내게는 하나의 '비유(比喩)'에 지나지 않는다." 차라투스트라는 제자 한 사람에게 이렇게 말했다.

그러자 그 제자가 대답했다. "언젠가 나는 당신이 그렇게 말하는 것을 들은 적이 있습니다. 그때 당신은 '그러나 시인들은 너무 많은 거짓말을 한다.'라고 덧붙였습니다. 당신은 왜 시인들이 거짓말을 너무 많이 한다고 말씀하셨습니까?"

"왜냐고?" 차라투스트라가 말했다. "그대는 왜냐고 묻고 있는가? 나는 '왜냐'는 질문을 받을 사람이 아니다. 43)

나의 체험이 어제 시작되었는가? 나의 견해의 근거를 체험한 것은 훨씬 이전의 일이다.

내가 나의 모든 근거들을 지니고자 한다면 나는 기억의 통이 되어야 하지 않겠는가?

나의 모든 견해들을 간직하고 있는 것만도 내게는 힘겨운 일이다. 그래서 날아가 버린 새들도 적지 않다.

그리고 가끔 나는 나의 비둘기장 속에서 다른 데서 날아든 낯선 새를 발견하기도 하는데, 그것은 내가 그 위에 손을 얹으면 몸을 떠는 것이다.

그런데 전에 차라투스트라가 그대에게 무슨 말을 했는가? 시인들은 거짓말을 너무 많이 한다고 했는가?—그러나 차라투스트라도 역시 시인이다.

그대는 차라투스트라가 진실을 말했다고 믿고 있는가? 어찌하여 그대는 그것을 믿고 있는가?" 제자가 대답했다. "나는 차라투스트라를 믿습니다." 그러자 차라투스트라는 고개를 가로젓고 나서 미소를 지으며 말했다.

---

43) 논리적으로 사색하는 사람에게는 논리의 근거를 물을 수 있겠지만, 차라투스트라는 단지 논리적으로 사색하는 데 그치지 않고, 실존적인 사색가이다. 그러므로 그의 견해에는 근거가 있다 하더라도 그것은 실존적 · 체험적 근거이며, 의식보다도 근원적 차원에 속해 있기 때문이다.

"믿음은 나를 행복하게 하지 못한다. 더구나 나에 대한 믿음은 더욱 그러하다.

그러나 누군가가[44] 매우 진지하게 '시인들은 거짓말을 너무 많이 한다'라고 말했다면, 그의 말은 옳다―'우리는' 거짓말을 너무 많이 한다.

사실 우리는 아는 것이 너무 적고, 배운 것도 부족하다. 이 때문에도 우리는 거짓말을 하지 않을 수 없는 것이다.

우리 시인들 중에서 자기가 만든 포도주에 불순물을 타지 않은 자가 있겠는가? 우리의 창고에서 많은 유독한 혼합주(混合酒)들이 만들어져 왔으며, 그곳에서 말로 형언할 수 없는 일들이 많이 행해져왔다.

그리고 우리는 아는 것이 거의 없기 때문에 정신이 가난한 자들은 우리의 마음을 기쁘게 한다. 특히 그들이 젊은 여자들일 때는 더욱 그러하다.

그리고 늙은 여자들이 밤에 주고받는 이야기까지도 우리는 열망하고 있다. 우리는 그것을 우리 내부에 있는 영원히 여성적인 것이라고 부른다.

우리는 민중과 민중의 '지혜'를 믿는다. 마치 뭔가를 배운 사람들에게는 '막혀 있는', 지식으로 통하는 특별한 비밀 통로가, 그들에게 있기라도 한 듯이.

그러나 모든 시인들은 이렇게 믿고 있다. 즉 풀밭이나 한적한 언덕 위에 누워 귀를 기울이고 있는 자는, 하늘과 땅 사이에 존재하는 여러 가지 사물에 대해 뭔가를 배울 수 있다고.

---

44) 시인이 아닌 누군가가.

그리하여 시인들은 달콤한 감정에 사로잡히게 되면, 항상 자연이 자기들을 사랑하고 있다고 생각하는 것이다.

그리고 그들은 자연이 자기들의 귀에 비밀과 사랑의 말들을 속삭인다고 생각하며, 모든 사람들 앞에서 그것을 떠벌이고 자랑한다!

아, 하늘과 땅 사이에 오직 시인들만이 몽상할 수 있는 것들이 많기도 하구나!

특히 하늘 '위'에는. 왜냐하면 모든 신들은 시인들의 비유이며 시인들의 궤변이기 때문이다.

실로 그것은 언제나 우리들을 높이 끌어올린다—구름 나라로 우리는 그 구름 위에 우리의 갖가지 색깔의 꼭두각시들을 올려놓고, 그것을 신이며 초인이라고 부르는 것이다.

그리고 그들은 그런 공허한 자리에 앉기에 알맞을 만큼 가벼운 것이 아닌가?—이들 모든 신들과 초인들은.

아, 나는 사실로 간주되는 모든 당치 않은 일들에 얼마나 지쳐 버렸는가! 아, 나는 시인들에게 얼마나 지쳐 버렸는가!"

차라투스트라가 이렇게 말했을 때, 그의 제자는 화가 났지만 잠자코 있었다. 차라투스트라도 역시 잠자코 있었다. 그의 눈은 마치 먼 곳을 바라보듯 자기 내부를 향해 있었다. 마침내 그는 한숨을 내쉬고는 다시 숨을 크게 들이마셨다.

나는 오늘에 속해 있으며 또한 과거에 속해 있다. 그러나 나의 내부에는 내일과 모레와 미래에 속하는 그 무엇이 존재한다.

나는 시인들에게 지쳐 버렸다. 옛 시인들에게도, 그리고 새로운 시인들에게도. 나에게는 그들은 모두가 피상적인 인간들이며 얕은 바다이다.

그들은 깊이 생각하지 않았다. 그래서 그들의 감정은 밑바닥까지 가라앉지 않았다.

얼마간의 음욕과 얼마간의 권태, 이것이 이제까지 그들의 최선의 명상이었다.

그들의 하프 켜는 소리는 나에게는 유령들의 기침소리나 숨소리로 들린다. 그들은 지금까지 음(音)의 열정에 대해 무엇을 알고 있었던가!

그들은 또한 내가 보기에는 충분히 깨끗하지도 않다. 그들은 모두 자기의 물이 깊게 보이도록 그들의 물을 흐려 놓는다.

그들은 그런 식으로 자신들이 화해자로 보이고자 한다. 그러나 내가 보기에는 그들은 명상가·간섭자·열등하면서도 불결한 자들일 뿐이다!

아, 진실로 나는 나의 그물을 그들의 바닷속에 던져 넣고 훌륭한 고기가 잡히기를 바랐다. 그러나 나는 항상 어떤 낡은 신의 머리만을 건져 올렸다.

이와 같이 그 바다는 굶주린 자에게 돌멩이 하나를 주었다. 그리고 그들 자신도 또한 바다에서 태어난 자들일 것이다.

분명 그들에게서는 진주가 발견된다. 그러므로 그들은 그만큼 딱딱한 조개를 닮은 것이다. 때때로 나는 그들에게서 영혼 대신에 짜디짠 점액(粘液)을 발견하곤 했다.

그들은 또한 바다로부터 허영심도 배웠다. 바다는 공작(孔雀) 중의 공작이 아니겠는가? 바다는 가장 흉한 물소 앞에서까지 꼬리를 펴 보인다. 바다는 은과 비단으로 수놓인 자신의 부채에 결코 싫증을 느끼지 않는다.

아름다움과 바다와 공작의 장식이 물소에게 무엇이란 말인가? 나는 이 비유를 시인들에게 말한다.

실로 그들의 정신이야말로 공작 중의 공작이며 허영의 바다인 것이다!

시인의 정신은 관객을 원한다. 설사 그 관객이 물소라 할지라도!

그리고 나는 이 정신에 지쳐 버렸다. 그리고 나는 이 정신이 자기 자신에게 싫증을 느낄 때가 다가오고 있음을 보고 있다.

나는 이미 시인들이 변질한 것을 보아 왔다. 그들이 자기 자신에게로 시선을 돌린 것을 나는 보아 왔다.

나는 정신의 참회자들이 생겨나는 것을 보아 왔다. 그들은 시인들로부터 생겨난 것이다.

차라투스트라는 이렇게 말했다.

18. 큰 사건들에 대하여

바닷속에—차라투스트라의 '행복의 섬'으로부터 그다지 멀지 않은 곳에—끊임없이 연기를 뿜어내고 있는 화산이 있는 섬 하나가 있다. 사람들은, 특히 늙은 여인들은, 이 섬이 마치 저승의 문 앞의 바윗덩어리처럼 놓여 있으며, 저 화산 속에 좁은 길이 아래로 통해 있어, 그 길을 따라 내려가면 저승의 문에 이르게 된다고 말들을 한다.

차라투스트라가 '행복의 섬'에 머물러 있을 때, 연기를 내뿜는 산이 솟아 있는 그 섬에, 한 척의 배가 닻을 내렸다. 그리고 그 배의 선원들은 토끼를 사냥하기 위해 상륙했다. 그런데 정오경에 선장과 그 부하들이 다시 모였을 때, 그들은 갑자기 공중에서 한 사나이가 그들을 향해 다가오는 것을 보았다. 그리고 "때가 왔다! 지금이 바로 그때이다!"라는 목소리가 분명하게 들려왔다. 그러나 사나이의 모습이 그들에게 바싹 접근했을 때, 그 모습은 그림자처럼 재빨리 화산 쪽으로 사라져 버렸지만—그들은 그가 차라투스트라였음을 알고 깜짝 놀랐다. 선장을 제외한 그들 모두는 일찍이 차라투스트라를 만난 적이 있었으며, 그들도 민중들처럼 사랑과 두려움으로 차라투스트라를 사랑했기 때문이었다.

"보라! 저기 차라투스트라가 지옥으로 가고 있다!" 늙은 키잡이가 말했다.

이 선원들이 화산섬에 상륙한 것과 때를 같이 하여, 차라투스트라가 모습을 감췄다는 소문이 퍼졌다. 그래서 사람들이 그의 친구들에게 물었더니, 그들은 그가 어디를 여행하겠다는 말도 없이 밤중에 배에 올라탔다고 하는 것이었다.

그리하여 그들 사이에 동요가 일어났으며, 3일 후엔 이 동요에 선원들의 이야기가 덧붙여졌다. 그리하여 모든 사람들은 악마가 차라투스트라를 끌고 갔다고 말했다. 물론 차라투스트라의 제자들은 이 소문을 비웃었다. 제자들 중의 어떤 사람은 "오히려 나는 차라투스트라가 악마를 끌고 갔다고 믿고 싶다"라고 말했다. 그러나 제자들은 저마다 영혼의 밑바닥에 걱정과 그리움으로 가득 차 있었다. 그래서 차라투스트라가 5일 만에 그들 사이에 나타났을 때, 그들은 크게 기뻐했다.

다음은 차라투스트라가 불개(火犬)[45]와 주고받은 대화에 관한 이야기이다.

(차라투스트라가 말했다.) 대지는 피부를 갖고 있으며, 그 피부는 여러 가지 병을 앓고 있다. 예컨대 이 병들 중의 하나는 '인간'이라고 불린다.

그리고 이 병들 중의 다른 하나는 '불개'라고 불리며, 사람들은 '불개'에 대한 많은 거짓말을 해 왔으며, 또 많은 거짓말을 들어 왔다.

이 비밀을 밝히기 위해 나는 바다를 건너갔다. 그리하여 나는 실로 벌거벗은 진리를 보았다! 발끝에서 목까지 벌거벗은 진리를.

이제 나는 불개에 대한 모든 것을 알고 있으며, 또한 늙은 여인들만 두려워하는 것이 아닌 혁명적이면서도 파괴적인 모든 악들에 대해서도 알고 있다.

불개여, 나오라, 그대의 심연에서 나오라! 그리고 그 심연이 얼마나 깊은지 고백하라! 그대가 뿜어 올리는 것은 어디서 오는가?

그대는 바닷물을 흠뻑 들이마신다. 그대의 괴로운 호소가 그것을 말해 준다! 실로 심연의 개로서는 그대는 수면에서 너무 많은 영양을 섭취한다!

나는 그대를 기껏해야 대지의 복화술자(腹話術者)로 생각한다. 그리고 파괴적이고도 혁명적인 악마들이 이야기하는 것을 들을 때마다 나는 항상 그들이 그대를 닮아, 짜디짜고, 거짓말을 잘 하고, 천박하다는 것을 발견했다.

---

45) 사회주의적 혁명가, 또는 사회주의적 이상.

그대는 울부짖는 방법과 재(灰)로 대기를 어둡게 하는 방법을 알고 있다! 그대는 굉장한 허풍쟁이이며, 진흙탕을 끓게 하는 기술[46]을 충분히 익혔다.

그대의 주위에는 항상 진흙탕이 있어야 하며, 또 해면체(海綿體) 모양의 것, 속이 비어 있는 것, 강제로 속박된 것이 많이 있어야 한다. 그것은 자유로워지기를 원한다.

그대는 '자유'를 울부짖기를 무엇보다도 좋아한다. 그러나 수많은 울부짖음과 연기가 중대한 사건들을 에워쌀 때마다, 나는 '중대한 사건들'에 대한 신뢰를 잊어버리곤 했다.

친구여, 지옥의 아우성이여, 내가 하는 말을 믿으라! 최대의 사건—그것은, 우리의 가장 소란스러운 때가 아니라, 우리의 가장 조용한 때이다.

세계는 새로운 소란의 창조자들의 주위가 아니라 새로운 가치의 창조자들의 주위를 회전한다. 세계는 '들리지 않게' 회전한다.

고백하라! 그대의 소란과 연기가 사라졌을 때 거의 아무 일도 일어나지 않았다는 것을. 도시가 미라가 되고, 조상(彫像)이 진흙 속에 쓰러져 있은들, 그것이 무슨 문제인가!

나는 조상(彫像)[47]을 뒤집어엎는 자들에게 이렇게 말한다. 소금을 바다에 던지고 조상을 진흙 속에 던지는 것은 가장 어리석은 짓이라고.

조상(彫像)은 그대들이 경멸하는 진흙 속에 쓰러져 있다. 그러나 경멸 속에서 다시 생명과 생생한 아름다움이 생겨나는 것, 그

---

46) 민중을 선동하여 열광시키는 방법.
47) 정치적, 종교적인 권위. 혹은 일반적으로 권위 있는 것으로 존중되는 것.

것이야말로 조상(彫像)의 법칙인 것이다!

이제 조상은 더욱 성스러운 얼굴을 하고 슬픔에 찬 매혹적인 모습으로 다시 일어선다! 그대 전복자(顚覆者)들이여! 조상은 그대들이 자기를 뒤집어엎은 데 대해 그대들에게 감사할 것이다.

그러나 나는 왕들과 교회, 그리고 노쇠하여 덕이 쇠퇴한 모든 것들에게 이렇게 충고한다. "그대 자신들을 뒤집어엎어라! 그러면 그대들은 다시 생명을 얻게 되리라. 그리고 그대들에게 덕이 다시 찾아오리라!"라고.

나는 불개에게 이렇게 말했다. 그러자 불개는 뾰루퉁하여 내 말을 가로막고 물었다. "교회라고? 그것은 무엇인가?"

"교회?" 나는 대답했다. "그것은 일종의 국가이다. 그것도 가장 허위에 가득 찬 국가이다. 그러나 조용히 하라, 그대 위선의 개여! 그대는 분명 그대의 동류(同類)를 잘 알고 있을 것이다!

국가는 그대와 마찬가지로 위선의 개이다. 국가는 그대와 마찬가지로 연기와 울부짖음으로 말하기를 좋아한다—그대와 마찬가지로 모든 사물의 뱃속으로부터 말하는 것(腹話術)으로 믿게 하기 위해.

왜냐하면 국가는 절대적으로 지상에서 가장 중요한 동물이기를 원하기 때문이다. 사실 사람들도 또한 국가를 그런 것으로 믿고 있다."

내가 말을 마치자 불개는 질투에 못 이겨 미친 듯이 날뛰었다. "뭐라고?" 불개가 외쳤다. "국가가 지상에서 가장 중요한 동물이라고? 그리고 사람들도 국가를 그런 것으로 믿고 있다고?" 그때 불개의 목구멍에서 많은 입김과 소름 끼치는 비명소리가 터져 나왔으므로, 나는 불개가 분노와 질투로 인해 질식해 버릴 것이라고 생각했다.

마침내 그는 조용해졌으며, 그의 헐떡임 소리도 그쳤다. 그가 조용해지자, 나는 웃으며 말했다.

"불개여, 화를 내고 있구나. 그러고 보니, 너에 대한 내 생각이 옳구나!

내 생각이 옳다는 증거로서, 어떤 다른 불개[48]에 대해 내가 하는 말을 들으라, 대지의 심장으로부터 이야기하는 말을.

그의 입김은 황금과 황금비(黃金雨)를 토해낸다. 그의 심장이 그러기를 원하고 있다. 이제 재와 연기와 뜨거운 진흙탕이 그에게 무엇이란 말인가!

그에게서 너털웃음이 오색구름처럼 피어난다. 그는 그대의 콜록거리는 소리와, 구토와, 내장의 고통으로 괴로워하는 것을 혐오스럽게 생각한다!

그러나 황금과 웃음—그것을 그는 대지의 심장으로부터 꺼낸다. 왜냐하면, 그대도 알고 있는 바와 같이—'대지의 심장은 황금으로 되어 있기' 때문이다."

이 말을 듣자, 불개는 더 이상 내 말을 들을 수가 없었다. 그는 부끄러워 꼬리를 감추고, 작은 소리로 멍멍 짖어대면서 자기의 굴속으로 기어들어가 버렸다.

차라투스트라는 이렇게 말했다. 그러나 그의 제자들은 그의 이야기에 거의 귀를 기울이지 않았다. 그들은 선원들과, 토끼들과,

---

48) 창조적인 정신에 불타, 모든 가치의 전도를 기획하며, 대지를 사랑하여 그 대변자가 되려는 자, 즉 니체 자신을 말한다.

하늘을 날아다니는 사나이에 관해 그에게 이야기하고 싶은 욕망이 강했기 때문이었다.

"나는 그것을 어떻게 생각해야 하는가? 그렇다면 내가 유령이란 말인가?"

차라투스트라가 말했다.

"그러나 그것은 나의 그림자였을 것이다. 그대들은 '나그네와 그의 그림자'에 관에 들은 적이 있지 않은가?

그러나 이것만은 분명하다. 나는 나의 그림자를 더욱더 단단히 붙잡아 두어야 한다—그렇지 않으면 나의 그림자는 나의 명성을 더럽힐 것이다."

이렇게 말하고 나서 차라투스트라는 다시 한 번 머리를 좌우로 흔들며 의아하게 생각했다. "나는 그것을 어떻게 생각해야 하는가?" 그는 또다시 말했다.

"도대체 그 유령은 왜 '때가 왔다! 지금이 바로 그때이다!'라고 외쳤을까? 무엇을 위한—때란 말인가?"

차라투스트라는 이렇게 말했다.

19. 예언자

—그리하여 나는 큰 슬픔이 인류에게 닥쳐오는 것을 보았다. 가장 훌륭한 사람들은 자기의 일에 싫증을 느꼈다.

하나의 가르침이 퍼졌으며, 그와 함께 하나의 신앙이 퍼져 나갔다. 즉 '모든 것이 공허하며, 모든 것이 동일하며, 모든 것이 지나가 버렸다!'라는 가르침과 신앙이.

그리하여 모든 언덕에서 메아리친다. '모든 것이 공허하고, 모든 것이 동일하며, 모든 것이 지나가 버렸다!'라고.

우리는 분명 수확을 했다. 그런데 어찌하여 우리의 열매는 모두 썩어 갈색으로 변해 버렸는가? 어젯밤에 사악한 달에서 떨어진 것은 무엇인가?[49]

우리의 모든 일은 공허한 것이 되었고, 우리의 포도주는 독약으로 변했으며, 사악한 눈(眼)이 우리의 들판과 심장을 태워 버렸다.

우리는 모두가 말라 버렸다. 그러므로 불덩이가 우리 위에 떨어지면, 우리는 재처럼 흩어지리라. —그렇다, 우리는 불 그 자체를 지치게 만들었다.

우리의 모든 샘은 완전히 말라 버렸으며, 바다조차도 움츠러들었다. 대지는 갈라지기를 원하지만 그 심연은 우리를 삼키려 하지 않는다!

'아, 빠져 죽을 수 있는 바다는 어디에 남아 있는가?' 이러한 우리의 탄식 소리가 울려 퍼진다—얕은 늪을 가로질러.

우리는 너무 지쳐 버려 죽을 수조차 없다. 그리하여 우리는 여전히 깨어 있으며, 계속해서 살아가는 것이다—무덤 속에서!

차라투스트라는 어떤 예언자가 이렇게 말하는 것을 들었다. 그리고 그의 예언은 차라투스트라의 가슴을 두드리고 그를 변화시켰다. 그는 슬픔에 잠긴 채 지친 몸으로 이리저리 돌아다녔다. 그도 그 예언자가 말했던 사람들처럼 되었던 것이다.

---

49) 농부들의 미신에 의하면, 농작물의 병은 밤중에 달에서 떨어진 유독한 이슬 때문이라고 한다.

그는 제자들에게 말했다. "진실로 이 긴 황혼[50]이 바로 우리 곁에 와 있다. 아, 이 긴 황혼 동안 나는 어떻게 나의 빛을 보존해야 하는가?

나의 빛이 이 슬픔 속에서 질식하지 않기를! 그것은 보다 먼 세계를 비추는, 가장 먼 밤을 비추는 빛이어야 한다!"

차라투스트라는 마음속으로 이렇게 슬퍼하면서 돌아다녔다. 그는 3일 동안 음식도 먹지 않고, 휴식도 취하지 않고, 말도 하지 않았다. 그러다가 마침내 그는 깊은 잠[51]에 빠져 버렸다. 그러자 그의 제자들은 긴 밤을 지새우면서 그의 주위에 앉아 그가 잠에서 깨어나 다시 이야기를 하고, 그 고뇌에서 벗어나기를 애타게 기다리고 있었다.

다음은 차라투스트라가 깨어났을 때 한 말이다. 그러나 제자들에게는 그 목소리가 매우 먼 데서 들려오는 것 같았다.

내가 꾼 꿈 이야기를 들어 보라. 친구들이여, 그리고 내가 그 꿈을 해몽하는 것을 도와 다오!

이 꿈은 나에게는 아직도 하나의 수수께끼이다. 그 의미는 꿈속에 감추어져 있으며, 갇혀 있어 아직 자유로운 날개를 펴고 그 위를 날지 못한다.

나는 모든 삶을 단념한 꿈을 꾸었다. 나는 쓸쓸한 죽음의 산성(山城)에서 밤을 지키는 자, 무덤을 지키는 자였다.

그 산 위에서 나는 죽음의 관(棺)들을 지키고 있었다. 곰팡내 나

---

50) 모든 이상이 상실되어 점점 어둠에 빠져 들어가는 것.
51) 니힐리즘.

는 둥근 천정들은 죽음의 승리를 나타내는 표지(標識)들로 가득했다. 유리관 속에서 초극된 생명이 나를 바라보고 있었다.

나는 먼지로 뒤덮인 영원의 향기를 맡고 있었다. 나의 영혼은 무더운 열기(熱氣)와 먼지에 뒤덮인 채 누워 있었다. 그런 곳에서 자기 영혼에게 바람이 불어오게 할 수 있는 사람이 어디 있겠는가!

한밤중의 밝음이 나를 둘러싸고 있었으며, 그 옆에 고독이 웅크리고 앉아 있었다. 그리고 세 번째로 나의 가장 나쁜 친구인 죽음의 고요가 임종의 거친 숨소리를 내고 있었다.

나는 모든 열쇠 중에서 가장 녹슨 열쇠들을 몇 개 가지고 있었다. 그리고 나는 그 열쇠들로 모든 문들 중에서 가장 삐걱거리는 문을 열수 있었다.

이 문이 열렸을 때, 그 소리는 분통을 터뜨리는 새의 울음처럼 앞뒤로 뻗은 긴 복도[52]에 울려 퍼졌다. 그 새는 사납게 울어댔다. 그 새는 잠에서 깨어나기를 원치 않았던 것이다.

그러나 그 새가 다시 잠잠해져 주위가 조용해지고 내가 이 불길한 침묵 속에 혼자 앉아 있게 되자, 나는 더욱 무섭고 가슴이 조여들었다.

내게 있어서 시간은 이렇게 지나갔으며 살금살금 도망쳐 버렸다. 그때 시간이 존재했다면 말이다.[53] 시간에 대해 내가 무엇을 알았겠는가! 그러나 마침내 나를 깨어나게 한 일이 일어났다.

우레와 같은 문[54] 두드리는 소리가 세 번 들려왔던 것이다. 둥

---

52) 과거에의 영원과 미래에의 영원.
53) 꿈꾸는 자는 시간을 의식하지 못하기 때문이다.
54) 진리의 문.

근 천정은 반향을 일으켰으며, 세 번 포효했다. 나는 문으로 다가갔다.

알파! 나는 외쳤다. 자신의 잿더미를 산으로 운반하는 자는 누구인가? 알파! 알파! 자신의 잿더미를 산으로 운반하는 자는 누구인가?

그리고 나는 열쇠를 돌리며 몸으로 힘껏 문을 밀었다. 그러나 문은 손가락 폭만큼도 열리지 않았다.

그때 일진광풍(一陣狂風)[55]이 문을 활짝 열어젖혔다. 광풍은 귀를 찢을 듯한 요란한 소리를 내며 검은 관 하나를 내게 집어던졌다.

광풍이 울부짖으며 요란한 소리를 내는 사이에 그 관은 산산이 부서져 천 개의 요란한 웃음소리를 토해냈다.[56]

그러자 어린이들과 천사들·올빼미들·바보들·어린아이만큼 큰 나비들의 천 개의 얼굴이 큰 소리로 웃어대며 나를 조롱하고, 나를 향해 울부짖었다

그것은 나를 공포로 몰아넣었다. 그것은 나를 압도했다. 그리하여 나는 두려운 나머지 일찍이 그렇게 소리쳐 본 일이 없을 정도로 큰 소리를 질렀다.

그러자 나는 나 자신의 고함소리에 잠에서 깨어났다. ―그리고 나는 정신을 되찾았다.

차라투스트라는 이렇게 자기의 꿈 이야기를 하고 입을 다물었다. 그는 아직 자기의 꿈을 풀이하지 못했기 때문이었다. 그런데

---

55) 초인을 지향하는 충동.
56) 과거의 모든 존재와 이상이 일시에 부활하여 초인에의 의지를 비웃었다.

그의 가장 사랑하는 제자가 벌떡 일어나 차라투스트라의 손을 덥석 움켜잡으며 말했다.

"오, 차라투스트라여, 당신의 삶, 바로 그것이 그 꿈을 우리에게 설명해 주고 있습니다!

당신 자신이야말로 요란한 소리를 내며 죽음의 성문을 활짝 열어젖힌 바람이 아닙니까?

당신 자신이야말로 삶의 형형색색의 사악함과 천사의 얼굴들로 가득 찬 관이 아닙니까?

진실로 차라투스트라는 어린아이들의 천 개의 웃음소리처럼 모든 무덤 속으로 들어가고 있습니다. 저 밤을 지키는 자들과, 무덤을 지키는 자들과, 불길한 열쇠 꾸러미를 쩔렁거리는 자들을 비웃으면서.

당신은 당신의 웃음소리로 그들을 두려움에 떨게 하고 그들을 압도할 것입니다. 당신의 실신(失身)과 깨어남은 당신의 위력을 그들에게 증명할 것입니다.

삶의 대변자여, 긴 황혼과 죽음에 대한 권태가 찾아올지라도 당신은 결코 우리의 하늘에서 몰락하지 않을 것입니다!

당신은 이제까지 우리들에게 새로운 별들과 밤의 새로운 영광을 보여 주었습니다. 실로 당신은 마치 형형색색의 천막처럼 우리의 머리 위에 웃음을 펼쳐 놓았습니다.

이제부터는 어린아이들의 웃음소리가 관들로부터 끊임없이 흘러나올 것입니다. 이제부터는 강한 바람이 죽음의 권태를 향해 끊임없이, 그리고 당당하게 불어닥칠 것입니다. 당신 자신이 바로 그것에 대한 증거이며 예언자인 것입니다!

실로 당신은 '당신의 적인 그들'에 대한 꿈을 꾼 것입니다. 그래서 당신의 꿈은 가장 괴로웠던 것입니다!

그러나 당신이 그들에게서 깨어나 당신 자신으로 돌아온 것처럼, 그들도 또한 그들 자신에게서 깨어나 당신에게로 올 것입니다!"

그 제자는 이렇게 말했다. 그러자 다른 제자들도 모두 차라투스트라의 주위에 몰려들어 그의 양손을 붙잡고, 그가 침상(寢床)과 슬픔에서 떠나 자기들에게 돌아오라고 설득하려 했다. 그러나 차라투스트라는 자기의 침상 위에 멍한 표정을 한 채로 똑바로 앉아 있었다. 그는 마치 낯선 곳에 오랫동안 머물러 있다가 고향으로 돌아온 사람처럼 제자들의 얼굴을 유심히 살펴보았다. 그러나 그는 아직도 제자들을 알아보지 못했다. 그러나 그들이 그를 일으켜 세웠을 때, 보라, 그의 눈빛이 갑자기 변했다. 그는 이제까지 일어났던 모든 일들을 이해하고는, 수염을 쓰다듬으며 단호한 목소리로 말했다.

자! 지금이야말로 바로 그때이다. 제자들이여, 유쾌한 향연을 베풀자, 어서! 그리하여 나는 악몽들을 씻어 버리려 한다!

그리고 나는 저 예언자로 하여금 내 곁에서 먹고 마시게 하리라. 그리하여 나는 그가 빠져 죽을 수 있는 바다를 그에게 보여 주리라.

차라투스트라는 이렇게 말했다. 말을 마치고 나서 그는 꿈을 해몽했던 제자의 얼굴을 한동안 유심히 들여다보았다. 그리고는 머리를 좌우로 흔들었다.

20. 구원(救援)에 대하여

차라투스트라가 어느 날 큰 다리를 건너갈 때 불구자인 거지들이 그를 에워쌌다. 그러자 한 꼽추가 그에게 이렇게 말했다.

"보라, 차라투스트라여! 민중도 당신에게서 배우며 당신의 가르침에 대한 믿음을 갖고 있다. 그러나 민중으로 하여금 완전히 당신을 믿게 하기 위해서는 아직도 해야 할 일이 한 가지 남아 있다 ―그것은 먼저 우리 불구자들을 설복시키는 일이다! 지금 이곳 당신 앞에는 선발된 훌륭한 집단이 있다. 당신은 놓쳐서는 안 될 좋은 기회를 잡은 것이다! 당신은 장님을 눈뜨게 할 수도 있고, 절름발이를 걷게 할 수도 있으며, 너무 많은 짐을 진 자에게서 짐을 덜어 줄 수도 있을 것이다―그것이야말로 불구자들로 하여금 차라투스트라를 믿게 하는 올바른 방법인 것이다![57]"

그러자 차라투스트라는 이렇게 대답했다.

꼽추에게서 등의 혹을 떼어내는 것은 바로 그의 정신을 빼앗는 것이다―민중은 이렇게 가르치고 있다. 그리고 만일 장님의 눈을 고쳐 밝게 해 주면, 그는 지상의 나쁜 일들을 너무 많이 보게 되어, 자기의 눈을 고쳐 준 사람을 저주하게 될 것이다. 그리고 절름발이를 걷게 하는 자는, 그에게 가장 큰 해를 끼치는 자가 되는 것이다. 왜냐하면 그가 걸어 다니게 되자마자 그의 악덕이 그를 이끌고 달려가기 때문이다―민중은 불구자들에 대해 이렇게 가르치

---

57) 〈마태복음〉 15장 30절 참조.

고 있다. 그리고 만일 민중이 차라투스트라로부터 배운다면, 어찌하여 차라투스트라가 민중으로부터 배워서는 안 되는가?

내가 인간 사이에서 지낸 이후, 나는 한쪽 눈이 없는 사람, 한쪽 귀가 없는 사람, 한쪽 다리가 없는 사람, 혹은 혀나 코ㆍ머리를 잃어버린 사람들을 보아 왔다. 그러나 그것은 내겐 가장 사소한 일이다.

나는 그보다 더 나쁜 일들을 보아 왔으며, 지금도 보고 있다. 그들 중 대부분은 말하고 싶지 않을 정도로 끔찍하며, 또 그들 중 일부는 침묵을 지키고 싶지 않을 정도로 끔찍스럽다. 그들은 한 가지만을 지나치게 많이 가지고 있으며, 그 이외의 것들은 하나도 가지고 있지 못한 자들이다. —하나의 커다란 눈, 하나의 커다란 입, 하나의 커다란 배, 혹은 하나의 커다란 그 무엇에 불과한 자들—나는 그들을 거꾸로 된 불구자라고 부른다[58]

그리하여 내가 나 자신의 고독에서 빠져나와 처음으로 이 다리를 건너갔을 때, 나는 내 눈을 의심했다. 나는 눈으로 몇 차례 확인하고 나서 이렇게 말했다. "저것은 하나의 귀다! 인간만큼 큰 귀다!" 나는 더욱 자세히 살펴보았다. 그랬더니 그 귀밑에서 실로 가엾을 정도로 작고 빈약하고 깡마른 무엇이 움직이고 있었다. 그 거대한 귀는 작고 가느다란 줄기 위에 얹혀 있었다. 그 줄기는 사람이었던 것이다! 확대경으로 보았다면, 질투심에 불타는 조그만 얼굴과 교만한 작은 영혼이 줄기에 매달려 있는 것까지도 볼 수 있었을 것이다. 그러나 그 커다란 귀는 인간일 뿐만 아니라, 위대한 인간이며 천재라고, 민중은 내게 말해 주었다. 그러나 민중이

---

58) 전문화된 현대인들을 가리킴.

위대한 인간에 대해 말할 때, 나는 결코 그들의 말을 믿지 않는다. —그리하여 나는 그 커다란 귀는 한 가지만을 너무 많이 가지고 있을 뿐, 그 이외의 다른 모든 것들은 거의 없는 거꾸로 된 불구자라는 나의 신념을 계속 지켰다.

차라투스트라는 꼽추에게, 그리고 꼽추를 자기들의 대변자로 하고 있는 자들에게 이렇게 말했다. 그리고는 그는 몹시 불쾌한 표정으로 제자들을 돌아보고 말했다.

나의 친구들이여, 진실로 내가 인간 사이를 걸어 다니는 것은 마치 인간의 육체의 각 조각들과 팔다리 사이를 걸어 다니는 것 같다!

살육의 전쟁터를 뒤덮고 있는 육체의 조각들처럼 산산이 조각나 흩어져 있는 인간을 본다는 것은 내게는 무서운 일이다.

내 눈이 현재로부터 과거로 도망칠 때에도, 내가 발견하게 되는 것은 항상 똑같다. 즉 내가 발견하게 되는 것은, 인간이 아니라 조각들과 팔다리와 두려운 우연들인 것이다!

지상의 현재와 과거—아! 친구들이여—그것이 '나의' 가장 견딜 수 없는 무거운 짐이다. 만일 내가 앞으로 와야 할 것에 대한 예견자(豫見者)가 아니었다면, 나는 어떻게 살아가야 할지 몰랐을 것이다.

한 사람의 예견자, 한 사람의 의욕자, 한 사람의 창조자, 미래 그 자체와 미래로 향한 다리—아, 그리고 이 다리 위에 있는 한 사람의 불구자, 차라투스트라는 이 모든 것들이다.

그대들까지도 그대들 자신에게 종종 질문을 던지곤 했다. 우리에게 차라투스트라는 어떤 자인가? 우리는 그를 무엇이라고 불러야 하는가? 그리고 그대들은 나와 마찬가지로 그대들 자신의 질문에 의문으로써 대답한다.

그는 약속하는 자인가, 아니면 약속을 지키는 자인가? 정복자인가, 아니면 후계자인가? 수확물인가, 아니면 쟁기의 날인가? 의사인가, 아니면 회복기의 환자인가?

그는 시인인가, 아니면 참된 자인가? 해방시키는 자인가, 아니면 구속하는 자인가? 선량한 자인가, 아니면 악한 자인가?

나는 미래의 조각들 사이를, 내가 응시하는 미래의 조각들 사이를 걸어 다니듯, 인간 사이를 걸어 다닌다.

조각이며, 수수께끼이며, 두려운 우연인 모든 것들을 하나로 짜맞추는 것이야말로 나의 예술이며 목적이다.

그리고 만일 인간이, 시인·수수께끼를 푸는 자·우연을 구제하는 존재가 아니라면, 내가 어떻게 인간임을 견딜 수 있겠는가!

과거를 구제하고, 모든 '그랬었다'를 '그렇기를 나는 바랐다!'로 변화시키는 것—그것만을 나는 구원이라고 부른다!

의지—그것은 해방시키는 자, 기쁨을 가져다주는 자를 일컫는 말이라고, 나는 그대들에게 가르쳐 왔다. 나의 친구들이여! 그러나 이제 이것도 또한 배우라. 의지 그 자체는 아직도 죄수라는 것을.

의욕은 해방시켜 준다. 그러나 이 해방시키는 자에게까지도 족쇄를 채우는 것은 무엇인가?

'그랬었다'—그것은 의지의 이가 갈리는 가장 고독한 고통을 일컫는 말이다. 의지는 이미 행해진 일에 대항할 기력이 없으며, 지난 모든 일들을 바라보는 성난 방관자인 것이다.

의지는 뒤를 향해 의욕할 수는 없다. 즉 의지는 시간과 시간의 욕구를 물리칠 수가 없다. 그것이 의지의 가장 고독한 고통인 것이다.

의욕은 해방시켜 준다. 의지는 자신의 고통으로부터 도망치기 위해, 그리고 자신의 감옥을 조롱하기 위해 어떤 궁리를 하는가?

아, 모든 죄수들은 바보가 되고 마는 것이다! 감옥에 갇힌 의지도 또한 어리석은 방법으로 자신을 해방시키려고 한다.

시간이 거꾸로 흐르지 않는 것, 그것이 의지의 한(恨)이다. '그랬었던 것'—그것은 의지가 멀리 굴려 버릴 수 없는 돌을 일컫는 말이다.

그리하여 의지는 원한과 불만에 싸여 돌들을 마구 굴리고, 자기와 마찬가지로 원한과 불만을 느끼지 않는 자에게 복수를 한다.

이리하여 해방시키는 자인 의지는 해를 주는 자가 된다. 그리고 고통을 느낄 수 있는 모든 것들에게, 자기가 되돌아갈 수 없음에 대한 복수를 한다.

그렇다, 이것만이 '복수' 그 자체이다. 즉 이것은 시간과 시간의 '그랬었다'에 대한 의지의 적의(敵意)인 것이다.

실로 우리의 의지 속에는 커다란 어리석음이 도사리고 있다. 그리고 이 어리석음이 정신을 얻은 것이 모든 인류에게 저주가 되어 왔다.

친구들이여, '복수의 정신', 그것이 이제까지 인간의 주된 관심사였다. 그리하여 고통이 있는 곳에는 항상 의례 형벌이 있어 왔다.

'형벌'—복수는 자신을 그렇게 부른다. 복수는 거짓말로써 양심을 가장하는 것이다.

의욕하는 자 자신의 내부에 고통이 있기 때문에, 그리고 뒤를 향해 의욕할 수 없기 때문에, 의욕 그 자체와 모든 삶은 형벌일 수밖에 없는 것이다!

그리하여 정신 위에는 구름이 겹겹이 쌓이고, 마침내 광기[59]가 설교하기에 이르렀다. "모든 것이 사라져 가고 있다. 그러므로 모든 것은 사라져 버리도록 되어 있는 것이다!"라고.

"시간이 자기의 자식들을 삼켜 버리는 시간의 법칙, 그것이야말로 정의이다." 광기는 이렇게 설교했다.

"모든 사물은 정의와 형벌에 따라 도덕적으로 질서가 잡혀 있다. 오, 모든 사물의 유전(流轉)으로부터의 구원, '존재'라는 형벌로부터의 구원은 어디 있는가?" 광기는 이렇게 설교했다.

"영원한 정의가 존재할 때, 구원이 존재할 수 있을까? 아, '그랬었다'라는 돌을 멀리 굴려 버릴 수가 없다. 모든 형벌도 또한 영원할 수밖에 없는 것이다!" 광기는 이렇게 설교했다.

"어떤 행위도 절멸될 수는 없다. 이미 행한 행위가 어떻게 형벌에 의해 행하지 않은 것으로 될 수 있겠는가? 존재도 또한 영원히 반복되는 행위이며, 죄악일 수밖에 없다. 바로 그것이 '존재'라는 형벌의 영원한 점이다!

의지가 마침내 자기 자신을 구원하고, 의욕이 아무 의욕으로 되는 일이 일어나지 않는 한—" 그러나 그대 나의 형제들이여, 그대들은 광기의 이 어리석은 노래를 알고 있다!

내가 그대들에게 '의지는 창조자이다'라고 가르쳤을 때, 나는 그대들이 이러한 어리석은 노래들을 듣지 못하도록 그러한 노래들로부터 그대들을 멀리 데리고 간 것이다.

모든 '그랬었다'는 조각이며, 수수께끼이며, 무서운 우연이다.

---

59) 쇼펜하우어의 철학.

—창조적인 의지가 그것에게, "그러나 그렇기를 나는 바랐다!"라고 말할 때까지는.

창조적인 의지가 그것에게, "그러나 나는 그렇기를 바랐다! 그리고 앞으로도 나는 그렇기를 원할 것이다!"라고 말할 때까지는.

그러나 의지가 그렇게 말한 적이 있는가? 그러면 언제 그러한 일이 일어날 것인가? 의지가 자신의 어리석음에서 벗어난 적이 있는가?

의지가 자신의 구원자가 되고 기쁨을 안겨 주는 자가 된 적이 있는가? 의지가 복수의 정신과 모든 이 갈리는 분노를 잊은 적이 있는가?

누가 의지에게 시간과의 화해를 가르친 적이 있으며, 또한 화해 이상의 것을 가르친 적이 있는가?

힘에의 의지로서의 의지는, 모든 화해보다 높은 것을 의욕해야 한다—그러나 어떻게 그런 일이 일어나겠는가? 누가 의지에게 또한 과거를 향해서도 의욕하는 것을 가르친 적이 있는가?

그러나 그의 설교가 여기에 이르렀을 때, 차라투스트라는 갑자기 이야기를 중단했다. 그는 마치 극도의 공포에 사로잡힌 사람처럼 보였다. 그는 공포에 질린 눈으로 제자들을 응시했다. 그의 시선은 화살처럼 제자들의 생각과 심중을 꿰뚫었다. 그러나 잠시 후, 그는 다시 큰 소리로 웃고 나서 부드러운 목소리로 말했다.

"침묵을 지키기가 대단히 어렵기 때문에 인간들 사이에서 산다는 것은 어려운 일이다. 특히 말이 많은 자에겐."

차라투스트라는 이렇게 말했다. 이야기에 귀를 기울이고 있던 그 꼽추는 잠시 손으로 얼굴을 가렸다. 그러나 그는 차라투스

라의 웃음소리를 듣더니 호기심에 찬 눈으로 올려다보며 천천히
말했다.

"그런데 어찌하여 차라투스트라는 우리에게 자기의 제자들에게
하는 말과는 다른 이야기를 하는가?"

차라투스트라가 대답했다. "그것이 어째서 이상한가? 꼽추들
에게는 당연히 꼽추와 같은 태도로 이야기를 해야 하는 것이다!"

"좋다." 하고 꼽추는 말했다. "제자들과는 당연히 흉금을 털어
놓고 이야기해야 할 것이거늘.

그런데 어찌하여 차라투스트라는 자기의 제자들에게, 자기 자
신에게 하는 말과 다른 이야기를 하는가?"

21. 인간적인 현명함에 대하여

두려운 것은 꼭대기가 아니라 비탈이다!

시선은 '아래쪽'을 향해 내닫고 손은 '위쪽'을 움켜잡는 비탈. 거
기에서 마음은 자신의 이중(二重)의 의지로 인해 현기증을 일으
키게 되는 것이다.

아, 친구들이여, 그대들은 나의 마음의 이중의 의지도 또한 알
고 있는가?

나의 시선은 꼭대기를 향해 돌진하고, 나의 손은 심연에 매달
려 그곳에 의지하고자 한다. ―그것이 '나의' 비탈이며, 또한 나
의 위험이다!

나의 의지는 인간에게 매달리고, 나는 사슬로 나 자신을 인간
에게 얽어맨다. 왜냐하면 나는 초인에게로 끌어올려지기 때문이

다. 즉 나의 다른 의지가 나를 초인에게로 끌어올리고자 하기 때문이다.

나는 나의 손이 확고한 것에 대한 믿음을 완전히 잃어버리는 일이 없도록 하기 '위해', 마치 인간이라는 것을 모르는 체하며, 장님처럼 인간들 사이에서 살아간다.

내가 그때 인간들을 알지 못한다는 이 암흑과 위안이 때때로 나를 감싸곤 한다.

나는 출입문에 앉아 모든 악한들을 기다리며 묻는다. "누가 나를 속이고자 하는가?"라고.

나는 속이는 자들을 경계하지 않도록 하기 위해, 나 자신을 속아 넘어가도록 내버려 둔다. 이것이 나의 첫 번째 인간적인 현명함이다.

아, 만일 내가 인간들을 경계한다면, 인간들이 어떻게 나의 기구(氣球)의 닻이 될 수 있겠는가? 나의 기구는 위로 올라가 찢어져 너무나 쉽게 사라져 버릴 것이다!

통찰력을 가져서는 안 된다는 섭리가 나의 운명을 뒤덮고 있다.

인간들 사이에서 목말라 죽고 싶지 않은 자는, 어떠한 잔으로도 마실 수 있는 법을 배워야 한다. 그리고 인간들 사이에서 청결함을 유지하고자 하는 자는 더러운 물로도 자신을 씻는 법을 배워야 한다.

그리하여 나는 나 자신을 위로하기 위해 종종 이렇게 말하곤 했다.

"좋다. 늙은 마음이여! 그대는 한 가지 불행을 면했다. 그것을 그대의 행운으로 즐거워하라!"

나는 교만한 자들에게 보다 '허영심이 강한 자들'에게 더 친절하다. 이것이 나의 두 번째 인간적인 현명함이다.

상처받은 허영심이야말로 모든 비극의 어머니가 아닌가? 그러나 긍지가 상처받은 곳에서는 반드시 긍지보다 더 훌륭한 그 무엇이 자라난다.

인생이 보기에 즐거운 것이 되기 위해서는, 그 연극이 훌륭하게 연기(演技)되어야 한다. 그러나 그러기 위해서는 훌륭한 배우들이 필요하다.

나는 허영심이 강한 자들은 모두 훌륭한 배우들이라는 것을 알게 되었다. 그들은 연기를 하며, 사람들이 자기들을 구경해 주기를 갈망한다―그들의 모든 정신은 이 갈망 속에 있는 것이다.

그들은 자신을 연기하고, 자신을 창조한다. 나는 그들 가까이에서 인생을 바라보기를 좋아한다―그것은 우울증을 고쳐 준다.

나는 허영심이 강한 자들에게 친절을 베푼다. 그것은 그들은 나의 우울증을 고쳐 주는 의사이며, 나를 연극에 붙들어 매듯이 인간에게 단단히 붙들어 매어 놓기 때문이다.

더구나 누가 허영심이 강한 자의 겸손함[60]의 깊이를 완전히 헤아릴 수 있겠는가! 나는 그의 겸손함 때문에 허영심이 강한 자를 사랑하고 동정한다.

그는 그대들로부터 자기 자신에 대한 믿음을 배우기를 원한다. 그는 그대들의 시선을 먹고 살며, 그대들의 손으로부터 칭찬을 받아 먹고 산다.

그대들이 그에게 거짓으로 찬사를 보낼 때, 그는 그대들의 거짓

---

60) 허영심이 강한 자의 탄식. 그러나 허영심이 강한 자는, 자기는 아무것도 아니라고 느끼고 있는 점에서, 즉 자기 자신에 대한 아무런 확신도 없는 점에서 겸손하다. 그러나 그는 이것을 자각하지 못하고 있다.

말까지도 믿는다. 왜냐하면 그의 가슴이 깊은 곳에서 '나는 무엇하는 자인가?' 하며 한숨을 짓기 때문이다.

스스로 느끼지 못하는 덕이 진정한 덕이라면, 허영심이 강한 자야말로 자신의 겸손함을 느끼지 못하고 있는 것이다!

나는 그대들의 비겁함이 '악한 자들'을 보는 나의 기쁨을 망쳐 놓도록 내버려 두지 않는다. 그것이 나의 세 번째 인간적인 현명함이다.

나는 뜨거운 태양이 품어 기르는 놀라운 것들, 즉 호랑이와 종려(棕榈)나무와 방울뱀을 볼 때 행복하다.

인간들 중에도 뜨거운 태양이 품어 기르는 훌륭한 종족이 있으며, 또 악인들에게도 놀라운 것들이 많이 있다.

실로 그대, 가장 현명한 자들조차도 내게는 그다지 현명하게 보이지 않았던 것과 마찬가지로, 나는 인간의 사악함도 또한 그 평판에는 미치지 못한다는 것을 알았다.

그리하여 나는 때때로 머리를 저며 묻곤 했다. "그대 방울뱀들이여, 어찌하여 계속해서 짤랑짤랑 소리를 내고 있는가?"라고.

실로 악을 위해서까지도 미래는 존재한다! 그리고 가장 뜨거운 남국은 아직도 인간에게 발견되지 않았다.

겨우 폭 12피트에 3개월밖에 안 된 얼마나 많은 것들이 오늘날 최대의 악이라고 불리고 있는가! 그러나 언젠가는 더욱 커다란 용들이 세상에 나타날 것이다.

왜냐하면 초인이 자신의 용을, 그에게 어울리는 초룡(超龍)을 지니기 위해서는 앞으로 더욱 많은 뜨거운 햇빛이 습기 찬 원시림 위에서 작열해야 하기 때문이다!

그대들의 살쾡이는 호랑이가 되어야 하며, 그대들의 독두꺼비는 악어가 되어야 한다. 왜냐하면 훌륭한 사냥꾼은 훌륭한 사냥을 해야 하기 때문이다!

실로 그대, 선하고 의로운 자들이여! 그대들에게는 우스꽝스러운 점들이 많이 있다. 특히 이제까지 '악마'라고 불린 자에 대한 그대들의 두려움이 그러하다!

그대들의 영혼은 위대한 것과는 친숙하지 않으므로, 초인이 선의를 표명할 때에도 그대들은 초인을 '두려워할' 것이다!

그대, 현명하고 박식한 자들이여, 그대들은 초인이 즐겨 자신의 벌거벗은 몸을 목욕하고 작열하는 지혜의 태양으로부터 도망칠 것이다!

그대, 나의 눈이 본 중에서 가장 높은 자들이여! 나는 그대들이 나의 초인을 악마라고 부르리라고 생각한다. 이것이 그대들에 대한 나의 의혹이며, 나의 은밀한 웃음이다!

아, 나는 이들 가장 높고 가장 훌륭한 자들에게 지쳐 버렸다. 나는 그들의 '높이'로부터 위로 밖으로 초인을 향해 달아나기를 갈망했다!

내가 이들 가장 훌륭한 자들의 벌거벗은 모습을 보았을 때, 공포가 나를 엄습했다. 그때 나에게 먼 미래 속으로 날아갈 날개가 돋아났던 것이다.

가장 먼 미래 속으로, 예술가들이 꿈꾸었던 것보다 더 남쪽에 있는 남국으로, 신들이 옷을 입기를 부끄러워하는 곳으로!

그러나 그대 나의 이웃이며 친구들이여, 나는 위장하고 있는 '그대들의' 모습을 보고 싶다. 멋지게 차려 입고 허영심에 차서 '선하고 의로운 자들'처럼 뽐내는 모습을.

그리고 나는 나 자신도 위장하고 그대들 사이에 앉아 있고 싶다.

내가 그대들과 나 자신을 '분간하지 못하도록.' 실로 이것이 나의
마지막 인간적인 현명함이다.

차라투스트라는 이렇게 말했다.

22. 가장 조용한 시간

나의 친구들이여, 내게 무슨 일이 일어났는가? 그대들은 내가
괴로워하고, 내쫓기고, 마지못해 복종하고, 떠나려 하는 것을 보
고 있다—아, '그대들'로부터 떠나려 하는 것을!

그렇다, 차라투스트라는 다시 한 번 자신의 고독으로 돌아가야
한다. 그러나 이번에는 그 곰은 마지못해 자기의 동굴 속으로 돌
아가는 것이다!

내게 무슨 일이 일어났는가? 누가 이것을 명령했는가?—아, 나
의 여주인이 그것을 원하고 있으며, 또한 그녀가 내게 그렇게 하
라고 말했다. 내가 그대들에게 그녀의 이름을 말했던가?

어제 저녁때 '나의 가장 조용한 시간'이 내게 그렇게 말했던 것
이다. 그것이 나의 무서운 여주인의 이름이다.

그리하여 이러한 일이 일어난 것이다. 갑자기 떠나는 나에 대해
그대들의 마음이 무정해지지 않도록 하기 위해, 나는 그대들에게
모든 이야기를 해 주어야 하기 때문이다!

그대들은 잠에 빠져가는 자를 엄습하는 공포를 아는가?

대지가 무너지는 듯하고, 또한 꿈이 시작되기 때문에, 그는 발
끝까지 두려움을 느끼는 것이다.

나는 이것을 비유로서 그대들에게 말하고 있다. 어제 가장 조용한 시간에 대지가 무너지는 듯했다. 그리고는 나의 꿈이 시작되었다.

시곗바늘이 움직이고, 나의 삶의 시계가 숨을 쉬기 시작했다—나는 그렇게 조용함을 들어 본 적이 없었다. 그리하여 나의 가슴은 두려움을 느꼈다. 그때 무언가가 내게 소리 없이 속삭였다. "차라투스트라여, 그대는 알고 있겠지?"

나는 이 속삭임 소리를 듣고 공포에 질려 비명을 질렀다. 내 얼굴에서 핏기가 사라졌다. 그러나 나는 침묵을 지켰다.

그러자 그 무언가가 다시 내게 소리 없이 속삭였다. "차라투스트라여, 그대는 알고 있다. 그러면서도 그대는 말을 하지 않는 것이다!"

그리하여 마침내 나는 반항적으로 대답했다. "그렇다. 나는 알고 있다. 그러나 나는 말하지 않겠다!"

그러자 그 무언가가 다시 내게 소리 없이 말했다. "말하지 '않겠다'고? 차라투스트라여, 그것이 정말인가? 그대의 반항심 속에 그대 자신을 숨기지 말라!"

그리하여 나는 어린아이처럼 울며 몸을 떨면서 말했다. "아, 나는 하고 싶다. 하지만 어떻게 내가 할 수 있겠는가? 거기서만은 나를 해방시켜 다오. 그것은 내 힘으로는 어쩔 수 없는 일이다!"

그러자 그 무언가가 다시 내게 소리 없이 말했다. "차라투스트라여, 그대의 일신(一身) 따위가 무슨 문제인가? 그대의 가르침을 말하라, 그리고 부서지라!"

그래서 나는 대답했다. "아, '나의' 가르침 말인가? '나는' 누구인가? 나는 보다 중대한 자 하나를 기다리고 있다. 나는 그에 의해 부서질 만한 가치도 없다."

그러자 무언의 목소리가 다시 내게 속삭였다. "그대의 일신(一身) 따위가 무슨 문제인가? 그대는 내게 아직도 충분히 겸손하지 못하다. 겸손은 가장 단단한 껍질을 갖고 있다."

그리하여 나는 대답했다. "지금까지 나의 겸손의 껍질이 참고 견디지 못한 것이 무엇이란 말인가! 나는 나의 높이의 기슭에 살고 있다. 나의 높이의 정상은 얼마나 높을까? 아직 그것을 나에게 말해 준 사람은 아무도 없다. 그러나 나는 나의 계곡을 잘 알고 있다."

그러자 무언의 소리가 다시 내게 속삭였다. "오, 차라투스트라여, 산을 옮겨야 하는 자는 계곡과 평지도 또한 옮겨야 하는 것이다."

내가 대답했다. "아직 내 말은 산들을 옮긴 적이 없으며, 또 내가 한 말은 인간들에게 이르지 못했다. 나는 분명히 인간들에게 다가가기는 했으나, 아직 그들에게 이르지는 못한 것이다."

그러자 무언의 목소리가 다시 내게 속삭였다. "그대가 '그것'을 어찌 알겠는가? 밤이 가장 조용할 때, 이슬은 풀 위에 내리는 것이다."

내가 대답했다. "내가 나 자신의 길을 발견하고 그 길을 걸어갈 때 사람들은 나를 비웃었다. 그때 사실 내 다리는 떨고 있었다."

그러자 그들은 내게 이렇게 말했다. "당신은 길을 잃어버리더니, 이제 걷는 법까지도 잊어버리겠소!"라고.

그러자 무언의 목소리가 다시 내게 속삭였다. "그들의 조소가 무엇이 대단한가? 그대는 복종하는 법을 잊은 사람이다. 이제 그대는 명령을 해야 한다!

모든 사람들이 필요로 하는 자가 누구인지 그대는 아는가? 그것은 위대한 것을 명령하는 자이다.

위대한 것을 수행하기란 어려운 일이다. 그러나 그보다 어려운 일은, 위대한 것을 명령하는 일이다.

그대는 권력을 갖고 있으면서도 지배하려고 하지 않는다. 이것이 그대의 가장 용서받을 수 없는 점이다."

내가 대답했다. "나는 명령하기에 알맞은 사자의 목소리를 가지고 있지 않다."

그러자 무언의 목소리가 다시 내게 속삭였다. "폭풍을 일으키는 것은 가장 조용한 말[言]이다. 비둘기의 발로 걸어온 사상들이 세계를 인도한다.

오, 차라투스트라여, 그대는 와야 하는 자[61]의 그림자로서 가야 한다. 그러면 그대는 명령하게 될 것이며, 또한 명령하면서 앞장서서 인도하게 될 것이다."

나는 대답했다. "부끄럽다."

그러자 무언의 목소리가 다시 내게 속삭였다. "그대는 더욱더 어린아이가 되어 부끄러움을 없애야 한다.

그대의 내부에는 아직 젊음의 긍지가 있으며, 그대는 늦게 젊은 이가 되었다. 그러나 어린아이가 되고자 하는 자는 자신의 젊음까지도 초극해야 한다."

나는 오랫동안 곰곰이 생각하고는 전율했다. 그러나 결국 나는 처음에 내가 한 말을 되풀이했다. "나는 하지 않으리라"라고.

그때 나의 주위에서 웃음소리가 들려왔다. 아, 이 웃음소리가

---

61) 초인.

얼마나 나의 내장을 도려내고 나의 심장을 찢었던가!

그리고 그 무언의 목소리는 마지막으로 내게 이렇게 속삭였다. "오, 차라투스트라여, 그대의 열매는 익었으나, 그대는 그대의 열매에 어울릴 만큼 익지 못했다!

그러므로 그대는 다시 고독으로 돌아가야 한다. 그대는 아직 더 성숙해야 하기 때문이다."

그리고 그 무언의 목소리는 다시 웃어대고는 사라져 버렸다. 그러자 나의 주위는 이중(二重)의 고요에 싸인 듯이 조용해졌다. 그러나 나는 땅바닥에 누워 있었으며, 온몸에서는 땀이 비오듯 흘러내렸다.

이제 그대들은 모든 이야기를 들었다. 그리고 내가 왜 나의 고독으로 다시 돌아가야 하는지도. 나의 친구들이여, 나는 그대들에게 모든 것을 숨김없이 털어놓았다.

그대들은 또한 인간들 중에서 '누가' 가장 말이 없는 자이며, 또한 가장 말이 없기를 원하는가를 들었다!

아, 나의 친구들이여, 그대들에게 더 들려주어야 할 말이, 그대들에게 더 나누어 주어야 할 것이 있을 터인데! 어찌하여 나는 그것을 그대들에게 나누어 주지 않는 것인가? 그렇다면 나는 인색한 자인가?

말을 마쳤을 때, 심한 슬픔과 친구들과 헤어져야 할 때가 가까웠다는 생각이, 차라투스트라를 엄습했다. 그리하여 그는 큰 소리로 울었다. 그를 어떻게 위로해야 할지 아는 사람은 아무도 없었다. 그날 밤 그는 친구들을 남겨 두고 혼자 떠나 버렸다.

차라투스트라는 이렇게 말했다

제3부

1. 방랑자

한밤중에 차라투스트라는 성의 산마루를 넘어가고 있었다. 이른 새벽에 반대편 해변에 도착하기 위해서였다. 그는 그곳에서 배를 탈 생각이었다. 그곳에는 외국 배들도 곧잘 정박하는 훌륭한 항구가 있었으며, 그 배들은 행복의 섬을 떠나 바다를 건너가려는 많은 사람들을 실어 나르고 있었다. 차라투스트라는 젊은 시절부터 자주 해 왔던 많은 고독한 방랑을 상기하며, 그리고 이제까지 자기가 얼마나 많은 산들과 산봉우리에 올랐던가를 상기하며 산을 오르고 있었다.

나는 방랑자이며, 등산가이다. (그는 마음속으로 중얼거렸다.) 나는 평지를 좋아하지 않으며, 오랫동안 가만히 앉아 있지 못한다.

어떤 일이 나의 운명과 체험으로서 내게 닥쳐오더라도, 그 속에는 방랑과 등산이 있을 것이다. 결국 인간은 자기 자신만을 체험할 뿐이다.

내게 우연한 일들이 일어날 수 있었던 때는 이미 지나갔다. 그러니 내게 일어나는 일 중에서 나 자신의 것이 아닌 것이 '있을 수' 있겠는가?

그것은 되돌아오는 것이며, 마침내 고향을 찾아 나에게로 오는 것이다—나 자신의 고유한 자아와, 오랫동안 타향에서 모든 사물과 우연들 사이에 흩어져 있던 나 자신의 각 부분들이.

그리고 나는 한 가지를 더 알고 있다. 그것은 이제 내가 나의 최후의 산봉우리 앞에, 아주 오랫동안 행하기를 보류해 왔던 행위

앞에 서있다는 것이다. 아, 나는 나의 가장 험한 길을 올라가지 않으면 안 된다! 아, 나는 나의 가장 고독한 방랑을 시작한 것이다!

그러나 나와 같은 종류의 인간은 이러한 시간을 회피하지 않는다. 자신에게 이렇게 말하는 시간을. "이제야 그대는 그대의 위대한 길을 가고 있다! 꼭대기와 심연—그것은 이제 하나가 되었다!

그대는 그대의 위대한 길을 가고 있다. 이제까지 그대의 최후의 위험이었던 것이 이제 그대의 최후의 피난처가 되었다.

그대는 그대의 위대한 길을 가고 있다. 이제 그대의 등 뒤에는 이미 아무런 길도 존재하지 않는다는 것이 그대의 모든 용기를 불러일으켜야 한다!

그대는 그대의 위대한 길을 가고 있다. 여기에는 몰래 그대의 뒤를 밟는 자가 한 사람도 없을 것이다! 그대의 발은 그대의 뒤쪽의 길을 소멸시켜 왔기 때문이다. 그리하여 그대가 걸어간 길 위에는 '통행 불가능'이라는 표지가 걸려 있는 것이다.

그리고 모든 사다리들이 사라져 버리게 되면, 그대는 그대 자신의 머리 위에라도 기어오르는 방법을 알아야 한다. 그렇지 않으면 어떻게 위로 오를 수 있겠는가?

그대 자신의 머리에 오르라. 그대 자신의 심장을 뛰어넘어라!

이제 그대의 가장 온유한 부분이 가장 가혹한 것이 되어야 한다.

자기 자신을 지나치게 아끼는 자는 그 때문에 드디어 병약해진다. 가혹하게 하는 것을 찬양할지어다. 나는 찬양하지 않는다. 버터와 꿀이—흐르는 땅을!

'많은' 것을 보기 위해서는 자신을 '외면하는' 것을 배워야 한다. —모든 등산가에게는 이러한 가혹함이 있어야 한다.

그러나 인식을 구하는 자가 자기의 눈에 보이는 것에만 지나치게 열중한다면, 어떻게 눈에 보이는 것 이상의 것을 볼 수 있겠는가!

그러나 오, 차라투스트라여, 그대는 모든 사물의 밑바닥과 배경을 보기를 원했다. 그러므로 그대는 반드시 그대 자신을 초월하여 올라가야 한다―위로, 더욱 위로, 그대의 별들까지도 '아래로' 내려다볼 수 있을 때까지!"라고.

그렇다! 나 자신을 내려다보고, 나아가서는 나의 별들까지도 내려다보는 것, 그것만을 나는 나의 '정상'이라고 부르며, 그것만이 나의 '최후의' 정상으로 남아 있는 것이다!

차라투스트라는 올라가면서 자기 자신에게 이렇게 말하며 가혹한 잠언(箴言)으로 자기 마음을 위로했다. 그의 마음은 일찍이 없었던 상처를 입었기 때문이었다. 그가 산꼭대기에 이르렀을 때, 보라, 거기에는 저쪽 바다가 그의 눈앞에 펼쳐져 있었다. 그는 멈춰 서서 오랫동안 아무 말이 없었다. 그러나 이 높은 곳에서의 밤은 싸늘하고, 맑고, 별들로 빛나고 있었다.

나는 나의 운명을 알고 있다. 마침내 그는 슬픈 듯이 말했다. 자! 나는 준비가 되어 있다. 나의 마지막 고독은 이미 시작된 것이다.

아, 내 발밑에 펼쳐진 이 어둡고 서글픈 바다여! 아, 이 음울한 고뇌여! 아, 운명이여, 바다여! 이제 나는 그대들에게로 '내려가야' 한다!

나의 가장 높은 산 앞에, 그리고 나의 가장 긴 방황 앞에 나는 서 있다. 그러므로 나는 먼저 전에 내려갔던 것보다 더욱 깊이 내려가야 한다.

―내가 전에 내려갔던 것보다 더욱 깊은 고통 속으로, 고통의 가장 어두운 흐름 속까지! 나의 운명은 그러기를 원한다. 자! 나는 준비가 되어 있다.

가장 높은 산들은 어디로부터 생겨나는가? 언젠가 나는 이렇게 물었다. 그때 나는 그것이 바다로부터 생겨난다는 것을 알았다.

그 증거가 산의 바위와 산봉우리의 암벽에 씌어 있다. 가장 높은 것은 가장 깊은 것으로부터 자기의 높이에 이르러야 한다.

차라투스트라는 싸늘한 산꼭대기에서 이렇게 말했다. 그러나 그가 바다 가까이 다가가 드디어 혼자 낭떠러지 아래 섰을 때, 그는 도중에 지쳐 버렸으며, 전보다 더욱 동경에 가득 차 있었다.

아직도 모든 것이 잠들어 있다. (그는 말했다.) 바다까지도 잠들어 있다. 바다의 눈망울은 졸린 듯, 그리고 서먹서먹하게 나를 바라보고 있다.

그러나 바다는 따뜻하게 숨 쉬고 있으며, 나는 그것을 느낀다. 그리고 나는 바다가 꿈을 꾸고 있는 것도 또한 느낀다. 바다는 딱딱한 잠자리 위에서 몸부림치며 꿈을 꾸고 있다.

귀를 기울이라! 귀를 기울이라! 바다는 쓰디쓴 추억 때문에 얼마나 신음하고 있는가! 아니면 여러 가지 불길한 징조들 때문일까?

아, 그대 어두운 괴물이여, 나는 그대로 인해 슬픔에 잠겨 있다. 그리하여 나는 그대를 동정한 나머지 나 자신에게까지도 화를 내고 있다.

아, 나의 손에는 충분한 힘이 없구나! 참으로 나는 그대를 그대의 악몽으로부터 구해 주고 싶은데!

차라투스트라는 이렇게 말하면서, 우수와 괴로움으로 자기 자신을 비웃었다. "뭐라고! 차라투스트라여!" 그는 말했다. "네가 바다에게까지 위로의 노래를 불러 주려 하는가?

아, 그대 차라투스트라여, 정다운 바보여, 믿음에 지나치게 열중하는 자여! 그대는 항상 모든 두려운 것들에게 믿음을 가지고 접근하곤 했다.

그대는 항상 모든 괴물들을 애무하려고 했다. 따뜻한 입김, 앞발의 부드러운 약간의 털—그대는 즉시 그 괴물을 사랑하고 유혹할 준비를 갖추고 있었다.

'사랑'은 가장 고독한 자의 위험인 것이다. '살아 있기만 한 것이라면' 무엇이건 사랑하는 사랑은! 실로 사랑에 있어서의 나의 어리석음과 겸허는 우스꽝스러운 것이다!"

차라투스트라는 이렇게 말하고 나서 다시 큰 소리로 웃었다. 그러나 그때 그는 자신이 두고 떠나온 친구들을 생각했다. 그리고는 마치 자기가 그 친구들을 생각함으로써 그들에게 해를 입히기라도 한 듯, 그는 자기가 한 생각들에 대해 자신에게 화를 냈다. 그리고는 그 웃고 있던 자는 갑자기 울음을 터뜨렸다. 분노와 동경으로 인해 차라투스트라는 비통하게 울었다.

2. 환상과 수수께끼에 대하여

1

차라투스트라가 배를 타고 있다는 소문이 선원들 사이에 퍼졌을 때—그것은 행복의 섬에서 온 한 사나이가 그와 함께 배에 올랐었기 때문이었다—커다란 호기심과 기대가 일어났다. 그러나 차라투스트라는 이틀 동안이나 침묵을 지켰으며, 슬픔으로 인해 침울하고 귀머거리가 되었다. 그리하여 그는 어떠한 시선과 질문에 대해서도 응답하지 않았다.

그러나 이틀째 되는 날 저녁때 그의 입은 여전히 침묵을 지키고 있었으나 그의 귀는 다시 열렸다. 먼 곳에서 와서 더욱 먼 곳으로 가는 이 배 위에는 귀를 기울일 만한 신기하고 위험스러운 일들이 많았기 때문이었다. 차라투스트라는 긴 여행을 하는 모든 자들과 위험 없이 살기를 원하지 않는 모든 자들의 친구였다. 보라! 그가 귀를 기울이고 있는 동안에 그의 혀는 부드러워지고, 그의 마음의 얼음은 녹아내렸다. —그러자 그는 이렇게 말하기 시작했다.

그대 용감한 모험자들에게, 그리고 교묘한 돛단배로 무서운 바다에 도전한 모든 자들에게,

그대 수수께끼에 취한 자들, 황혼을 좋아하는 자들, 영혼이 피리 소리에 유혹되어 미궁(迷宮)의 계곡 속으로 이끌려 가는 자들에게—

그대들은 겁먹은 손으로 한 가닥의 줄을 더듬어 찾으려 하지 않기 때문에, 그리고 '헤아릴' 수 있는 경우에는 '추측하기를' 싫어

하기 때문에—

나는 그대들에게만 내가 본 수수께끼를 이야기하련다. —가장 고독한 자의 환상을.

최근에 나는 시체와 같은 회색의 황혼 속을 우울한 마음으로 걸은 일이 있다. —우울하고 단호하게 입술을 굳게 다문 채로. 나에게는 하나의 태양만이 가라앉는 것이 아니었다.

둥근 돌과 자갈들을 뚫고 뻗어간 오솔길, 수풀과 나무도 이미 생기가 없는 거칠고 고독한 산길이, 나의 발밑에서 바삭바삭 소리를 냈다.

비웃기라도 하는 듯이 덜거덕거리는 자갈을 큰 걸음으로 넘어 건너며, 미끄러운 돌들을 단단히 밟으며, 나는 말없이 위를 향해 애써 올라갔다.

위를 향해—나의 발을 아래로 잡아당겨 심연으로 끌어내리는 악령, 나의 악마이며 최대의 적인 중력의 악령에게 반항하면서.

위를 향해—반은 난쟁이이고 반은 두더지[1]인, 자신도 절름발이이고 남도 절름발이로 만드는 이 악령이 나의 귓속에 납을 퍼붓고, 나의 뇌 속에 납과 같은 사상[2]을 넣으면서 나를 깔고 앉았음에도 불구하고.

"오, 차라투스트라여!" 악령은 조소하듯이 한 음절씩 또박또박 말했다. "그대, 지혜의 돌이여! 그대는 그대 자신을 높이 던져 올렸다. 그러나 던져 올려진 모든 돌은 반드시—떨어지게 마련이다!

오, 차라투스트라여, 그대 지혜의 돌이여, 그대 탄환이여, 그대

---

1) 중력의 악령은 차라투스트라에게는 난쟁이에 불과하며, 햇빛을 싫어하는 염세 사상을 두더지로 표현하고 있다.
2) 니힐리즘 사상.

별을 파괴하는 자여! 그대는 그대 자신을 이렇게 높이 던져 올렸다. 그러나 던져 올려진 모든 돌은—떨어지게 마련이다!

결국 그대는 그대 자신에 의해 정죄(定罪)받을 것이며, 그대 자신이 던져 올린 돌로서 그대 자신을 때려죽일 것이다. 오, 차라투스트라여, 그대는 그대의 돌을 참으로 멀리 던져 올렸다. 그러나 그 돌은 결국 '그대의 머리 위에' 떨어질 것이다!"

그 난쟁이는 이렇게 말하고 입을 다물었다. 그는 한동안 침묵을 지켰다. 그러나 그의 침묵은 나를 짓눌렀다. 이런 상태로 함께 있는 것은 참으로 혼자 있는 것보다 고독하다!

나는 기어오르고 또 기어올랐다. 나는 꿈을 꾸었다. 그리고 나는 생각했다. 그러나 모든 것이 나를 짓눌렀다. 나는, 심한 고통에 지친 병자, 악몽에 놀라 잠에서 깨어난 병자와 같았다.

그러나 나의 내부에는 내가 용기라고 부르는 그 무엇이 있다. 그것은 항상 나의 내부에 있는 모든 의기소침함을 부숴버리곤 했다. 마침내 이 용기가 나에게 발을 멈추고 말하기를 명령했다. "난쟁이여! 그대인가! 아니면 나인가!"라고 말하기를.

용기는 가장 훌륭한 파괴자이다. —공격적인 용기는. 모든 공격 속에는 승리의 함성이 있기 때문이다.

인간은 가장 용감한 동물이다. 인간은 그의 용기로써 모든 동물들을 압도해 왔다. 인간은 승리의 함성으로 모든 고통을 극복해 왔다. 그러나 인간의 고통이 가장 깊은 고통인 것이다.

용기는 또한 심연에서의 현기증을 파괴한다. 그런데 인간이 서 있는 곳이 심연이 아닌 곳이 있는가? 본다는 것 자체가—심연을 보는 것이 아닌가?

용기는 가장 훌륭한 파괴자이다. 용기는 또한 동정을 파괴한다.

그러나 동정이야말로 가장 깊은 심연이다. 인간은 삶을 깊이 통찰하는 것만큼 고통도 또한 똑같은 깊이로 통찰하는 것이다.

그러나 용기는 가장 훌륭한 파괴자이다. 공격적인 용기는. 용기는 죽음까지도 파괴한다. 용기는 "'그것이' 삶이었던가? 그렇다면 좋다! 다시 한 번!" 하고 말하는 것이다.

그러나 이러한 말 속에는 커다란 승리의 함성이 들어 있다. 귀를 가진 자는 들으라.

2

"멈춰라, 난쟁이여!" 하고 나는 말했다. "나인가! 아니면 그대인가! 그러나 우리 둘 중에서 내가 더 강자이다! —그대는 나의 심연의 사상을 전혀 모르고 있다! 그 사상을—그대는 견디어내지 못할 것이다!"

그때 나를 가볍게 만든 일이 일어났다. 난쟁이가 내 어깨에서 뛰어내렸던 것이다. 그 호기심 많은 난쟁이가. 그리고 그 난쟁이는 내 앞의 돌 위에 웅크리고 앉아 있었다. 우리가 멈춰 선 곳에 출입문 하나가 있었다.

"이 출입문을 보라, 난쟁이여!" 나는 말을 이었다. "이 출입문은 두 개의 얼굴을 가지고 있다. 두 개의 길이 여기서 합쳐지고 있으며, 그 두 길의 끝까지 가 본 사람은 아무도 없다.

우리들 뒤에 있는 이 긴 오솔길, 그 길은 영원으로 연결되어 있다. 그리고 우리들 앞에 있는 저 긴 오솔길—그 길은 다른 쪽 영원으로 연결되어 있다.

이 두 길은 서로 상반되어 있다. 그들은 정면으로 머리와 머리가 충돌한다. 그리고 이 두 길은 이 출입문에서 합쳐진다. 이 출입문의 이름은 그 위에 씌어 있다, '순간'이라고.

그러나 누군가가 이 두 길을 따라 계속해서 걸어갔다고 하자. 난쟁이여, 그 경우 그대는 이들 두 길이 영원히 상반되리라고 생각하는가?"

"모든 직선적인 것은 거짓말을 한다." 난쟁이는 경멸하듯이 중얼거렸다. "진리는 모두 곡선적이며, 시간 자체도 하나의 원(円)이다."

"그대, 중력의 영이여!" 나는 화를 내며 말했다. "이것을 너무 가볍게 다루지 말라! 그렇지 않으면 나는 그대를 지금 그곳에 웅크린 채로 내버려 두겠다, 절름발이여—그리고 나는 그대를 '높은 곳'으로 데리고 왔다!"

"이 순간을 보라!" 나는 계속해서 말했다. "순간이라는 이 출입문으로부터 긴 영원의 오솔길이 '뒤로' 뻗어 있다. 영원이 우리들 뒤에 놓여 있는 것이다.

'달릴 수' 있는 모든 것들이 이미 이 길을 따라 달려갔음에 틀림없지 않은가? '일어날 수' 있는 모든 것들이 이미 '일어났으며', 행해졌으며, 달려갔음에 틀림없지 않은가?

난쟁이여, 모든 것들이 전부터 이곳에 존재했던 것이라면, 그대는 이 순간을 어떻게 생각하는가? 이 출입문 또한—전부터 이곳에 존재했던 것임에 틀림없지 않은가?

그리고 이 순간이 미래의 모든 것들을 이끄는 것처럼, 모든 것들은 서로 굳게 결합되어 있는 것이 아닌가? '따라서'—이 순간은 자기 자신도 또한 이끄는 것이 아닌가?

왜냐하면 '달릴 수' 있는 모든 것은 이 긴 오솔길을 따라 다시 한 번 앞으로 '달려야 하기' 때문이다.

그리고 달빛 속을 기어다니는 이 느린 거미와 이 달빛, 그리고 이 출입문 앞에서 영원한 것들에 대해 속삭이는 그대와 나—우리 모두는 이미 이곳에 있었던 것이 아닌가?

—그리고 우리는 돌아와, 우리 앞에 있는 저 길고 무서운 다른 길을 따라 달려 내려가야 하지 않는가?—우리는 영원히 회귀(回歸)해야 하는 것이 아닌가?"

나는 이렇게 말했다. 나는 점점 더 작은 소리로 말했다. 나 자신의 사상과 배후 사상(背後思想)이 두려웠기 때문이었다. 그때 나는 갑자기 개 한 마리가 가까이에서 '울부짖는' 소리를 들었다.

나는 일찍이 개가 저렇게 울부짖는 소리를 들어 본 일이 있었던가? 나의 생각은 과거로 달음질쳤다. 그렇다! 내가 어린아이였을 때, 매우 아득한 유년 시절에.

—그때 나는 개가 저렇게 울부짖는 소리를 들었다. 그러고 나는 그 개가 털을 빳빳이 세우고 머리를 쳐들고 떨고 있는 것도 또한 보았다. 그것은 개들조차도 유령의 존재를 믿는 매우 고요한 한밤중의 일이었다.

그 광경은 나의 동정을 불러일으켰다. 그때 보름달이 죽음처럼 조용히 지붕 위로 막 떠올랐기 때문이었다. 불덩이 같은 보름달은 마치 금지된 장소 위에 떠 있기라도 한 듯이 평평한 지붕 위에 조용히 떠 있었다.

그래서 그 개는 두려웠던 것이다. 개들은 도둑과 유령의 존재를 믿기 때문이다. 그런데 그런 울부짖는 소리를 다시 듣게 되자, 나는 다시 동정심이 일어났다.

난쟁이는 어디로 가버렸는가? 그리고 출입문은? 거미는? 그리고 모든 속삭임 소리는? 나는 꿈을 꾸고 있었는가? 나는 깨어 있었는가? 갑자기 나는 험한 낭떠러지 사이에 서 있었다. 적막하기 짝이 없는 달빛 속에 혼자 외롭게.

'그러나 그곳에는 한 사람이 누워 있었다.' 그리고 그곳에! 그 개가 털을 빳빳하게 세우고 날뛰며 짖어대고 있었다. 그때 내가 다가가는 것을 보자, 그 개는 다시 울부짖었다. 그 개는 외쳐댔다 ―일찍이 나는 이렇게 도움을 청해 외치는 소리를 들은 일이 있었던가?

실로 나는 그때 내가 목격한 것과 같은 광경을 일찍이 본 적이 없었다. 나는 한 젊은 목자(牧者)가 몸부림치며 숨을 헐떡이며 경련을 일으키고 얼굴을 일그러뜨리고 있는 것을 본 일이 있다. 그의 입에는 무겁고 검은 뱀 한 마리가 매달려 있었다.

일찍이 나는 한 얼굴에서 이러한 구역질과 창백한 공포를 본 일이 있었던가? 그는 잠들어 있었던 것일까? 그리고 그때 뱀이 그의 목구멍 속으로 기어들어가 꽉 물고 늘어진 것이다.

나의 손은 그 뱀을 마구 잡아당겼다. 그러나 헛수고였다! 나의 손은 목자의 목구멍에서 뱀을 끌어낼 수가 없었다. 그때 나의 내부에서 어떤 목소리가 외쳤다.

"물어라! 물어라!"

"뱀의 머리를 물어뜯어라! 물어라!"―나의 내부에서 목소리가 외쳤다. 나의 공포, 나의 증오, 나의 혐오, 나의 동정, 나의 모든 선과 악이 일제히 소리를 합쳐 나의 내부에서 외친 것이다.

그대, 내 주위에 있는 대담한 자들이여! 그대, 모험가들이여, 그리고 그대, 교묘한 돛단배로 미지의 바다를 항해하는 자들이여! 그대, 수수께끼를 즐기는 자들이여!

내가 보았던 수수께끼를 풀어 다오. 가장 고독한 자의 환상을 설명해 다오.

왜냐하면 그것은 환상이었으며, 예견이었기 때문이다. 나는 그때 비유의 형태로 '무엇을' 본 것인가? 그리고 언젠가는 와야만 하는 자는 '누구'인가?

뱀이 그렇게 목구멍 속으로 기어들어간 '목자'[3]는 누구인가? 그렇게 가장 무거운 것, 가장 검은 것[4]이 목구멍 속으로 기어들어가게 될 인간은 '누구'인가?

그러나 그 목자는 나의 외침이 충고한 대로 물어 버렸다. 그는 멋지게 물어 버린 것이다! 그는 뱀의 머리를 멀리 내뱉어 버렸다. —그리고는 벌떡 일어났다.

이미 목자도 아니며, 인간도 아닌—변형된 존재가 빛에 둘러싸인 채 큰 소리로 '웃어댔다!' 그가 웃은 것처럼 웃었던 자는 이제까지 지상에 아무도 없었다.

오, 나의 형제들이여, 나는 인간의 웃음소리가 아닌 웃음소리를 들었다. —그리고 이제 어떤 갈망이 나를 불태우고 있다. 결코 진정되지 않는 동경이.

이러한 웃음에 대한 동경이 나를 불태우고 있다. 오, 더 이상 살아가는 것을 나는 어떻게 견딜 수 있겠는가! 또한 지금 죽는 것을 나는 어떻게 견딜 수 있겠는가!

차라투스트라는 이렇게 말했다.

---

3) 겨우 어린애를 면한 목자, 즉 차라투스트라 자신을 가리킨다.
4) 니힐리즘 사상.

3. 뜻에 거스르는 행복에 대하여

차라투스트라는 이러한 수수께끼와 괴로움을 품은 채 항해를 계속했다. 그러나 행복의 섬과 자기 친구들을 떠난 지 나흘째 되는 날, 그는 자기의 모든 고통을 초극했다. —그리하여 그는 당당하게 그리고 확고한 발걸음으로 다시 자신의 운명을 받아들였다. 그리고 차라투스트라는 기쁨에 넘쳐 있는 자신의 마음을 향해 이렇게 말했다.

나는 다시 혼자이다. 나는 맑게 갠 하늘과 넓은 바다와 함께 혼자이며, 또 그러기를 원한다. 그리고 다시 나의 주위는 오후이다.

내가 전에 처음으로 길동무들을 찾아낸 것도 오후였고, 두 번째로 길동무들을 찾아낸 것도 오후였다. —모든 빛이 더욱 조용해지는 시각이었다.

왜냐하면 아직도 하늘과 대지 사이를 떠다니는 모든 행복은 반짝이는 영혼 속에서 안식처를 찾고 있기 때문이다. 이제 모든 빛은 '행복에 겨워' 더욱 조용해졌다.

오, 나의 인생의 오후여! 일찍이 나의 행복도 또한 안식처를 찾기 위해 계곡으로 내려갔으며, 그곳에서 이들 관대하고도 공손한 영혼들을 발견했던 것이다.

오, 나의 인생의 오후여! 한 가지를, 즉 나의 사상인 이 싱싱한 나무와 나의 최고의 희망[5]인 이 서광을 얻기 위해, 내가 버리지 않은 것이 무엇인가!

---

5) 초인.

일찍이 창조자는 길동무들과 '자신의' 희망의 아이들을 찾았다. 그러나 보라, 창조자가 먼저 스스로 그들을 창조하지 않으면, 그들을 찾아낼 수 없다는 것이 분명해졌다.

그리하여 나는 나의 아이들에게 가기도 하고 또 그들에게서 돌아오기도 하면서, 나의 사업의 한복판에 있다. 차라투스트라는 자기의 아이들을 위해 자신을 완성해야 하는 것이다.

왜냐하면 인간이 진심으로 사랑하는 것은 오직 자기의 아이들과 사업뿐이기 때문이다. 그리고 자기 자신에 대해 커다란 사랑을 갖고 있다면, 그것은 잉태의 징후이다. 나는 그렇게 깨달았다.

나의 어린이들은 처음으로 봄을 맞이하여 아직 푸르고, 서로 기대어 서서 함께 바람에 흔들리고 있다. 그들은 가장 기름진 땅인 나의 정원의 나무들이다.

그리고 진실로! 이러한 나무들이 서로 기대어 선 곳, 그곳에 행복의 섬들이 '있는' 것이다!

그러나 언젠가는 나는 그 나무들을 뽑아 따로따로 심으려 한다. 그 나무들이 고독과 도전과 예지를 배우도록.

그리하여 나무들은 마디지고 뒤틀린 채 유연한 억셈으로 바닷가에 버티고 서 있어야 한다. 정복하기 어려운 삶의 살아 있는 등대로서.

폭풍이 바다에 몰아치고 산의 주둥이가 물을 들이켜는 곳, 그곳에서 나무들은 '자기 자신을' 시험하고 인식하기 위해 밤과 낮을 지켜야 한다.

각각의 나무들은 나의 종족이며 나의 혈통인지 아닌지 알기 위해 시험되고 인식되어야 한다. 그리고 그들이 불굴의 의지의 소유자이며, 이야기할 때에도 조용하며, 남에게 줌에 있어서 '빼앗는'

것과 같이 하는지를 알기 위해—그리하여 그 나무는 언젠가는 나의 길동무가 되어 차라투스트라와 함께 창조하는 자가 되고, 차라투스트라의 기뻐하는 자가 될 것이며—모든 사물을 더욱 완성시키기 위해, 나의 목록표에 나의 의지를 기록하는 자가 될 것이다.

그리고 그를 위해, 또 그와 같은 자를 위해, 나는 '나 자신'을 완성시켜야 한다. 그러므로 나는 지금 나의 행복을 버리고, 나 자신을 온갖 불행에 내맡기는 것이다—'나의' 최후의 시험과 인식을 위해.

실로 내가 가야 할 때가 왔다. 방랑자의 그림자와 가장 긴 체류와 가장 고요한 시간이 일제히 내게 말했다. "지금이 바로 그때이다!"라고.

바람이 열쇠 구멍을 통해 내게 불어와 말했다, "오라"고. 문이 교활하게 활짝 열리며 말했다, "가라!"

그러나 나는 나의 아이들에 대한 사랑에 사로잡혀 누워 있었다. 열망이 나에게 그런 올가미를 씌웠던 것이다. 나의 어린이들을 위한 희생물이 되어, 그들로 인해 나 자신을 잃어버리고자 하는 사랑의 열망이.

열망한다는 것—그것은 이미 나에게는 나 자신을 잃어버리는 것을 의미한다. '나의 아이들이여, 나는 너희들을 소유하고 있다!' 이 소유에 있어서는 모든 것이 확신이어야 하며, 결코 열망이어서는 안 된다.

그러나 나의 사랑의 태양은 나의 머리 위에서 찌는 듯이 나를 내리쬐었으며, 차라투스트라는 자신의 수액(樹液) 속에서 끓어올랐다—그러자 그림자들과 의혹들이 나를 스쳐 지나갔다.

나는 추위와 겨울을 갈망했다. "오, 추위와 겨울이 다시 나를 갈기갈기 찢고 물어뜯어 버리기를!" 하고 나는 탄식했다. 그러자 내게서 얼음 같은 싸늘한 안개가 피어올랐다.

나의 과거는 자신의 무덤들을 파헤쳤고, 생매장당한 수많은 고통이 되살아났다. 고통은 다만 수의(壽衣)에 감춰진 채 잠들어 있었을 뿐이었다.

이와 같이 모든 것이 신호로 나에게 부르짖었다. "때가 되었다!"라고. 그러나 나는—귀를 기울이지 않았다. 마침내 나의 심연이 흔들리고, 나의 사상이 나를 물어뜯을 때까지.

아, 그대 '나의' 사상인 심연의 사상이여! 그대가 파헤치는 소리를 듣고서도 떨지 않을 강한 힘을 나는 언제 손에 넣을 수 있을까?

그대 심연의 조용한 사상이여! 그대가 파헤치는 소리를 들으면, 나의 심장은 목구멍까지 올라온다! 그대의 침묵조차도 나를 질식시키려 위협한다!

이제까지 나는 감히 그대를 '떠올라 오라'고 부른 적이 없다. 나는 그대를 내 몸에 품고 있는 것만으로도 충분했다! 이제까지 나는 최후의 사자의 자만과 자유분방함을 감당할 만큼 강한 힘을 가진 적이 없었다.

그대의 무게는 항상 내게는 두려운 것이었다. 그러나 언젠가는 나는 그대를 떠올라 오라고 부를 강한 힘과 사자의 목소리를 지니게 될 것이다!

내가 그것에서 나 자신을 초극하게 되면, 나는 더욱 위대한 일에 있어서도 나 자신을 초극하게 되리라. 그리하여 '승리'를 나의 완성의 표지로 삼으리라!

그때가 올 때까지 나는 미지의 바다를 표류할 것이다. 말솜씨가 좋은 혓바닥을 가진 우연이 나에게 아첨한다. 나는 앞뒤를 살피지만, 아직도 끝은 보이지 않는다.

나의 최후의 투쟁의 때는 아직 오지 않았다―아니, 어쩌면 지금 막 왔는지도 모른다. 실로 나의 주위에 있는 바다와 삶이 음흉한 아름다움을 띄고 나를 응시하고 있다!

오, 나의 인생의 오후여! 오, 해지기 전의 행복이여! 오, 바다 한가운데의 항구여! 오, 불안 속의 평화여! 나는 그대들을 조금도 믿지 않는다!

진실로 나는 그대들의 음흉한 아름다움을 믿지 않는다! 나는 지나치게 부드러운 미소들을 믿지 않는 사랑하는 자와 같다.

이 질투심 많은 남자가 그 냉정함 속에까지도 부드러움을 담아, 가장 사랑하는 여자를 떼어 버리듯이―나는 이 행복한 시간을 떼어 버린다.

떠나거라! 그대 행복한 시간이여! 그대와 함께 뜻에 거스르는 행복이 나에게 찾아왔다! 나는 가장 깊은 고통을 기다리며 이곳에 서 있다. ―그대는 때를 잘못 맞추어 찾아왔다!

떠나거라! 그대 행복한 시간이여! 저쪽에 가서 머물러라―나의 아이들과 함께! 서둘러라, 그리하여 저녁이 되기 전에 '나의' 행복으로 그들을 축복하라!

이미 저녁이 다가오고 있다. 태양이 넘어가고 있다. 떠나거라―나의 행복이여!

차라투스트라는 이렇게 말했다. 그리고 그는 밤새 자기의 불행을 기다리고 있었으나 허사였다. 밤은 여전히 맑고 고요했으며, 행복은 점점 그에게 가까이 다가왔다. 그러나 아침에 차라투스트라는 마음속으로 크게 웃고 나서 조롱하듯이 말했다. "행복이 나를 쫓아온다. 그것은 내가 여자들을 쫓아가지 않기 때문이다. 행복은 여자인 것이다."

4. 해 뜨기 전에

오, 내 머리 위의 하늘이여, 너 순수한 자여! 심오한 자여! 너, 빛의 심연이여! 너를 응시하면서 나는 신성한 욕망에 떨고 있다.

너의 높이 속으로 나 자신을 던지는 것—그것이 '나의' 깊이이다! 너의 순수함 속으로 나 자신을 감추는 것—그것이 '나의' 순진함이다.

신은 자신의 아름다움에 의해 가려져 있다. 그와 마찬가지로 너는 너의 별을 감추고 있다. 너는 말을 하지 않는다. 그렇게 함으로써 너는 너의 지혜를 나에게 선언한다.

너는 오늘 격렬한 바다 위로 소리 없이 떠올라 내게로 왔으며, 너의 사랑과 겸손이 격렬한 나의 영혼에게 계시를 말해 준다.

너는 너의 아름다움 속에 가려진 채 아름다운 모습으로 내게 왔으며, 너는 너의 지혜로써 그것을 소리 없이 분명하게 나에게 말했다는 계시를.

오, 내가 어찌 너의 영혼 속의 모든 겸손함을 헤아리지 못하겠는가! 너는 태양보다 '먼저' 가장 고독한 자인 나에게 왔다.

우리는 처음부터 친구였다. 우리는 비애와 두려움과 대지를 공동으로 소유하고 있으며, 태양까지도 공동으로 소유하고 있다.

우리는 너무 많은 것을 알고 있으므로 서로 이야기하지 않는다. 우리는 함께 침묵하고, 미소로써 우리의 지식을 나눈다.

너는 나의 불에 대해 빛이 아닌가? 너는 나의 통찰(洞察)의 자매(姉妹) 영혼을 갖고 있지 않은가?

우리는 모든 것을 함께 배웠으며, 자신을 초월하여 자신에게로 올라가 맑게 웃는 것을 함께 배웠다—

우리 아래서 억압과 목적과 죄악이 비처럼 흐를 때, 빛나는 눈으로 먼 곳을 내려다보며 미소 짓는 것을.

그리고 내가 혼자서 방황할 때, 나의 영혼이 밤마다 많은 미로(迷路)에서 찾아 헤매던 것은 '무엇'이었던가? 내가 산으로 올라갔을 때, 항상 산 위에서 내가 찾던 것은 네가 아니고 '누구'였겠는가?

나의 모든 방황과 등산은 다만 불가피한 일에 지나지 않았으며, 궁지에 몰린 자의 일시적인 방편에 지나지 않았다. 나의 온 의지는 '날아가기만'을 원하고 있다. '너의' 속으로!

떠도는 구름과, 너를 더럽히는 모든 것 이상으로 내가 증오한 것이 있는가? 그리하여 나는 나 자신의 증오까지도 증오했다. 나의 증오가 너를 더럽혔기 때문에!

나는 떠도는 구름들을 싫어한다. 이 살금살금 기어다니는 도둑고양이들을. 그들은 너와 나에게서, 우리들이 함께 소유하고 있는 것을 빼앗는다—거대하고 무한한 '예스'와 '아멘'[6]이라는 말을.

우리는 이들 중간자들과 얼치기들과 떠도는 구름들을 싫어한다. 마음속으로부터 축복하는 것뿐만 아니라, 마음속으로부터 저주하는 것조차도 배우지 못한 이 얼치기들을.

너 빛나는 창공이 떠도는 구름에 의해 더럽혀지는 것을 보느니,

---

6) 인생의 위대한 긍정.

나는 차라리 밀폐된 하늘 아래 통 속에 앉아 있으리라. 차라리 하늘 없는 심연 속에 앉아 있으리라!

그리하여 때때로 나는 톱니와 같은 번개의 황금 철사로 떠도는 구름을 동여매고 싶었다. 그리고 천둥처럼 떠도는 구름의 텅 빈 배(腹)를 북처럼 두들기고 싶었다.—

성난 북치는 자로서—왜냐하면 떠도는 구름은 내게서 '나의' '예스'와 '아멘'을 강탈하기 때문이다. 너, 내 머리 위의 창공이여, 너, 순수한 하늘이여! 너, 밝게 빛나는 하늘이여! 너, 빛의 심연이여! —떠도는 구름들은 내게서 '나의' '예스'와 '아멘'을 강탈하기 때문이다.

왜냐하면 이 신중하고 의심이 많은 도둑고양이의 조용함보다는, 차라리 나는 소란스러운 우레와 폭풍 같은 저주를 원하기 때문이다. 그리고 인간들 중에서 내가 가장 미워하는 자는, 살금살금 걸어가는 자, 얼치기들, 의심이 많고 머뭇거리기를 잘 하는 떠도는 구름과 같은 자들이다.

그리하여 "축복할 수 없는 자는 저주하는 법을 '배워야' 한다!" —이 분명한 가르침이 맑은 창공에서 나에게 떨어졌다. 이 별은 캄캄한 밤중에도 나의 하늘에 떠 있는 것이다.

너, 순수하고 빛나는 하늘이여! 그러나 네가 내 주위에 있는 한, 나는 축복하는 자, '예스'를 말하는 자이다. 너, 빛의 심연이여! —그리하여 나는 모든 심연 속으로 '예스'라는 나의 축복의 말을 보낸다.

이제 나는 축복하는 자, '예스'를 말하는 자가 되었다. 그를 위해 나는 오랫동안 싸워 왔으며, 나는 격투자였다. 언젠가는 양손의 자유를 얻어 축복하기 위하여.

이것이 내가 주는 축복이다. 즉 모든 사물 위에 그 사물의 창공으로서, 그 둥근 지붕으로서, 그 파란 종(鐘)과 영원의 보증으로서 떠 있으라. 이와 같이 축복하는 자는 행복하다!

왜냐하면 모든 사물은 영원이라는 샘에서, 그리고 선악을 초월하여 세례(洗禮)를 받기 때문이다. 그러나 선악 그 자체는 중간의 그림자, 축축한 우수(憂愁), 떠도는 구름에 지나지 않는다.

'모든 사물 위에는 우연이라는 창공, 순진무구함이라는 창공, 뜻밖이라는 창공, 자유분방함이라는 창공이 걸려 있다.' ―내가 이렇게 가르칠 때, 그것은 실로 축복이지 결코 모독이 아니다.

'우연'―이것이야말로 이 세계의 가장 오랜 고귀성(高貴性)이다. 이 고귀성을 나는 모든 사물에게 되돌려 주었다. 나는 모든 사물을 목적의 예속에서 구제해 주었다.

어떠한 '영원한 의지'도 사물 위에 그리고 사물을 통하여 작용하고 있지 않다고 내가 가르쳤을 때, 나는 이 자유와 맑은 창공을 파란 종처럼 모든 사물 위에 놓은 것이다.

"모든 일 중에서 불가능한 일이 하나 있다. 그것은 합리성(合理性)이다!" 하고 내가 가르쳤을 때, 나는 그 의지 대신에 이 자유분방함과 어리석음을 올려놓은 것이다.

분명히 '약간의' 이성, 별에서 별로 흩어져 있는 지혜의 씨앗―이 누룩은 모든 사물에 섞여 있다. 어리석음을 위해 지혜가 모든 사물에 섞여 있는 것이다!

물론 약간의 지혜는 있을 수 있다. 그러나 나는 모든 사물에서 다음과 같은 행복한 확신을 발견했다. 즉 모든 사물은 오히려 우연이라는 다리로―'춤추기'를 좋아한다는 사실을.

오, 나의 머리 위의 창공이여, 너 순수하고 드높은 하늘이여! 너에게는 영원한 이성이라는 거미와 거미줄은 존재하지 않는다는 것, 그것이 이제 내게는 너의 순수함이다—

내게는 네가 모든 성스러운 우연을 위한 무도장(舞蹈場)이라는 것과, 내게는 네가 성스러운 주사위와 주사위 놀이를 하는 자들을 위한 신들의 도박장이라는 것이, 너의 순수함이다.

그런데 너는 얼굴을 붉히고 있는가? 내가 입 밖에 내지 말아야 할 말을 했는가? 나는 너를 축복하려고 했는데 오히려 모독했는가?

아니면, 네가 얼굴을 붉힌 것은 우리 둘이 함께 있는 것이 부끄러웠기 때문인가?—이제 '낮'이 오고 있다고 해서, 너는 내게 '떠나라, 침묵하라'고 말하고 있는 것인가?

세계는 깊다—일찍이 대낮이 생각한 것보다 훨씬 깊다. 모든 것이 낮에 말해지는 것은 아니다. 그러나 낮이 다가오고 있다. 이제 작별하기로 하자!

오, 내 머리 위의 창공이여, 너, 부끄러워하는 하늘이여! 너, 타오르는 하늘이여! 오, 너, 해 뜨기 전의 나의 행복이여! 낮이 다가오고 있다. 작별하기로 하자!

차라투스트라는 이렇게 말했다.

5. 작게 만드는 덕(德)에 대하여

1

다시 육지에 오르자 차라투스트라는 바로 자기 산과 자기 동굴로 가지 않고, 많은 방랑생활을 하면서 많은 것을 물으며 여러 가지 탐구를 했다. 그리하여 그는 자기 자신에 대해 혼잣말로 중얼거렸다. "보라, 굽이굽이 돌아서 원천(源泉)으로 되돌아 흐르는 강을!"

그는 자기가 없는 동안에 '인간들에게' 무슨 일이 일어났는지, 즉 인간이 전보다 커졌는지 아니면 작아졌는지 알고 싶었다. 그런데 한 줄로 늘어선 새 집들을 보고, 그는 의아스러운 얼굴을 하고 말했다.

"이 집들은 무엇을 의미하는가? 실로 이 집들은 위대한 영혼의 소유자들이 자기들의 상징으로서 세운 것이 아니다!

아마도 어떤 어리석은 어린아이가 장난감 상자에서 이 집들을 꺼냈을 것이다. 어떤 다른 어린아이가 이 집들을 다시 자기 장난감 상자 속에 넣었으면 좋으련만!

그리고 이 거실들과 침실들은 '어른들이' 드나들 수 있을까? 그 방들은 인형들을 위해 만들어진 것처럼 보이며, 아니면 호사를 좋아하는 도둑고양이들을 위해 만들어진 것처럼 보인다."

차라투스트라는 멈춰 서서 생각에 잠겼다. 마침내 그는 서글픈 듯이 말했다. "'모든 것'이 전보다 작아졌다!

곳곳에서 나는 전보다 작은 문들을 본다. '나 같은' 자는 아직 그 문을 지나갈 수 있지만—그러나 몸을 굽히지 않으면 안 된다.

오, 내가 더 이상 몸을 굽힐 필요가 없는—더 이상 '소인들 앞에'

몸을 굽힐 필요가 없는 나의 고향으로 언제 돌아갈 수 있을까?”
—차라투스트라는 이렇게 탄식하며 먼 곳을 응시했다.

그러나 같은 날에 그는 작게 만드는 덕에 대해 말했다.

2

나는 이 군중 속에서 여전히 눈을 크게 뜨고 있다. 그들은 내가 그들의 덕을 부러워하지 않는 것을 용서하지 않는다.

그들은 나를 깨문다. 내가 그들에게 소인들에게는 작은 덕이 필요하다고 말하기 때문이다. —왜냐하면 나는 소인들이 무엇을 ‘필요로 한다’는 것을 좀처럼 이해할 수 없기 때문이다!

이곳에서는 나는 여전히 낯선 농가에 들어가 암탉들에게조차 마구 쪼이는 수탉과 같다. 그러나 나는 이 암탉들을 나쁘게 생각하지는 않는다.

나는 그들에 대해, 모든 사소한 고뇌에 대해서도 마찬가지로 공손하다. 사소한 일에 대해 벌컥 화를 내는 것은 고슴도치에게나 어울리는 지혜로 생각된다.

그들은 밤에 불을 에워싸고 둘러앉으면, 나에 대해 이야기를 한다. —그들은 나에 대해 이야기는 하지만, 나에 대해 생각하지는 않는다!

이것이 내가 배운 새로운 침묵이다. 즉 나에 대한 그들의 소음은 나의 사상 위에 외투를 덮어씌운다.

그들은 서로 떠들어댄다. “이 잿빛 구름은 우리에게 무엇을 하려고 하는가? 그것이 우리에게 전염병을 옮기지 않도록 조심하자!”

그리고 최근에는 한 여자가 내게 다가오고 있는 자기 어린아이를 붙잡으며 큰 소리로 말했다. "어서 저리 가거라! 저런 눈은 아이들의 영혼을 불태워 버린단다."

내가 말하기 시작하면, 그들은 기침을 한다. 그들은 기침하는 것이 태풍에 대한 반항이라고 생각하는 것이다. ─나의 행복의 바람이 몰아쳐 와도 그들은 이에 대해 전혀 알지 못한다!

"우리에겐 차라투스트라의 말을 들을 시간이 없다."─이렇게 그들은 대항한다. 그런데 '시간이 없다'에서 그 시간은 대체 무엇이란 말인가?

그리고 행여 그들이 나를 칭찬한다 하더라도 어찌 내가 '그들의' 칭찬 위에서 잠들 수 있겠는가? 그들의 칭찬은 내게는 가시 돋친 허리띠에 지나지 않는다. 그것을 풀 때에도 그것은 역시 나를 할퀴어 상처를 낼 것이다.

나는 또한 그들에게서 이런 것도 배웠다. 칭찬하는 자는 마치 보답하는 것처럼 보이지만, 사실은 좀 더 많은 것을 받기를 원하고 있다는 것을!

나의 발에게 물어 보라. 그들의 칭찬과 유혹의 선율이 내 발의 마음에 드는가를! 실로 나의 발은 그런 박자와 선율에 맞춰서는 춤을 추는 것뿐만 아니라 가만히 서 있는 것마저도 좋아하지 않는다.

그들은 나를 유혹하고 칭찬하며, 작은 덕으로 끌어들이고 싶어 한다. 그들은 내 발을 설득하여 작은 행복의 선율에 보조를 맞추게 하고 싶은 것이다.

나는 이런 민중 사이에서 여전히 눈을 크게 뜨고 있다. 그들은 '전보다 작아졌으며' 점점 작아지고 있다. ─그것은 '행복과 덕에

대한 그들의 주의(主義) 때문이다.'

그들은 덕에 있어서까지도 겸손하다. —왜냐하면 그들은 안일함을 원하기 때문이다. 그런데 안일함과 조화되는 것은 오직 겸손한 덕뿐이다.

또한 그들은 그들 방식대로 걷는 법과 걸어 나아가는 법을 배운다. 그것을 나는 그들의 '절뚝임'[7]이라고 부른다. 그리하여 그들은 바쁘게 가는 자의 방해가 된다.

그들 중 일부는 앞으로 나아간다. 앞으로 나아가면서 목을 빳빳이 세운 채로 뒤를 돌아본다. 나는 그런 자들과 맞부딪치기를 좋아한다.

발과 눈은 거짓말을 해서는 안 되며, 또 서로에게 거짓말을 해서도 안 된다. 그러나 소인들 사이에는 거짓말이 너무도 많다.

그들의 일부는 '의욕하지만', 대부분은 다만 '의욕될'[8] 뿐이다. 그들의 일부는 진짜이지만, 대부분은 가짜 배우이다.

그들 중에는 자기도 모르는 사이에 배우가 된 자들이 있고, 또 본의 아니게 배우가 된 자들도 있다—진짜는 언제나 드문 법이다. 특히 진짜 배우들은.

여기에는 남자다움이 거의 없다. 그래서 그들의 여성이 남성화(男性化)한다. 왜냐하면 충분히 남성적인 자만이—여자 속의 '여성을 구제할 수' 있기 때문이다.

그리고 내가 그들 가운데서 알게 된 최악의 위선은, 명령하는 자

---

7) 행위와 인식은 일심동체의 관계에 있어야 한다. 그런데 현대 민중은, 그들의 발은 전진하고 있는 듯이 보이지만, 그들의 안식의 눈은 맑은 이상에 얽매여 있다.
8) 타인의 의지에 의해 지배를 받는다.

들까지도, 복종하는 자들의 덕⁹⁾을 가장하는 일이었다.

"나는 봉사한다, 너는 봉사한다. 우리는 봉사한다"—여기서는 지배하는 자들의 위선까지도 이렇게 중얼거린다—아, 첫째의 지배자가 첫째의 하인에 '지나지 않다니!'

아, 내 눈의 호기심은 그들의 위선 속에까지도 파고들었다. 그리하여 나는 해가 잘 비치는 창문가에서의 그들 파리의 모든 행복과 윙윙거리는 소리를 잘 이해하고 있다.

선의(善意)가 있는 곳에는 그만큼의 나약함이 있다는 것을 나는 알고 있다. 정의와 동정이 있는 곳에는 그만큼의 나약함이 있다는 것을.¹⁰⁾

그들은 서로에 대해 솔직하고, 정직하고, 친절하다. 마치 모래알과 모래알이 서로에게 솔직하고, 정직하고, 친절한 것처럼.

어떤 작은 행복을 겸손하게 포용하는 것—그것을 그들은 '복종'이라고 부른다! 그러나 동시에 그들은 재빨리 어떤 새로운 작은 행복을 곁눈질한다.¹¹⁾

그들은 마음속으로 언제나 한 가지 일을 간절히 바라고 있다. 그것은 자기가 누구에게서도 손상을 받지 않는 것이다. 그리하여 그들은 누구에게나 자진하여 친절을 베푼다.

그러나 그것은 '비겁'이다. 비록 그것이 '덕'이라고 불리고 있지만.

그리고 이들 소인들이 엄하게 이야기할 때에도 '나는' 다만 목쉰 소리를 들을 뿐이다. —문틈으로 새어드는 바람을 맞을 적마다 그

---

9) 여성적인 성향, 즉 겸양의 미덕.
10) 니체는 종래의 미덕을 나약함의 표시로 보고 있다.
11) 그들의 복종은 참된 복종이 아니라, 새로운 작은 행복을 위한 복종이다.

들의 목청은 쉬는 것이다.

그들은 현명하다. 그들의 덕은 현명한 손가락을 갖고 있다. 그러나 그들의 덕은 주먹을 갖고 있지 않다. 그들의 덕이 갖고 있는 손가락들은, 구부려 주먹을 쥐는 방법을 알지 못한다.

그들에게는 덕이란 사람을 겸손하고 온순하게 만드는 것이다. 그리하여 그들은 늑대를 개로 만들고, 인간을 가장 온순한 가축으로 만든다.

"우리는 우리의 의자를 '중간에' 놓았다"—그들의 능글맞은 웃음은 나에게 이렇게 말한다. —"배부른 돼지에게서 떨어진 것만큼 죽어가는 용사에게서도 떨어져서"라고.

그러나 그것은—'범용(凡庸)'이다. 비록 그것이 '중용(中庸)'이라고 불리고 있지만.

3

나는 이런 민중들 사이를 걸어가면서 여러 가지 말을 한다. 그러나 그들은 그 말을 받아들일 줄도 모르고 간직할 줄도 모른다.

그들은 어찌하여 내가 모든 욕정과 악덕을 비난하지 않는가 하고 의아하게 생각한다. 사실 나는 소매치기들에게 경고하기 위해 온 것은 아니다!

그들은 내가 어찌하여 그들의 지혜를 증진시키고 예리하게 하지 않는가 하고 의아하게 생각한다. 마치 그들에게는 석필(石筆) 소리와 같은 목소리를 가진 사이비 현자들이 부족하다는 듯이!

그리고 내가 "흐느끼며 두 손을 합장하고 숭배하기 좋아하는 그대들의 내부의 모든 비겁한 악마들을 저주하라"라고 외치면, 그들은 "차라투스트라는 신을 믿지 않는다"라고 외친다.

특히 복종을 가르치는 그들의 교사들[12]은 그렇게 외친다. 그러나 나는 바로 이러한 교사들의 귀에 대고 이렇게 외치고 싶다. "그렇다! 나는 신을 믿지 않는 차라투스트라'이다'!"라고.

복종을 가르치는 이 교사들은 왜소하고, 병들고, 부스럼 딱지로 덮여 있는 곳이라면 어디에나 이[虱]처럼 기어든다. 그리고 내가 그들을 짓밟아 죽이지 않는 것은, 다만 구역질이 나기 때문일 뿐이다.

'그들의' 귀에 들려줄 나의 설교는 이러하다. 나는, "내가 기꺼이 그의 가르침에 귀를 기울일 만큼 나보다 더 신을 믿지 않는 자는 누구인가?"라고 말하는, 신을 믿지 않는 차라투스트라이다.

나는 신을 믿지 않는 차라투스트라이다. 나는 나와 동등한 자를 어디서 찾아볼 수 있을까? 자기 자신에게 자기의 의지를 주고, 모든 복종을 단념한 자들은 모두 나와 동등한 자이다.

나는 신을 믿지 않는 차라투스트라이다. 나는 어떤 우연도 모두 '나의' 솥에 넣어서 삶는다. 그리하여 우연이 그 속에서 잘 삶아졌을 때, 비로소 나는 그것을 '나의' 음식으로서 환영한다.

실로 많은 우연이 나에게 주인 행세를 하면서 다가왔다. 그러나 나의 '의지는' 우연에게 더욱 주인 행세를 하면서 말했다. ―그러자 우연은 곧 무릎을 꿇고 간청했다.

―나에게 머물 곳과 사랑을 애원하면서 아부하는 목소리로 이렇게 말했다. "오, 차라투스트라여, 보라, 친구가 친구를 찾아오는 것을!"

---

12) 가축의 도덕을 주장하는 기독교의 설교자들.

그러나 아무도 '내 말을 알아들을' 귀를 갖고 있지 않으니, 내가 무슨 말을 하겠는가! 그러므로 나는 불어오는 바람에게 이렇게 외치련다.

그대 소인들이여! 그대들은 점점 작아질 것이다. 그대들은 부서져 사라질 것이다. 그대 안일한 자들이여! 그대들은 곧 멸망할 것이다─

─그대들의 여러 가지 작은 덕들로 인해, 그대들의 여러 가지 태만으로 인해, 그대들의 여러 가지 작은 복종으로 인해!

너무나 관대하고 너무나 연약하다─이것이 그대들의 대지의 모습이다! 그러나 한 그루의 나무가 '크게' 자라기 위해서는, 그 나무는 단단한 바위 속에 깊게 뿌리를 내려야 한다!

그대들이 게을리한 것까지도 인류의 미래라는 옷감으로 짜이며, 그대들의 무위(無爲)까지도 하나의 거미줄이며, 미래의 피를 빨아먹고 사는 한 마리의 거미인 것이다.

그대 작은 유덕(有德)한 자들이여, 그대들이 빼앗을 때, 그것은 마치 훔치는 것과 같다. 그러나 악한들 사이에서조차도 '명예심은' 이렇게 말한다. "강탈할 수 없을 경우에만 훔쳐내야 한다"라고.

'그것은 저절로 주어지는 것이다'─이것도 역시 복종의 가르침의 하나이다. 그러나 그대, 안일한 자들이여, 나는 그대들에게 말하거니와 '그것은 빼앗기는 것이며', 그대들은 더욱더 많은 것을 빼앗기리라!

아, 그대들이 모든 '어중간한' 의욕을 버리고 행동에 있어서 단호하듯이, 나태에 있어서도 단호하기를!

아, 그대들이 다음과 같은 나의 말을 이해하기를! "항상 그대들이 의욕하는 것을 행하라, ─그러나 먼저 '의욕할 수 있는' 자가 되라!"

자기를 사랑하는 것처럼 항상 그대들의 이웃을 사랑하라, —그러나 먼저 '자기 자신을 사랑하는' 자가 되라.

"큰 사랑으로 사랑하고, 큰 경멸로써 사랑하라!" 신을 믿지 않는 차라투스트라는 이렇게 말한다.

그러나 아무도 '내 말을 들을 수 있는' 귀를 갖지 못한 이곳에서 내가 무엇을 말할 수 있단 말인가! 여기서 내가 말하기에는 아직 한 시간이 이르다.

이런 민중들 속에서는, 나는 나 자신의 선구자이며, 어둠을 뚫고 울리는 나 자신의 수탉 울음소리이다.

그러나 '그들의' 때가 오고 있다! 그리고 나의 때도 또한 다가오고 있다! 그들은 시시각각으로 더욱 작아지고, 더욱더 가난해지고, 더욱더 피폐(疲弊)해 갈 것이다—가련한 잡초들이여! 가련한 땅이여!

그리하여 '머지않아' 그들은 바싹 마른 잡초와 풀밭처럼 내 앞에 나타날 것이다. 자신에게 지쳐—물보다 오히려 불을 갈망하면서!

오, 축복된 번개[13]의 때여! 오, 오전(午前)의 신비여! 언젠가는 나는 그들을 달리는 불이 되게 하고, 불길의 혓바닥을 가진 예고자가 되게 하리라—

—언젠가는 나는 그들로 하여금 불길의 혓바닥으로 외치게 하리라. 때가 오고 있다, 때가 가까왔다, '위대한 정오가!'라고.

차라투스트라는 이렇게 말했다.

---

13) 메마른 풀밭에 불을 붙이는 번개라는 의미를 갖는 동시에 초인을 상징한다.

6. 올리브 동산에서

심술궂은 손님인 겨울이 나의 집에 앉아 있다. 나의 두 손은 그의 친절한 악수로 인해 시퍼렇게 되었다.

나는 이 심술궂은 손님을 존경하지만, 그를 혼자 앉혀 두기를 좋아한다.[14] 나는 그에게서 도망치기를 좋아한다. 만일 당신이 '빨리' 달리는 자라면, 당신도 그에게서 도망칠 수 있다!

나는 따스한 발과 사상으로 바람이 잔잔한 저기, 나의 올리브 동산의 양지바른 모퉁이[15]로 달려간다.

그곳에서 나는 나의 냉혹한 손님을 비웃는다. 그러나 나는 여전히 그를 좋아한다. 그는 나를 위해 나의 집에서 파리떼를 내쫓고 많은 작은 소음들을 없애 주기 때문이다.

그는 한 마리의 모기가 왱왱거리며 이리저리 날아다니는 것도 용서하지 않으며, 두 마리의 모기는 더더욱 용서하지 않는다. 그리고 그는 거리를 쓸쓸하게 만든다. 그리하여 밤이 되면 그곳을 비추는 달빛도 두려움을 느낀다.

그는 냉혹한 손님이다. 그러나 나는 그를 존경한다. 그리고 나는 나약한 자들처럼 배가 불룩한 불의 우상[16]에게 기도를 하지는 않는다.

우상을 숭배하느니, 이빨을 약간 딱딱거리는 편이 낫다! —나의 본성은 그것을 원하고 있다. 그리고 나는 특히 욕정에 가득 찬 채

---

14) 아무리 준엄하고 가혹한 상황 속에서도 자유분방하게 사색하는 차라투스트라의 의기를 나타내고 있다.

15) 차라투스트라의 삶과 인식의 근원을 상징함.

16) 직접적으로는 난로를 뜻하며, 간접적으로는 기독교적인 모럴을 상징한다.

김을 내뿜고 있는 눅눅한 모든 불의 우상들을 싫어한다.

나는 여름보다 겨울에 내가 사랑하는 자를 더욱 사랑한다. 이제 겨울이 나의 집에 앉아 있으므로, 나는 나의 적들을 더욱 철저하게 비웃는다.[17]

진실로 나는 잠자리에 '기어들' 때조차도 가슴속으로부터 비웃는다. ─잠자리에서까지도 나의 은밀한 행복은 큰 소리로 웃어대며 방자해진다. 나의 믿을 수 없는 꿈조차도 큰 소리로 웃어댄다.

나는─기어다니는 자인가? 나는 평생토록 권력자 앞에서 한 번도 기어다닌 적이 없다. 내가 거짓말을 한 적이 있다면, 그것은 사랑 때문이었다. 그러므로 나는 한겨울의 침상 속에서까지도 즐겁다.

호화로운 침상보다도 오히려 초라한 침상이 나를 따뜻이 감싸준다. 왜냐하면 나는 나의 가난에 질투를 느끼기 때문이다. 그리고 나의 가난은 겨울에 나에게 가장 충실하다.

나는 하루하루를 악의(惡意)로 시작한다. 나는 냉수욕을 함으로써 겨울을 비웃어 준다. 나의 집의 이 냉혹한 손님은 그것에 대해 투덜거린다.

또한 나는 촛불로 그를 간질이기를 좋아한다. 마침내 그가 잿빛 새벽으로부터 하늘을 나타내도록.

왜냐하면 나는 특히 아침에 악의에 차 있기 때문이다. 우물가에서 두레박 소리가 들리고 말들이 회색빛 거리에서 은은하게 울어대는 이른 시각에.

그때 나는 밝게 빛나는 하늘이, 눈처럼 흰 수염을 단 하늘이, 백

---

17) 상황이 어려울수록 니체의 생명력은 더욱 활발해지고 자유분방해진다는 것을 나타내고 있음.

발노인인 하늘이 내 눈앞에 나타나기를 애타게 기다린다.

자신의 태양까지도 곧잘 감추는 말 없는 겨울 하늘이 나타나기를!

어쩌면 나는 그에게서 밝고 빛나는 긴 침묵을 배운 것이 아닐까? 아니면 그가 나에게서 그것을 배운 것일까? 아니면 우리는 각기 스스로 그것을 생각해낸 것일까?

모든 훌륭한 사물들의 근원은 여러 가지이다—모든 훌륭하고 자유분방한 것들은 기쁨에 넘쳐 현존재 속으로 뛰어든다. 그들이 어찌 이런 도약(跳躍)을 오직 한 번으로 그치겠는가?

긴 침묵 또한 훌륭하고 자유분방한 것이며, 겨울 하늘처럼 빛나는 둥근 눈을 가진 얼굴을 하고 바라보는 것도 또한 훌륭하고 자유분방한 것이다—

—겨울 하늘처럼 자신의 태양을, 자신의 불굴의 태양의 의지를 감추는 것, 실로 나는 그러한 기술과 그러한 겨울의 방자함을 '잘' 배웠다!

침묵에 의해 자신을 노출시키지 않는 방법을 배운 것이야말로, 내가 사랑하는 악의(惡意)이며 기술이다.

큰 소리로 떠들고, 요란하게 주사위 소리를 내면서 나는 엄격한 감시인들을 속여 왔다.[18] 나의 의지와 목적은 모든 엄격한 감시인들을 피해야 한다.

아무도 나의 마음속과 최후의 의지를 들여다보지 못하도록 하기 위해, 나는 나의 빛나는 긴 침묵을 생각해냈다.

---

18) '주사위 소리를 내면서'라는 유희의 정신에서 지나친 수사법을 사용하는 것을, '엄격한 감시인들'은 사색의 의의를 이해하지 못하고 전통적인 철학을 고수하려는 사색가들을 의미한다.

나는 많은 현자들을 발견했다. 그들은 아무도 자기의 마음속을 들여다보지 못하도록 하기 위해 얼굴에 베일을 쓰고, 자신의 물을 흐리게 했다.

그러나 그들보다 더 현명하고 의심 많은 호두 까는 자들[19]이 그들에게 찾아와서, 그들에게서 그 가장 깊숙이 숨겨 둔 물고기를 낚아 올렸다!

그러나 맑고 깨끗한 자들·정직한 자들·투명한 자들—이런 자들이야말로, 가장 현명한 침묵자(沈默者)이다. 그들의 마음속은 대단히 '깊어', 맑은 물도 그 속을 드러내지 못한다.

그대 눈처럼 흰 수염을 하고 있는 겨울 하늘이여, 그대 나의 머리 위의 눈이 둥글고 백발을 한 하늘이여! 오, 그대 나의 영혼과 영혼의 분방함의 천상적(天上的)인 비유여!

나는 황금을 삼킨 자처럼, 나 자신을 '감춰야 하지 않겠는가'—사람들이 나의 영혼을 찢어 드러내지 못하도록.

나는 죽마(竹馬)를 '타야 하지 않겠는가'—내 주위의 모든 시기심 많은 자들과 중상하기를 좋아하는 자들이 나의 긴 다리를 '보지 못하도록.'

이 악취를 풍기고, 안일하고, 낡아빠지고, 곰팡내 나는 슬픔에 가득 찬 영혼들—그들의 질투가 어떻게 나의 행복을 '참아낼 수' 있겠는가?

그러므로 나는 그들에게 나의 산봉우리의 얼음과 겨울만을 보여 줄 뿐, 나의 산이 찬란한 허리띠를 하고 있는 모습은 보여 주지 않는다!

---

19) 사리(事理)를 밝혀내는 자.

그들은 나의 겨울의 폭풍이 윙윙 불어닥치는 소리만을 들을 뿐, 동경에 가득 찬 무겁고 뜨거운 남풍처럼 따뜻한 바다를 지나가는 소리는 듣지 못한다.

그들은 '나의' 여러 가지 재난과 우연들을 측은히 여기기까지 한다. —그러나 나는 이렇게 가르친다. "우연이 내게 오는 것을 그대로 두어라. 우연은 어린이처럼 천진무구하다!"

그들이 어떻게 나의 행복을 '참을 수' 있겠는가, 만일 내가 여러 가지 재난이나, 겨울의 곤궁이나, 곰 가죽의 모자나, 눈 내리는 하늘로 나의 행복을 감추지 않았더라면!

—만일 내가 그들의 '동정'을, 이런 질투심 많은 자들과 중상하기 좋아하는 자들의 동정을 가엾게 여기지 않았더라면!

—만일 내가 그들 앞에서 탄식하고, 심한 추위에 떨며, 그들의 동정으로 나 자신을 감싸지 않았더라면!

내 영혼이 자신의 겨울과 엄동의 모든 폭풍을 '숨기지 않는' 것—이것이 내 영혼의 현명한 분방(奔放)함이며 호의(好意)이다. 나의 영혼은 자신의 동상(凍傷)도 또한 감추지 않는다.

어떤 사람에게 있어서는 고독이란 병든 자의 도피이며, 또 어떤 사람에게 있어서는 고독은 병든 자들로부터의 도피이다.

내 주위의 이 가엾고 질투심 많은 사팔뜨기 녀석들로 하여금 내가 추위로 인해 이빨을 덜덜 떨고 탄식하는 소리를 듣게 하라! 이렇게 이빨을 떨고 탄식하면서 나는 그들의 따뜻한 방에서 도망쳐 나온 것이다.

그들로 하여금 나의 동상(凍傷)에 대해 동정하고 나와 함께 탄식하도록 하라. "그는 지식의 얼음으로 우리들을 '얼어 죽게' 할 것이다"—그들은 이렇게 탄식한다.

그동안 나는 따뜻한 발로 나의 올리브 동산 위를 이리저리 뛰어다닌다. 나는 나의 올리브 동산의 양지바른 곳에서 노래 부르고, 모든 동정을 비웃는다.

차라투스트라는 이렇게 노래했다.

7. 지나쳐 버림에 대하여

이와 같이 차라투스트라는 민중과 여러 도시를 지나 먼 길을 돌아 그의 산과 동굴로 향했다. 보라, 그때 그는 뜻밖에도 큰 도시의 입구에 이르렀다. 그런데 입에 거품을 물고 있는 바보 하나가 양손을 벌리며 차라투스트라를 향해 뛰어나오며 길을 가로막았다. 그는 차라투스트라로부터 차라투스트라의 말투와 어법을 어느 정도 배웠으며, 차라투스트라의 지혜의 창고로부터 지혜를 빌려오기를 좋아했기 때문에, 사람들로부터 '차라투스트라의 원숭이'라고 불렸다. 그 바보는 차라투스트라에게 이렇게 말했다.

"오, 차라투스트라여, 이곳은 큰 도시입니다. 당신은 이곳에서 아무것도 찾지 못할 것이며, 오히려 모든 것을 잃을 것입니다.
어찌하여 당신은 이런 진창 속을 지나가려 하시오? 당신의 발을 불쌍히 여기시오! 차라리 입구에 침을 뱉고—돌아가시오!
은둔자의 사상에겐 이곳은 지옥입니다. 이곳에서는 모든 위대한 사상은 산 채로 삶아져 조그맣게 요리되어 버립니다.
이곳에서는 모든 위대한 감정은 부패되어 버리고, 보잘것없는 메마른 감정만이 요란한 소리를 냅니다!

당신에게는 정신의 도살장과 정신을 요리하는 음식점 냄새가 나지 않습니까? 이 도시는 도살된 정신의 냄새로 가득 차 있지 않습니까?

당신에게는 더러운 넝마처럼 걸려 있는 영혼들이 보이지 않습니까? —사람들은 이 넝마들로 신문을 만들어냅니다!

이곳에서는 정신이 언어의 유희가 되어 버렸다는 것을 당신은 듣지 못했습니까? 정신은 더러운 언어의 찌꺼기를 토해냅니다! —사람들은 또한 이 언어의 찌꺼기로 신문을 만들어냅니다.

사람들은 서로를 따라다니지만 어디로 가는지 알지 못합니다. 그들은 서로를 흥분시키지만 그 이유를 알지 못합니다. 그들은 그들의 돈과 황금을 짤랑거립니다.

사람들은 추워하고 있습니다. 그래서 그들은 독주(毒酒)를 마시고 따뜻해지려 합니다. 그들은 열에 들떠 있습니다. 그래서 그들은 얼어붙은 영혼의 소유자들과 접촉하여 몸을 식히려 합니다. 그들은 모두 병들어 있으며, 여론(與論)이라는 병에 걸려 있습니다.

이곳에는 온갖 욕정과 악덕이 활개치고 있습니다. 그러나 이곳에는 또한 유덕한 자들도 있으며, 재능 있는 유용한 덕들도 또한 많이 있습니다.

글을 쓰는 손가락들과, 앉아 기다리는 굳어 버린 엉덩이를 가진 재능 있는 덕들, 그리고 별과 같은 가슴의 작은 훈장들과 엉덩이 없는 박제(剝製)된 딸들로 축복받은 재능 있는 많은 덕들이.[20]

---

20) 출세욕에 급급한 관리들을 비꼬는 말.

이곳에는 또한 만군(萬軍)의 주(主)인 신[21]에 대한 경건함과, 침이라도 핥는 믿음이 두터운 아첨과 감언이 수없이 많습니다.

실제로 '높은 곳'으로부터 별과 자비로운 침이 떨어지며, 아직 별을 달지 못한 가슴들은 높은 곳으로 올라가기를 갈망합니다.

달[月][22]에는 궁정이 있고, 그 궁정에는 어리석은 것들이 있습니다. 그러나 거지와 같은 군중과, 재능 있는 덕들은, 그 궁정에서 오는 모든 것들에게 기도를 합니다.

'나는 봉사한다, 너는 봉사한다, 우리는 봉사한다'—모든 재능 있는 덕들은 그 왕을 우러러보며 이렇게 기도합니다. 공로에 대한 보상으로 좁은 가슴에 별을 달게 되기를 기원하면서!

그러나 달은 여전히 모든 지상적인 것들의 주위를 맴돌고 있으며, 또한 왕도 여전히 가장 지상적인 것들의 주위를 맴돌고 있습니다. 그러나 그것은 상인들의 황금입니다.

만군의 주(主)인 신은 황금 덩어리의 신은 아닙니다. 제의를 하는 것은 왕이지만—결정은 상인들이 내립니다.

오, 차라투스트라여! 당신 내부의 반짝이는 강하고 선한 모든 것들로 이 상인들의 도시에 침을 뱉고 돌아서시오!

이곳에서는 모든 피는 부패하고, 미지근하며, 거품을 내며, 혈관 속을 흐릅니다. 모든 찌꺼기들이 뒤섞여 거품을 내뿜고 있는 거대한 쓰레기 더미인 이 도시에 침을 뱉으시오!

짓눌린 영혼과 좁은 가슴·사나운 눈초리들·끈적거리는 손가락들의 도시에 침을 뱉으시오—

---

21) 왕권의 비유로 사용되고 있다.

22) 왕후를 가리킴. 달의 광휘가 태양의 반사에 지나지 않는 것처럼, 왕후의 권위는 상인들의 황금의 힘의 반사에 지나지 않음을 나타내고 있다.

치근거리는 자들, 뻔뻔스러운 자들, 글과 말로 고함치는 자들, 열에 들뜬 야심가들의 도시에.

온갖 썩은 것·경멸스러운 것·음탕한 것·음침한 것·곪아 터진 것·상처투성이인 것·음모하는 것이 마구 뒤섞여 있는 곳에.

이 큰 도시에 침을 뱉고 돌아서시오!"

그러나 이때 차라투스트라는 입에서 거품을 내뿜고 있는 바보의 말을 가로막고, 그 입을 다물게 했다.

이제 그만 닥쳐라! (차라투스트라는 외쳤다) 나는 그대의 말과 그대의 태도에 아까부터 구역질이 났다!

그대는 어찌하여 그대 자신이 개구리와 두꺼비가 되지 않을 수 없을 정도로 오랫동안 늪 속에서 살았는가?

그대가 이처럼 허풍을 떨며 욕설을 퍼붓는 것을 보니 그대의 혈관 속에 썩어서 거품을 내는 늪의 피가 흐르고 있는 것이 아니냐?

그대는 어찌하여 숲속으로 들어가지 않았는가? 그대는 어찌하여 대지를 경작하지 않았는가? 바다는 푸른 섬들로 가득 차 있지 않은가?

나는 그대의 경멸을 경멸한다. 그대는 어찌하여 내게는 경고하면서 자신에게는 경고하지 않았는가?

내가 그대라면 나는 자신의 경멸과 경고의 새를 늪으로부터가 아니라 오직 사랑으로부터 날려 보내리라!

그대, 입에서 거품을 내뿜는 바보여, 사람들은 그대를 나의 원숭이라고 부르고 있다. 그러나 나는 그대를—나의 투덜대는 돼지라고 부른다. 그대는 투덜거리며 불평함으로써 어리석음에 대한 나의 예찬까지도 영락(零落)시키고 있다.

그대를 투덜거리게 만든 것은 무엇인가? 그것은 아무도 그대에게 '아첨하지' 않았다는 것이다. 그리하여 그대는 이 오물 더미 곁에 앉아 있었던 것이다. 투덜거릴 구실을 찾기 위해—

많은 '복수'의 구실을 찾기 위해! 그대, 허영심이 많은 바보여, 그대가 내뿜고 있는 것은 모두 복수이기 때문이다. 이제 나는 그대의 정체를 분명히 알아냈다!

그러나 그대의 어리석은 가르침은 그대의 말이 옳을 때조차도 '나를' 해친다! 차라투스트라의 가르침이 백 번 '옳을지라도' '그대'는—나의 가르침을 그릇되게 '사용할' 것이다!

차라투스트라는 이렇게 말하고 나서 큰 도시를 바라보았다. 그리고는 그는 한숨을 쉬고는 한동안 말이 없었다. 마침내 그는 이렇게 말했다.

이 바보뿐만 아니라 이 큰 도시도 나를 구역질 나게 한다. 이 바보와 이 도시에는 더 좋게 만들어져야 할 것도 없고, 더 나쁘게 만들어져야 할 것도 없다.

이 큰 도시에 화 있으라! 나는 이 큰 도시를 태워 버릴 불기둥을 당장 보고 싶다!

왜냐하면 그런 불기둥은 위대한 정오 이전에 나타날 것이기 때문이다. 그러나 그것에는 때가 있고 자신의 운명이 있다.

그러나 그대, 바보여, 나는 작별을 함에 있어 그대에게 이러한 가르침을 주리라—"더 이상 사랑할 수 없는 곳은—'지나쳐 버려야' 한다"라는!

차라투스트라는 이렇게 말하고 나서 바보와 큰 도시를 스쳐 지나갔다.

8. 배교자(背教者)들에 대하여

1

아, 얼마 전까지만 해도 이 초원에서 푸르고 아름답게 자라던 것들이 어느새 모두 시들어 잿빛을 띄고 누워 있구나! 이곳에서 나는 얼마나 많은 희망의 꿀을 나의 벌통에 담았던가!

이 젊은 가슴들은 이미 늙어 버렸다—아니, 늙어 버린 것이 아니다! 지치고, 비속(卑俗)해지고, 안일해졌을 뿐이다—그들은 그것을 가리켜 "우리는 다시 경건해졌다"라고 말한다.

얼마 전까지만 해도 나는 그들이 아침 일찍 대담한 발로 뛰어나가는 것을 보았다. 그러나 그들의 인식의 말은 지쳐 버렸으며, 이제 그들은 자신의 아침의 대담함까지도 비방하고 있다!

실로 그들 중 많은 사람들은 전에는 무도자(舞蹈者)처럼 다리를 들어올렸으며, 나의 지혜 속의 웃음은 그들에게 손짓을 했다. 그러자 그들은 생각에 잠겼다. 이제 나는 보았다—그들이 몸을 굽히고 십자가를 향해 기어가는 것을.

일찍이 그들은 파리떼와 젊은 시인들처럼 빛과 자유의 주위를 날아다녔다. 그러나 나이가 들고 열기가 식어지자, 그들은 어느새 미혹하는 자 · 음모하는 자 · 난롯가에 웅크리고 있는 자가 되어 버렸다.

고독이 고래처럼 나를 삼켜 버렸기 때문에 그들의 가슴이 절망한 것일까? 그들의 귀는 나와 나의 나팔소리, 그리고 전령(傳令)이 부르는 소리를 애타게 기다리며 오랫동안 귀를 기울였으나 '허사'였던 것일까?

아! 그들 중 오랫동안 참고 견디는 용기와 분방함을 가슴속에 지니고 있는 자는 언제나 소수에 지나지 않는다. 그런 사람들은 정신도 또한 참을성이 강하다. 그러나 그 나머지 사람들은 '비겁한' 자들이다.

그 나머지들은 항상 다수이며, 흔해빠진 자들이며, 잉여인간들이며, 지나치게 많은 자들이다. 그들은 모두 비겁한 자들이다!

나와 같은 부류에 속하는 사람은, 내가 겪는 것과 같은 경험을 하게 될 것이다. 그리하여 그의 최초의 길동무는 틀림없이 시체와 광대일 것이다.

그러나 그의 두 번째 길동무는 스스로를 그의 '신도'라고 자청할 것이다. 그들은 광신도로서, 그곳에는 많은 사랑과 많은 어리석음과 많은 미숙한 숭배가 있다.

인간들 가운데 있는 자로서 나와 같은 부류에 속하는 자는, 자신의 마음을 이러한 신도들에게 고착(固着)시켜서는 안 된다. 변덕스럽고 비겁한 인간의 본성을 알고 있는 자는 이런 화창한 봄과 형형색색의 초원을 믿어서는 안 된다!

만일 그들이 다른 것을 '선택할 수' 있다면, 그들은 다른 것을 '선택하려' 할 것이다. 이것도 저것도 아닌 얼치기들이 모든 완전한 것을 망쳐 버린다. 나뭇잎들이 시들어 버렸다고 해서 한탄할 것이 무엇인가?

시들어 떨어지게 내버려 두라, 가게 내버려 두라, 오 차라투스트라여, 한탄하지 말라! 오히려 그들 사이로 살랑거리는 바람을 불어 보내라—

이들 나뭇잎 사이로 바람을 불어 보내라, 오 차라투스트라여, '시들은' 모든 잎들이 그대로부터 더 빨리 사라지도록!

2

"우리는 다시 경건해졌다"—이들 배교자들[23]은 이렇게 고백한다. 그리고 그들 중의 많은 사람들은 여전히 너무나 비겁하여, 이런 고백도 하지 못한다.

나는 그들의 눈을 빤히 들여다보고 나서, 그들의 얼굴을 향해 그들의 붉어진 뺨을 향해 말하리라. "그대들은 다시 '기도하는' 자가 되었다!"라고.

기도한다는 것은 부끄러운 일이다! 그러나 그것은 모든 사람들에게 있어서 부끄러운 일이 아니라, 그대와 나 그리고 머릿속에 자신의 양심을 지니고 있는 모든 사람들에게 있어서 부끄러운 일이다. '그대에게' 있어서는 기도한다는 것은 부끄러운 일이다!

그대도 잘 알고 있는, 두 손을 움켜잡고, 팔짱을 끼고, 보다 안락해지고 싶어하는, 그대 내부에 있는 비겁한 악마, 이 비겁한 악마가 바로 '신은 존재한다!'라고 그대를 설득하는 것이다.

그러나 '그로 인해' 그대는 빛을 두려워하는 자, 빛 속에서는 결코 안식을 얻지 못하는 자들 중의 하나가 되었다. 이제 그대는 날

---

23) 늙어감에 따라 겁이 많아져, 지금까지 차라투스트라를 추종하던 자들이 다시 옛 신앙으로 되돌아가는 것을 이르는 말.

마다 그대의 머리를 밤과 안갯속으로 점점 더 깊이 처넣어야 한다!

실로 그대는 시간을 잘 택했다. 왜냐하면 마침 지금 막 밤의 새들이 다시 밖으로 날아 나왔기 때문이다. 빛을 두려워하는 모든 자들을 위한 때가 온 것이다. 그들에게는 '안식'이 없는─안식의 저녁때가.

나는 소리와 냄새로 그것을 알 수 있다. 그들의 사냥과 행진의 때가 온 것이다. 격렬한 사냥의 때가 아니라, 가만가만 걸어 다니는 자들과 가만가만히 기도하는 자들의 유순하고, 절름거리고, 콧노래 하는 사냥의 때가─감정이 풍부한 위선자들을 쫓는 사냥의 때가 온 것이다. 이제 마음의 모든 쥐덫이 다시 놓였다! 내가 커튼을 올리자, 작은 밤나방 한 마리가 날아 나왔다.

이 조그만 나방은 다른 작은 나방과 함께 그곳에 웅크리고 있었던 것일까? 왜냐하면 나는 도처에서 숨겨진 작은 교단(敎團) 냄새를 맡기 때문이다. 그리고 밀실이 있는 곳마다 새로운 가짜 신도들이 있으며, 가짜 신도들의 분위기가 감돌고 있다.

그들은 긴 밤마다 나란히 앉아, "우리를 다시 어린이처럼 되게 하소서, 그리고 우리로 하여금 '사랑하는 신이여!'라고 외치게 하소서"라고 말한다─경건한 제과업자(製菓業者)들에 의해 입과 위장을 상한 채.

혹은 그들은 긴 밤마다 한 마리의 숨어 있는 교활한 십자(十字) 거미[24]를 구경하면서 보낸다. 이 십자 거미는 다른 거미들에게 설교를 하여 이렇게 가르친다. "십자가 밑은 거미줄을 치기에 좋은

---

24) 신도들에 의해 생계를 유지하는 기독교의 설교자들의 비유로 사용하고 있다.

곳이다!"

혹은 그들은 하루 종일 낚싯대를 손에 들고 늪가에 앉아 있으며, 그렇기 때문에 자신들은 '심원하다'고 믿고 있다. 그러나 물고기가 없는 곳에서 낚시질을 하는 자들을 나는 천박하다고 부르지 않는다!

혹은 그들은 어느 가요 시인(歌謠詩人)으로부터 경건하고 즐겁게 하프를 타는 방법을 배운다. 그런데 이 가요 시인은 젊은 여인들의 가슴을 울리는 가락으로 하프를 타길 좋아한다—그는 늙은 여인들과 늙은 여인들의 칭찬에 지쳐 버렸기 때문이다.

혹은 그들은 어두운 방 안에서 자기에게 망령(亡靈)들이 다가오기를, 그리하여 자기에게서 정신이 떠나가기를 기다리는 박식한 반미치광이[25]로부터 전율(戰慄)하는 것을 배운다!

혹은 그들은 우수(憂愁)의 바람에게서 우수의 가락을 배운 늙은 떠돌이 풍악쟁이[26]에게 귀를 기울인다. 그 풍악쟁이는 우수의 바람처럼 피리를 불며 우수의 가락으로 우수를 설교한다.

그들 중 몇몇은 야경꾼[27]까지 되었다. 그리하여 그들은 이제 밤마다 돌아다니며 오래전에 잠들어 버린 옛것들을 불러일으키는 방법을 알고 있다.

나는 어젯밤 정원 돌담 옆에서 옛것에 대한 다섯 가지 이야기를 들었다. 그 이야기들은 그런 늙고 우수에 찬, 말라빠진 야경꾼들의 입에서 흘러나온 것이었다.

---

25) 영계에 대해 정통해 있다고 자칭하는 심령술사(心靈術師).
26) 이 세상을 눈물의 골짜기라고 주장하는 설교자.
27) 신을 의심하여 우수에 잠겨 있으면서도 신의 죽음을 인정치 않는 신학자.

"그[28]는 아버지로서 자기 자식들을 잘 돌보지 않는다. 그 점에 있어서는 인간의 아버지들이 더 잘 보살핀다!"

"그는 너무 늙었다! 이제 그는 자기 자식들을 전혀 돌보지 않는다."―다른 야경꾼이 이렇게 대답했다.

"도대체 그는 자식을 '갖고' 있는가? 그 자신이 그것을 증명하지 않는다면 누가 그것을 증명할 수 있겠는가![29] 그가 그것을 철저히 증명하기를 나는 오래전부터 바라고 있었다."

"증명한다고? 마치 '그가' 전에 뭔가 증명한 적이 있기라도 한 듯한 말투로군! 그는 증명한다는 것이 어렵다는 것을 알고 있다. 그는 사람들이 그를 '신앙'하는가 어떤가를 매우 중요하게 생각하고 있다."

"그렇다, 그렇다! 신앙이 그를 행복하게 만드는 거야. 그에 대한 신앙이. 늙은 사람들이란 모두 그 모양이라니까! 우리도 또한 그렇게 되겠지!"

빛을 두려워하는 두 사람의 늙은 야경꾼은 이렇게 말을 주고받고는 비통하게 피리를 불었다. 어젯밤 정원의 돌담 옆에서 이러한 일이 일어났던 것이다.

그러나 나의 심장은 어찌나 우스웠던지 터져버릴 것만 같았으며, 어디로 가야 할지 몰라 횡격막 속으로 기어들었다.

실로 당나귀가 술 취하는 꼴을 보고, 그리고 야경꾼들이 이와 같이 신을 의심하는 것을 듣고는 우스운 나머지 질식해 죽는 것, 그것이 나의 죽음이 될 것이다.

---

28) 신을 가리킴.
29) 신이 인간의 아버지라는 것을 증명하는 것은 아버지인 신만이 할 수 있을 뿐, 자식은 자기가 어떤 아버지의 자식인지 증명할 수 없기 때문이다.

그러한 의심을 품을 때도 이미 ‘오래’전에 지나가 버린 것이 아닌가? 누가 그런 늙은, 잠들어 있는, 빛을 두려워하는 자들을 깨울 수 있겠는가!

옛 신들은 이미 오래전에 죽었다—실로 그들은 훌륭하고, 즐겁고, 성스러운 최후를 마쳤다!

그들은 ‘황혼 속으로 사라져 버린’ 것이 아니다—그것은 거짓말이다! 오히려 그 반대다—그들은—‘웃어대다가’ 죽은 것이다!

그것은 신을 가장 무시하는 말이 어떤 신[30] 자신의 입에서 나왔을 때 일어났다. “오직 하나의 신이 있을 뿐이다. 너희는 내 앞에서 다른 신을 섬겨서는 안 된다!”라는 말이.

분노의 수염을 한, 질투심 많은 그 신은 그런 말을 입 밖에 낼 정도로 정신을 잃었던 것이다.

그때 모든 신들은 웃어대고는 의자에 앉은 채 몸을 흔들며 외쳤다. “신들은 존재하지만 유일신은 존재하지 않는다는 것, 그것이야말로 신다운 일이 아니겠는가?”

귀 있는 자는 들으라.

차라투스트라는 그가 사랑하던 ‘얼룩소’라는 도시에서 이렇게 말했다. 그는 앞으로 이틀 동안만 걸어가면 다시 그의 동굴과 그의 동물들에게 도착할 수 있었다. 그의 귀향이 가까워지자 그의 영혼은 한없이 기뻤다.

---

30) 여호와를 가리킴.

9. 귀향(歸鄕)

오, 고독이여! 그대 나의 '고향'인 고독이여! 나는 거친 타향에서 너무 오랫동안 거친 생활을 했기 때문에, 눈물 없이는 그대에게 돌아갈 수가 없다!

자, 어머니가 꾸짖듯이 나를 꾸짖어 다오. 어머니가 미소를 짓듯이 내게 미소를 지어 다오. 자, 말해 다오. 일찍이 폭풍처럼 내게서 떠나갔던 자는 누구인가?—

'나는 너무 오랫동안 고독과 함께 살아왔기 때문에 침묵하는 법을 잊어버렸다!'라고 외치면서 떠나갔던 자가 누구인가? 이제 그대는 분명 침묵하는 법을 배웠겠지?

오, 차라투스트라여, 나는 모든 것을 알고 있다. 그대 고독한 자여, 그대는 군중 속에서 전에 나와 함께 있을 때보다 더 '외로운' 자였다는 것을!

외로움은 고독과는 다른 것이다. 이제 그대는 '그것'을 배웠다! 그리고 군중 속에서 그대는 항상 거칠고 낯선 자라는 것을.

그들이 그대를 사랑할 때조차도 그대는 거칠고 낯선 자이다. 왜냐하면 그들은 무엇보다도 '동정받기를' 바라기 때문이다!

그러나 이제 그대는 이곳 그대의 집으로 돌아왔다. 이곳에서는 그대는 무슨 말이나 할 수 있으며, 마음속을 모두 털어놓을 수 있다. 이곳에서는 감춰진 굳어진 감정도 부끄러울 것이 없다.

여기서는 모든 사물이 기꺼이 그대의 이야기에 귀를 기울이고 그대에게 아첨한다. 왜냐하면 그들은 그대의 등에 업히기를 원하기 때문이다. 그대는 이곳에서는 모든 비유를 타고 모든 진리로 향한다.

이곳에서는 그대는 모든 것들에게 솔직하게 숨김없이 얘기할 수 있다. 어떤 사람이 모든 사물과 솔직하게 대화를 나눈다면, 그 것은 그들의 귀에 칭찬으로 들리는 것이다!

그러나 외롭다는 것은 이와 다르다. 오, 차라투스트라여, 그대 는 기억하는가? 그대가 숲속에서 어디로 가야 할지 갈피를 잡지 못하고 시체 옆에 서 있을 때, 그대의 새가 그대의 머리 위에서 울어대던 일을.

—그대가 '나의 동물들이 나를 인도해 주기를! 나는 동물들 속 에 있는 것보다 인간들 속에 있는 것이 더욱 위험하다는 것을 깨 달았다'고 말하던 때를. —'그것'이 외로운 상태였다!

오, 차라투스트라여, 그대는 기억하는가? 그대가 그대의 섬에 앉아, 텅 빈 통들의 가운데에서 자신이 포도주 샘이 되어, 목마른 자들에게 나누어 주던 때를.

—그리하여 마침내 그대는 목마른 채 술 취한 자들 사이에 홀 로 앉아 '주는 것보다 받는 것이 더 행복하지 않은가? 그리고 받 는 것보다는 훔치는 것이 더 행복하지 않은가?'라고 밤마다 탄식 하던 일을. —'그것'이 외로운 상태였다!

오, 차라투스트라여, 그대는 기억하는가? 그대의 가장 조용한 시간이 찾아와, 그대를 그대 자신으로부터 내쫓아 버리고는, 악 마의 목소리로, '말하라, 그리고 부서지라!'라고 속삭이던 때를—

—그리하여 가장 조용한 때가 그대로 하여금 그대의 모든 기다 림과 침묵을 후회하게 하고, 그대의 겸손한 용기를 꺾어 버리던 때를. —'그것'이 외로운 상태였다!

오, 고독이여! 그대 나의 고향인 고독이여! 그대의 목소리는 얼 마나 행복하고 다정하게 내게 말하고 있는가!

우리는 서로 묻지 않고, 서로 불평하지도 않는다. 우리는 열린 문들을 통하여 자유롭게 왕래한다.

왜냐하면 그대와 함께 있으면, 모든 것이 열려 있고, 환히 밝기 때문이다. 그리하여 시간도 여기서는 한결 가벼운 걸음으로 달음질친다. 시간은 빛 속에서보다 어둠 속에서 더 무겁게 내리누르기 때문이다.

이곳에서는 모든 존재의 언어와 언어의 진열장이 나를 위해 활짝 열려 있다. 여기서는 모든 존재가 말이 되기를 원하며, 모든 생성(生成)은 나에게서 말하기를, 배우기를 원하고 있다.

그러나 저기―저 아래쪽에서는 모든 말이 공허하다! 거기서는 잊어버리는 것과 지나쳐 버리는 것이 최선의 지혜이다. '그것'을 ―나는 이제야 알게 되었다!

인간들 사이의 모든 것을 이해하기를 원하는 사람은 모든 것에 손을 대야 한다. 그러나 그렇게 하기에는 나의 손은 너무나 깨끗하다.

나는 그들의 입김을 들이마시는 것조차도 좋아하지 않는다. 아, 내가 그들의 소란과 더러운 입김 속에서 그토록 오랫동안 살았다니!

오, 나를 에워싼 행복한 적막이여, 오, 나를 에워싼 순수한 향기여! 오, 이 적막은 깊은 가슴으로부터 얼마나 순수한 숨결을 들이키는가! 오, 이 행복한 적막은 얼마나 귀를 기울이고 있는가!

그러나 저기―저 아래쪽에서는 모든 것이 말을 할 뿐, 모든 것이 귀를 기울이지는 않는다. 누군가 종(鐘)을 울리며 자기의 지혜를 알리더라도―시장의 상인들은 돈을 쩔렁거리며 그 지혜의 소리를 묵살할 것이다!

그들 사이에서는 모든 것이 말하지만, 아무도 이해할 줄은 모른다. 모든 것이 얕은 물속에 떨어지며, 아무것도 깊은 샘물 속에는 떨어지지 않는다.

그들 사이에서는 모든 것이 말을 하지만, 아무것도 이루어지지는 않는다. 모든 것이 까악까악하고 울어대지만 아무도 조용히 둥지에 앉아 알을 까려고 하지는 않는다.

그들 사이에서는 모든 것이 말을 하지만, 모든 것이 묵살된다. 그리하여 어제까지만 해도 시간과 시간의 이빨에게는 너무 딱딱했던 것이 오늘은 완전히 씹혀져 현대인들의 입으로부터 흘러내린다.

그들 사이에서는 모든 것이 이야기하고, 모든 것이 밝게 드러난다. 그리하여 전에는 깊은 영혼의 소유자들의 비밀이라고 불리던 것이, 오늘은 거리의 나팔수들이나 그 밖의 경박한 자들의 것이 되어 버렸다.

오, 인간들이여, 그대 기묘한 자들이여! 그대 어두운 거리의 아우성이여! 이제 나는 다시 그대들을 등 뒤로 팽개쳤다. ─나의 가장 큰 위험을 팽개쳐 버린 것이다.

나의 최대의 위험은 항상 친절을 베풀고 동정하는 것 속에 존재한다. 실로 모든 인간은 친절과 동정을 받기를 원하는 것이다.

진리를 감추고 어리석은 손과 어리석음을 좋아하는 심장을 가지고 동정의 작은 거짓말들을 수없이 하면서─그렇게 나는 인간들 사이에서 살아왔다.

나는 가면을 쓰고 그들 사이에 앉아 있었다. 내가 '그들'을 참을 수 있도록 '나 자신'이 오인(誤認)받을 각오를 하고, '너 바보여, 너는 인간들을 모른다!' 하고 나 자신을 설득하면서.

인간들 사이에서 살 때는 인간들에 대해 알 수 없게 된다. 모든 인간들에게는 너무나 많은 전경(前景)이 있다[31]—'거기서' 먼 곳을 바라보고 먼 곳을 갈망하는 눈이 무슨 소용이 있겠는가!

그리하여 그들이 나를 오인했을 때, 바보인 나는 이 오인 때문에 나 자신보다 오히려 그들을 위로했다. 나 자신에 대한 냉혹함에 익숙하여, 이 위로 때문에 자주 나 자신에게 복수(復讐)까지 하면서.

독파리떼에게 마구 찔린 채, 여러 가지 악의(惡意)의 물방울로 인해 돌처럼 움푹 팬 모습으로 나는 그들 사이에 앉아서 '모든 왜소(矮小)한 것들은 자신의 왜소함에 대해 책임이 없다!'라고 나 자신을 설득했다.

특히 선인(善人)으로 자칭하는 자들이야말로 가장 무서운 독파리라는 것을 나는 알게 되었다. 그들은 아주 천연덕스럽게 남을 쏘아대고 거짓말을 한다. 그러니 그들이 어떻게 나에게 정당하게 대할 '수' 있겠는가!

선인들 사이에서 사는 자는, 동정(同情)으로 말미암아 거짓말쟁이가 된다. 자유로운 영혼의 소유자들에게는, 동정은 공기를 흐리게 하는 것이다. 선인들의 어리석음은 바닥의 깊이를 알 수 없기 때문이다.

나 자신과 나의 부(富)를 감추는 것—'그것'을 나는 저 아래서 배웠다. 모두가 아직 정신이 가난한 자임을 나는 알게 되었기 때문이다. 그것은 나의 동정이 한 거짓말이었다. 내가 모든 사람들에 대해 안 것은.

---

31) 허식 · 허례 · 허세 등으로 가려져 있다는 뜻.

즉 그들에게는 어느 정도의 정신이면 '충분하며', 어느 정도의 정신이면 '너무 많은가'를 내가 알아내고 또한 느낀 것은!

그 완고한 현자들, 나는 그들을 현자라고 불렀을 뿐 완고한 자라고는 부르지 않았다—그처럼 나는 말을 삼키는 방법을 배웠다. 그 무덤을 파는 자들, 나는 그들을 연구자 혹은 탐구자라고 불렀다—그처럼 나는 말을 혼동하는 방법을 배웠다.

무덤을 파는 자들은 스스로 모든 병(病)을 파낸다. 낡은 폐허(廢墟)의 밑바닥에는 악취가 괴어 있다. 그 진창을 휘저어서는 안 된다. 산 위에서 살아야 하는 것이다.

나는 다시 행복의 콧구멍으로 산의 자유를 호흡한다! 마침내 나의 코는 모든 인간의 냄새로부터 구제되었다!

마치 거품을 뿜는 포도주처럼 짜릿한 산들바람이 간질이자, 나의 영혼은 '재채기를 한다'—재채기를 하고는 곧 자신을 향해 환성을 지른다. '행복하기를!' 하고.

차라투스트라는 이렇게 말했다.

10. 세 가지 악에 대하여

1

나는 오늘 아침 꿈속에서 어떤 곶(岬)에 서 있었다—그곳은 세계의 피안이었으며, 나는 그곳에서 저울(秤)을 손에 들고 세계를 '달고' 있었다.

오, 새벽이 너무 빨리 찾아왔구나! 그 질투심 많은 새벽은 붉게 불타올라 나의 잠을 깨웠다! 새벽은 언제나 나의 아침 꿈이 이글거리는 것을 질투하곤 한다.

충분한 시간을 가진 자라면 측정할 수 있는 것, 지혜롭게 무게를 다는 자라면 계량할 수 있는 것, 강한 날개를 가진 자라면 날아서 넘을 수 있는 것, 신성한 호두 까는 자들이라면 헤아릴 수 있는 것—내가 꿈속에서 본 세계는 그런 것이었다.

대담한 항해자이며, 반은 배이고 반은 태풍인, 그리고 나비처럼 묵묵하고 매처럼 성급한 나의 꿈, 그것이 오늘 어떻게 세계를 저울질할 시간과 인내심을 갖게 되었을까?

나의 지혜가 나의 꿈에게 은밀히 말을 한 것일까? '무한한 세계'를 비웃는, 각성한 나의 대낮의 지혜가? 이 지혜는 이렇게 말하기 때문이다. "힘이 있는 곳에서는 '다수(多數)'[32]가 주인이 된다. 다수는 보다 큰 힘을 갖고 있기 때문이다"라고.

나의 꿈은 이 유한한 세계를 얼마나 자신만만하게 응시했던가? 새로운 것도 낡은 것도 열망하지 않고, 두려워하지 않고 간청하지도 않고.

—마치 탐스러운 사과 하나가, 부드럽고 차가운 벨벳과 같은 껍질을 가진 잘 익은 황금빛 사과 하나가 내 손에 주어진 것처럼—그렇게 세계는 나에게 주어졌다.

—마치 한 그루의 나무가, 가지를 사방으로 뻗은 의지가 강한 나무, 길을 가다가 피로한 자들이 기댈 뿐만 아니라 다리까지도 걸칠 정도로 구부정한 하나의 나무가 나에게 눈짓을 하는 것처럼,

---

32) 니체는 세계의 힘을 한정된 것으로 보고 있으며, 여기서 말하는 다수는 한정을 상징하고 있다.

그렇게 세계는 나의 곶 위에 서 있었다.

　—마치 부드러운 손이 작은 상자 하나를, 수줍고 공손한 눈을 황홀케 하기 위해 열린 작은 상자 하나를 내게 건네주듯, 그렇게 세계는 오늘 나에게 주어졌다.

　세계는 오늘 인간애가 놀라 도망쳐 버릴 정도로 괴이한 것도 아니며, 인간의 지혜를 잠들게 할 정도로 명백한 것도 아닌—훌륭하고 인간적인 것으로 보였다. 많은 사람들이 그토록 사악하다고 말하는 이 세계는!

　내가 이처럼 오늘 아침 일찍 세계를 측정한 것에 대해 나는 아침 꿈에게 얼마나 감사하고 있는가! 마음을 위로해 주는 이 꿈은, 훌륭한 인간적인 것으로 나에게 나타났다!

　그리하여 나는 낮에 이 꿈에서 본 것과 똑같이 이 꿈의 가장 좋은 점들을 배우고 본받기 위해, 이제 나는 세 가지 가장 악한 것을 저울에 올려놓고, 정당하게 그리고 인간적으로 저울질하려고 한다.

　축복하는 법을 가르친 자는 또한 저주하는 법도 가르쳤다. 이 세상에서 가장 저주받은 세 가지는 무엇인가? 그 세 가지를 나는 저울 위에 올려놓으려 한다.

　'육욕·지배욕·이기심'—이 세 가지가 이제까지 가장 저주받아 왔으며, 가장 가혹하고도 가장 부당한 평판을 받아 왔다—이 세 가지를 나는 정당하게 그리고 인간적으로 저울질하려 한다. [33]

　자, 여기에는 나의 곶[岬]이 있고, 저기에는 바다가 있다. 저 바

---

33) 니체는 육욕·지배욕·이기심이 각각 세계와 어떻게 관련되어 있는가 하는 점에서 그것들을 검토한다. 그는 순결·겸허·무사(無私)라는 기독교의 전통적인 여러 가치에 대해 반대 가치를 대치시키고 있다.

다, 내가 사랑하는 충실하고, 늙고, 머리가 백 개 달린 개와 같은 모습을 한 괴물이, 털이 부스스한 모습으로 아첨하면서 나를 향해 굴러온다.

자! 여기서 나는 파도치는 바다[34]를 내려다보며 저울을 손에 들련다. 그리고 지켜보는 증인 하나를 택하련다—그대 은둔자(隱遁者)인 나무[35]여, 진한 향기를 내뿜고, 가지를 넓고 둥글게 뻗은, 내가 사랑하는 그대를 증인으로 택하리라!

현재는 어떤 다리를 건너 미래로 가는가? 높은 것으로 하여금 굽혀 낮은 것이 되게 강요하는 것은 무엇인가? 그리고 가장 높은 것에게까지 더욱더 높이 성장하기를 명령하는 것은 무엇인가?

이제 저울은 수평을 유지한 채 정지해 있다. 내가 저울 한쪽에 세 가지 무거운 질문을 올려놓자, 다른 한쪽에 세 가지 무거운 대답[36]이 놓인 것이다.

2

육욕. 그것은 참회복(懺悔服)을 걸친 모든 육체의 경멸자들에게는 침과 가시이며, 모든 배후 세계론자(背後世界論者)들에 의해 '세속적인 것'으로서 저주를 받는다. 왜냐하면 육욕은 모든 혼란과 오류의 교사들을 비웃고 우롱하기 때문이다.

---

34) 삶을 가리킴.

35) 초인을 가리킴.

36) 세 가지 무거운 대답이란, 1. 육욕이라는 다리를 건너 현재는 미래로 옮아가고, 2. 지배욕이라는 강요에 못이겨 높은 것이 낮은 것으로 향하며, 3. 가장 높은 것에 대해서도 더욱 높이 성장하라고 명령하는 것은 이기심이라는 대답.

육욕. 그것은 천민들에게는 그들의 몸을 태우는 서서히 타오르는 불길이며, 벌레 먹은 모든 재목과 악취를 풍기는 모든 넝마들에게는 항상 만반의 준비가 되어 있는 김을 내뿜는 욕정의 난로이다.

육욕. 그것은 자유로운 마음의 소유자들에게는 순결하고 자유로운 것이며, 지상 낙원의 행복이며, 모든 미래가 현재에게 보내는 넘치는 감사이다.

육욕. 그것은 메말라 시들어 버린 자들에게는 달콤한 독(毒)이지만, 사자(獅子)의 의지를 가진 자들에게는 훌륭한 강장제(强壯劑)이며, 소중히 보관해 둔 포도주 중의 포도주이다.

육욕. 그것은 보다 높은 행복과 최고의 희망[37]을 상징하는 커다란 상징적인 행복이다. 즉 많은 사람들에게 결혼과 결혼 이상의 것[38]이 약속되어 있는 것이다.

—서로가 서로에게, 남자와 여자 사이보다도 더 생소한 자들에게. 그런데 남자와 여자가 서로에게 '얼마나 생소한지' 누가 완전히 이해할 수 있겠는가!

육욕. —그러나 나는 나의 사상의 주위에 담을 치리라. 그리고 나의 언어의 주위에도. 돼지와 방탕자들이 나의 정원으로 침입하지 못하도록!

지배욕. 그것은 마음이 가장 냉혹한 자들의 뜨거운 채찍이며, 가장 잔인한 자들이 자신을 위해 준비한 잔인한 고문이며, 산 채로 화형(火刑)시키는 음산한 불꽃이다.

---

37),38) 결혼에는 자기를 초월하여 사랑하려는 의지, 즉 초인에의 의지가 있어야 함을 말한다.

지배욕. 그것은 가장 허영심이 강한 민족들에게 달라붙어 있는 사악한 파리이며, 모든 불확실한 덕의 조소자이다. 그것은 모든 말과 모든 오만(傲慢)을 타고 다닌다.

지배욕. 그것은 모든 썩은 것과 속이 빈 것을 깨뜨리고 파헤쳐 버리는 지진이며, 눈을 번뜩이고 호령하며 징벌하는 회칠한 무덤 [39]의 파괴자이며, 너무 이른 대답 옆의 번쩍이는 의문부호이다.

지배욕. 그 눈초리 앞에서는, 인간은 기어다니고, 몸을 웅크리고, 복종하고, 뱀이나 돼지보다도 더 비열해진다—그리하여 마침내 인간의 내부로부터 커다란 경멸의 절규가 터져 나온다.

지배욕. 그것은 커다란 경멸을 가르치는 엄한 교사이다. 이 교사는 여러 도시와 여러 국가의 면전을 향해 "물러가라!" 하고 설교한다—그리하여 마침내 여러 도시와 여러 국가는 스스로, "나는 물러간다!"라고 외치게 된다.

지배욕. 그것은 순결한 자와 고독한 자들에게까지도 유혹하듯이 떠오른다. 그것은 지상의 천국에 찬란한 기쁨을 매혹적으로 그리는 사랑처럼 붉게 타오르며, 스스로 만족할 만큼 높이 올라간다.

지배욕. 그러나 높은 것이 권력을 추구하여 아래로 향하기를 갈망할 때, 누가 그것을 '욕망'이라고 말하겠는가! 실로 그러한 갈망과 하강에는 병적인 것이 없는 것이다!

고독하고 높은 자가 항상 외롭고 스스로에게 만족하려 하지 않으며, 산봉우리가 골짜기로 내려오려 하고, 높은 곳의 바람이 낮은 곳으로 내려오려 한다—

---

39) 〈마태복음〉 23장 27절 참조.

오, 이런 동경에 줄 수 있는 합당한 세례명(洗禮名)과 덕의 이름을 누가 찾아낼 수 있으랴! '나누어 주는 덕'—일찍이 차라투스트라는 그 이름 붙일 수 없는 것을 이렇게 불렀다.

그리고 그때 그의 가르침인 '이기심'을, 강한 영혼으로부터 솟아나는 건전한 이기심을 찬양하기도 했었다. —실로 그것은 세상에서 처음 있는 일이었다.

—강한 영혼으로부터. 이런 영혼에게는 고귀한 육체가 어울리는 것이다. 그 주위의 모든 사물이 거울이 되는, 아름답고 자랑스럽고 참신한 육체가.

—자기 향락적 무도자(舞蹈者)인 유연하고 설득력 있는 육체가. 이러한 육체와 영혼의 자기 향락은 스스로를 '덕'이라고 부른다.

그러한 자기 향락은 마치 신성한 숲으로 자기 자신을 보호하듯 선악에 대한 자신의 주의(主義)로 스스로를 보호한다. 그것은 자신의 행복에게 지어 준 이름들로 경멸스러운 모든 것들을 배척한다.

그것은 모든 비겁한 것들을 배척한다. 그것은 말한다. 악이란—곧 '비겁한' 것이라고. 자기 향락은, 항상 걱정하고, 탄식하고, 불평하는 자와 극히 사소한 이익까지도 긁어들이는 자들을 경멸한다.

자기 향락은 또한 슬픔에 찬 모든 지혜[40]를 경멸한다. 왜냐하면 실로 어둠 속에서 꽃을 피우는 지혜, 밤의 그늘과 같은 지혜도 있으며, 그러한 지혜는 항상 '모든 것이 공허하다!'라고 탄식하기 때문이다.

---

[40] 종교적·철학적인 염세주의.

또한 자기 향락은 겁 많은 불신(不信)을 천박한 것으로 생각하며, 시선과 손 대신에 맹세를 요구하는 모든 자들을 천박한 자로 생각하며, 지나치게 불신에 찬 모든 지혜를 천박한 것으로 생각한다. 왜냐하면 그러한 것은 비겁한 영혼의 소유자들의 본질이기 때문이다.

그러나 자기 향락은 쉽게 영합(迎合)하고, 개처럼 벌렁 누워버리는 비천한 자들을 더욱 천박한 자들로 생각한다. 실로 비천하고, 개와 같고, 충실하고 쉽게 영합하는 지혜도 있는 것이다.

자기 향락은 자기 자신을 조금도 지키려 하지 않는 자, 독 있는 침과 악의에 찬 시선을 꿀떡 삼켜 버리는 자, 모든 것을 참을 만큼 지나치게 인내심이 강한 자, 모든 것에 만족하는 자들을 몹시 증오하고, 그들에게서 심한 구역질을 느낀다. 왜냐하면 이러한 것은 노예들의 본질이기 때문이다.

신들과 신들의 발 앞에 굴종하는 것이든, 인간과 인간의 어리석은 생각에 굴종하는 것이든, 이 '모든' 노예와 같은 태도에 대해, 이 영예로운 이기심은 침을 뱉는다!

악(惡). 영예로운 이기심은, 풀이 죽은 노예적인 모든 것과, 자유를 잃고 껌벅거리는 눈, 의기소침한 마음, 넓고 비겁한 입술로 입 맞추는 거짓된 인종적(忍從的)인 태도를 악이라 부른다.

가짜 지혜. 이 이기심은 노예와 노인과 지친 자들이 떠드는 모든 익살을 그렇게 부른다. 특히 저열하고 광란적인, 지나치게 영리한 성직자들의 모든 어리석음을!

그러나 가짜 현자들, 모든 성직자들, 세상에 지친 자들, 여자의 영혼과 노예의 영혼을 가진 자들—오, 그들의 유희는 옛날부터 이기심을 얼마나 학대해 왔던가!

이기심을 학대하는 것—바로 '그것'이 덕이었으며, 덕으로 불렸다. '자기를 돌보지 않는 것'—이들 세계에 지쳐 버린 겁쟁이들과 십자 거미들은 그럴듯한 이유로 그렇게 되기를 원했던 것이다!

그러나 이제 그날이, 변화가, 심판의 칼이, '위대한 정오'[41]가 그들 모두에게 찾아오리라. 그러면 많은 것들이 분명히 밝혀질 것이다!

그리고 아욕(我慾)을 건전하고 신성한 것이라고 선언하고, 이기심을 영예로운 것이라고 선언하는 자—실로 예언자인 그는 자기가 알고 있는 것도 또한 선언한다.

"보라, 오고 있다, 가까워지고 있다, 위대한 정오가!"라고.

차라투스트라는 이렇게 말했다.

11. 중력(重力)의 영(靈)[42]에 대하여

1

나의 입은—민중의 입이다. 온순한 토끼와 같은 겁쟁이들에게는 나의 말은 너무도 거칠고 격렬하게 들릴 것이다. 그리고 나의 말은 모든 문필에 종사하는 물고기 같은 자들과 저작(著作)을 하는 여우 같은 자들에게는 더욱더 이상하게 들릴 것이다.

---

41) 인류가 과거를 돌이켜보고 미래를 내다보면서, 성직자들의 지배에서 벗어나는 자기 성찰의 순간.
42) 자기 자신의 자유로운 발전을 저해하는 모든 것을 가리킴.

나의 손은—바보의 손이다. 화 있으라, 모든 테이블과 벽들에게. 그리고 바보가 낙서할 여지가 있는 모든 것들에게!

나의 발은—말의 발이다. 나는 이 발로 산을 넘고 골짜기를 건너 마구 벌판을 달린다. 그리고 마구 내달릴 때는 나는 기쁨으로 인해 악마에 사로잡힌 듯하다.

나의 위장은—아마도 독수리의 위장인가 보다. 나의 위장은 어린양의 고기를 가장 좋아하기 때문이다. 어쨌든 그것은 어떤 새의 위장인 것만은 틀림없다.

순결한 약간의 것들로 영양을 취하고, 날아갈 태세를 하고, 초조해하는 것—그것이 지금의 나의 심경이다. 그 속에 어찌 새의 본성과 같은 것이 없겠는가!

특히 내가 중력의 영에 대해 적의(敵意)를 품고 있는 것이야말로 새의 본성이다. 그리고 그것은 실로 불구대천(不俱戴天)의 적에 대한, 최대의 적에 대한, 숙적(宿敵)에 대한 적의인 것이다! 오, 나의 적의가 날아가 보지 않은, 날아다니며 헤매지 않은 곳이 어디 있는가!

나는 그것에 대해 노래를 부를 수 있다—나는 노래 하나를 '부르리라.' 비록 텅 빈 집에 나 혼자 남게 되어, 그 노래를 나 자신의 귀에 들려줄 수밖에 없다 하더라도.

청중이 만(滿)원을 이루어야만 비로소 목소리가 부드러워지고, 두 손에 감동시키는 힘이 생기고, 두 눈에 감정이 풍부해지고, 가슴이 눈을 뜨는 가수들이 있다. 그러나 나는 결코 그런 자가 아니다.

2

언젠가 인간에게 나는 법을 가르치는 자는, 모든 경계석(境界石)을 옮길 것이다. 모든 경계석은 스스로 창공으로 날아 그에게로 향할 것이다. 그리하여 그는 대지에게 새로이 세례명을 줄 것이다—'중력이 없는 것'이라는 세례명을.

타조(駝鳥)는 가장 빠른 말보다도 더 빨리 달린다. 그러나 이 타조까지도 머리를 무거운 대지 속으로 무겁게 처박곤 한다. 날지 못하는 인간도 또한 이와 마찬가지이다.

그러한 자들은 대지와 삶은 무거운 것이라고 말한다. 중력의 영은 바로 그것을 '원하는' 것이다! 그러나 가벼워지기를 원하고, 새가 되기를 원하는 자는 자기 자신을 사랑해야 한다—나는 그렇게 가르친다.

자기 자신에 대한 사랑은 병든 자와 병적인 자들의 사랑이어서는 안 된다. 그런 자들에게 있어서는 자신에 대한 사랑마저도 악취를 풍기기 때문이다!

인간은 건전한 사랑으로 자기 자신을 사랑하는 법을 배워야 한다. 자기 자신과 함께 있는 것을 견디어내고 이리저리 방황하지 않도록 하기 위해—나는 그렇게 가르친다.

이러한 방황은 스스로를 '이웃에 대한 사랑'이라고 자칭한다. 이러한 말은 이제까지 기만과 가장을 위해서는 더없이 좋은 말이었다. 특히 모든 사람들을 억눌렀던 자들[43]에게는.

실로 자기 자신을 사랑하는 법을 '배우는' 것은 하루아침에 되는 것이 아니다. 오히려 그것은 모든 기술 중에서 가장 정교하고

---

43) 종교적·도덕적인 계율로 세상 사람들을 억압해 온 자들.

가장 미묘한 최고의 기술이며, 가장 인내심을 필요로 하는 기술이다.

왜냐하면 인간의 모든 소유물들은 그 소유자로부터 잘 감춰져 있으며, 보물을 묻어 둔 모든 굴 중에서도 자신의 굴이 맨 나중에 파헤쳐지게 마련이기 때문이다—그것은 중력의 영 때문이다.

요람 속에 있을 때, 우리에게는 지참금으로서 무거운 말과 가치가 주어진다. 이 지참금은 스스로를 '선'과 '악'이라고 부른다. 이 지참금을 소유하고 있기 때문에 우리에게는 살아 있는 것이 허용되는 것이다.

그리고 우리는, 어린이들이 적당한 때에 그들 자신을 사랑하지 못하도록 하기 위해, 그들을 우리에게로 오게 한다—그것은 중력의 영 때문이다.

그리고 우리는—지참금으로 받은 것을 어깨에 메고 험한 산을 넘어 성실하게 가지고 간다! 그리하여 우리가 땀을 흘릴 때면 사람들은 우리에게 말한다. "그렇다, 삶은 무거운 짐이다!"라고.

그러나 인간에게 무거운 짐은 오직 인간뿐이다! 왜냐하면 인간은 남의 것들을 너무 많이 자기 어깨에 메고 가기 때문이다. 그는 낙타처럼 무릎을 꿇고 짐을 잔뜩 싣게 한다.

특히 경외심(敬畏心)을 지니고 있는, 무거운 짐을 견디어내는 강한 자는 '남의' 무거운 말과 가치를 지나치게 많이 자신의 어깨에 짊어진다. 그리하여 그에게는 삶은 사막처럼 보이는 것이다!

그리고 실로 '자기 자신의' 것들 중에서도 많은 것들이 짊어지기 힘든 짐이다! 또한 인간 내부의 본질적인 것들 중 많은 것들이 굴〔牡蠣〕과 같아, 구역질이 나고 미끈미끈하여 붙잡기 어렵다—

—그리하여 고상하게 장식한 고귀한 껍질이 조정해야 하는 것

이다. 인간은 이 기술을 배워야 한다. 인간은 껍질과, 아름다운 외관과, 영리한 맹목(盲目)을 '갖는' 방법도 또한 배워야 하는 것이다!

한편 많은 껍질이 빈약하고 비참하며 너무도 껍질에 불과하다는 사실이, 인간 내부의 많은 것들을 기만한다. 감춰진 많은 선과 힘은 결코 헤아려지지 않는다. 가장 훌륭한 맛은, 알아주는 사람이 드문 법이다!

여자들, 특히 가장 훌륭한 여자들은 이것을 알고 있다. 약간 뚱뚱한 몸매와 약간 홀쭉한 몸매— 오, 얼마나 많은 운명이 이런 사소한 일에 달려 있는가!

인간은 그 정체를 헤아리기 어려운 존재이며, 특히 자기 자신은 가장 헤아리기 어려운 존재이다. 때때로 정신이 영혼에 대해 거짓말을 한다. 그것은 중력의 영 때문이다.

그러나 "이것이 '나의' 선이며 악이다"라고 말하는 자는, 자기 자신을 발견한 자이다. 이렇게 말함으로써 그는, "만인을 위한 선이며 만인을 위한 악"이라고 말하는 저 두더지와 난쟁이들의 입을 틀어막는 것이다.

모든 사물은 선하며, 그중에서도 이 세계는 가장 선하다고 말하는 자들을, 나는 싫어한다. 나는 이러한 자들을 완전히 만족한 자들이라고 부른다. 모든 것을 음미할 줄 아는 완전한 만족, 그것은 최선의 입맛이 아니다! 나는 '나'와 '그렇다'와 '아니다'를 말할 줄 아는 고집이 세고 까다로운 혀와 위장을 존경한다.

그러나 무엇이건 씹어서 소화시키는 것—그것은 돼지의 본성이다! 언제나 좋다고 긍정하는 것—그것은 당나귀와 당나귀의 정신을 가진 자만이 하는 짓이다!

짙은 황색과 강렬한 적색, '나의' 입맛에는 이것이 맞는다―나의 입맛은 모든 색깔에 피를 섞는다. 그러나 자기의 집을 회(灰)칠하는 자는 회칠한 영혼을 내게 드러내는 것이다.

어떤 자들은 미라를 사랑하고, 또 어떤 자들은 유령을 사랑한다. 그들은 모두 모든 살과 피의 적인 것이다―오, 이들은 얼마나 나의 입맛에 거슬리는가! 나는 피를 사랑하는 자이기 때문이다.

그리고 나는 모든 사람이 토하고 침 뱉는 곳에 살거나 머물기를 원치 않는다. 이것이 현재 '나의' 취미이다. ―나에게는 그런 곳에서 사는 것보다 차라리 도적들이나 위증자들 사이에서 사는 것이 더 낫다. 그런 곳에서는 황금을 입에 물고 있는 자는 한 사람도 없다.

그러나 내게 그보다 더 혐오스러운 것은 침이라도 핥는 모든 알랑거리는 자들이다. 그리고 이제까지 내가 발견한 가장 혐오스러운 짐승과 같은 인간에게 나는 '기생충'이라는 세례명을 주었다. 그러한 인간은, 자기는 남을 사랑하려 하지 않으면서도, 남의 사랑에 의해 살기를 원하는 것이다.

사악한 짐승이 되느냐, 아니면 짐승을 길들이는 사악한 조련사(調練師)가 되느냐, 둘 중에 하나를 택할 수밖에 없는 모든 자들을, 나는 가련한 자들이라고 부른다. 나는 이런 자들 사이에 나의 천막을 치기를 원치 않는다.

또 항상 '기다리고만' 있어야 하는 자들을 나는 가련한 자들이라고 부른다―이런 자들은 나의 취미에 맞지 않는다. 모든 세리(稅吏)들과 상인들, 왕들, 그리고 토지와 상점을 지키는 모든 자들은.

나 역시 기다리는 것을 깊이 배웠다―그러나 내가 배운 것은, '나 자신을' 기다리는 것이었다. 그리고 무엇보다도 나는 서는 것,

걷는 것, 달리는 것, 뛰어오르는 것, 기어오르는 것, 그리고 춤추는 것을 배웠다.

그러나 나는 이렇게 가르친다. "언젠가 날기를 배우기를 원하는 자는 먼저 서는 것, 걷는 것, 달리는 것, 기어오르는 것, 춤추는 것을 배워야 한다—처음부터 날기를 배울 수는 없다!"라고.

나는 밧줄 사다리로 많은 창문에 기어오르는 것을 배웠으며, 민첩한 발로 많은 높은 돛대에 기어올랐다. 인식의 높은 돛대 위에 올라앉는 것은, 나에게는 적지 않은 행복으로 생각되었던 것이다.

높은 돛대 위에서 마치 작은 불꽃처럼 깜빡거리는 것은, 작은 불꽃이기는 하지만, 그래도 표류하는 선원들이나 난파(難破)를 당한 자들에게는 큰 위로가 되는 것이다!

나는 여러 가지 길과 여러 가지 방법에 의해 나의 진리에 도달했다. 나의 시선이 먼 곳을 바라보는 이 높은 곳으로 내가 기어오른 것은 하나의 사다리를 타고 기어오른 것은 아니다.

나는 마지못해 길을 묻곤 했다. —그것은 항상 나의 취미에 맞지 않았다! 차라리 나는 여러 가지 길 자체에게 묻고, 여러 가지 길 자체를 시도해 왔다.

나의 한 걸음 한 걸음은 모두가 하나의 시도였고 물음이었다—실로 인간은 그런 물음에 대답하는 법을 '배워야' 한다! 그것이—나의 취미이다.

그것은 좋은 취미도 나쁜 취미도 아닌 '나의' 취미인 것이며, 나는 나의 취미를 더 이상 숨기지도 부끄러워하지도 않는다.

나에게 '길'을 물은 자들에게 나는 "이것이—지금의 '나의' 길이다. 그대들의 길은 어디 있는가?"라고 대답했다. 왜냐하면 '그' 길은—존재하지 않기 때문이다!

차라투스트라는 이렇게 말했다.

12. 낡은 목록표와 새로운 목록표[44)에 대하여

1

부서진 낡은 목록표들과 반쯤 기재된 새로운 목록표들에 둘러
싸인 채 나는 이곳에 앉아 기다리고 있다. 나의 때는 언제 오려나?
—나의 하강의 때, 나의 몰락의 때는. 나는 다시 한 번 인간들에
게 가기를 원하기 때문이다.

나는 지금 기다리고 있다. 왜냐하면 '나의' 때임을 나타내는 신
호가 내게 와야만 하기 때문이다—비둘기 떼를 거느린 웃는 사자
[45)가.

그때까지는 나는 여유 있는 자로서 나 자신을 향해 이야기하리
라. 내게 새로운 것을 말해 주는 사람은 하나도 없다. 그러므로 나
는 나 자신에 대해 나 자신에게 이야기하는 것이다.

2

내가 인간들에게 갔을 때, 나는 그들이 낡아빠진 자만심 위에 앉
아 있다는 것을 발견했다. 그들은 모두가 인간에게 무엇이 선이고

---

44) 기성의 가치와 새로운 가치.
45) 초인을 가리킴.

무엇이 악인가를 전부터 알고 있다고 생각하고 있었다.

덕에 대해 이야기하는 것은, 그들에게는 낡아빠진 권태로운 일처럼 생각되었다. 그리하여 깊이 잠들기를 바라는 자는, 잠자리에 들기 전에 '선'과 '악'에 대해 이야기하는 것이었다.

"무엇이 선이고 무엇이 악인지, 창조자 이외에는 '아무도 모른다'!"라고 그들에게 가르침으로써 나는 그들의 잠을 방해했다.

—그러나 창조자란, 인간의 목표를 창조하고, 대지에 그 의미와 그 미래를 부여하는 자이다. 즉 사물 속에서 선과 악의 본질을 '창조해 내는' 자인 것이다.

그리고 나는 그들에게, 그들의 낡아빠진 독단적인 강좌와 낡아빠진 자만이 도사리고 있는 모든 곳을 뒤집어엎으라고 명령했다. 또한 나는 그들에게 그들의 위대한 덕의 스승들·성자들·시인들·구원자들을 비웃으라고 명령했다.

나는 그들에게 그들의 음침한 현자들과 검은 허수아비처럼 생명의 나무 위에 앉아 경고하고 있는 모든 자들[46]을 비웃으라고 명령했다.

나는 그들의 커다란 무덤 거리에 앉기도 했으며, 심지어 썩은 시체와 독수리 곁에 앉기도 했다—그리고 나는 그들의 모든 '과거'와 썩어 사라져 가는 과거의 모든 영광을 비웃었다.

실로 나는 참회를 권고하는 설교자들처럼 그리고 바보들처럼, 그들의 크고 작은 모든 일들에 대해 분노와 수치를 외쳤다—그들의 가장 선한 것이 이다지도 보잘것없다니! 그들의 가장 악한 것이 이다지도 보잘것없다니! —이렇게 나는 비웃었다.

---

46) 삶에 대항하는 기독교 도덕의 설교자들.

실로 산 위에서 생겨난 거친 지혜인 나의 현명한 동경은, 나의 내부로부터 이렇게 외치며 웃었다—날개를 퍼덕이는 나의 커다란 동경은.

그리고 때때로 이 동경은 나를 앞으로, 위로, 멀리, 그리고 웃음 속으로 끌고 가곤 했다. 그러면 실로 나는 화살이 되어 햇빛에 취한 황홀경에 떨며 날아가곤 했다.

꿈에서도 본 적이 없는 먼 미래 속으로, 예술가들이 꿈꾸어 왔던 것보다 더 따뜻한 남쪽으로, 신들이 춤을 추면서 모든 옷들을 부끄럽게 생각하는 곳으로—

내가 비유로 이야기하고, 시인들처럼 더듬더듬 말할 수 있도록. 실로 나는 내가 아직도 시인이어야 함을 부끄럽게 생각한다!

그곳에서는 모든 생성(生成)이 내게는 신들의 춤이며 신들의 분방(奔放)으로 보였으며, 세계는 해방되어 자유분방하게 자기 자신에게로 되돌아 달음질치는 것처럼 보였다—

이와 같이 세계는 마치 많은 신들이 서로 영원히 달음질치면서 다시 서로를 찾는 것처럼 생각되고, 또한 많은 신들이 행복에 넘쳐 서로 반발하면서 다시 귀를 기울여, 재결합하는 것처럼 생각되었다.

그곳에서는 모든 시간이 내게는 각 순간에 대한 행복한 조소로 생각되었다. 그곳에서는 필연은 자유 그 자체였으며, 자유의 가시 〔荊〕를 가지고 행복하게 놀았다.

그곳에서 나는 나의 옛 악마이며, 최대의 적인 중력의 영(靈)과, 그 영이 창조한 모든 것, 즉 강제 · 규정 · 필연과 결과 · 목적과 의지 · 선과 악을 다시 발견했다.

왜냐하면 그 '위에서' 춤추어야 할, 춤추며 건너야 할 것이 있어야만 하지 않겠는가? 가벼운 자들, 가장 가벼운 자들을 위해 두더지들과 무거운 난쟁이들이 있어야 하지 않겠는가?

3

내가 '초인'이라는 말을 알게 된 것도 그곳에서였으며, 인간은 초극되어야 할 존재라는 것을 깨닫게 된 것도 또한 그곳에서였다.

인간은 다리일 뿐 목적이 아니라는 것, 그리하여 새로운 서광(曙光)에 이르는 길로서, 자신의 정오와 저녁 때문에 자기 자신을 행복하다고 생각한다는 것을 알게 된 것도.

위대한 정오에 대한 차라투스트라의 말과 아름다운 저녁노을처럼 내가 인간들의 머리 위에 걸어 놓은 모든 것을 알게 된 것도.

실로 나는 그들에게 새로운 밤들과 함께 새로운 별들을 보여 주었다—그리고 구름과 낮과 밤 위에, 나는 마치 화려한 천막처럼 웃음을 펼쳐 놓았다.

나는 인간 내부에 존재하는 단편적이고 수수께끼이며 두려운 우연인 것들을 하나로 짜 맞추는 '나의' 모든 기술과 목적을 그들에게 가르쳤다—

시인으로서, 수수께끼를 푸는 자로서, 그리고 우연을 구제하는 자로서 나는 그들에게 미래를 창조하라고 가르쳤으며, 창조함으로써 '과거의' 모든 것들을 구제하라고 가르쳤다.

인간의 과거를 구제하고, 의지가 "그러나 나는 그렇기를 원했다! 그러므로 나는 그렇기를 원할 것이다"라고 말할 때까지 모든 '그랬었다'를 변형시킬 것을—

나는 이것을 구제라고 불렀으며, 이것만을 구제라고 부르기를 그들에게 가르쳤다.

이제 나는 '내가' 구제[47]되기를 기다리고 있다. —그리하여 마지막으로 내가 그들에게 가게 되기를.

왜냐하면 나는 다시 한 번 인간들에게 가기를 원하기 때문이다. 나는 인간들 '사이에서' 몰락하기를 원하며, 죽어가면서 그들에게 나의 가장 풍요로운 선물을 주고 싶다!

나는 그것을 넘치도록 풍요로운 별인 태양이 가라앉을 때 태양으로부터 배웠다. 그때 태양은 무진장한 보고(寶庫)로부터 황금을 바닷속으로 퍼부었다—

그리하여 가장 가난한 어부까지도 '황금으로 된' 노를 저었다! 일찍이 나는 이런 광경을 바라보면서 눈물을 금할 수 없었다.

차라투스트라도 태양처럼 몰락하기를 원한다. 이제 그는 부서진 낡은 목록표들과 반쯤 기재된 새로운 목록표들에 둘러싸인 채 이곳에 앉아 기다리고 있다.

4

보라, 여기 새로운 목록표가 있다. 그런데 나와 함께 이 목록표를 골짜기 인간의 육신의 심장에게 운반해 갈 나의 형제들은 어디 있는가?

가장 먼 자에 대한 나의 커다란 사랑은 이렇게 명령한다. '그대의 이웃을 사랑하지 말라!'라고. 인간은 초극되어야 할 존재인 것이다.

---

47) 고독의 상태로부터의 구제.

초극함에는 여러 가지 길과 방법이 있다. 그것에 유의하라! 그러나 익살 광대만은 이렇게 생각한다. '인간은 뛰어넘음을 당할 수도 있다!'라고.

그대의 이웃들 속에서조차도 그대 자신을 초극하라. 그리고 그대는 그대 스스로가 움켜쥘 수 있는 권리를 선물로 받아서는 안 된다!

그대가 하는 일을 아무도 그대에게 할 수는 없다. 보라, 보복은 존재하지 않는다.

자기 자신에게 명령하지 못하는 자는 복종해야 한다. 많은 사람들이 자기 자신에게 명령할 수는 있지만, 자기가 명령한 것에 복종함에 있어서는 매우 태만하다.

5

고귀한 영혼을 지닌 자들은, 무엇이든지 '무상(無償)으로' 소유하기를 원치 않는다. 특히 삶은.

천민(賤民)의 근성을 가진 자는, 무상으로 살기를 원한다. 그러나 삶으로부터 삶 그 자체를 부여받은 우리는—이에 대해 가장 잘 '보답하기 위해' 무엇을 주어야 하는가를 항상 생각한다.

"삶이 우리에게 약속한 것을, 우리는 삶을 위해 지켜야 한다!"라고 말하는 것은 실로 고귀한 말이다.

우리는 자신이 즐거움을 주지 않는 한, 즐거워하기를 원해서는 안 된다. 우리는 즐거워하기를 '원해서는' 안 되는 것이다!

왜냐하면 즐거움과 순결은 가장 부끄러움을 잘 타는 것이기 때문이다. 그리하여 즐거움과 순결은 모두 추구되기를 원치 않는다.

그러므로 우리는 그들을 '소유하고' 있어야 하며—오히려 죄책과 고통을 '추구해야' 하는 것이다.

6

오, 나의 형제들이여, 가장 먼저 태어난 자는 항상 제물로 바쳐 진다. 그런데 우리는 가장 먼저 태어난 자들인 것이다.

우리는 모두 은밀한 제단에서 피를 흘리고, 낡은 우상들의 영예를 위하여 불에 타고 구워진다.

우리의 최상의 것은 아직 어리다. 이것이 노인들의 입맛을 자극하는 것이다. 우리의 살은 연하고 우리의 가죽은 어린양의 가죽과 같다—그러니 어찌 우리가 우상을 섬기는 늙은 성직자들의 입맛을 자극하지 않을 수 있겠는가!

'우리들 자신 속에는' 아직도 우상을 섬기는 늙은 성직자가 살고 있으며, 그는 자기의 향연을 위해 우리의 최상의 것을 불에 굽는다. 아, 나의 형제들이여, 그러니 어찌 가장 먼저 태어난 자가 제물이 되지 않을 수 있겠는가!

그러나 우리와 같은 자들은 그렇게 되기를 원한다. 나는 자신을 지키려 하지 않는 자들을 사랑한다. 나는 몰락해가고 멸망해가는 자들을 나의 모든 사랑으로 사랑한다. 왜냐하면 그들은 피안으로 건너가고 있기 때문이다.

7

진실한 것—'그럴 수' 있는 자는 극히 드물다! 그리고 진실할 수 있는 자들은 진실해지기를 원치 않는다! 그러나 가장 진실해질 수 없는 자는 선한 자들이다.

오, 이 선한 자들을 보라! '선한 자들은 결코 진실을 말하지 않는다.' 그런 선은 일종의 정신병인 것이다.

이러한 선한 자들은 양보하고 복종한다. 그들의 가슴은 모방하고, 그들은 마음으로부터 복종한다. 그러나 복종하는 자는 '자기 자신의 목소리에는 귀를 기울이지 않는 법이다!'

하나의 진리가 태어나기 위해서는, 선한 자들이 악이라고 부르는 모든 것이 하나가 되어야 한다. 오, 형제들이여, 그대들도 또한 '이러한' 진리에 어울릴 정도로 악한가?

대담한 시도, 오랫동안의 불신, 잔혹한 부정(否定), 혐오, 살아 있는 것들 속으로 베어 들어가는 것—'이러한 것들이' 하나를 이루기란 얼마나 드문 일인가! 그러나 진리는 그러한 씨앗으로부터 태어나는 것이다.

이제까지 모든 '인식은' 죄의식 '옆에서' 성장해 왔다! 부숴버려라, 그대 인식한 자들이여, 부숴버려라, 낡은 목록표들을!

8

물 위에 널빤지가 덮여져, 그 위로 걸어 다닐 수 있을 때, 흐름 위에 다리와 난간이 놓였을 때, "모든 것은 흘러가고 있다!"라고 말하는 자를 사람들은 믿지 않는다.

오히려 어리석은 자들까지도 그렇게 말하는 자에게 항변한다. "뭐라고? 모든 것이 흘러가고 있다고? 하지만 널빤지들과 난간은 흐름 '위에' 있지 않은가!

흐름 '위에' 있는 모든 것들은 견고하게 고정되어 있다. 만물의 모든 가치와 모든 다리들, 모든 개념들, 그리고 모든 '선'과 '악', 이것들은 모두 견고하게 고정되어 있다!"라고.

그러나 흐름을 길들이는 자인 냉혹한 겨울이 오면, 가장 영리한 자들까지도 불신을 배운다. 그리하여 그때 "만물은 정지되어 있는 것이 아닐까?"라고 말하는 것은 비단 어리석은 자들만이 아니다.

"근본적으로 만물은 정지되어 있는 것이다"—이것은 바로 겨울의 가르침이며, 불모의 계절에 어울리는 말이며, 겨울잠을 자는 자들과 난롯가에 웅크리고 있는 게으름뱅이들에게는 더할 나위 없는 위로의 말이다.

"근본적으로 만물은 정지되어 있다"—그러나 얼음을 녹이는 따뜻한 바람은 '이와 반대로' 설교한다!

얼음을 녹이는 따뜻한 바람, 그것은 황소이기는 하지만 땅을 가는 황소가 아니라—성난 황소이며 성난 뿔로 얼음을 부수는 파괴자이다! 그리하여 얼음은 '다리를 부숴버리는 것이다!'

오, 나의 형제들이여, 이제 만물은 '흘러가고 있지 않는가?' 모든 난간과 다리가 물속으로 무너져 내려 흔적도 없이 사라져 버리지 않았는가? 누가 아직도 '선'과 '악'에 '매달리려' 하겠는가?

"우리에게 재앙이로다! 우리에게 축복이로다! 얼음을 녹이는 따뜻한 바람이 불어오고 있다!"[48]—이렇게 설교하라, 오, 나의 형제들이여, 모든 거리를 돌아다니며!

---

48) 지금까지 의지해 온 낡은 가치관들이 파괴되는 것은 재앙이다. 그러나 그로 인해 새로운 가치관이 기대되므로 다행한 일이다.

9

선악이라고 불리는 낡은 망상(妄想)이 있다. 지금까지 이 망상의 수레바퀴는 예언자들과 점성가들 주위를 회전했다.

일찍이 사람들은 예언자들과 점성가들을 '믿었다.' '그러므로' 사람들은 "모든 것은 운명이다. 그대는 그렇게 되지 않을 수 없기 때문에 그렇게 될 것이다!"라고 믿었다.

그 후 사람들은 다시 모든 예언자들과 점성가들을 의심하기 시작했다. '그리하여' 사람들은 "모든 것이 자유이다—그대가 어떤 일을 할 수 있는 것은 그대가 그것을 하려고 하기 때문이다!"라고 믿었다.

오, 나의 형제들이여, 별들과 미래에 관해서는 이제까지 인식이 아닌 망상만이 존재해 왔다. '따라서' 선악에 관해서도 이제까지 인식이 아닌 망상만이 존재해 왔다!

10

"도적질하지 말라! 살인하지 말라!"—일찍이 사람들은 이런 말들을 신성하게 생각해 왔다. 사람들은 이러한 말들 앞에 무릎을 꿇고, 머리를 숙이고, 신발을 벗었던 것이다.

그러나 나는 그대들에게 묻고자 한다—일찍이 이러한 신성한 말들보다 더 훌륭한 도적과 살인자가 이 세상 어디 있었던가?

모든 삶 그 자체 속에—도적질과 살인 행위가 있지 않는가? 그리고 그러한 말들이 신성한 것으로 불리는 것에 의해—'진리' 그 자체가 살해되지 않았던가?

아니면 모든 삶을 부정하고 모든 삶에 대항하는 것들을 신성하다고 부른 것은 죽음의 설교였는가? —오, 나의 형제들이여, 부숴버려라, 부숴버려라, 낡은 목록표들을!

11

지나가 버린 모든 것들이 버림을 받는 것을 볼 때, 나는 그것들을 동정하지 않을 수 없다—

그것들은, 잇따라 다가와서 과거에 존재했던 모든 것들을 그들의 다리(橋)로 변형시켜 버리는, 모든 세대의 호의와 정신과 광기에 넘겨진 것이다!

교활한 악마인 어마어마한 폭군 하나가 나타나, 그의 호의와 혐오로써 지나가 버린 모든 것들을 강요하고 억압하여, 마침내 그의 다리가 되게 하고, 그의 징후가 되게 하고, 전령이 되게 하고, 닭 울음소리가 되게 할지도 모른다.

그러나 또 다른 위험이며 또 다른 나의 동정은 이러하다. 즉 천한 부류에 속하는 자는 그의 할아버지에까지 거슬러 기억하지만—그의 할아버지와 함께 시간은 정지해 버리는 것이다.

이와 같이 지나가 버린 모든 것들은 버림을 받고 있다. 왜냐하면 언젠가는 천민이 주인이 되어, 모든 시간이 얕은 물속에 빠져 죽게 될지도 모르기 때문이다.

그러므로 오, 나의 형제들이여, '새로운 귀족이' 필요하다. 모든 천민과 모든 폭군에 대항하고 새로운 목록표에 '고귀하다'라는 말을 새로이 써넣을 귀족이.

'새로운 귀족이 존재하기 위해서는' 많은 고귀한 자들과 여러 종류의 고귀한 자들이 필요하다! 바꿔 말하면 내가 전에 비유로 말한 것처럼 "신들은 존재하지만 유일한 신은 존재하지 않는다는 것, 그것이 바로 신성(神性)인 것이다!"

12

오, 나의 형제들이여, 나는 그대들을 새로운 귀족으로 임명하고, 그대들에게 그 작위(爵位)를 준다. 그대들은 미래를 잉태하는 자, 미래를 가꾸는 자, 미래의 씨를 뿌리는 자가 되어야 한다—

실로 그것은 상인들이 상인들의 황금으로 살 수 있는 그런 귀족은 아니다. 왜냐하면 값을 지니고 있는 것은 모두가 거의 무가치한 것이기 때문이다.

그대들이 어디서 왔느냐가 아니라 어디로 가고 있느냐가, 앞으로는 그대들의 명예가 되게 하라! 그대들 자신을 초월하려는 그대들의 의지와 발[49]—그것이 그대들의 새로운 명예가 되게 하라!

그대들의 명예는, 그대들이 왕을 섬긴 것이 아니다—이제 왕들이 무엇이란 말인가! —즉 그대들의 명예는, 서 있는 것을 더욱 확고히 세우기 위해, 그대들이 그 방벽(防壁)이 된 것이 아니다!

그대들의 일족(一族)이 궁정에서 기품 있게 자란 것도, 그대들이 마치 붉은 학처럼 화려한 모습으로 오랫동안 얕은 연못[50] 속에 서 있는 법을 배운 것도 그대들의 명예가 되지는 못한다.

—왜냐하면 '서 있을 수 있다는 것'은 조정에서 일하는 신하들의 장점이기 때문이다. 조정의 모든 신하들은 '앉아도 된다는 것'이

---

49) 자기 초극의 의지와 행위.
50) 천박한 궁정 생활.

사후 행복의 하나라고 믿고 있는 것이다!

또한 그대들의 조상들을 약속된 땅으로 인도한 소위 성스러운 영도 그대들의 명예가 아니다. 나는 그런 땅을 찬양하지 않는다. 왜냐하면 모든 나무들 중 가장 나쁜 나무인 십자가가 자라는 곳―그런 땅에는 찬양할 것이 없기 때문이다!―

실로 그 성령이 자기의 기사(騎士)들을 어디로 인도했든, 그 행렬 '선두에는' 항상 염소들과 거위들, 십자가에 홀려 머리가 돈 자들이 앞장을 섰던 것이다!

오, 나의 형제들이여, 그대들의 고귀함은 뒤쪽이 아니라 '앞쪽을' 응시해야 한다! 그대들은 모든 아버지의 나라 · 조상들의 나라로부터 추방된 자들이어야 한다!

그대들은 그대들의 '아이들의 나라'를 사랑해야 한다. 이 사랑이 그대들의 새로운 고귀함이 되게 하라―가장 먼 바닷속에 있는 아직 발견되지 않은 나라에 대한 사랑이! 나는 그대들의 돛에게 그 나라를 찾고 또 찾으라고 명령한다!

그대들이 그대들의 조상의 아이들임에 대해 그대들은 그대들의 아이들에게 '보상해야' 한다. '그리하여' 그대들은 과거의 모든 것들을 구제해야 한다! 나는 이 새로운 목록표를 그대들의 머리 위에 걸어 놓는다!

13

"무엇 때문에 사는가? 모든 것이 헛되다! 산다는 것―그것은 볏짚을 타작하는 것이다. 산다는 것―그것은 자기 자신을 태우면서도 자기는 따뜻해지지 않는 것이다."

아직도 이런 낡아빠진 시시콜콜한 말들이 '지혜'로 간주되고 있다. 낡고 곰팡내를 풍기기 '때문에' 이러한 말들은 더욱더 존경을 받는 것이다. 곰팡이까지도 사물을 고귀하게 만드는 것이다.

아이들이라면 그렇게 말할 수도 있을 것이다. 아이들은 불에 덴 적이 있으면 불을 무서워하기 때문이다! 낡은 지혜의 책들 속에는 아이들 같은 유치함이 많이 들어 있다.

그리고 언제나 '볏짚을 탈곡하는 자'가 볏짚을 탈곡하는 일을 비방하는 것을 어찌 내버려 둘 수 있겠는가! 그런 바보는 입을 다물게 해야 한다!

이런 자들은 식탁에 앉을 때 아무것도 가지고 오지 않으며, 심지어는 맛있게 먹기 위한 식욕조차도 가지고 오지 않는다—그럼에도 불구하고 그들은 지금 "모든 것이 헛되다!" 하고 비방적으로 말하는 것이다.

그러나 오, 나의 형제들이여, 잘 먹고 잘 마시는 것, 그것은 실로 헛된 일이 아니다! 부숴라, 부숴라, 결코 즐거워할 줄 모르는 자들의 목록표를!

14

"순수한 자들에게는 모든 것이 순수하다"—사람들은 이렇게 말한다. 그러나 나는 그대들에게 말한다. "돼지들[51]에게는 모든 것이 돼지와 같은 것이 되어 버린다"라고.

---

51) 염세주의자들을 가리킨다. 유대교의 제식(祭式)에서 돼지를 불결한 동물로 거부하는 것을 비유하고 있다.

그리하여 머리뿐만 아니라 심장까지도 밑으로 굽어진 광신자들과 위선자들은 "세계 그 자체는 오물로 가득 찬 괴물이다"라고 설교한다.

그들은 모두가 불결한 정신을 갖고 있기 때문이다. 세계를 '꽁무니 쪽에서' 보지 않으면 평화와 안식을 얻지 못하는 자들, 즉 배후 세계론자들은 특히 그러하다!

귀에 거슬리겠지만, 나는 이런 자들에게 정면으로 '이렇게' 말하련다. 세계는 꽁무니를 갖고 있다는 점에서 인간과 비슷하다— '그것은' 사실이다!

세계에는 많은 오물이 있다. '그것은' 사실이다! 그러나 그렇다고 해서 세계 자체가 오물로 가득 찬 괴물이라고 말할 수는 없다!

세계의 많은 것들이 악취를 풍긴다는 사실 속에는 지혜가 깃들어 있다. 구역질이야말로 날개를 창조하고 물을 찾아내는 능력을 창조하는 것이다!

가장 훌륭한 자들의 내부까지도 구역질을 일으키는 그 무엇이 존재한다. 그러므로 가장 훌륭한 자들까지도 초극되어야 할 존재인 것이다!

오, 나의 형제들이여, 세계에는 많은 오물이 있다는 사실 속에는 많은 지혜가 깃들어 있다!

15

나는 경건한 배후 세계론자들이 그들의 양심을 향해 다음과 같이 말하는 것을 들었다. 실로 악의도 기만도 없이 말하는 것을 —그러나 이 말 이상으로 기만과 악의에 찬 것은 세상에 없는 것이다.

"세계를 있는 그대로 내버려 두라! 세계에 대항하여 손가락 하나도 까딱하지 말라!"

"사람들을 목 졸라 죽이고, 찔러 죽이고, 살가죽을 벗기고, 살을 베어내고자 하는 자를 내버려 두라. 이에 대항하여 손가락 하나도 까딱하지 말라! 그렇게 함으로써 그들은 세계를 단념하는 법을 배우게 될 것이다."

"그리고 그대들 자신의 이성―그대들은 그대들 자신의 이성의 목을 졸라 죽여야 한다. 왜냐하면 그것은 이 세계의 이성이기 때문이다―그렇게 함으로써 그대들은 스스로 이 세계를 단념하는 법을 배우게 될 것이다"라고.

파괴하라, 오 나의 형제들이여, 파괴하라, 경건한 자들의 이 낡은 목록표들을! 세계를 비방하는 자들의 말을!

16

"많은 것을 배우는 자는 모든 격렬한 욕망을 잊는다"―오늘날 사람들은 모든 어두운 거리에서 서로에게 이렇게 속삭인다.

"지혜는 사람을 기진맥진하게 만들며, 가치 있는 것이란 아무것도 없다. 그러므로 그대들은 욕구해서는 안 된다!"―이런 새로운 목록표가 여러 시장에 걸려 있는 것을 나는 보았다.

파괴하라, 오, 형제들이여, 파괴하라, 이 새로운 목록표를! 이 목록표를 걸어 놓은 것은 이 세상에 권태를 느낀 자들, 죽음을 설교하는 자들, 그리고 형리(刑吏)들이다. 왜냐하면 보라, 그것은 예속(隷屬)을 권장하는 설교이기 때문이다.

그들은 잘못 배웠으며, 가장 훌륭한 것들은 전혀 배우지 못했다. 그들은 모든 것을 너무 일찍 배웠으며 너무 빨리 배웠다. 그들은 잘못 '삼켰다'—그리하여 그들은 그처럼 위장병이 생긴 것이다.

그들의 정신은 곧 망가진 위장이며, '이 망가진 위장이' 죽음을 권하는 것이다! 왜냐하면 형제들이여, 실로 정신은 일종의 위장이기 때문이다!

인생은 기쁨의 샘이다. 그러나 고통의 아버지인 망가진 위장이 입을 여는 자에게는 모든 샘은 독으로 변한다.

인식하는 것—그것은 사자(獅子)의 의욕을 가진 자에게는 '기쁨'이다! 그러나 권태에 사로잡힌 자는 '의욕당할' 뿐이며, 모든 파도의 노리개인 것이다.

그것은 항상 연약한 자들의 본질이다. 그리하여 그들은 도중에서 길을 잃는 것이다. 마침내 그들의 지쳐 버림은 "우리는 무엇 때문에 지금까지 길을 헤매어 왔을까? 모든 것이 마찬가지인데!"라고 묻는다.

'이런 자들의' 귀에는 이렇게 설교하는 것이 기쁘게 들린다. "가치 있는 것은 아무것도 없다! 그대들은 의욕하지 말라!"라고. 그러나 그것은 예속을 강요하는 설교인 것이다.

오, 나의 형제들이여. 차라투스트라는 지쳐 버린 모든 자들에게 신선한 바람으로서 불어닥친다. 그리하여 많은 코들로 하여금 재채기를 하게 할 것이다!

나의 자유분방한 숨결은 벽들까지도 관통하여 감옥과 감옥에 갇힌 자들의 정신 속으로 스며든다!

의욕은 자유롭게 만든다. 왜냐하면 의욕하는 것은 곧 창조하는 것이기 때문이다—나는 이렇게 가르친다. 그러므로 그대들은 '오직' 창조하기 위해서만 배워야 한다!

그대들은 먼저 내게서 배우는 방법과 잘 배우는 방법까지도 '배워야' 한다!—귀 있는 자는 들으라.

17

여기에 작은 배가 있다—이 배는 저 기슭을 건너 어쩌면 크나큰 허무에 이르게 될 것이다. 그러나 누가 이 '어쩌면'에 타기를 원하겠는가?

그대들 중에 아무도 이 죽음의 배를 타기를 원치 않는다! 그런데 어찌 그대들이 이 '세상에 지친 자'일 수 있겠는가?

이 세상에 지친 자들! 그러나 그대들은 이제까지 대지에 등을 돌린 적이 한 번도 없었다. 나는 그대들이 여전히 대지를 갈망하고 있으며, 그대들이 대지에 대한 그대들 자신의 권태를 사랑하고 있음을 항상 발견했다!

그대들의 입술이 아래로 처져 있는 것은 공연한 일이 아니다—어떤 조그만 지상적인 염원이 아직도 그대들의 입술 위에 도사리고 있는 것이다! 그리고 그대들의 눈에는—잊히지 않은 지상적인 쾌락의 조각구름이 떠돌고 있지 않는가?

지상에는 훌륭한 창조물들이 많이 있다. 그중에 어떤 것들은 유용하고, 어떤 것들은 기쁨과 만족을 준다. 그래서 대지는 사랑스러운 것이다.

또한 지상에는 여인들의 젖가슴처럼 매우 훌륭한 창조물들이 많이 있으며, 그것들은 유용함과 동시에 기쁨과 만족을 준다.

그러나 그대, 세계에 지친 자들이여! 그대, 대지에 권태를 느끼는 자들이여! 그대들은 회초리를 맞아야 한다! 회초리를 맞음으로써 그대들의 다리는 다시 튼튼하게 만들어져야 한다!

왜냐하면 만일 그대들이 대지가 싫증을 느끼는 병든 자나 지쳐 빠진 가련한 자가 아니라면, 그대들은 교활한 게으름뱅이이거나 혹은 몰래 돌아다니는 향락의 도둑고양이이기 때문이다. 그대들이 다시 활기차게 '이리저리 뛰어다니려고' 의욕하지 않는다면— 그대들은 사라져 버려야 한다!

인간은 불치의 환자에 대해 의사가 되려고 해서는 안 된다. 이렇게 차라투스트라는 가르친다. —그러므로 그대들은 사라져 버려야 한다!

그러나 끝장을 내기 위해서는 새로운 시구(詩句) 한 줄을 짓는 것보다 더 많은 '용기'가 필요하다. 모든 의사들과 시인들은 이 사실을 알고 있는 것이다.

18

오, 나의 형제들이여, 권태에 의해 작성된 목록표들과 게으른 나태에 의해 작성된 목록표들이 있다. 이들 양자는 비슷한 말을 하지만, 그들은 서로 다르게 들리기를 원한다.

여기 이 시들어 가는 자를 보라! 그는 자신의 목적지로부터 매우 가까운 곳에 있으면서도 지칠 대로 지쳐 여기 먼지 속에 반항적으로 누워 있다. 이 용감한 자는!

그는 길과 대지와 목표와 자기 자신에 지쳐 하품을 한다. 그는 한 발짝도 앞으로 내디디려 하지 않는다—이 용감한 자는!

이제 태양은 그의 머리 위에서 그를 뜨겁게 내리쬐고, 개들은 그의 땀을 핥고 있다. 그러나 그는 용감하게도 끝내 그곳에 누워 시들어 가기를 바라고 있다—그의 목적지로부터 극히 가까운 곳에서! 실로 그는 머리카락을 휘어잡힌 채 그의 천국으로 끌려가야 할 것이다—이 영웅은!

그보다도 더욱 바람직스러운 것은, 위안자인 잠이 속삭이는 서늘한 비를 데리고 그를 찾아오도록, 그를 누운 채 그대로 내버려 두는 것이다.

그를 누운 채 그대로 두라, 그가 스스로 잠에서 깨어날 때까지—모든 지침과 지침이 그를 통해 가르친 것을 그가 스스로 취소할 때까지!

다만, 나의 형제들이여, 그로부터 개들을 쫓아 버려라, 살금살금 기어다니는 저 게으른 자들을, 떼 지어 다니는 모든 구더기들을—

모든 영웅들의 땀을 마음껏 즐기는, 떼 지어 다니는 모든 '교양 있는' 구더기들을!

19

나는 나의 주위에 원을 그려 성역(聖域)을 만든다. 높은 산에 오르면 오를수록 나와 함께 오르는 자는 점점 적어진다. 나는 더욱더 성스러워지는 산들로부터 산맥 하나를 쌓아 올린다.

그러나 그대들이 나와 함께 어디에 오르건, 오, 형제들이여, '기생자(寄生者)'가 그대들과 함께 오르지 못하도록 경계하라!

기생자, 그것은 기어다니는 벌레, 아첨하는 벌레로서, 그대들의 병든 곳과 상처 난 곳들을 파먹고 살찌려고 한다.

그리고 위로 오르는 영혼들의 지친 부분을 알아내는 것이 기생자의 기술이다. 기생자는 그대들의 비애와 불만 속에, 그대들의 예민한 수치심 속에 혐오스러운 둥지를 튼다.

강한 자의 약한 곳, 고귀한 자의 지나치게 온유한 곳, 기생자는 그런 곳에 혐오스러운 둥지를 튼다. 기생자는 위대한 사람이 가지고 있는 하찮은 상처 속에 사는 것이다.

만물 중에서 가장 높은 부류의 것은 무엇이며, 가장 낮은 부류의 것은 무엇인가? 가장 낮은 부류의 존재는 기생자이다. 그러나 가장 높은 부류의 존재[52]는 가장 많은 기생자들을 기르는 자인 것이다.

가장 긴 사다리를 가지고 있기 때문에 가장 깊은 곳까지 내려갈 수 있는 영혼, 이 영혼에 어찌 가장 많은 기생자들이 둥지를 틀지 않겠는가?

자신의 가장 깊은 곳으로 달려 들어가 방황하고 떠돌아다닐 수 있는 가장 광대한 영혼, 기쁨으로 인해 스스로를 우연 속으로 내던지는 가장 필연적인 영혼—

생성 속으로 뛰어드는 현존하는 영혼, 욕망과 동경에 '참여하고자' 하는 소유하는 영혼—

가장 넓은 공간 속에서 스스로를 뒤쫓는 자신으로부터 도망치는 영혼, 어리석음이 가장 감미롭게 말을 거는 가장 지혜로운 영혼—

그 내부에 모든 사물이 흐름과 역류(逆流)와, 밀물과 썰물을 갖는 자기 자신을 가장 사랑하는 영혼, —오, 이 '최고의 영혼'이 어

---

52) 나누어 주는 덕을 지닌 창조자.

찌 최악의 기생자들을 거느리지 않겠는가?

20

오, 나의 형제들이여, 나는 잔인한가? 그러나 나는 말한다, 떨어지고 있는 것들은 또한 떠밀려야 한다고!

오늘날의 모든 것—그것은 떨어지고 있으며, 쇠퇴해 가고 있다. 누가 그것을 떨어지지 않도록 떠받치겠는가? 그러나 나는—그것도 또한 떠밀어 버리기를 원한다!

그대들은 깎아지른 듯한 심연 속으로 돌을 굴리는 기쁨을 아는가? —오늘날의 이 인간들, 그들이 나의 심연 속으로 굴러떨어지는 것을 보라!

나는 보다 훌륭한 연주자들을 예고하는 전주곡이다. 오, 나의 형제들이여! 나는 하나의 표본이다! 나의 표본을 따르라!

그리고 그대들이 나는 법을 가르쳐 주지 않는 자에게는 가르쳐 주라—'더욱 빨리 떨어지는 법을!'

21

나는 용감한 자들을 사랑한다. 그러나 검객(劍客)이 되는 것만으로는 충분치 않다—'누구'를 대항하여 검객이 되어야 할 것인가도 또한 알아야 한다!

그러므로 때때로 자신을 억제하고 그냥 지나쳐 버리는 것 속에 더욱 큰 용기가 있다. 그것은 보다 가치 있는 적을 위해 자신을 아껴 두기 '위해서'이다!

그대들은 미워하는 적만을 가져야 하며, 경멸하는 적을 가져서는 안 된다. 그대들은 그대들의 적을 자랑스럽게 생각해야 한다. 일찍이 나는 그렇게 가르친 적이 있다.

오, 나의 형제들이여, 그대들은 보다 가치 있는 적을 위해 그대들 자신을 아껴야 한다. 따라서 그대들은 많은 것들을 못 본 체 지나쳐 버려야 하는 것이다.

특히 그대들의 귀에 민중과 귀족들에 대해 떠들어대는 많은 천민들을 그대들은 못 본 체 지나쳐 버려야 한다.

그들의 갑론을박(甲論乙駁)에 관여하여 그대들의 눈을 흐리게 해서는 안 된다! 거기에는 많은 옳고 그름이 있어, 그것을 바라보는 자는 분노를 느끼게 된다.

이런 경우에는 그것을 바라보는 것은 그것에 칼을 쓰는 것과 마찬가지이다. 그러므로 그곳을 떠나 숲속으로 들어가 그대들의 칼을 잠재우라!

그대들은 '그대들의' 길을 가라! 그리고 민중과 민족들은 그들의 길을 가도록 내버려 두라! —한 가닥의 희망의 빛도 더 이상 비치지 않는 어두운 그들의 길을!

빛나는 것이라고는 여전히 상인들의 황금밖에 없는 곳은 상인들이 지배하도록 내버려 두라! 왕들의 시대는 이미 지나갔다. 오늘날 민중이라고 자칭하는 자는 왕을 가질 자격이 없는 것이다.

이들 민중들이 스스로 상인처럼 행동하는 것을 보라. 그들은 온갖 쓰레기들로부터 아무리 적은 이익이라도 긁어모은다!

그들은 서로 숨어서 노려보며, 서로 속여 빼앗는다—그들은 그것을 '훌륭한 이웃의 정의(情誼)'라고 부른다. 오, 어떤 민족이 스스로에게 "나는 여러 민족들의 '지배자'가 되기를 원한다!"라고 말했던 행복했던 먼 시대여!

왜냐하면 나의 형제들이여, 최선의 것이 지배해야 하며, 또 최선의 것은 지배하기를 '원하기' 때문이다! 그러나 이와는 다른 가르침이 설교되고 있는 곳[53]—그곳에는 최선의 것이 결여되어 있는 것이다.

22

만일 '그들이'—빵을 공짜로 얻을 수 있다면, 아! —'그들은' 무엇을 달라고 외칠 것인가! 생계를 위한 그들의 노동—그것이야말로 그들의 참된 오락인 것이다. 그러므로 삶은 그들에게는 견디기 힘든 것일 수밖에 없는 것이다!

그들은 약탈을 일삼는 맹수들이다. 그들의 '노동'에까지도—약탈이 들어 있고, 그들의 '소득'에까지도—기만이 들어 있다! 그러므로 그들에게는 삶은 견디기 어려운 것일 수밖에 없는 것이다!

그리하여 그들은 보다 훌륭한 맹수가 되어야 하는 것이다. 보다 교활하고, 보다 영리하고, '보다 인간을 닮은' 맹수가. 왜냐하면 인간은 가장 훌륭한 맹수이기 때문이다.

인간은 이미 모든 짐승들로부터 그들의 덕을 강탈했다. 삶이 다른 짐승들보다 인간에게 가장 견디기 힘든 것은 바로 그 때문이다.

오직 새들만이 아직도 인간 저쪽에 있다. 그러나 만일 인간이 나는 법을 배운다면, 아! '얼마만큼 높이'—인간의 약탈욕은 날아

---

53) 동등(同等)이 설교되는 곳.

갈 것인가!

23

내가 남자와 여자에게 바라는 것은, 전자가 전투에 능하고, 후자가 출산에 능하며, 양자가 모두 머리와 발뒤꿈치[54]로 춤을 추는 데 능해지는 것이다.

그리하여 우리가 춤을 추지 않는 날은 헛된 날이 되게 하라! 또한 아무런 웃음도 가져다주지 않는 지혜는 거짓 지혜가 되게 하라!

24

그대들의 결혼이 나쁜 '결합'이 되지 않도록 주의하라! 그대들은 너무나 빨리 결정짓는다. 그 때문에 결혼의 파탄이 '뒤따르는' 것이다.

그러나 결혼의 왜곡과 결혼 속에 깃든 기만보다는 차라리 결혼의 파탄이 더 낫다! ―어떤 여자가 나에게 이렇게 말했다. "나는 결혼을 파괴했어요. 그러나 그보다 먼저 결혼이 나를 파괴했어요!"라고.

잘못 결합된 부부는 최악의 복수심으로 가득 찬 자가 된다는 것을 나는 항상 발견하곤 했다. 그들은 자기들이 이미 혼자서는 살아갈 수 없다는 사실 때문에 모든 사람들에게 보복을 하는 것이다.

---

54) 정신과 육체, 또는 의식과 행위.

그러므로 나는 정직한 자들이 서로에게 이렇게 말하기를 바란다. "우리는 서로 사랑하고 있다. 우리는 계속해서 서로 사랑하도록 '노력하자!' 아니면 우리들의 약속은 잘못된 것일까?"

"우리가 훌륭한 결혼에 적합한지 어떤지 알 수 있도록 우리에게 일정한 기간과 짧은 결혼생활을 허락해 다오. 항상 둘이 함께 지낸다는 것은 사소한 일이 아니다!"라고.

나는 모든 정직한 자들에게 이렇게 권한다. 만일 내가 이와 다르게 권하거나 말한다면, 초인에 대한 나의 사랑으로 오게 될 모든 것들에 대한 나의 사랑은 도대체 무엇이겠는가?

오, 나의 형제들이여, 앞을 향해서뿐만 아니라 '위를 향해', 그대들 자신을 번식시키기 위해—결혼의 정원이 그대들에게 도움이 되기를!

25

오래된 수원(水源)에 대해 잘 알게 된 자는, 보라, 마침내 그는 미래의 새로운 샘물과 새로운 수원(水源)들을 찾을 것이다.

오, 나의 형제들이여, 머지않아 '새로운 민족들'이 생겨나고, 새로운 샘물들이 새로운 심연들 속으로 세차게 흘러 들어갈 것이다.

왜냐하면 지진은—많은 샘을 메워 버려, 많은 갈증을 야기하지만—한편 내부의 힘과 감춰진 것들을 드러내기도 하기 때문이다.

지진은 새로운 샘들을 노출시킨다. 옛날의 민족들의 지진 속에서 새로운 샘들이 솟아오른다.

그러자 "오라, 여기에 목마른 많은 자들을 위한 샘이, 동경에 가득 찬 많은 자들을 위한 가슴이, 많은 도구들을 위한 의지가 있

다"라고 외치는 자의 주위에—한 민족이, 즉 많은 시험자들이 모여든다. [55]

누가 명령할 수 있으며, 누가 복종할 수 있는가—'그것이 여기서 시험되는 것이다!' 아, 얼마나 긴 탐구와, 성공과, 실패와, 배움과, 실험으로 새로이 시험되는 것인가!

인간 사회, 그것은 하나의 실험이며, 기나긴 탐구이다. 나는 그렇게 가르친다. 그러나 그것은 명령자를 요구한다! —

오, 나의 형제들이여! 그것은 '계약'이 '아니라' 실험인 것이다! 파괴하라, 파괴하라, 연약한 마음을 가진 자들과 얼치기들의 그러한 표현을!

26

오, 나의 형제들이여! 전 인류 미래의 최대의 위험은 그 책임이 누구에게 있는가? 그것은 선하고 의로운 자들[56]에게 있는 것이 아닌가—

즉 "선이란 무엇이며 의란 무엇인지를 우리는 이미 알고 있으며, 또한 우리는 그것을 소유하고 있다. 아직도 그것을 찾고 있는 자들에게 화 있으라!"라고 말하며, 진심으로 그렇게 느끼고 있는 자들에게 있는 것이다!

악인들이 어떠한 해악을 저지른다 하더라도, 선한 자들이 저지르는 해악이야말로 가장 해로운 해악인 것이다!

---

55) 새로운 가치관을 세운 자의 주변에, 낡은 가치관을 상실한 자들이 모여든다는 뜻.
56) 도덕상 혹은 종교상의 정통을 고수하고 신봉하는 자들.

세계를 비방하는 자들이 어떠한 해악을 저지른다 하더라도, 선한 자들이 저지르는 해악이야말로 가장 해로운 해악인 것이다.

오, 나의 형제들이여, 일찍이 선하고 의로운 자들의 마음속을 간파했던 어떤 사람[57]은, "그들은 바리새인과 같은 자들이다"[58] 라고 말했다. 그러나 그는 그들에게 이해되지 못했다.

선하고 의로운 자들은 그의 말을 이해할 수가 없었다. 그들의 정신은 그들의 양심 속에 갇혀 있었기 때문이다. 선한 자들의 어리석음은 헤아릴 수 없을 정도로 영리하다.

그러나 사실은 선한 자들은 바리새인일 '수밖에' 없는 것이다— 그들에게는 아무런 선택권도 없기 때문이다!

선한 자들은 자신의 독자적인 덕을 창안하는 자를 십자가에 못 박을 '수밖에' 없다. 그것은 사실이다.

그러나 그들의 나라, 즉 선하고 의로운 자들의 나라와 마음과 땅을 발견한 두 번째 사람[59]은 "그들은 누구를 가장 증오하는가?" 라고 물은 사람이었다.

그들은 '창조자'를 가장 증오한다. 낡은 목록표들과 낡은 가치를 부숴버리는 자, 파괴자를—그들은 그를 법을 파괴하는 자라고 부른다.

선한 자들은—창조할 '수가 없다.' 그들은 항상 종말의 시작인 것이다—

그들은 새로운 목록표에 새로운 가치들을 써넣는 자를 십자가

---

57) 예수를 가리킴.
58) 〈마태복음〉 6장 23절 참조.
59) 예수 다음가는 사람이라는 뜻으로 차라투스트라를 가리킴.

에 못 박고, '그들 자신을 위해' 미래를 희생시킨다—그들은 전 인류의 미래를 십자가에 못 박는 것이다!

선한 자들은—언제나 종말의 시작이었다.

27

오, 나의 형제들이여, 그대들은 이 말도 또한 이해했는가? 그리고 내가 전에 '최후의 인간'[60]에 대해 한 말을?

전 인류 미래의 최대의 위험은 누구에게 달려 있는가? 그것은 선하고 의로운 자들에게 달려 있는 것이 아닌가?

'파괴하라, 파괴하라, 선하고 의로운 자들을!' —오, 나의 형제들이여, 그대들은 이 말도 또한 이해했는가?

28

그대들은 내게서 도망치는가? 그대들은 깜짝 놀랐는가? 그대들은 이 말을 듣고 벌벌 떠는가?

오, 나의 형제들이여, 내가 그대들에게 선한 자들과 선한 자들의 목록표들을 부숴버리라고 명령했을 때, 그때 나는 인류를 배에 태워 그들의 거친 바다로 내보낸 것이다.

그리하여 이제 커다란 두려움 · 커다란 전망 · 커다란 질병 · 커다란 구역질 · 커다란 뱃멀미가 인류에게 다가오고 있다.

선한 자들은 그대들에게 거짓 해안과 거짓 안전을 가르쳤으며,

---

60) 더 이상 아무런 가능성도 지니지 못한, 있는 그대로일 수밖에 없는 가장 경멸스러운 인간.

그대들은 선한 자들의 거짓말 속에서 태어나 그들의 거짓말 속에 갇혀 있었다. 모든 것이 선한 자들에 의해 뒤틀리고 철저하게 왜곡되어 왔다.

그러나 '인간'의 대지를 발견한 자는 '인간의 미래'의 대지도 또한 발견했다. 이제 그대들은 항해자, 용감하고 인내심 있는 항해자가 되어야 한다!

오, 나의 친구들이여, 때를 놓치지 말고 똑바로 일어서라, 똑바로 일어서는 법을 배우라! 바다에는 폭풍이 일고 있으며, 많은 사람들이 그대들의 도움을 받아 다시 똑바로 일어서기를 원하고 있다.

바다에는 폭풍이 몰아치고 있다. 모든 것이 바다에 있다. 자! 가자, 그대 늙은 선원의 가슴을 가진 자들이여!

조상의 나라가 무엇이란 말이냐! 우리들의 키[舵]는 '먼 곳으로' 항해하고 싶어 한다. 우리들의 '아이들의 나라'가 있는 곳으로! 그곳을 향해 우리들의 크나큰 동경은 바다보다 거칠게 돌진한다!

29

"어찌하여 그토록 단단한가?" 일찍이 숯이 다이아몬드에게 말했다.

"우리들은 가까운 친척이 아닌가?"[61]

오, 나의 친구들이여, 그대들은 어찌하여 그토록 연약한가? '나는' 그대들에게 묻는다. 그대들은—나의 형제가 아닌가?

---

61) 숯과 다이아몬드는 모두 그 성분이 탄소임.

어찌하여 그대들은 그토록 연약하고, 그토록 고분고분하며, 그토록 쉽게 굴복하는가? 어찌하여 그대들의 가슴속에는 자기 부정과 자기 억제가 그토록 많은가? 어찌하여 그대들의 시선 속에는 운명이 그토록 적게 깃들어 있는가?

만일 그대들이 운명이 되고자 하지 않는다면, 만일 그대들이 단호한 자가 되고자 하지 않는다면, 어떻게 그대들은 나와 함께—정복할 수 있겠는가?

만일 그대들의 단단함이 섬광을 발하려 하지 않고, 잘라내려 하지 않고, 완전히 분쇄하려 하지 않는다면, 어떻게 그대들은 장차 나와 함께—창조할 수 있겠는가?

왜냐하면 창조자들은 단단하기 때문이다. 그리하여 그대들의 손을 마치 밀랍 위에 찍듯이 천 년의 세월 위에 찍는 것이, 그대들에게 행복으로 여겨져야 한다.

마치 금속 위에 기록하듯이 천 년 세월의 의지 위에 기록하는 것이 그대들에게 행복으로 여겨져야 한다—금속보다 더 단단하고 금속보다 더 고귀한 천 년 세월의 의지 위에 기록하는 것이. 가장 고귀한 것만이 참으로 단단한 것이다.

오, 나의 형제들이여, 나는 이 새로운 목록표를 그대들의 머리 위에 걸어 놓는다. '단단해지라!'는 목록표를.

30

오, 나의 의지여! 나의 본질이여, '나의' 필연이여, 궁핍을 몰아내는 자여! 모든 하찮은 승리들로부터 나를 지켜 다오!

오, 내가 운명이라고 부르는 내 영혼의 숙명이여! 나의 내부에 있는 자여! 나의 머리 위에 있는 자여! 위대한 숙명을 위해 나를 지켜 다오, 나를 아껴 다오!

나의 의지여, 그대의 최후의 것을 위해 그대의 최후의 위대성을 아껴 두라—그대가 그대의 승리 '속에서' 냉혹해질 수 있도록! 아, 이제까지 자신의 승리에 굴복하지 않은 자가 어디 있던가!

아, 이처럼 황홀한 여명 속에서 눈이 흐려지지 않는 자가 어디 있었던가! 아, 승리 속에서 발이 비틀거리고—서는 법을 잊지 않은 자가 어디 있었던가!

내가 어느 날 위대한 정오에 만반의 준비가 되어 있고 성숙해 있기를. 작열하는 광석처럼, 번개를 품고 있는 먹구름처럼, 부풀어 오른 유방처럼 만반의 준비가 되어 있고 성숙해 있기를—

나 자신에 대해 나의 가장 은밀한 의지에 대해 만반의 준비가 되어 있기를. 자기의 화살에 대한 활의 갈망, 자기의 별에 대한 화살의 갈망으로서—

자신의 정오에 만반의 준비가 되어 있는 성숙한 별로서, 모든 것을 절멸시키는[62] 작열하고 있는 태양의 화살들에 의해 관통된 행복한 별로서—

승리 속에서도 절멸시킬 만반의 준비가 되어 있는 태양 그 자체와 냉혹한 태양의 의지로서!

오, 의지여, 나의 본질이여, '나의' 필연이여, 궁핍을 몰아내는 자여! 하나의 위대한 승리를 위해 나를 아껴 다오!

---

62) 여기서 절멸시키는 자도, 절멸되는 자도 차라투스트라 자신이다. 자기 생애의 절정에서 사멸하기 위해, 자신의 자유 의지에 의해 자신을 파멸시킨다는 의미로 '절멸'이라는 표현을 사용하고 있다.

차라투스트라는 이렇게 말했다.

13. 회복되어 가는 자

1

동굴로 돌아온 지 얼마 되지 않은 어느 날 아침, 차라투스트라는 마치 미친 사람처럼 침상에서 벌떡 일어나 사나운 소리를 지르고는, 어떤 다른 사람이 침상에 누워 일어나려 하지 않기라도 한다는 듯이 행동했다. 차라투스트라의 사나운 목소리가 주위에 울려 퍼지자, 그의 동물들은 공포에 질린 채 그에게 다가왔으며, 차라투스트라의 동굴 주위의 모든 동굴들과 은밀한 곳들로부터 온갖 동물들이 각기 부여받은 발이나 날개의 종류에 따라 날아가기도 하고, 날개를 파닥거리기도 하고, 기어가기도 하고, 껑충껑충 뛰기도 하면서 도망쳐 버렸다. 그러자 차라투스트라는 이렇게 말했다.

깨어나라, 심연의 사상이여, 나의 심연으로부터 깨어나라! 잠꾸러기 벌레야, 나는 그대의 수탉이며 새벽이다. 깨어나라! 깨어나라! 나의 목소리는 닭의 울음소리로서 곧 너를 깨울 것이다!

그대의 귀의 족쇄를 풀고, 나의 외침 소리에 귀를 기울이라! 왜냐하면 나는 그대의 말을 듣고 싶기 때문이다! 깨어나라! 깨어나라! 여기 무덤들까지도 귀를 기울이게 하는 천둥소리가 있다!

그대의 눈에서 잠과 모든 침침함과 안맹(眼盲)을 씻어 버려라! 그대의 눈으로도 또한 내 말을 들으라. 나의 목소리는 태어날 때부터 장님인 자들까지도 고쳐 주는 약이다.

일단 그대가 눈을 뜨기만 하면, 나는 그대를 영원히 깨어 있게 할 것이다. 나는 다시 잠을 자라고 명령하기 위해 증조할머니들을 깨우지는 않는다!

그대는 몸을 뒤척이고, 기지개를 켜고, 투덜거리고 있는가? 일어나라! 일어나라! 투덜거리지 말라, 그대는—나에게 말해야 한다! 신이 없는 자인 차라투스트라가 그대를 부르고 있다!

나의 가장 깊은 심연의 사상이여! 삶의 대변자·고뇌의 대변자·인류의 대변자인 나 차라투스트라는 그대를 부른다!

아, 그대가 오고 있구나—그대의 말소리가 들린다! 나의 심연이 '말을 하고' 있구나. 나는 나의 가장 깊은 심연을 햇빛에 드러냈다. [63]

아! 가까이 오너라! 악수를 하자꾸나—아! 놓아라! 아, 아! —구역질, 구역질, 구역질—아!

2

차라투스트라는 말을 마치자마자 시체처럼 쓰러져 죽은 사람처럼 오랫동안 그대로 있었다. 이윽고 그가 다시 정신을 차렸을 때, 그의 얼굴은 창백했으며, 누운 채 몸을 떨면서 한동안 음식을 입에 대려 하지 않았다. 그런 상태가 7일[64] 동안 계속되었다. 그의 동물들은 밤이나 낮이나 그의 곁을 떠나지 않았으며, 다만 독수

---

63) 자기와 세계가 일체화 된 경지.
64) 천지창조가 7일 동안에 이루어졌다는 성경의 내용과 관련이 있다.

리만이 음식을 갖고 오기 위해 날아갔을 뿐이었다. 독수리는 가지고 온 것은 무엇이건 차라투스트라의 침상 위에 내려놓았다. 그리하여 마침내 차라투스트라는 노랗고 빨간 딸기들과 포도·장밋빛 사과·향긋한 냄새를 풍기는 풀잎·솔방울에 둘러싸인 채 누워 있었다. 그의 발치에는 독수리가 목동들로부터 애써 빼앗아 온 두 마리의 새끼 양이 늘어져 있었다.

7일이 지나자, 마침내 차라투스트라는 침상에서 일어나 장밋빛 사과 하나를 손에 들고 냄새를 맡아 보았다. 그는 그 향기가 매우 상쾌하다고 생각했다. 그러자 그의 동물들은 그와 이야기할 때가 왔다고 생각했다.

"오, 차라투스트라여" 하고 동물들은 말했다. "그대는 7일 동안이나 무거운 눈을 한 채로 그렇게 누워 있었다. 이제 다시 그대의 발로 일어서지 않으려는가?

그대의 동굴에서 나오라. 세계는 마치 하나의 정원처럼 그대를 기다리고 있다. 바람은 그대를 갈망하는 짙은 향기를 머금고 있으며, 모든 시냇물은 그대를 따라 흐르고 싶어 한다.

만물이 그대를 갈망하고 있다. 그것은 그대가 7일 동안 혼자 있었기 때문이다—그대의 동굴에서 나오라! 만물이 그대의 의사가 되기를 원하고 있다!

어떤 쓰디쓰고 무겁게 내리누르는 새로운 인식이 그대에게 닥쳐왔는가? 그대는 발효된 반죽처럼 누워 있었으며, 그대의 영혼은 부풀어 올라 그 가장자리를 넘쳐흘렀다."

차라투스트라가 대답했다. "오, 나의 동물들이여, 계속해서 이야기해 다오, 그대들의 이야기를 내게 들려 다오! 그대들의 이야기는 너무나도 상쾌하구나. 그대들의 이야기를 듣고 있노라면 세계는 내겐 마치 하나의 정원처럼 보인다. 말과 음악 소리가 있다는 것은 얼마나 즐거운 일인가? 말과 음악은 영원히 헤어져 있는 것들 사이에 놓인 무지개이며 가상(假想)의 다리가 아닌가?

모든 영혼은 각기 그 나름대로의 고유한 세계이다. 왜냐하면 모든 영혼은 각기 다른 영혼에게는 하나의 배후 세계이기 때문이다.

가장 닮은 것들 사이에서는 겉모양은 가장 아름다운 말로 거짓말을 한다. 왜냐하면 가장 좁은 간격은 다리를 놓기에 가장 어렵기 때문이다.

내게—어찌 나의 외면(外面)이 있을 수 있겠는가? 외면이란 없는 것이다! 그러나 우리가 음악을 들을 때는 우리는 그러한 사실을 잊어버린다. 얼마나 즐거운 일인가, 그러한 사실을 잊어버린다는 것은!

모든 사물에 각각의 이름과 음악적인 음성이 주어진 것은, 인간이 사물들에 의해 원기를 회복하기 위함이 아닌가? 말한다는 것은 아름다운 바보짓이다. 인간은 그것에 맞추어 모든 것을 초월하여 춤을 추는 것이다.

모든 말과 음악의 모든 거짓말은 얼마나 달콤한가! 우리들의 사랑은 음악에 맞추어 다채로운 무지개 위에서 춤을 춘다.”

그러나 동물들이 대답했다. “오, 차라투스트라여, 우리들처럼 생각하는 자들을 위해 모든 사물이 스스로 춤을 춘다. 그들은 와서 손을 내밀고 큰 소리로 웃어대고는 도망쳤다가—다시 되돌아오는 것이다.

모든 것이 가고 모든 것이 다시 되돌아온다. 존재의 수레바퀴는 영원히 회전하는 것이다. 모든 것이 죽고 모든 것이 새롭게 태어난다. 존재의 세월은 영원히 계속되는 것이다.

모든 것이 파괴되고 모든 것이 새롭게 결합된다. 똑같은 존재의 집이 영원히 스스로 세워지는 것이다. 모든 것이 헤어지고 모든 것이 다시 만난다. 존재의 수레바퀴는 영원히 자신에게 충실하다.

존재는 모든 순간에 시작된다. '저곳'이라는 공은 모든 '이곳'의 주위를 회전하는 것이다. 중심은 모든 곳에 있다. 영원의 길은 구부러져 있다."

"오, 그대 익살꾼들이여, 손풍금들이여!" 하고 차라투스트라는 대답하고는 다시 미소를 지었다. "그대들은 7일 동안에 무엇이 이루어져야 했던가를 얼마나 잘 알고 있는가—

그리고 그 괴물이 나의 목구멍 속으로 기어들어가 나를 질식시켰던 것을! 그러나 나는 그 괴물의 머리를 물어뜯어 내뱉어 버렸다.

그런데 그대들은—벌써 그것을 손풍금 노래로 만들어 버렸는가? 그러나 나는 그 괴물의 머리를 물어뜯어 내뱉어 버린 일로 인해 아직도 지친 채 지금 이곳에 누워 있으며, 아직도 나 자신의 회복을 위해 앓고 있다.

'그런데 그대들은 바라보고만 있었는가?' 오, 나의 동물들이여, 그대들도 역시 잔인한가? 그대들도 인간들처럼 나의 크나큰 고통의 구경꾼이 되기를 원했는가? 인간은 가장 잔인한 동물이다!

인간은 지상의 어떤 것보다도 비극과 투우와 십자가의 처형을 즐긴다. 그리하여 인간이 스스로 지옥을 창조해냈을 때, 보라, 그것은 그의 지상의 천국이었다.

큰 사람이 소리를 지르면—작은 사람은 즉시 달려온다. 그의 혀는 탐욕으로 인해 입으로부터 처진 채 매달려 있다. 그러나 그는 그것을 그의 '동정'이라고 부른다.

소인, 특히 시인은—얼마나 열심히 말로 인생을 비난하는가! 그들의 말에 귀를 기울이라, 그러나 모든 비난 속에 숨어 있는 쾌락을 지나쳐 버리지 말라!"

이처럼 인생을 비난하는 자들을 인생은 한 번의 눈짓으로 압도한다. "당신이 나를 사랑한다고?" 인생은 오만하게 말한다. "잠깐만, 그러나 내겐 당신을 상대할 시간이 없다."

인간은 자기 자신에 대하여 가장 잔인한 동물이다. 자기 자신을 가리켜 '죄인'이라든가 '십자가를 짊어진 자'라든가 '속죄자'라고 자칭하는 모든 자들을 대할 때, 이러한 탄식과 비난 속에 숨어 있는 관능적 쾌락을 지나쳐 버리지 말라!

그런데 나 자신이—나는 인간을 비난하는 자가 되기를 원하는가? 아, 나의 동물들이여, 지금까지 나는 이것만을 배웠다. 인간 내부에 있는 최선의 것을 위해서는 그의 내부에 있는 최악의 것이 필요하다는 것을.

인간의 내부에 있는 모든 최악의 것들은 그의 최선의 '힘'이며, 최고의 창조자에게는 가장 단단한 돌이라는 것, 그리고 인간은 더욱더 선해져야 하며 '또한' 더욱더 악해져야 한다는 것을.

인간은 악한 존재라는 것을 아는 것, '그것은' 내가 묶여야 했던 고문대(拷問臺)는 아니었다—오히려 나는 일찍이 아무도 외친 적이 없는 것을 외쳤다.

"아, 인간의 최악의 것이 그다지도 보잘것없다니! 아, 인간의 최선의 것이 그다지도 보잘것없다니!"라고.

인간에 대한 크나큰 혐오—그것이 나를 질식시키고 나의 목구멍 속으로 기어들어갔던 것이다. "모든 것이 동일하다. 가치 있는 것은 아무것도 없다. 인식이 질식시킨다"라는 예언자의 예언이.

긴 황혼이, 기진맥진한 죽음에 취한 비애가 내 앞에서 절룩거리며 걸어갔다. 그 비애는 하품을 하며 말했다.

"그대가 혐오스러워하는 인간, 소인이 영원히 회귀한다"—나의 비애는 하품을 하며 이렇게 말하고는 다리를 질질 끌었다. 나의 비애는 잠을 이룰 수가 없었다.

인간의 대지는 내게는 동굴로 변했으며, 그 가슴은 움푹 들어갔다. 살아 있는 모든 것이 내게는 인간의 썩은 송장으로 변했으며, 뼈다귀로 변했으며, 썩어 버린 과거로 변했다.

나의 탄식은 이미 인간의 모든 무덤 위에 주저앉아 일어날 수가 없었다. 나의 탄식과 의문은 밤낮 불평하고 숨이 막혀 괴로워하며 울부짖었다.

"아, 인간이 영원히 회귀한다! 소인이 영원히 회귀한다!"라고.

나는 가장 큰 인간과 가장 작은 인간의 벌거벗은 모습을 본 일이 있다. 그들은 서로 너무도 닮았으며, 가장 큰 인간조차도 너무나 인간적이었다.

가장 큰 인간조차도 너무나 작다! —그것이 인간에 대한 나의 혐오였다! 그리고 가장 작은 인간조차도 영원히 회귀한다는 것, 그것이 모든 존재에 대한 나의 혐오였다!

"아, 구역질! 구역질! 구역질!" 차라투스트라는 이렇게 말하고 탄식하며 몸서리쳤다. 왜냐하면 그는 자신의 병을 생각해냈기 때문이었다. 그러나 그의 동물들은 그를 더 이상 말하지 못하게 했다.

"더 이상 말하지 말라, 그대 회복되어 가는 자여!"—그의 동물들은 그에게 이렇게 대답했다. "밖으로 나가라, 바깥세상은 마치 정원처럼 그대를 기다리고 있다.

밖으로 나가 장미꽃과 꿀벌과 비둘기떼에게로 가라! 특히 노래하는 새들에게로 가라, 그 새들에게서 '노래하는 법'을 배울 수 있도록!

왜냐하면 회복되어 가는 자는 노래를 불러야 하기 때문이다. 건강한 자는 말을 해도 상관없다. 건강한 자도 노래 부르기를 원하지만, 그는 회복되어 가는 자와는 다른 노래를 원한다."

"오, 그대 익살꾼들이여, 손풍금들이여, 조용히 하라!" 차라투스트라는 이렇게 대답하고 그의 동물들을 향해 미소를 지었다. "그대들은 참으로 잘 알고 있구나, 7일 동안 내가 나 자신을 위해 어떤 위안을 고안해 냈는가를!

나는 다시 노래를 불러야 한다는 것—나는 나 자신을 위해 '그러한' 위안과 '이러한' 회복을 고안해 냈다. 그대들은 그것에 대해서도 손풍금 노래를 만들고자 하는가?"

"더 이상 말하지 말라." 그의 동물들은 다시 한 번 그에게 대답했다. "회복되어 가는 자여, 그대를 위해 먼저 하프를 준비하라, 새로운 하프를!

왜냐하면 보라, 오, 차라투스트라여! 그대의 새로운 노래를 위해서는 새로운 하프가 필요하기 때문이다.

노래하라, 노래가 넘치게 하라, 오, 차라투스트라여, 새로운 노래로 그대의 영혼을 치료하라, 이제까지 그 누구의 운명도 된 적이 없는 그대의 위대한 운명을 그대가 짊어질 수 있도록!

왜냐하면 오, 차라투스트라여, 그대가 어떤 자이며, 또 어떤 자가 되어야 하는가를 그대의 동물들은 잘 알고 있기 때문이다. 보라, '그대는 영원한 회귀를 가르치는 자이며', 그것이 이제 '그대의' 운명인 것이다!

그대는 이러한 가르침을 가르치는 최초의 인간이 되어야 한다는 것—이 위대한 운명이 어찌 그대의 최대의 위험이며 질병이 아닐 수 있겠는가!

보라, 우리들은 그대의 가르침을 알고 있다. 모든 것이 영원히 회귀하며, 우리들 자신도 또한 그들과 함께 영원히 회귀한다는 것을. 그리고 이제까지 우리들은 이미 수없이 존재해 왔으며, 모든 것들도 또한 우리들과 함께 수없이 존재해 왔다는 것을.

그대는 생성의 거대한 해(年)가, 해라는 괴물이 존재한다고 가르친다. 이 해는 회전을 마치고 다시 회전하기 위해, 마치 모래시계처럼 다시 흘러 떨어지고, 흘러나올 수 있도록 계속해서 되돌아가지 않으면 안 된다.

그리하여 가장 큰 것들에 있어서나 가장 작은 것들에 있어서나, 이들 모든 해들은 서로 동일하며, 따라서 우리들 자신은 가장 큰 것들에 있어서나, 가장 작은 것들에 있어서나, 모든 커다란 해에 있어서나, 우리들 자신과 동일하다.

오, 차라투스트라여, 만일 지금 그대가 죽게 된다면, 보라, 우리들은 그대가 그대 자신에게 무슨 말을 할는지도 또한 알고 있다—그러나 그대의 동물들은 그대에게 아직 죽지 말라고 청한다!

그대는 말할 것이다—전율을 느끼기는커녕 행복에 겨운 나머지 숨을 헐떡이며. 왜냐하면 그대 가장 인내심이 강한 자여, 커다란 중력과 억압이 그대에게서 제거될 것이기 때문이다!"

"이제 나는 죽어 썩어 버린다." 그대는 말할 것이다.

"그리하여 나는 순식간에 무(無)가 되고 말 것이다. 영혼은 육체와 마찬가지로 죽을 수밖에 없는 것이다.

그러나 내가 그 속에 얽혀 있는 매듭, 모든 원인의 매듭은 회귀할 것이다—그 매듭은 나를 다시 창조할 것이다! 나 자신이 이들 영원한 회귀의 원인의 일부이기 때문에.

나는 이 태양과 함께, 이 대지와 함께, 이 독수리와 함께, 이 뱀과 함께 회귀할 것이다—어떤 새로운 삶이나 보다 훌륭한 삶, 혹은 이와 비슷한 삶으로가 '아니라.'

나는 가장 큰 것에 있어서나 가장 작은 것에 있어서나, 이 동일한 삶으로 영원히 회귀할 것이다. 다시 한 번 만물의 영원한 회귀를 가르치기 위해.

다시 한 번 대지와 인간의 위대한 정오에 대한 가르침을 말해 주기 위해. 다시 한 번 초인에 대해 인간에게 말해 주기 위해.

나는 나의 가르침을 말했으며, 나는 나의 가르침에 의해 파괴되었다. 나의 영원한 운명은 그렇게 되기를 원한다—예언자로서 나는 멸망하는 것이다!

이제 몰락해 가는 자가 자기 자신을 축복할 때가 되었다. 이리하여—차라투스트라의 몰락은 '끝난다'"라고.

동물들은 이렇게 말한 다음 입을 다물고는 차라투스트라가 자기들에게 뭔가 말하기를 기다렸다. 그러나 차라투스트라는 동물들의 침묵을 아랑곳하지 않았다. 오히려 그는 조용히 자리에 누워 마치 잠든 사람처럼 두 눈을 감고 있었다. 잠을 자고 있지 않으면서도. 그는 그의 영혼과 대화를 나누고 있었기 때문이었다. 그러나 그의 뱀과 독수리는 그가 그렇게 조용히 있는 것을 보자, 그를 에워싼 커다란 고요에 경의를 표하고는 조용히 그곳을 떠났다.

14. 커다란 동경(憧憬)에 대하여

오, 나의 영혼이여, 나는 그대에게 '일찍이' '옛날에'라고 말하는 것처럼 '오늘'이라고 말할 것을 가르쳤으며, 모든 '이곳'과 '저곳'과 '저 너머'를 초월하여 그대의 춤을 추라고 가르쳤다.

오, 나의 영혼이여, 나는 모든 구석으로부터 그대를 구해 내어, 그대에게서 먼지와 거미들과 황혼을 털어 주었다.

오, 나의 영혼이여, 나는 그대에게서 하찮은 수치심과 구석의 덕을 씻어내고 그대를 설득하여 태양의 눈앞에 그대를 발가벗겨 세워 놓았다.

나는 '정신'이라는 폭풍으로서 그대의 파도치는 바다를 건너갔다. 나는 모든 구름들을 날려 버렸으며, '죄'라고 불리는 교살자(絞殺者)까지도 죽였다.

오, 나의 영혼이여, 나는 그대에게 폭풍처럼 '노'라고 말할 권리를 주었으며, 열린 하늘이 '예스'라고 말하듯이 '예스'라고 말할 권리를 주었다. 그대는 빛처럼 조용히 서 있는가 하면 어느새 부정하는 폭풍 속을 뚫고 지나가는 것이다.

오, 나의 영혼이여, 나는 그대에게 이미 창조된 것들과 아직 창조되지 않은 것들에 대한 자유를 되찾아 주었다. 그러니 장차 올 것들에 대한 기쁨을 그대만큼 아는 자가 어디 있겠는가?

오, 나의 영혼이여, 나는 그대에게 벌레의 갉음처럼 오지 않는 경멸을 가르쳤다. 가장 경멸하면서도 가장 사랑하는 크고 사랑하는 경멸을.

오, 나의 영혼이여, 나는 그대에게, 바다까지도 설득시켜 자기의 높이까지 끌어올리는 태양처럼, 모든 요소들을 설득시켜 그대에게까지 이르게 하라고 가르쳤다.

오, 나의 영혼이여, 나는 그대로부터 모든 복종과 무릎을 꿇는 것, 그리고 '주여'라고 말하는 것을 빼앗아 버렸다. 나는 그대에게 '근심을 내쫓는 자' '운명'이라는 이름들을 주었다.

오, 나의 영혼이여, 나는 그대에게 새로운 이름들과 많은 형형색색의 장난감들을 주었다. 나는 그대를 '운명' '모든 포괄 중의 포괄' '시간의 탯줄' '하늘빛 종(鐘)'이라고 불렀다.

오, 나의 영혼이여, 나는 그대의 대지에게 빨아먹을 온갖 지혜를 주었다. 온갖 새로운 포도주들과 아득히 먼 옛날의 온갖 강한 지혜의 포도주들을.

오, 나의 영혼이여, 나는 그대의 머리 위에 모든 태양과 모든 밤과 모든 침묵과 모든 동경을 퍼부었다—그래서 그대는 포도나무처럼 성장했다.

오, 나의 영혼이여, 이제 그대는 부풀어 오른 유방처럼, 황금빛 포도송이가 빽빽하게 달린 포도나무처럼 풍족하고 무거운 모습으로 서 있다. 그대는 그대의 행복으로 인해 짓눌린 채 풍족한 나머지 기다리면서도 그대의 기다림을 부끄러워하고 있는 것이다.

오, 나의 영혼이여, 이제 그대보다 더 사랑스럽고 포괄적이고 광대한 영혼은 어느 곳에도 존재하지 않는다! 미래와 과거가 그대에게 있어서 보다 더 밀접하게 결합되어 있는 곳이 어디 있겠는가?

오, 나의 영혼이여, 나는 그대에게 모든 것을 주었다. 그리하여 나의 손은 그대로 인해 텅 비었다. 그런데 그대는 지금 미소를 지으며 우수에 가득 찬 모습으로 내게 묻고 있다. "우리들 중에서 감사해야 할 자는 누구인가? 주는 자가 받는 자에게 그 받아 줌에 대해 감사해야 하지 않겠는가? 주는 것은 필연적인 일이 아닌가?

받는 것은—동정을 베푸는 일이 아닌가?"라고.

오, 나의 영혼이여, 나는 그대의 우수가 짓는 미소를 이해하고 있다. 그대의 넘치는 풍요가 지금 동경의 손길을 내뻗고 있는 것이다!

그대의 풍만함은 거친 바다 너머 저쪽을 바라보며 찾고 기다리고 있다. 넘치는 풍만이 품고 있는 동경이 그대의 눈의 미소띤 하늘로부터 내다보고 있는 것이다!

실로, 오, 나의 영혼이여! 그대의 미소를 보고 눈물을 흘리지 않는 자가 어디 있겠는가? 천사들까지도 그대의 미소가 넘치는 호의를 보고 눈물에 젖어 운다.

그대의 호의, 넘치는 호의는 불평하거나 울기를 좋아하지 않는다. 그러나 오, 나의 영혼이여, 그대의 미소는 눈물을 동경하고, 그대의 떨리는 입술은 흐느낌을 동경하고 있다.

"우는 것은 모두가 불평하는 것이 아닌가? 그리고 불평하는 것은 모두가 비난하는 것이 아닌가?" 이렇게 그대는 그대 자신에게 말한다. 그리하여 오, 나의 영혼이여, 그대는 그대의 슬픔을 터뜨리기보다는 차라리 미소를 지으려 하는 것이다.

—그대의 풍만함에 대한 그대의 모든 슬픔과, 포도를 수확하는 자와 그 칼을 기다리는 포도나무의 갈망에 대한 그대의 모든 슬픔을 솟구치는 눈물로 터뜨리기보다는!

그러나 만일 그대가 울려고 하지 않는다면, 그대의 자줏빛 우수를 눈물로 씻으려 하지 않는다면, 그대는 '노래를 불러야만' 할 것이다. 오, 나의 영혼이여! 보라, 내가 미소를 짓고 있다, 그대에게 이렇게 예언했던 나 자신이!

그대는 격렬한 노래를 불러야만 할 것이다. 모든 바다가 조용해져서 그대의 동경에 귀를 기울이게 될 때까지, 동경으로 가득 찬 조용한 바다 위를 모든 선한 것들과 악한 것들 그리고 경이로운 것들이 그 주위에서 뛰노는 황금빛 경이의 조각배가 미끄러지듯 활주할 때까지.

그리고 또한 크고 작은 많은 짐승들과 보랏빛 오솔길을 달릴 수 있는 날렵하고 경이로운 발을 가진 모든 것들이 황금빛 경이를 향해, 자유로운 의지의 조각배를 향해, 그리고 그 주인을 향해 달려갈 때까지. 그러나 그 주인은 다이아몬드로 장식된 포도를 따기 위한 칼을 들고, 기다리고 있는 포도를 수확하는 자인 것이다.

오, 나의 영혼이여, 그는 그대의 위대한 구원자이며, 미래의 노래만이 그 이름을 찾아낼 수 있는, 이름 지을 수 없는 자이다! 그리고 실로 그대의 숨결은 이미 미래의 노래의 향기를 풍기고 있다.

그대는 이미 타오르고 있으며 꿈을 꾸고 있다. 그대는 이미 모든 깊고 메아리치는 위안의 샘물을 게걸스럽게 들이켜고 있다. 그대의 우수는 이미 미래의 노래의 행복 속에서 조용히 쉬고 있다!

오, 나의 영혼이여, 이제 나는 그대에게 모든 것을 주었다. 내가 주어야 할 최후의 것까지도. 그리하여 나의 손은 그대로 인해 텅 비어 있다—'내가 그대에게 노래 부르라고 명령한 것', 보라, 그것이야말로 내가 주어야 할 최후의 것이었다.

나는 그대에게 노래 부르라고 명령했다. 자, 이제 말하라, 말하라, 이제 우리들 중에서 감사해야 할 자는 '누구'인가? 그러나 그보다는 나를 위해 노래를 불러 다오, 노래를 불러 다오, 오, 나의 영혼이여! 그리하여 나로 하여금 감사하게 해 다오!

차라투스트라는 이렇게 말했다.

15. 두 번째 춤 노래

1

"오, 삶이여, 최근에 나는 그대의 눈을 들여다보았다. 나는 그대의 밤의 눈 속에서 황금이 반짝반짝 빛나는 것을 보았다―나의 심장은 기쁨으로 인해 멎어 버렸다.

나는 어두운 수면 위에서 황금 조각배 한 척이 반짝반짝 빛나는 것을 본다. 가라앉는 듯 흔들리다가 다시 떠오르는 몹시 흔들리는 황금 조각배 한 척을!

그대는 나의 발, 춤을 추는 미친 듯한 나의 발에 시선을 던졌다. 웃고 있는 듯한, 묻고 있는 듯한, 녹이는 듯한 흔들리는 시선을.

그대는 그대의 작은 손으로 그대의 캐스터네츠를 단지 두 번 울렸을 뿐이다―그런데 어느새 나의 발은 춤에 열광하여 날뛰고 있었다.

나의 발뒤꿈치는 스스로 뛰어오르고, 나의 발가락 끝은 그대의 프러포즈에 귀를 기울였다. 무도자는 귀를―그의 발가락 끝에 달고 있는 것이다!

나는 그대를 향해 펄쩍 뛰었다. 그러자 그대는 몸을 피하여 달아나 버렸다. 달아나면서 나부끼는 그대의 머리카락의 혓바닥은 나를 향해 뱀처럼 날름거렸다!

나는 그대로부터, 그대의 뱀들로부터 물러섰다. 그러자 그대는 즉시 걸음을 멈추고 몸을 반쯤 돌려 이쪽을 향해 서 있었다. 그대의 눈은 욕정으로 가득 차 있었다.

그대는 조소를 지으며 내게 굽은 길을 가르쳐 준다. 그리하여 나의 발은 굽은 길을 가면서—술책을 배우는 것이다!

그대가 가까이 있으면 나는 그대를 두려워하고, 그대가 멀리 있으면 나는 그대를 사랑한다. 그대가 도망치면 나는 쫓아가고, 그대가 나를 찾으면 나는 숨어 버린다—나는 괴로워하고 있다. 그러나 그대를 위해 내가 무엇인들 기꺼이 참아내지 않겠는가!

그대의 냉담함은 사람의 마음에 불을 지르고, 그대의 증오는 사람을 유혹하고, 그대의 도망침은 사람을 속박하고, 그대의 조소는 —사람의 마음을 움직인다.

누군들 그대를 미워하지 않을 수 있겠는가, 우리들을 묶어 놓고, 우리들을 농락하고, 우리들을 유혹하고, 우리들을 찾고, 우리들을 발견해내는 그대 위대한 여인을! 누군들 그대를 사랑하지 않을 수 있겠는가, 순결하고, 성급하고, 바람처럼 재빠르고, 천진난만한 눈을 가진 죄인인 그대를!

그대는 지금 나를 어디로 끌고 가는가, 그대 다루기 힘든 절세의 미인이여? 그리고는 그대는 또다시 나를 버린다. 그대 귀여운 심술꾸러기여, 배은망덕한 자여!

나는 춤을 추며 그대를 따라간다. 나는 희미한 그대의 발자국이라도 있기만 하면 그대의 뒤를 따라간다. 그대는 어디 있는가? 그대의 손을 내밀어 다오! 손가락 하나만이라도!

이곳에는 많은 동굴과 숲이 있다. 우리들은 길을 잃게 될 것이다! 멈춰라! 걸음을 멈춰라! 올빼미와 박쥐들이 날아다니는 것이 그대에게는 보이지 않는가?

그대는 나를 우롱할 작정인가? 그대 박쥐여! 그대 올빼미여! 이곳이 어디인가? 그대는 그렇게 짖어대고 울부짖는 것을 개들에게서 배웠는가?

그대는 귀엽게도 그대의 작고 흰 이빨을 나를 향해 드러내고 있다. 그대는 그대의 곱슬머리 사이로 사악한 눈초리로 나를 노려보고 있다!

이것은 골짜기와 언덕을 뛰어넘는 춤이다. 나는 사냥꾼이다— 그대는 나의 사냥개가 되겠는가, 아니면 나의 사냥감이 되겠는가?

지금 내 곁에 왔는가 하면 재빨리 도망쳐 버리는 그대 심술꾸러기여! 뛰어오르는가 하면 곧 저쪽으로! —앗, 뛰어오르다가 나 자신이 곤두박질치고 말았다.

오, 그대 교만한 자여, 쓰러져서 동정을 애원하고 있는 나를 보라! 나는 그대와 함께 걷고 싶다. 보다 감미로운 사랑의 오솔길을!—꽃들이 만발한 숲속의 조용한 사랑의 오솔길을! 혹은 금붕어들이 춤추고 헤엄치는 저 호숫가를!

그대는 이제 지쳤는가? 저쪽에 양떼와 저녁노을이 보인다. 이제 우리들의 쫓고 쫓김을 끝내기로 하자. 목동들이 부는 피리소리를 들으면서 잠드는 것은 얼마나 즐거운 일인가!

그대는 그토록 지쳤는가? 내가 그대를 저곳으로 메고 가리라, 팔을 늘어뜨리기만 하라! 그리고 그대가 목이 마르다면—나는 마실 것을 갖고 있지만, 그대는 그것을 마시려 하지 않을 것이다!—

오, 이 저주받은, 민첩하고 유연한 뱀이여, 미끄러운 마녀여! 그대는 어디로 가 버렸는가? 그러나 나는 나의 얼굴에서 그대의 손으로 인해 생긴 두 개의 반점과 가려움을 느낀다![65]

참으로 나는 항상 양처럼 온순한 그대의 목자 노릇을 하는 데

---

65) 할큄을 당한 것을 뜻함.

지쳐버렸다! 그대 마녀여, 만일 내가 이제까지 그대를 위해 노래를 불러왔다면, 이번에는 '그대가' 나를 위해—비명을 질러야 하리라!

나의 채찍의 박자에 맞추어 비명을 지르며 춤을 추어야 하리라! 나는 나의 채찍을 잊어버리지 않았는가? —잊어버리지 않았다!

2

그러자 삶은 그녀의 귀여운 두 귀를 막은 채 나에게 이렇게 대답했다.

"오, 차라투스트라여! 그대의 채찍을 그렇게 무섭게 휘두르지 말라! 그대는 알고 있지 않은가, 소음은 사상을 죽인다는 것을— 그런데 지금 매우 아름다운 사상이 내 머리에 떠오르려고 하고 있다.

우리들은 둘 다 진정 선도 행하지 않고 악도 저지르지 않는 자들이다. 우리들은 선악의 피안에서 우리들의 섬과 초원을 발견했다 —우리 단둘이서! 그러므로 우리들은 서로 사랑해야 한다!

우리들이 진심으로 서로를 사랑하지 않는다고 해서—사람들이 진심으로 서로를 사랑하지 않는다고 해서, 서로를 미워해야만 하는가?

내가 그대를 사랑하며, 때로는 그대를 지나치게 사랑한다는 것을, 그대는 알고 있다. 그것은 내가 그대의 지혜를 부러워하기 때문이다. 아, 이 미친 늙은 바보여, 지혜여!

만일 언젠가 그대의 지혜가 그대에게서 떠나 버린다면, 아! 그때는 나의 사랑도 또한 즉시 그대를 떠날 것이다."

이렇게 말하고는 삶은 생각에 잠긴 채 자기 자신과 주위를 돌아보고 나서 부드러운 목소리로 말했다. "오, 차라투스트라여, 그대는 내게 그다지 충실하지는 못하다!

그대는 그대가 말하는 것만큼 나를 사랑하고 있지는 않다. 그대가 머지않아 나를 떠나가려고 생각하고 있다는 것을 나는 알고 있다.

육중한 소리를 내는 낡고 육중한 종이 하나 있다. 그 종소리는 밤중에 그대의 동굴에까지 울려 퍼진다.

밤중에 이 종이 시간을 알리는 소리를 들을 때, 하나에서 열둘까지 치는 동안 그대는 생각에 잠긴다—

오, 차라투스트라여, 나는 알고 있다. 그대는 곧 나를 떠날 생각을 하고 있다는 것을!"

"그렇다" 나는 더듬거리며 대답했다. "그러나 그대는 이것도 또한 알고 있다—" 그리고는 나는 그녀의 헝클어진, 노란, 바보처럼 보이는 머리카락 한복판에 있는 그녀의 귀에다 무엇인가 속삭였다.

"그대는 그것을 '알고' 있구나, 오, 차라투스트라여, 그것을 아는 사람은 아무도 없는데."

그리고는 우리들은 서로를 바라보고 나서, 서늘한 저녁이 퍼져 나아가고 있는 초원을 바라보며 함께 울었다. 그러나 그때 삶은 내게 이제까지의 어떤 나의 지혜보다도 더욱 사랑스러웠다.

차라투스트라는 이렇게 말했다.

3

'하나!'

오, 인간이여! 귀를 기울여라!

'둘!'

깊은 한밤중은 무엇을 말하고 있는가?

'셋!'

"나는 잠들어 있었다, 나는 잠들어 있었다—,

'넷!'

나는 깊은 꿈에서 깨어났다—

'다섯!'

세계는 깊다,

'여섯!'

낮이 이해할 수 있는 것보다 더 깊다.

'일곱!'

세계의 괴로움은 깊다—,

'여덟!'

쾌락은—마음의 고뇌보다 더 깊다.

'아홉!'

괴로움은 말한다, 사라져 버려라!라고.

'열!'

그러나 모든 쾌락은 영원을 원한다—,

'열하나!'

—깊고 깊은 영원을 원한다!"

'열둘!'

16. 일곱 개의 봉인(封印)
《혹은 예스와 아멘의 노래》

1

내가 예언자라면, 그리하여 두 개의 바다 사이의 높은 산등성이를 헤매는 저 예언자적 정신에 충만해 있다면—

답답하고 무더운 낮은 곳들과, 지쳐서 죽을 수도 살 수도 없는 모든 것들에게 적의를 품은 먹구름처럼—'예스!'라고 말하고, '예스!'라고 웃는 예언자적인 섬광을 내뿜을 만반의 준비가 되어 있는 번개를 잉태한 채 번개와 구원의 햇살을 그 어두운 가슴에 간직하고 있는 먹구름처럼—과거와 미래 사이를 방황하는 예언자적인 정신에 충만해 있다면—

—그러나 그러한 것들을 잉태하고 있는 자는 행복하다! 실로 미래의 빛을 밝히고자 하는 자는 짙은 폭풍처럼 오랫동안 산 위에 걸려 있어야 하는 것이다!

오, 어찌 내가 영원을 갈망하지 않을 수 있겠는가! 반지 중에서도 결혼반지를 어찌 갈망하지 않을 수 있겠는가—회귀의 순환[66]을!

이제까지 나는 나의 아이를 낳게 하고 싶은 생각이 드는 여자를 본 적이 없다. 내가 사랑하는 이 여자를 제외하고는. 왜냐하면, 오, 영원이여! 나는 그대를 사랑하기 때문이다.

---

[66] 니체의 영겁회귀 사상의 체험은 어느 의미에서는 사랑의 체험이었다. 즉 영원에 대한 사랑의 체험이었다. 그리고 이 영원은 어디까지나 대지의 영원성이며, 같은 것의 영겁회귀로서의 영원성이었다. 영원은 여자로 불리고 회귀의 순환은 결혼반지로 불리고 있다.

'왜냐하면 나는 그대를 사랑하기 때문이다. 오, 영원이여!'

2

만일 일찍이 나의 분노가 무덤들을 파헤치고, 경계석(境界石)들을 옮겨 놓고, 낡은 목록표들을 부숴 깊은 구렁 속으로 굴려 버렸다면,

만일 일찍이 나의 조소가 곰팡내 나는 말들을 멀리 날려 버렸다면, 그리하여 내가 십자 거미들에게는 빗자루처럼, 낡고 축축한 무덤들에게는 깨끗이 쓸어버리는 바람처럼 다가왔다면,

만일 일찍이 내가 예전에 세계를 비방했던 자들의 기념비 옆, 낡은 신들이 묻혀 있는 곳에 앉아 세계를 축복하고, 세계를 사랑하며 즐거워하고 있었다면—

—왜냐하면 만일 부서진 천정을 통해 하늘이 맑은 눈으로 내려다보고 있기만 하다면, 나는 교회와 신의 무덤들까지도 사랑하기 때문이다. 나는 잡초와 붉은 양귀비꽃처럼 부서진 교회 위에 올라앉기를 좋아하는 것이다—

오, 어찌 내가 영원을 갈망하지 않을 수 있겠는가! 반지 중에서도 결혼반지를 어찌 갈망하지 않을 수 있겠는가—회귀의 순환을!

이제까지 나는 나의 아이를 낳게 하고 싶은 생각이 드는 여자를 본 적이 없다, 내가 사랑하는 이 여자를 제외하고는. 왜냐하면, 오, 영원이여! 나는 그대를 사랑하기 때문이다.

'왜냐하면 나는 그대를 사랑하기 때문이다. 오, 영원이여!'

3

만일 일찍이 창조적인 호흡의 숨결이, 그리고 우연에게까지도 강요하여 별의 윤무(輪舞)를 추게 하는 저 천계적(天界的)인 필연의 숨결이 내게 찾아왔다면,

만일 일찍이 내가, 투덜거리면서도 순종하며 따르는 저 천둥인, 창조적인 번개의 웃음을 웃었다면,

만일 일찍이 내가 신들의 도박장인 대지에서 신들과 주사위 놀이를 했다면, 그리하여 대지가 진동하고 파열하고 불길을 내뿜었다면—

—왜냐하면 대지는 신들의 도박장이며, 창조적인 새로운 말들과 신들의 주사위 놀이로 인해 떨고 있기 때문이다—

오, 어찌 내가 영원을 갈망하지 않을 수 있겠는가! 반지 중에서도 결혼반지를 어찌 갈망하지 않을 수 있겠는가—회귀의 순환을!

이제까지 나는 나의 아이를 낳게 하고 싶은 생각이 드는 여자를 본 적이 없다, 내가 사랑하는 이 여자를 제외하고는. 왜냐하면, 오, 영원이여, 나는 그대를 사랑하기 때문이다.

'왜냐하면 나는 그대를 사랑하기 때문이다. 오, 영원이여!'

4

만일 일찍이 내가 모든 것들이 잘 혼합되어 있는, 거품이 일고 있고 양념 혼합 단지[67]로부터 마음껏 마셨다면,

만일 일찍이 나의 손이 가장 먼 것을 가장 가까운 것에, 불을

---

67) 하나의 포괄적인 총체로서의 세계를 상징함.

정신에, 쾌락을 슬픔에, 가장 악한 것을 가장 선한 것에 결합시켰다면,

만일 나 자신이 모든 것들이 단지 속에서 잘 섞이게 하는 저 구원의 소금 한 알이라면—

—왜냐하면 선과 악을 결합시키는 소금이 있기 때문이다. 그리하여 가장 악한 것이라 할지라도 양념이 되고 넘치는 최후의 거품이 될 가치가 있는 것이다—

오, 어찌 내가 영원을 갈망하지 않을 수 있겠는가! 반지 중에서도 결혼반지를 어찌 갈망하지 않을 수 있겠는가—회귀의 순환을!

이제까지 나는 나의 아이를 낳게 하고 싶은 생각이 드는 여자를 본 적이 없다, 내가 사랑하는 이 여자를 제외하고는. 왜냐하면, 오, 영원이여! 나는 그대를 사랑하기 때문이다.

'왜냐하면 나는 그대를 사랑하기 때문이다. 오, 영원이여!'

5

만일 내가 바다를 사랑하고 바다와 같은 모든 것들을 사랑한다면, 그리고 그들이 화를 내며 내게 반박할 때 그들을 가장 사랑한다면,

만일 아직 발견되지 않은 곳을 향해 항해하는 탐험의 기쁨이 나의 내부에 있다면, 그리하여 나의 기쁨 속에 항해자의 기쁨이 있다면,

만일 일찍이 나의 환희가, "해안은 사라졌다—이제 내게서 마지막 족쇄가 풀렸다—

—나의 주위에서는 무한히 포효하고, 저 멀리에서는 공간과 시

간이 나를 위해 반짝이고 있다. 자, 가자! 늙은 마음이여!"라고 외
쳤다면,

오, 어찌 내가 영원을 갈망하지 않을 수 있겠는가! 반지 중에서
도 결혼반지를 어찌 갈망하지 않을 수 있겠는가—회귀의 순환을!

이제까지 나는 나의 아이를 낳게 하고 싶은 생각이 드는 여자를
본 적이 없다, 내가 사랑하는 이 여자를 제외하고는. 왜냐하면,
오, 영원이여! 나는 그대를 사랑하기 때문이다.

'왜냐하면 나는 그대를 사랑하기 때문이다. 오, 영원이여!'

6

만일 나의 덕이 춤추는 자의 덕이라면, 그리하여 내가 때때로 두
발로 황금빛·에메랄드빛의 황홀 속으로 뛰어든다면,

만일 나의 악의가 장미꽃 언덕과 백합꽃 울타리 사이에서 살고
있는 웃는 악의라면—

—왜냐하면 웃음 속에는 온갖 악이 들어 있지만, 그 악들은 자신
의 행복으로 인해 신성해지고 죄가 소멸되어 버리기 때문이다—

그리고 모든 무거운 것이 가벼워지고, 모든 육체가 춤추는 자가
되고, 모든 정신이 새가 되는 것, 그것이 나의 알파요 오메가라면,
—실로 그것은 나의 알파요 오메가인 것이다—

오, 어찌 내가 영원을 갈망하지 않을 수 있겠는가! 반지 중에서
도 결혼반지를 어찌 갈망하지 않을 수 있겠는가—회귀의 순환을!

이제까지 나는 나의 아이를 낳게 하고 싶은 생각이 드는 여자를
본 적이 없다, 내가 사랑하는 이 여자를 제외하고는. 왜냐하면,
오, 영원이여! 나는 그대를 사랑하기 때문이다.

'왜냐하면 나는 그대를 사랑하기 때문이다. 오, 영원이여!'

7

만일 일찍이 내가 나 자신의 머리 위에 조용한 하늘을 펼쳐 놓고, 나 자신의 날개로 나의 하늘 속으로 날아갔다면,

만일 내가 자유롭게 날며 빛이 있는 깊숙한 곳으로 헤엄쳐 갔다면, 그리하여 새의 지혜가 나의 자유로움에게 찾아왔다면—

—그러나 새의 지혜는 이렇게 말한다. "보라, 위도 없고, 아래도 없다! 마음껏 날뛰어라, 밖으로, 뒤로, 그대 가벼운 자여! 노래하라! 더 이상 말하지 말라!

—모든 말은 무거운 자들을 위해 만들어진 것이 아닌가? 모든 말은 가벼운 자들에게는 거짓말이 아닌가? 노래하라! 더 이상 말하지 말라!"라고—

오, 어찌 내가 영원을 갈망하지 않을 수 있겠는가! 반지 중에서도 결혼반지를 어찌 갈망하지 않을 수 있겠는가—회귀의 순환을!

이제까지 나는 나의 아이를 낳게 하고 싶은 생각이 드는 여자를 본 적이 없다, 내가 사랑하는 이 여자를 제외하고는. 왜냐하면, 오, 영원이여! 나는 그대를 사랑하기 때문이다.

'왜냐하면 나는 그대를 사랑하기 때문이다. 오, 영원이여!'

차라투스트라는 이렇게 말했다

제4부

1. 꿀의 공양(供養)

　—이리하여 차라투스트라의 영혼 위로 다시 몇 년이 그리고 몇 개월이 지나갔다. 그는 그것을 염두에 두지 않았다. 그러나 그의 머리는 백발이 되었다. 어느 날 그가 자기의 동굴 앞에 있는 돌 위에 앉아 조용히 먼 곳을 응시하고 있을 때, —저 멀리 바다와 꾸불꾸불한 심연들이 보였다—그의 동물들은 생각에 잠긴 채 그의 주위를 서성거리다가 마침내 그의 앞에 멈춰 섰다.

　"오, 차라투스트라여!" 그의 동물들이 말했다. "그대는 그대의 행복을 기다리고 있는 것이 아닌가?"—"행복이 뭐란 말인가?" 그는 대답했다. "나는 이미 오랫동안 행복을 열망하지 않았다. 나는 나의 사업[1]을 열망하고 있다." 그러자 동물들이 말했다. "오, 차라투스트라여, 그대는 마치 훌륭한 것들을 지나치게 많이 소유하고 있는 자처럼 말하고 있다. 그대는 하늘빛 행복의 호수 위에 누워 있는 것이 아닌가?" "그대 익살 광대들이여!" 차라투스트라가 미소를 지으며 대답했다. "그대들은 훌륭한 비유를 생각해냈구나! 그러나 그대들은 또한 나의 행복은 무거운 것이며, 물결과 같은 것이 아니라는 것을 알고 있다. 나의 행복은 나를 짓누르고 있으며, 내게서 떠나려 하지 않으며, 끈적끈적한 역청(瀝靑)처럼 작용하고 있다."

　그러자 그의 동물들은 다시 생각에 잠긴 채 그의 주위를 서성거리다가 다시 한 번 그의 앞에 멈춰 섰다. "오, 차라투스트라여." 그들이 말했다. "그대의 머리카락은 희고 아마(亞麻)처럼 보이지

---

1) 위대한 정오에 영겁회귀 사상을 고지(告知)하는 일.

만, 그대 자신은 더욱 우울해지고 더욱더 혈색이 나빠지고 있다. '그것은' 바로 그 때문인가? 보라, 그대는 그대의 역청 속에 앉아 있다!" "그대들은 무슨 말을 하고 있는가, 나의 동물들이여?" 차라투스트라는 큰 소리로 웃으며 말했다. "실은, 내가 역청에 대해 말했을 때, 나는 좀 지나치게 말한 것이다. 내게 일어나고 있는 일은 익어가는 모든 과일들에게 일어나는 일이다. 나의 피를 더욱 진하게 만들고, 나의 영혼을 더욱 고요하게 만드는 것은 나의 혈관 속에 들어 있는 '꿀'이다." "그렇겠지, 오, 차라투스트라여" 그의 동물들은 이렇게 대답하고는 그에게 바짝 다가들었다. "그런데 그대는 오늘 높은 산에 오르지 않겠는가? 공기가 맑아 오늘은 세계를 전보다 잘 볼 수 있다." "좋다, 나의 동물들이여." 그가 대답했다. "그대들의 충고는 훌륭하며 나의 기호에도 맞는다. 오늘 나는 높은 산에 오르리라! 그러나 그곳에서 내가 손 가까이에 있는 꿀을 따도록 해 다오. 벌집 속에 들어 있는 노랗고, 희고, 질이 좋은, 얼음처럼 시원한 황금빛 꿀을. 왜냐하면 나는 공양을 할 생각이기 때문이다."

그러나 차라투스트라는 산꼭대기에 오르자, 자기와 동행했던 동물들을 돌려보냈다. 그리하여 그는 홀로 있게 되었다. 그러자 그는 마음속으로부터 웃어대고는 주위를 둘러보면서 이렇게 말했다.

내가 공양에 대해, 꿀의 공양에 대해 말한 것은 다만 책략이었을 뿐이며, 실로 쓸모 있는 어리석음이었을 뿐이다! 이곳 산꼭대기에서 나는 은둔자의 동굴과 은둔자의 동물 앞에서보다 더 자유롭게 말할 수 있다.

공양이라고? 나는 내게 주어지는 것들을 낭비해 버린다. 천 개의 손을 가진 낭비자인 나는. 내가 어찌 그것을─공양이라고 부를 수 있겠는가!

내가 꿀을 갈망했을 때, 나는 다만 투덜대는 곰들과 낯설고 음침하고 사악한 새들까지도 군침을 흘리는 미끼와, 달콤한 즙과, 수액(樹液)을 갈망했을 뿐이다.

─사냥꾼과 어부들이 필요로 하는 가장 훌륭한 미끼를. 왜냐하면 세계는 사냥꾼들에게는 짐승들이 사는 어두운 밀림과 같은 곳이며 쾌락의 도장이지만, 내게는 오히려 바닥을 알 수 없는 풍요로운 바다처럼 보이기 때문이다.

─형형색색의 물고기들과 갑각류(甲殼類)로 가득 찬 신들까지도 동경하여 낚시질을 하고 그물을 던지는 자가 되기를 원하는 바다처럼. 그만큼 세계는 크고 작은 기묘한 것들로 가득 차 있는 것이다.

특히 인간의 세계, 인간의 바다는 그러하다. 이제 나는 나의 황금 낚싯대를 '그' 속으로 던지고는 외친다. "떠올라 오라, 인간의 심연이여!

떠올라 와 그대의 물고기들과 반짝이는 갑각류들을 내게 던져다오! 나는 오늘 나의 가장 훌륭한 미끼로써 인간이라는 가장 기묘한 물고기를 낚으리라!

나는 나의 행복을 일출과 정오와 일몰 사이로 멀리 그리고 넓게 던지리라. 인간이라는 많은 물고기들이 나의 행복을 걷어차고 잡아당기는 법을 배우려 하지 않는지 어떤지를 알아보기 위해,

그들이 감춰진 날카로운 나의 낚싯바늘들을 물고 '나의' 높이까지 올라오지 않을 수 없을 때까지, 심연의 밑바닥에 사는 가장 다

채로운 물고기들이 인간이라는 물고기를 낚는 모든 어부들 중에서 가장 악의에 찬 자에게 올라올 때까지.

왜냐하면 나는 본질적으로 처음부터 끌어당기고, 내게로 끌어올리고, 키우는 '그러한 자'이며, 일찍이 나 자신에게 '현재의 그대가 되라!'라고 명령했던 대로 끌어당기는 자이며, 훈련시키는 자이며, 엄격한 교사이기 때문이다.

그러므로 이제 인간들은 내게로 '올라와야' 한다. 왜냐하면 나는 여전히 나의 하강의 때를 알리는 신호를 기다리고 있기 때문이다. 언젠가는 내려가야 하겠지만, 그러나 지금은 나는 인간들 사이로 내려가지 않으리라.

그러므로 나는 교활하게 그리고 조소하면서 이곳 높은 산 위에서 기다리고 있다. 인내심이 없는 자로서도 아니며 인내심이 강한 자로서도 아닌, 오히려 인내심조차도 잊어버린 자로서. 왜냐하면 나는 이미 '인내심을 갖고 참고 견디는 자'가 아니기 때문이다.

왜냐하면 나의 운명이 내게 시간을 허락하고 있기 때문이다. 나의 운명은 나를 잊은 것일까? 아니면 나의 운명은 커다란 바위 뒤의 그늘에 앉아 파리를 잡고 있는 것일까?

실로 나는 나의 운명이 나를 뒤쫓거나 몰아세우지 않는 데 대해, 그리고 익살을 부리고 장난을 칠 시간을 준 데 대해 나의 운명에게 감사한다. 그리하여 오늘 나는 물고기를 잡기 위해 이 높은 산으로 올라온 것이다.

일찍이 높은 산 위에서 물고기를 잡은 사람이 있었던가? 비록 내가 이 산 위에서 하고자 하는 일과 하고 있는 일이 어리석은 것이라 할지라도, 저 아래서 기다림으로 인해 초조해지고 창백해지고 안색이 병적으로 되는 것보다는 낫다.

기다림으로 인해 거드름을 피우며 분노의 경멸을 내뿜는 자가 되기보다는, 산으로부터 불어오는 성스럽게 울부짖는 폭풍이 되기보다는, 골짜기 밑을 향해 "들어라, 그렇지 않으면 나는 신의 채찍으로 그대들을 채찍질하리라!"라고 외치는 인내심 없는 자가 되기보다는.

그렇다고 해서 나는 분노에 찬 그러한 자들에게 화를 내는 것은 결코 아니다! 그들은 훌륭한 웃음거리인 것이다! 오늘이 아니면 영원히 소리를 낼 수 없는 이들 요란한 큰 북들은 얼마나 초조한 것인가!

그러나 나와 나의 운명은—우리들은 오늘에게 이야기하는 것도 아니고 앞으로 영원히 오지 않을 날에게 이야기하는 것도 아니다. 우리들은 인내심과 시간과 시간 이상의 것을 갖고 있다. 왜냐하면 그것은 언젠가는 반드시 올 것이며, 그냥 지나쳐 버릴 리가 없기 때문이다.

언젠가는 반드시 올 것, 그냥 지나쳐 버릴 리가 없는 것, 그것은 무엇인가? 그것은 우리들의 위대한 하자르(Hazar), 즉 우리들의 위대한, 먼 인간의 왕국, 천 년에 걸친 차라투스트라의 왕국인 것이다.

이 '먼'은 얼마나 먼 것일까? 그것은 아무래도 상관없다! 그렇다고 해서 나의 확신은 줄어들지 않는다—나는 두 발로 이 기초 위에 확고하게 서 있는 것이다.

—이 영원한 기초 위에, 이 견고한 원시(原始)의 바위 위에, 모든 바람이 폭풍이 갈라지는 곳인 이곳으로 불어와, 어디? 어디로부터? 어디로? 하고 묻는 가장 높고 가장 견고한 이 원시의 바위 산맥 위에.

자, 크게 웃어라, 웃어라, 나의 명랑하고 건전한 악의여! 높은 산꼭대기로부터 그대의 반짝이는 조롱 섞인 웃음을 아래로 던져라. 나를 위해 그대의 반짝이는 미끼로 가장 아름다운 인간 물고기를 낚아다오!

모든 바닷속에 있는 '내게' 속한 것들, 모든 것들 속에 있는 나인 것들—'그런 것들'을 나를 위해 낚아 올려 이곳 내게 가져다 다오. 나는 그것을 기다리고 있다, 모든 어부들 중에서 가장 악의에 가득 찬 어부인 나는.

가거라. 가거라, 나의 낚싯바늘이여! 속으로 깊이 가라앉으라, 나의 행복을 위한 미끼여! 그대의 가장 달콤한 이슬을 떨어뜨리라, 나의 가슴의 꿀이여! 찌르라, 나의 낚싯바늘이여 모든 검은 고통의 배(腹)를!

밖을 바라보라, 밖을 바라보라, 나의 눈이여! 오, 나의 주위에는 얼마나 많은 바다가 있는가, 밝아오는 인간의 미래들이! 그리고 나의 머리 위에는—얼마나 아름다운 장밋빛 고요가 있는가! 얼마나 맑게 갠 침묵인가!

2. 구원을 청하는 고통의 절규

이튿날 차라투스트라가 다시 그의 동굴 앞에 있는 바위 위에 앉아 있었다. 한편 동물들은 바깥 세계를 돌아다니며 신선한 음식과—신선한 꿀을 동굴로 운반하고 있었다. 왜냐하면 차라투스트라는 오래된 꿀을 마지막 한 방울까지 모두 소비해 버렸기 때문이었다. 그러나 그는 지팡이를 손에 들고 그곳에 앉아, 땅 위에 비친 자신의 그림자를 더듬으며 생각에 잠겨 있을 때, ─그는 실로 자기 자신과 자신의 그림자에 대해서 생각하고 있었던 것이 아니었다─갑자기 깜짝 놀라 몸을 움츠렸다. 그는 자신의 옆에 있는 또 하나의 다른 그림자를 보았기 때문이었다. 그래서 그는 벌떡 일어나 주위를 둘러보았다. 보라, 그의 옆에는, 언젠가 그의 식탁에서 함께 음식을 나누었던 바로 그 예언자가, "모든 것이 동일하다, 가치 있는 일은 아무것도 없다. 세계는 아무런 의미도 없으며, 인식은 인간을 질식시킨다"라고 가르쳤던 바로 그 커다란 권태의 예언자가 서 있었다. 그러나 그의 얼굴은 그때와는 달라져 있었다. 차라투스트라가 그의 눈을 유심히 들여다보자, 그의 가슴은 다시 놀랐다. 수많은 악마의 예언과 잿빛 번개가 그의 얼굴을 스쳤기 때문이었다.

그 예언자는 차라투스트라의 영혼 속에서 무엇이 일어나고 있는지를 간파하고는, 마치 그것을 씻어 버리려는 듯 손으로 자기의 얼굴을 씻어냈다. 차라투스트라도 그와 똑같이 했다. 그러고 나서 두 사람은 조용히 마음을 가라앉히고는 서로를 알고 있다는 표시로 악수를 했다.

"어서 오게." 차라투스트라가 말했다. "그대 커다란 권태의 예언자여, 언젠가 그대를 나의 식탁에 초대했던 것은 공연한 일이 아니었군. 오늘도 나와 함께 음식을 나누자. 그대와 함께 식사하는 것에 대해 이 쾌활한 늙은이를 용서하게!" "쾌활한 늙은이라고?" 예언자가 머리를 저으며 대답했다. "그러나 그대가 어떤 사람이든, 또한 어떤 사람이 되기를 원하든, 오, 차라투스트라여, 그대는 그런 자로서 이 산 위에서 지나치게 오랫동안 살아왔다─머지않아 그대의 조각배는 더 이상 마른 땅에 앉아 있지 못하게 될

것이다!" "그렇다면 나는 지금 마른 땅에 앉아 있단 말인가?" 차라
투스트라는 웃으며 물었다. "그대의 산 주위의 파도는 점점 높아
지고 있다." 예언자가 대답했다. "커다란 재앙과 고통의 파도가.
그리하여 그 파도는 곧 그대의 배도 또한 들어 올릴 것이며, 그대
를 멀리 데리고 갈 것이다." 그러자 차라투스트라는 입을 다물고
는 의아하게 생각했다. "그대에게는 아직도 아무 소리도 들리지
않는가?" 예언자는 말을 이었다. "심연으로부터 세차게 흐르는 소
리와 으르렁거리는 소리가 들려오지 않는가?" 차라투스트라는 다
시 입을 다물고 귀를 기울였다. 그때 그는 긴 외침 소리를 들었다.
그것은 심연들이 차례로 다른 심연에게 던지는 외침 소리였다. 왜
냐하면 어떤 심연도 그 외침 소리를 간직하기를 원치 않았기 때문
이며, 그 외침 소리는 그만큼 불길하게 들려왔다.

  "그대, 악의 설교자여", 마침내 차라투스트라가 말했다. "저것
은 구원을 호소하는 고통의 절규이며, 인간의 비명이다. 아마도
저것은 어떤 검은 바다로부터 울려 나오는 소리일 것이다. 그러나
인간의 고통이 나와 무슨 상관이 있단 말인가! 내게 남겨진 나의
최후의 죄[2]—그것을 무엇이라고 부르는지 그대는 알고 있겠지?"

  "동정이다!" 예언자는 넘쳐흐르는 마음으로 대답하고는 양손을
높이 들어 올렸다—"오, 차라투스트라여, 나는 그대를 그대의 최
후의 죄에로 유혹하기 위해 왔다!"

  이 말이 끝나자마자 외침 소리가 다시 들려왔다. 전보다 더욱
길게 더욱 비통하게, 더욱 가까이에서. "듣고 있는가! 오, 차라투

---

2) 인간에 대한 차라투스트라의 동정. 인간에 대한 동정을 초극하는 데서 최고의 성숙을 이루게 된
   다.

스트라여, 듣고 있는가?" 예언자가 외쳤다. "저 외침 소리는 그대를 위한 것이다, 저 외침 소리는 그대를 부르고 있다. '오라, 오라, 오라, 때가 되었다, 지금이 바로 그때이다!'라고."

이 말을 듣고 차라투스트라는 입을 다물었다. 마음이 혼란하고 심하게 흔들렸던 것이다. 마침내 그는 망설이는 사람처럼 물었다. "나를 부르고 있는 것은 누구인가?"

"그가 누구인지 그대는 알고 있지 않은가." 예언자는 격한 어조로 대답했다. "어찌하여 그대는 그대 자신을 숨기는가? 그대를 부르고 있는 것은 보다 '높은 인간'[3]이다!"

"보다 높은 인간이라고!" 차라투스트라는 두려움에 떨며 외쳤다. "'그는' 무엇을 원하고 있는가? 그가 원하는 것은 무엇인가? 보다 높은 인간이라고! 그가 이곳에서 무엇을 원하고 있는가?"— 차라투스트라는 땀에 흠뻑 젖어 있었다.

그러나 예언자는 차라투스트라의 고뇌에는 대답하지 않고, 심연 쪽으로 열심히 귀를 기울였다. 그러나 심연에서는 오랫동안 아무런 소리도 들려오지 않았으므로, 고개를 뒤로 돌려, 선 채로 떨고 있는 차라투스트라를 보았다.

"오, 차라투스트라여" 그는 비웃는 듯한 목소리로 말하기 시작했다. "그대가 그곳에 서 있는 모습은 행복으로 인해 정신을 못 차리는 자 같지는 않구나. 쓰러질 생각이 아니라면 그대는 춤을 추

---

3) 보다 높은 인간은 지상에서의 '신의 그림자'이다. 일찍이 인간이 신의 존재를 믿었을 때에는, 인간의 동경·인간의 정열은 인간을 초월한 피안으로 향했다. 이러한 심정은 신이 죽었다고 해서 없어진 것이 아니다. 인간의 마음은 여전히 피안을 향하고 있다. 그러나 일찍이 신이 서 있던 자리에는 허무가 침묵하고 있다. 그러나 보다 높은 인간들은 여전히 이 허무에 마음을 빼앗기고 있다. 그들은 아직 차라투스트라처럼 참으로 변한 자가 아니다. 니체는 이보다 높은 인간들로 하여금 많은 것을 대변하게 하고 있다. 이보다 높은 인간 속에는 니체 자신이 숨어 있는 것이다.

어야만 할 것이다!

비록 그대가 내 앞에서 춤을 추며, 그대의 온갖 재주를 다 부린다 하더라도, '보라, 여기에 최후의 행복한 인간이 춤을 추고 있다!'라고 말할 사람은 아무도 없다.

누군가가 '그를' 찾아 이 높은 곳으로 올라온다 하더라도 그것은 헛수고일 것이다. 아마도 그는 동굴들과 배후의 동굴들, 그리고 은둔자들의 은둔처들은 찾아내기는 하겠지만, 행복의 광산과 보물 창고, 새로운 행복의 금광은 찾아내지 못할 것이다.

행복—이렇게 묻혀 있는 자들과 은둔자들에게서 어떻게 행복을 찾아낼 수 있겠는가! 최후의 행복을 나는 행복의 섬들과 멀리 잊힌 바다들 사이에서 찾아야 하지 않겠는가?

그러나 모든 것은 동일하다. 가치 있는 것이란 아무것도 없다. 찾는 것은 부질없는 짓이다. 이미 행복의 섬들은 존재하지 않는다!"

예언자는 이렇게 탄식했다. 그러나 그의 마지막 탄식을 듣자, 차라투스트라는 마치 깊숙한 곳에서 밝은 곳으로 나온 사람처럼 쾌활해지고 힘을 되찾았다. "아니다! 아니다! 세 번 아니다!" 그는 힘찬 목소리로 외치고는 수염을 쓰다듬었다. "그것은 내가 더 잘 알고 있다! 아직도 행복의 섬들은 존재한다! 그 일에 대해서는 입을 다물라. 그대, 한숨짓는 비애의 주머니여!

그 일에 대해서는 함부로 지껄이지 말라. 그대, 아침의 비구름이여, 나는 이미 그대의 고통에 젖어, 마치 물에 빠진 개처럼 여기 서 있지 않는가?

이제 나는 몸을 털고 그대에게서 도망치리라. 나의 몸이 다시 마르도록. 그대는 그것을 보고 놀라서는 안 된다! 그대는 나를 무례한 자라고 생각하는가? 그러나 이곳은 '나의' 왕국이다.

그러나 그대가 말하는 보다 높은 인간에 대해서는, 좋다, 내가 곧 저 숲속에서 그를 찾아내리라. 그의 외침 소리는 '저쪽에서' 들려왔다. 아마도 그는 그곳에서 어떤 사악한 짐승의 공격을 받고 있는 모양이다.

그는 '나의' 영내에 있다. 나는 그가 해를 입지 않도록 해야만 한다! 실로 나의 주위에는 사악한 짐승들이 많이 있다."

이렇게 말하고는 차라투스트라는 떠나려고 몸을 돌렸다. 그러자 예언자가 말했다. "오, 차라투스트라여, 그대는 불한당이로다!"

"나는 알고 있다. 그대가 나를 떨쳐 버리려 한다는 것을! 그대는 차라리 숲속으로 뛰어 들어가 사악한 짐승들을 추적하는 편이 더 낫다고 생각하고 있다는 것을!

그러나 그것이 그대에게 무슨 도움이 되겠는가? 저녁이 되면 그대는 다시 나를 만나려 할 것이며, 나는 그대의 동굴 속에서 통나무처럼 참을성 있게 눌러 앉아―그대를 기다릴 것이다!"

"그렇게 하라!" 그가 떠나자, 차라투스트라는 그의 등을 향해 외쳤다. "나의 동굴 속에 있는 것은 무엇이건 나의 것인 동시에 그대의 것이기도 하다, 나의 손님이여!"

"만일 그대가 그곳에서 꿀을 발견하게 되면, 좋다! 그 꿀을 핥아먹으라, 그대 투덜대는 곰이여. 그리하여 그대의 영혼을 달콤하게 만들라! 왜냐하면 저녁에는 우리들은 모두 즐거워해야 하기 때문이다―

―이 낮이 끝났음을 기뻐하고 즐거워해야 한다! 그리고 그대는 나의 춤추는 곰으로서 나의 노래에 맞춰 춤을 추어야 한다.

그대는 그것을 믿지 않는가? 그대는 그대의 머리를 좌우로 흔

드는가? 좋다! 계속하라, 늙은 곰이여! 그러나 나도 또한—예언
자이다!"

차라투스트라는 이렇게 말했다.

3. 왕들과의 대화

1

차라투스트라는 자기의 산과 숲을 뚫고 한 시간도 채 가기 전
에, 갑자기 한 이상한 행렬을 보았다. 그가 내려가고 있던 바로 그
길을, 왕관과 붉은색 띠로 장식한, 홍학처럼 화려한 두 사람의 왕
이 올라오고 있었다. 그들은 짐을 실은 당나귀 한 마리를 몰면서
올라오고 있었다. "이 왕들은 나의 왕국에서 무엇을 하려는 것일
까?" 차라투스트라는 깜짝 놀라 이렇게 중얼거리고는 재빨리 숲
뒤로 몸을 숨겼다. 그러나 왕들이 그의 근처까지 다가왔을 때 그
는 혼잣말처럼 나직한 목소리로 말했다. "이상한 일이군! 이상한
일이야! 이해할 수 없는 일이야! 왕은 둘인데—당나귀는 한 마리
뿐이라니!"

그러자 두 왕은 걸음을 멈추고, 미소를 짓고는 소리가 들려온
쪽을 바라보았다. 그리고는 서로 얼굴을 쳐다보았다. "우리나라
에서도 사람들은 틀림없이 저런 생각을 하고 있을 거야." 오른쪽
왕이 말했다. "말은 하지 않지만."

왼쪽 왕은 어깨를 으쓱해 보이며 대답했다. "저건 아마도 양치

기일 거야. 아니면 나무와 바위 사이에서 지나치게 오랫동안 살아온 은둔자일 거야. 사람들과 전혀 교제를 하지 않으면 훌륭한 풍습도 엉망이 되어 버리는 법이거든.”

“훌륭한 풍습이라고?” 다른 왕이 분개하여 통렬하게 대답했다. “그렇다면 우리들은 무엇에서 도망치고 있는 것인가? 그것은 ‘훌륭한 풍습’에서가 아닌가? 우리들의 ‘상류 사회’에서가 아닌가?

실로 우리들의 금빛으로 겉치레한, 거짓된, 허식적인 천민들과 함께 살기보다는 은둔자들과 양치기들 사이에서 사는 편이 낫다—비록 천민들이 스스로를 ‘상류 사회’라고 자칭할지라도.

—비록 천민들이 스스로를 ‘귀족’이라고 자칭할지라도. 그곳에는 모든 것이 거짓이고 부패하였으며, 특히 그들의 피가 그러하다. 그것은 예전부터의 고약한 질병과, 그보다 더 나쁜 돌팔이 의사들 때문이다.

오늘날 가장 훌륭하고 가장 사랑스러운 자는 거칠고, 교활하고, 고집이 세고, 인내심 있는 건강한 농부라고, 나는 생각한다. 그들이야말로 오늘날 가장 고귀한 부류에 속하는 자들인 것이다.

오늘날 농부는 가장 훌륭한 자이다. 그러므로 농부들이 지배자가 되어야 한다! 그러나 우리들의 나라는 천민들의 왕국이다—나는 더 이상 속아넘어가지 않으리라. 천민이란 뒤범벅을 의미하는 것이다.

천민이라는 뒤범벅[4], 그곳에는 모든 것들이 마구 뒤섞여 있다. 성자와 불량배와 신사와 유대인, 그리고 노아의 방주에서 나온 온갖 짐승들이 뒤섞여 있는 것이다.

_____

4) 가치의 혼란 상태.

훌륭한 풍습이라고! 우리들과 함께 있는 모든 것은 거짓이며 부패되어 있다. 이미 존경할 줄 아는 사람은 아무도 없다. 우리들은 바로 '그런 자들'로부터 도망치고 있는 것이다. 그들은 달콤한 입을 가진 치근거리는 개들5)이다. 그들은 종려나무 잎사귀에 금박을 입히는 자들이다.

나를 질식시키는 것은 이러한 구역질이다. 왕인 우리들 자신까지도 거짓되고, 낡고 누렇게 바랜 우리 조상들의 화려한 옷을 입고, 가장 어리석은 자들, 가장 교활한 자들, 그리고 권력과 교섭하는 모든 자들에게나 어울리는 전시품을 걸친 구역질이!

우리들은 그들 중에서 제일인자는 '아니다'—그러나 우리들은 그런 '척하지' 않으면 안 된다. 마침내 우리들은 이런 사기극에 지쳐 버렸으며, 구역질을 느끼게 된 것이다.

우리들은 지금 천민들을 피해 도망치고 있다. 이들 호언장담하는 자들과 글을 쓰는 파리떼와 장사꾼들의 악취, 야망의 투쟁, 구역질나는 숨결을 피해. 천민들 사이에서 산다는 것은 얼마나 구역질나는 일인가!

천민들 사이에서 제일인자인 체하다니! 아, 구역질! 구역질! 구역질! 이제 우리 왕들이 무슨 소용이 있단 말인가!"

"그대의 오래된 병이 그대를 습격하고 있구나." 왼쪽 왕이 말했다. "구역질이 그대를 습격하고 있다. 불쌍한 나의 형제여. 그러나 누군가가 우리들의 말을 엿들을 수도 있다는 것을 그대는 알고 있지 않은가."

그러자 귀와 눈을 크게 열고 그들의 이야기를 엿듣고 있던 차라

___
5) 맹목적으로 추종하는 무리.

투스트라는 숨어 있던 곳에서 일어나 왕들에게 다가가서 말을 하기 시작했다.

"오, 왕들이여, 그대들의 이야기를 엿들은 자, 그대들의 이야기를 엿듣기를 좋아하는 자는 차라투스트라라고 하는 자이다.

내가 차라투스트라이며, 나는 일찍이 '이제 왕들이 무슨 소용이란 말인가!'라고 말한 적이 있다. 용서하라, 그러나 그대들이 서로 '우리 왕들이 무슨 소용이란 말인가!'라고 말했을 때 나는 기뻤다.

그러나 이곳은 '나의' 왕국이며 '나의' 영토이다. 도대체 그대들은 나의 왕국에서 무엇을 찾고 있는가? 아마도 그대들은 걸어오는 도중에 내가 '찾고 있는' 것을 '발견했을' 것이다. 즉 보다 높은 인간을."

이 말을 듣자 왕들은 그들의 가슴을 치며 이구동성으로 말했다. "우리의 정체가 탄로 났구나!"

그대는 그러한 말의 검(劍)으로 우리 가슴의 가장 짙은 암흑을 도려냈다. 그대는 우리들의 고통을 알아챘다. 왜냐하면 보라! 우리는 보다 높은 인간을 찾으러 가는 길이기 때문이다.

우리가 왕이기는 하지만, 우리보다 높은 인간을. 우리는 이 당나귀를 그에게 끌고 가고 있다. 왜냐하면 가장 높은 인간이 또한 지상의 가장 높은 지배자가 되어야 하기 때문이다.

인간의 모든 운명 중에서 대지의 권력자들이 제일인자가 아닌 것보다 더 가혹한 불운은 없다. 그래서 모든 것이 거짓되고, 뒤틀리고, 괴물처럼 되는 것이다.

더구나 그런 권력자들이 최하의 인간이며, 인간이라기보다는 차라리 짐승일 경우에는, 천민의 가치는 점점 높이 올라가 마침내 천민의 덕은, "보라, 오직 나만이 덕이다!"라고 말하게 된다.

"나는 지금 무슨 말을 들었는가?" 차라투스트라가 대답했다. "왕들에게서 이토록 훌륭한 지혜를 듣게 되다니! 나는 매혹되어 버렸다. 그리하여 진실로 나는 그것에 대해 시 한 편을 짓고 싶은 충동을 느낀다.

비록 그것이 모든 사람들의 귀에 거슬리는 시가 된다 하더라도. 나는 이미 오래전에 긴 귀들에 대한 존중심을 잊어버렸다. 좋다! 어서 오라!"

이때 당나귀도 발언하게 되었다. 당나귀는 분명하게 그리고 악의에 찬 어조로 "야―(좋다! 그렇다! 아무렴! 등의 긍정의 의미를 포함하고 있음)" 하고 말했다.

옛날에―A.D. 1년이라고 생각되지만―

술도 마시지 않고 취한 한 무당이 말했다.

"모든 것이 잘못되어 가는구나! 부패! 부패! 일찍이 세상이 이처럼 깊이 가라앉은 적이 없었다. 지금 로마는 창녀가 되었으며 갈보가 되었도다.

로마 황제는 짐승이 되었으며 신 자신은―유대인이 되었도다!"

2

왕들은 차라투스트라의 이 시를 듣고 기뻐했다. 오른쪽 왕이 말했다. "오, 차라투스트라여, 우리들이 이곳에 와서 그대를 만난 것이 얼마나 잘한 일인가!

왜냐하면 그대의 적들은 그들의 거울 속에 비친 그대의 모습을 우리들에게 보여 주었으며, 그 거울 속에서 그대는 악마의 찌푸린 얼굴을 하고 비웃으며 응시하고 있었다. 그래서 우리들은 그대를 두려워하고 있었다.

그러나 그것이 무슨 소용이 있겠는가! 그대는 계속해서 그대의 말로 우리들의 귀와 심장을 찔렀다. 그래서 마침내 우리들은 말했다. '그의 외모가 어떻게 보이든 무슨 상관이 있는가!'라고.

우리들은 그의 말에 '귀를 기울이지' 않으면 안 된다. '그대들은 새로운 전쟁을 위한 수단으로서 평화를 사랑해야 한다. 그것도 긴 평화보다는 짧은 평화를!'라고 가르치는 그의 말에.

'무엇이 선인가? 용감한 것이 선이다. 훌륭한 전쟁은 모든 원인을 신성하게 만든다.' 이처럼 호전적인 말을 한 사람은 일찍이 아무도 없었다.

오, 차라투스트라여, 그러한 말을 듣자, 우리들의 육체에서 조상의 피가 끓어올랐다. 그것은 마치 봄이 오래된 포도주 통에게 말하는 것과도 같았다.

검(劍)들이 마치 붉은 반점이 있는 뱀들처럼 서로 엇갈려 번득일 때, 우리 조상들은 삶을 사랑했다. 그들은 모든 평화의 태양들을 희미하고 연약한 것으로 여겼으며, 긴 평화는 그들로 하여금 수치를 느끼게 했다.

번쩍이는 검이 벽에 걸려 있는 것을 보고, 우리 조상들은 얼마나 탄식했는가! 그들은 그토록 전쟁을 갈망했다. 왜냐하면 검(劍)은 피를 마시고 싶어 하며, 그러한 갈망에 불타고 있기 때문이다."

이와 같이 왕들이 그들의 조상들의 행복에 대해 열심히 이야기하고 있을 때, 차라투스트라는 그들의 열성을 비웃고 싶은 작지 않은 욕망에 사로잡혔다. 왜냐하면 그의 눈앞에 보이는 것은 분명 늙고 점잖은 얼굴을 한, 평화를 사랑하는 왕들이었기 때문이었다. 그러나 그는 자제했다. "자!" 그가 말했다. "길은 저쪽으로 이어져 차라투스트라의 동굴에 이른다. 오늘은 지루한 저녁을 보내게 될 것이다! 그러나 지금 고통의 외침이 그대에게서 급히 떠날 것을 내게 요구하고 있다.

왕들이 나의 동굴 속에 앉아 기다린다면, 그것은 나의 동굴의 명예가 될 것이다. 그러나 분명코 그대들은 오랫동안 기다려야만 할 것이다!

그러나 진실로! 그것이 무슨 문제인가! 오늘날 궁정에서보다 더 잘 기다리는 법을 배울 수 있는 곳이 어디 있겠는가? 그리고 오늘날 소위 '기다릴 수 있는 것'이라고 불리는 것—그것이 왕들에게 남아있는 모든 덕이 아닌가!"

차라투스트라는 이렇게 말했다.

4. 거머리〔蛭〕

그리고 차라투스트라는 깊은 생각에 잠긴 채 숲과 늪지대를 지나 점점 멀리 점점 깊이 걸어 들어갔다. 그런데 어려운 일에 대해 골똘히 생각하는 사람에게 흔히 있을 수 있는 것처럼, 그는 도중에 무심코 어떤 사람을 밟았다. 그러자 보라, 한 개의 비명과 두 개의 저주와 스무 개의 욕설이 한꺼번에 그의 얼굴에 퍼부어졌다. 그는 깜짝 놀라 지팡이를 치켜들고 자기에게 밟힌 자를 후려쳤다. 그러나 그가 곧 정신을 차리자, 그의 가슴은 그가 방금 저질렀던 어리석음을 비웃었다.

"용서해 다오." 그는 자기에게 밟힌 자에게 말했다. 그는 화가 나서 일어섰다가는 다시 주저앉았다. "용서해 다오, 그리고 무엇보다도 먼저 비유 하나를 들어 다오.

먼 일을 꿈꾸며 걸어가던 한 방랑자가 무심코 한적한 길 위에서 햇볕을 쬐며 누워 있는 개 한 마리에 걸려 넘어진 것과 같은 일이,

그리하여 서로가 혼비백산하여, 펄쩍 뛰어 일어나 불구대천의 원수처럼 서로에게 달려드는 것과 같은 일이 우리에게 일어난 것이다.

그러나! 그러나—이 개와 이 고독한 자가 서로 애무하는 것은 그다지 어려운 일이 아니었다. 왜냐하면 그들은 모두—고독한 자이기 때문이다!"

"네가 누구이건", 밟힌 자는 아직도 화가 나서 말했다. "너는 너의 발로 뿐만 아니라 너의 비유로도 나를 모욕했다!

보라, 내가 개란 말인가?"—이렇게 말하면서 앉아 있던 자는 벌떡 일어나 늪에서 그의 벌거숭이 팔을 들어 올렸다. 그는 마치 늪의 사냥감을 기다리고 있는 사람처럼 몸을 숨긴 채 사지를 쭉 펴고 땅바닥에 누워 있었던 것이다.

"그런데 그대는 도대체 무엇을 하고 있는가?" 차라투스트라는 깜짝 놀라 외쳤다. 벌거벗은 팔에서 많은 피가 흘러내리는 것을 보았기 때문이었다. "그대에게 무슨 일이 일어났는가? 가엾은 자여, 사악한 짐승에게 물리기라도 했는가?"

피를 흘리고 있는 자는 소리 내어 웃었다. 그러나 그는 아직도 화가 나 있었다. "그게 그대와 무슨 상관인가!" 그는 이렇게 말하고는 떠나려고 했다. "이곳은 나의 집이며 나의 영토이다. 내게 묻고 싶은 자는 물으라. 그러나 나는 무례한 자에게는 아무런 대

답도 하지 않으리라!"

"그것은 틀린 생각이다." 차라투스트라는 동정적인 어조로 말하고는 그를 꽉 붙잡았다. "그것은 틀린 생각이다. 그대가 있는 이곳은 그대의 집이 아니라 나의 왕국이다. 그러므로 나는 어떤 자도 이곳에서 해를 입는 것을 원치 않는다.

그러나 그대는 나를 마음대로 불러도 좋다—나는 현재의 나일 수밖에 없는 그러한 존재이다. 나는 나 자신을 차라투스트라라고 부른다.

자! 저쪽 위로 오르는 길은 차라투스트라의 동굴로 통한다. 차라투스트라의 동굴은 여기서 그리 멀지 않다—나의 집에서 그대의 상처를 치료하지 않겠는가?

그대 가엾은 자여, 이러한 삶에서 그대는 큰 변을 당해 왔다. 그대는 먼저 짐승에게 물렸으며, 그다음에는—인간에게 밟힌 것이다!"

밟힌 자는 차라투스트라의 이름을 듣자 태도가 달라졌다. "도대체 내게 무슨 일이 일어난 것인가!" 그는 외쳤다. "이러한 삶에서 나와 관련 있는 자는 차라투스트라라는 이 한 사람과, 피를 빨아먹고 사는 저 한 마리의 짐승인 거머리뿐이 아닌가?

거머리를 위해 나는 마치 어부처럼 이 늪가에 누워 있었으며, 나의 뻗은 팔은 이미 수십 번 물렸다. 그런데 이제 더 훌륭한 거머리가 나의 피를 빨아먹으려고 무는구나, 차라투스트라 자신이!

오, 행복이여! 오, 경이로움이여! 나를 이 늪으로 끌어들인 이 날이여, 찬양받으라! 가장 훌륭하고 가장 활기찬 살아 있는 흡혈기(吸血器)여, 찬양받으라, 커다란 양심의 거머리여, 차라투스트라여, 찬양받으라."

밝힌 자는 이렇게 말했다. 차라투스트라는 그의 말과 그의 훌륭하고 정중한 태도에 기뻐했다. "그대는 누구인가?" 차라투스트라는 이렇게 묻고 나서 손을 내밀어 그의 손을 잡았다. "아직도 우리들 사이에는 해명하고 해결해야 할 일들이 많이 남아 있다. 그러나 내게는 이미 밝고 환한 대낮의 햇빛처럼 보인다."

"나는 '정신의 양심가'[6]이다." 상대방이 말했다. "정신에 대해서라면 나보다 더 엄격하고 정밀한 자는 거의 없을 것이다. 나를 가르쳤던 차라투스트라를 제외하고는.

많은 것들을 섣불리 아는 것보다는 아무것도 모르는 것이 낫다! 다른 사람들을 따라 현자가 되는 것보다는 자기 혼자의 힘으로 바보가 되는 것이 낫다! 나는—사물의 뿌리까지 내려가 그 근본을 밝힌다.

그 뿌리가 크건 작건 그것이 무슨 상관인가? 그 뿌리가 늪이건 하늘이건 그것이 무슨 상관인가? 손바닥 하나 넓이의 땅이면 내게는 충분하다. 그것이 참으로 견고한 땅이기만 하다면!

손바닥 하나 넓이의 땅, 인간은 그 위에 설 수 있는 것이다. 참으로 성실한 인식에 있어서는 큰 것도 없고 작은 것도 없는 것이다."

"그러고 보니 그대는 거머리의 전문가인 모양이군?" 차라투스트라가 물었다. "양심적인 자여, 그대는 거머리를 철저히 파헤쳐 그 최후의 뿌리까지 밝히려 하는가?"

"오, 차라투스트라여." 밝힌 자가 말했다. "그것은 엄청난 일일 것이다. 내가 어찌 그런 일을 해낼 수 있겠는가!

내가 정통해 있고 통달해 있는 것은, 거머리의 '두뇌'에 대해서

---

6) 자기 존재의 근원에 대한 신념에 차 있는 자.

이다—거머리의 두뇌는 '나의' 세계인 것이다!"

그것도 또한 하나의 세계이다! 그러나 여기서 나의 긍지가 말하는 것을 용서하라. 왜냐하면 이 세계에서는 나와 견줄만한 자가 없기 때문이다. 내가 "이곳은 나의 집이다"라고 말했던 것은 바로 그 때문이다.

나는 얼마나 오랫동안 이 한 가지 일, 즉 거머리의 두뇌를 탐구해 왔던가. 빠져나가기 잘하는 진리가 더 이상 내게서 빠져나가지 못하도록 하기 위해! 이곳은 '나의' 왕국이다!

그것을 위해 나는 모든 것들을 내던졌으며, 그것을 위해 나는 다른 모든 것들에 대해 무관심해졌다. 그리하여 나의 인식 바로 곁에는 나의 깜깜한 무지가 웅크리고 있는 것이다.

나의 정신의 양심은 내가 한 가지 일에 대해서만 알고, 그 밖의 다른 것들에 대해서는 아무것도 알지 못하기를 내게 요구한다. 어중간한 정신을 가진 모든 자들과 공허한 자들, 방황하는 자들, 환영을 쫓는 자들은 나를 구역질나게 한다.

나의 정직함이 정지되는 곳에서는, 나는 장님이며 장님이 되기를 원한다. 그러나 내가 알기를 원하는 곳에서는 나는 정직해지기를, 즉 가혹하고, 엄격하고, 정밀하고, 잔인하고, 냉혹해지기를 원한다.

왜냐하면 오, 차라투스트라여, '그대는' 일찍이 "정신이란 생명 속으로 파고드는 생명이다"라고 말한 적이 있는데, 그것이 나를 그대에게로 인도하고 유혹했기 때문이다. 실로 나는 나 자신의 피로 나 자신의 인식을 증대시켜 왔다!

"그 증거가 말해 주고 있군." 차라투스트라가 말을 가로챘다. 그 양심적인 자의 벌거벗은 팔에서 피가 끊임없이 흘러내리고 있었다. 그의 팔에는 열 마리의 거머리가 달라붙어 있었다.

"오, 그대 이상한 친구여, 그 증거가 내게 많은 것들을 이야기해 주는구나. 그 증거는 내게 그대 자신에 대해서 이야기해 주고있다! 나는 그대의 엄격한 귓속에 그 모든 것들을 부어 넣을 수가 없구나!

자! 우리 여기서 헤어지자! 그러나 나는 그대와 다시 만나게 되기를 바란다. 저쪽 위로 올라가는 길은 나의 동굴로 통한다. 오늘밤 그곳에서 그대를 나의 귀한 손님으로 맞이하고 싶다!

나는 또한 그대를 밟은 데 대해 그대의 육체에게 보상을 해 주고 싶다. 나는 그것에 대해 생각해 보아야겠다. 그러나 지금은 고통의 외침이 그대에게서 급히 떠날 것을 내게 요구하고 있다."

차라투스트라는 이렇게 말했다.

5. 마술사[7]

1

차라투스트라가 어떤 바위를 돌아섰을 때, 아래쪽 그다지 멀지 않은 곳에서 같은 길을 걸어가고 있는 한 사나이를 보았다. 그 사나이는 마치 미친 사람처럼 손발을 흔들어대더니 이윽고 배를 죽깔고 땅바닥에 엎어졌다. "잠깐!" 차라투스트라는 혼잣말로 중얼

---

7) 예술가를 뜻함.

거렸다. "저기 엎어져 있는 자는 분명 보다 높은 인간임에 틀림없다. 고통의 불길한 외침은 저 자에게서 나온 것임이 분명하다— 저 자가 도움을 받을 수 있는지 알아보리라." 그러나 그가 땅바닥에 엎드려 있는 곳에 달려갔을 때, 차라투스트라는 눈을 동그랗게 뜨고 노려보며 몸을 떨고 있는 한 노인을 발견했다. 차라투스트라는 그를 일으켜 세우려고 아무리 애를 써도 헛수고였다. 그 불쌍한 노인은 자기 곁에 누가 있다는 것조차도 알지 못하는 것 같았다. 오히려 그는 온 세상 사람들로부터 버림받은 고독한 사람처럼 애처로운 몸짓을 하며 끊임없이 주위를 둘러보았다. 그러나 한동안 몸을 떨고 경련을 일으키며 몸부림치더니 마침내 그는 이렇게 탄식하기 시작했다.

아직도 나를 따뜻하게 해 주는 자는 누구인가, 아직도 나를 사랑하는 자는?
뜨거운 손을 다오!
가슴을 녹일 화로를 다오!
사지(四肢)를 뻗은 채 두려움에 떨며,
사람들이 발을 녹여 주는 반쯤 죽은 사람처럼—
아! 알 수 없는 열병으로 떨면서,
날카롭고 차디찬 서릿발의 화살을 맞아 떨면서,
너에게 쫓겨났다, 나의 사상이여!
말로 형언할 수 없는 베일에 싸인 두려운 자여!
구름 뒤에 숨은 사냥꾼이여!
너의 번개 같은 눈초리에 맞아 쓰러졌다,
너 어둠 속에서 나를 노려보는 조소하는 눈동자여—나는 이렇

게 누워,

　몸을 굽히고, 몸을 뒤틀며 괴로워한다
　모든 영원한 고문으로 해서,
　너의 화살을 맞은 채, 너 잔인한 사냥꾼이여,
　너 알 수 없는—신이여!

　더 깊숙이 찌르라!
　다시 한 번 찌르라!
　쏘아라, 쏘아라, 이 가슴을 부숴라!
　무딘 화살에 의한 이 고문은 무슨 뜻인가?
　어찌하여 너는 노려보는가,
　인간의 고통에 싫증도 내지 않고,
　악의에 찬 신들의 번개 같은 눈초리로?
　너는 죽이려 하지 않고
　오직 고문만, 고문만 하려 하는가?
　어찌하여—'나를' 고문하는가,
　너 악의에 찬, 알 수 없는 신이여?—

　하하! 너는 살금살금 다가오는가?
　이런 한밤중에
　너는 무엇을 하려고 하는가? 말하라!
　너는 나를 짓누르고 있다, 짓누르고 있다—
　하! 바짝 다가왔구나!
　물러가라! 물러가라!
　너는 나의 숨소리를 듣고 있구나,

너는 나의 심장 소리를 엿듣고 있구나,
너 질투심 많은 신이여—
도대체 무엇을 질투하는가?
물러가라! 물러가라! 그 사다리는 무엇을 하려는 거냐?
그 사다리를 타고 나의 심장 속으로,
나의 가장 깊숙한 사상 속으로 들어가려 하느냐?
뻔뻔스럽고도 알 수 없는—도둑이여!
무엇을 훔쳐내려 하는가?
무엇을 엿들으려 하는가?
고문하여 무엇을 얻으려 하는가,
너, 고문하는 자여?
너 형리(刑吏) 같은 신이여!
내가 개처럼 네 앞에서 뒹굴기를 바라는가?
광희(狂喜)로 미쳐 날뛰며,
꼬리치며—너에게 사랑을 보여 주기를 바라는가?

그것은 헛일이다! 다시 찔러라,
잔인하기 짝이 없는 칼이여! 아니다,
개가 아니다—나는 너의 사냥감일 뿐이다,
잔인하기 짝이 없는 사냥꾼이여!
너의 가장 긍지 있는 죄수일 뿐이다.
너, 구름 뒤에 숨어 있는 강도여!
자, 이제 그만하고 말을 해 다오!
숨어서 강탈하는 자여, 너는 내게서 무엇을 원하는가?
너, 번개 속에 숨은 자여! 알 수 없는 자여! 말하라,

너는 무엇을 원하는가, 미지의 신이여?

뭐라고? 몸값이라고?
몸값으로 얼마를 원하는가?
많이 요구하라―나의 긍지가 그렇게 말한다!
그리고 간단하게 말하라―나의 다른 긍지가 그렇게 말한다!

하하!
'나를'―너는 나를 원하는가?
나를―나의 전부를?⋯⋯

하하!
너는 나를 고문하고 있다. 그러고 보니 너는 바보로구나,
너는 나의 긍지를 깨 버리려 하는가?
내게 사랑을 다오―아직도 나를 따뜻하게 해 주는 자는 누구인
가?
아직도 나를 사랑하는 자는 누구인가?―내게 뜨거운 손을 다오!
내게 가슴을 녹일 화로를 다오,
가장 고독한 자인 내게,
아! 얼음은 일곱 겹의 얼음은,
내게 적들을 동경하라고 가르쳤다,
적 바로 그들을,
내게 다오, 그렇다, 내게 양보해 다오, 잔인하기 짝이 없는 적
이여―
'너 자신을!'

그는 사라져 버렸다!
그는 스스로 도망쳐 버렸다,
나의 마지막 친구이자 유일한 친구가,
나의 위대한 적이,
나의 미지의,
나의 교수형 집행인인 신이!

아니다! 되돌아오라,
너의 온갖 고문을 가지고!
오, 돌아오라,
모든 고독한 자들 중에서 최후의 유일한 자에게!
나의 눈물의 모든 시냇물은
너를 향해 흐르고 있다!
내 심장의 마지막 불길은—
'너'를 향해 타오르고 있다!
오, 돌아오라,
나의 미지의 신이여! 나의 고통이여! 나의 최후의—행복이여!

2

여기서 차라투스트라는 더 이상 참을 수 없어 지팡이를 들어 올려 탄식하고 있는 자를 힘껏 내리쳤다. "그쳐라!" 그는 분노한 찬 웃음을 웃으며 소리쳤다. "그쳐라, 그대, 광대여! 그대, 날조해내는 자여! 그대, 철저한 거짓말쟁이여! 나는 그대를 잘 알고 있다!

내가 그대를 위해 그대의 다리를 따뜻하게 해 주리라, 그대, 사악한 마술사여, 그대와 같은 자들을 따뜻하게 해 주는 방법을 나는 잘 알고 있다!"

"그만 하라." 노인은 이렇게 말하고는 벌떡 일어났다. "그만 때려라, 오, 차라투스트라여! 나는 다만 장난으로 그랬을 뿐이다!

그런 일은 나의 기술의 일부분이다. 내가 그대에게 그러한 연기를 해 보인 것은 그대를 시험해 보고 싶었기 때문이다. 그런데 그대는 실로 나를 잘 간파했다!

그러나 그대도 또한 그대 자신에 대한 적지 않은 연기를 내게 보여 주었다. 그대는 '가혹하다', 그대 현명한 차라투스트라여! 그대는 그대의 진리로 가혹하게 매질을 하며, 그대의 곤봉은 나를 강요하여—'이' 진실을 고백하게 했다!"

"아첨하지 말라." 차라투스트라는 아직도 화가 나서 얼굴을 찡그리며 대답했다. "그대 철저한 광대여! 그대는 거짓된 자이다. 어찌하여 그대는—진실에 대해 운운하는가!

그대, 공작 중의 공작이여, 그대, 허영의 바다여, 그대는 내 앞에서 '무엇을' 연출했는가, 그대, 사악한 마술사여, 그대가 그러한 모습으로 탄식했을 때, 내가 그대를 '어떤 자'라고 믿기를 바랐는가?"

'정신의 참회자.' 노인이 말했다. "내가 연출한 것은 바로 정신의 참회자였다. 일찍이 그대 자신이 이러한 표현을 만들어냈다—마침내 자기의 정신을 자기 자신에게 대항하게 하는 시인인 동시에 마술사인 자를, 자신의 그릇된 인식과 그릇된 양심으로 인해 얼어붙은 변형된 자를 나는 연출했다.

이것만은 꼭 고백하라, 오, 차라투스트라여, 그대가 나의 계략과 거짓말을 간파하기까지는 오랜 시간이 걸렸다는 것을! 그대가 나의 머리를 두 손으로 감싸 주었을 때, 그대는 나의 고통을 '믿었던' 것이다.

나는 그대가 탄식하는 소리를 들었다. '그는 너무도 사랑을 받지 못했어, 너무도 사랑을 받지 못했어!'라고 탄식하는 소리를. 내가 그대를 그만큼 속인 것을 나의 내부에서 나의 악의는 기뻐했다."

"그대는 나보다 더 예민한 자들을 속여 왔을 것이다." 차라투스트라가 엄하게 말했다. "나는 기만자들을 경계하지 않는다. 나는 조심하지 않고 '있어야만' 한다. 나의 운명은 그러기를 원하는 것이다.

그러나 그대는 기만하지 '않을 수 없다.' 나는 그토록 그대를 잘 알고 있다. 그대는 두 가지, 세 가지, 네 가지, 다섯 가지 모습을 한 채로 항상 불분명해야 한다! 그대가 지금 고백한 것도 내게는 충분한 사실도 아니고 충분한 거짓도 아니다!

그대 사악한 날조자여, 그대가 어찌 달리 행동할 수 있겠는가! 그대는 의사에게 그대 자신을 벌거벗겨 보일 때조차도 그대의 병을 장식할 것이다.

방금 그대가 '나는 '다만' 장난으로 그렇게 했을 뿐이다!'라고 말했을 때, 그대는 내 앞에서 그대의 거짓말을 장식했다. 그 속에는 '진실성'도 또한 들어 있었다. 그러니 그대는 어느 정도는 정신의 참회자인 '것이다!'

나는 그대를 잘 간파했다. 이제까지 그대는 모든 사람들에게 마술을 걸어왔지만, 그대 자신에 대해서는 아무런 기만도 술책도 부리지 못한다―그대는 그대 자신에 대해서는 마법을 잃은 것이다!

그대는 혐오를 그대의 유일한 진리로 거두어들였다. 그대의 어떠한 말도 이미 진짜가 아니다. 그러나 그대의 입은 진짜이다. 즉 그대의 입에 붙어 있는 혐오는 진짜인 것이다."

"도대체 그대는 누구인가!" 늙은 마술사가 반항적인 목소리로 외쳤다. "오늘날 살아 있는 가장 위대한 자인 '나에게' 감히 그렇게 말하는 그대는?"—그때 그의 눈이 차라투스트라를 향해 푸른 섬광을 내뿜었다. 그러나 그는 곧 태도를 바꾸어 서글픈 듯이 말했다.

"오, 차라투스트라여, 나는 그런 일에 지쳐 버렸으며, 나의 기술들은 나를 구역질나게 한다. 나는 '위대하지' 않다. 위장한들 무슨 소용이 있겠는가! 그러나 그대는 잘 알고 있지 않은가—내가 위대함을 추구하고 있다는 것을!

나는 위대한 사람처럼 보이기를 원했으며, 많은 사람들로 하여금 그렇게 믿게 했다. 그러나 이 거짓말은 나의 힘을 넘어선 것이었다. 나는 이 거짓말에 짓눌리어 무너져 내리고 있다.

오, 차라투스트라여, 내 주위에 있는 모든 것이 거짓이다. 그러나 내가 무너져 내리고 있다는 것—그것은 '진짜'이다!"

"그것은 그대를 명예롭게 한다." 차라투스트라가 시선을 떨구고 침울하게 말했다. "그대가 위대함을 추구하는 것은 그대를 명예롭게 한다. 그러나 그것은 또한 그대의 정체를 드러내기도 한다. 그대는 위대하지 않다.

그대, 사악한 늙은 마술사여, 그대가 그대 자신에게 지쳐 '나는 위대하지 않다'라고 고백한 것, '그것이' 내가 그대에게서 존경하는 가장 훌륭하고도 가장 정직한 점이다.

'그' 점에서 나는 그대를 정신의 참회자로서 존경한다. 그리고 비록 한순간뿐이었다 할지라도, 그 순간만은 그대는—진짜였던 것이다.

그러나 말하라, 그대는 이곳 '나의' 숲과 낭떠러지들 사이에서 무엇을 찾고 있는가? 그리고 그대가 '나의' 길을 막고 누워 있었을 때 그대는 내게서 어떤 증거를 얻고자 했는가?

그대는 '내게서' 무엇을 시험했는가?" 차라투스트라는 이렇게 말했다. 그의 눈은 불꽃을 내뿜고 있었다. 늙은 마술사는 잠시 침묵을 지키고 있더니 이윽고 입을 열었다. "내가 그대를 시험했다고? 나는 다만—찾고 있을 뿐이다.

오, 차라투스트라여, 나는 순수한 자·올바른 자·단순한 자·분명하고 정직한 자·지혜의 그릇·인식의 성자·위대한 자를 찾고 있다!

오, 차라투스트라여, 그대는 모르는가? '나는 차라투스트라를 찾고 있다.'"

두 사람 사이에 한동안 침묵이 흘렀다. 차라투스트라는 자기 자신 속에 깊이 침잠한 채 눈을 감고 있었다. 그러나 이윽고 그의 친구 생각이 떠오르자 차라투스트라는 마술사의 손을 움켜잡고는 정중하면서도 엄숙하게 말했다.

"자! 저 위로 향하는 길은 차라투스트라의 동굴로 통한다. 그대는 그곳에서 그대가 찾고자 하는 자를 찾을 수 있을 것이다.

그리고 나의 동물들인 나의 독수리와 나의 뱀에게 조언을 청하라. 그들은 그대가 찾을 수 있도록 도와줄 것이다. 그러나 나의 동굴은 크다.[8]

분명코 나 자신은—아직 위대한 인간을 본 적이 없다. 오늘날

---

8) 차라투스트라의 영혼의 고독은 광대하고 심원하다.

가장 예민한 자의 눈이라 할지라도 위대한 것을 보기에는 무디다. 지금은 천민의 왕국인 것이다.

나는 허풍을 떨고 우쭐거리는 자들을 수없이 보아 왔다. 그러면 사람들은 '보라, 위대한 인간을!' 하고 외쳤다. 그러나 허풍 떠는 바람통이 무슨 소용이 있겠는가! 바람은 결국 바람통에서 빠져나가게 마련인 것이다.

지나치게 오랫동안 자신을 부풀려 온 개구리는 결국 터져 버리고 만다. 그러면 바람은 빠져나가게 마련이다. 부풀어 오른 바람주머니의 배를 찌르는 것을 나는 멋진 오락이라고 부른다. 들으라, 젊은이들이여!

오늘날은 천민들의 것이다. 그런 곳에서 무엇이 위대하고 무엇이 사소한지 누가 '알겠는가!' 그런 곳에서 누가 위대함을 성공적으로 찾아내겠는가! 바보뿐이다. 바보만이 성공하는 것이다.

그대는 위대한 인간을 찾고 있는가? 그대 이상한 바보여, 누가 그대에게 그렇게 하라고 '가르쳤는가?' 오늘날이 위대한 인간을 찾기에 적당한 때인가? 오, 그대 사악한 탐구자여, 어찌하여 그대는─나를 시험하는가?"

차라투스트라는 이렇게 말하고는 한결 가벼운 마음으로 웃으면서 계속해서 그의 길을 걸어갔다.

6. 실직자(失職者)[9]

마술사에게서 빠져나온 지 얼마 안 되어 차라투스트라는 다시 누군가가 자기가 걸어가고 있는 길가에 앉아 있는 것을 보았다. 그는 창백하고 야윈 얼굴을 한 음울하고 키가 큰 사나이였다. 차라투스트라는 '이' 사나이를 보자 몹시 불쾌해졌다. "아", 그는 마음속으로 중얼거렸다. "저기 위장한 고뇌가 앉아 있구나. 그는 성직자처럼 보이는구나. '저런 자들이' 나의 왕국에서 무엇을 원하는 걸까?

어찌 된 일인가! 겨우 마술사에게서 빠져나왔는데 또다시 다른 마술사가 나의 길을 가로막다니,

안수(按手)로써 능력을 행하는 마법사, 신의 은총으로 음울한 기적을 일으키는 자, 기름부음 받은 세계의 비방자, 이런 자들을 악마가 데려가기를! 그러나 악마는 있어야 할 곳에는 없다. 그는 언제나 너무 늦게 나타난다. 이 괘씸한 절름발이 난쟁이는!"

차라투스트라는 화가 치밀어 마음속으로 이렇게 저주하고, 어떻게 하면 시선을 피하고 그 음침한 자의 곁을 빠져나갈 수 있을까 하고 생각해 보았다. 그러나 보라, 그렇게 할 수가 없었다. 바로 그 순간에, 앉아 있던 사나이는 이미 차라투스트라를 보았기 때문이다. 그는 마치 예기치 않았던 행복을 붙잡은 사람처럼 벌떡 일어나 차라투스트라에게 다가갔다.

"방랑자여, 그대가 누구인지 몰라도" 그가 말했다. "길을 잃은

---

9) 신의 죽음에 의해 직업을 잃은 교황을 가리키며, 이 실직한 교황은 신 대신에 차라투스트라를 찾는 것으로 되어 있다.

한 탐구자를 도와 달라, 이곳에서 해를 당하기 쉬운 한 늙은이를!

이곳 이 세계는 내게 낯선 곳이며, 사나운 짐승들이 울부짖는 소리가 들려온다. 게다가 나를 보호해 줄 수 있을지도 모르는 사람은 이미 세상을 떠나고 없다.

나는 최후의 경건한 자를 찾고 있었다. 오늘날 세상 사람들이 모두 알고 있는 것에 대해 아무것도 듣지 못한 채 자신의 숲속에서 홀로 지내는 성인이며 은둔자인 자를."

"오늘날 세상 사람들이 모두 알고 있는 것이란 '무엇'인가?" 차라투스트라가 물었다. "그것은 일찍이 세상 사람들 모두가 믿었던 그 늙은 신은 이미 살아 있지 않다는 것인가?"

"그렇다." 노인은 슬프게 대답했다. "나는 그 늙은 신을 최후의 순간까지 섬겼다.

그러나 이제 나는 섬길 주인이 없는 실직자이다. 그럼에도 불구하고 나는 자유롭지 못하며, 추억 속에서가 아니면 단 한 시간도 즐거울 수 없다.

내가 이 산속으로 올라온 것은, 지난날의 교황이며 교부에게 어울리는 마지막 축제를 한 번 더 올리기 위해서였다. 나는 마지막 교황이기 때문이다! ─경건한 추억과 성스러운 예배의 축제를 올리기 위해서였다.

그러나 그는 이제 죽었다. 가장 경건한 자, 노래 부르고 중얼거리면서 끊임없이 자기의 신을 찬양해 왔던 숲속의 그 성자는.

내가 그의 움막을 발견했을 때, 나는 이미 그를 볼 수 없었다. 움막 속에서 나는 그의 죽음을 슬퍼하여 울부짖고 있는 두 마리의 늑대를 발견했다─모든 동물들이 그를 사랑했기 때문이다. 그래서 나는 그곳을 허겁지겁 도망쳐 나왔다.

그렇다면 내가 이 숲과 산속으로 들어온 것은 헛일이었단 말인가? 그래서 나의 마음은 다른 사람을 찾기로 결심했다. 신을 믿지 않는 모든 자들 중에서 가장 경건한 자—차라투스트라를 찾기로!"

노인은 이렇게 말하고는 자기 앞에 서 있는 자를 날카로운 눈초리로 바라보았다. 그러자 차라투스트라는 늙은 교황의 손을 잡고, 경탄스러운 눈으로 한동안 그 손을 살펴보았다.

"보라, 존경할 만한 자여" 이윽고 그가 말했다. "얼마나 아름답고 긴 손인가! 이 손은 항상 축복을 나누어 준 자의 손이다. 그러나 이 손은 이제 그대가 찾고 있는 자인 나를, 차라투스트라를 움켜잡고 있다.

나는 '나보다 더 신을 믿지 않은 자가 누구인가? 나는 기꺼이 그의 가르침을 받으리라'라고 말할 정도로 신을 믿지 않는 차라투스트라이다."

차라투스트라는 이렇게 말하고 나서 늙은 교황의 사상과 숨겨진 사상들을 꿰뚫어보았다. 마침내 교황이 말하기 시작했다.

"신을 가장 사랑하고 가장 많이 소유했던 자가 이제는 신을 잃었으며, 그것도 가장 많이 잃어버렸다.

보라, 나야말로 지금 우리 두 사람 중에서 더 신을 믿지 않는 자가 아닌가? 그러나 누가 그러한 일을 기뻐할 수 있겠는가!"

"그대는 신을 마지막 순간까지 섬겼다." 차라투스트라는 깊은 침묵을 지킨 후 깊은 생각에 잠긴 채 물었다. "그대는 신이 '어떻게' 죽었는지 알고 있겠지? 사람들은 동정심이 신을 질식시켜 죽였다고 말하는데, 그것이 사실인가?

신은 '인간'이 십자가에 달린 모습을 보고 참을 수 없었다고들

하는데, 그것이 사실인가? 그리하여 인간에 대한 사랑은 신의 지옥이 되었으며, 마침내 신의 죽음이 되었다고들 하는데, 그것이 사실인가?"

그러나 늙은 교황은 이에 대해 아무런 대답도 하지 않고 부끄러운 듯이 그리고 고통스러운 침울한 표정을 지으며 시선을 돌렸다.

"신을 가도록 내버려 두라." 차라투스트라는 한동안 생각에 잠긴 후 노인의 눈을 똑바로 들여다보면서 말했다.

"신을 가도록 내버려 두라, 그는 죽었다. 그런데 그대가 이 죽은 신에 대해 좋게만 말하는 것은 그대를 명예롭게 할 것이다. 그러나 그가 '어떤 자'였는가를 그대는 나처럼 잘 알고 있다. 그리고 그가 이상한 길을 걸어온 것도."

"세 눈 밑에서의[10] 은밀한 이야기이지만" 하고 쾌활해진 늙은 교황이 말했다(왜냐하면 그는 한쪽 눈이 멀었기 때문이다). "신에 대해서는 내가 차라투스트라보다 더 잘 알고 있다—그것은 당연한 일이다.

나의 사랑은 오랫동안 그를 섬겼으며, 나의 의지는 그의 모든 의지에 복종했다. 그러나 훌륭한 하인은 모든 것을 알고 있으며, 자기의 주인이 자기에게 숨기고 있는 많은 것들도 또한 알고 있는 법이다.

그는 비밀로 가득 찬 숨겨진 신이었다. 실로 그는 비밀스러운 부정한 방법으로 아들 하나를 얻기까지 했다. 그를 믿는 신앙의 입구에는 간통이 서 있는 것이다.

그를 사랑의 신으로 찬미하는 자는 모두 사랑 그 자체를 충분

---

10) 두 사람 사이의 비밀.

히 높이 평가하지 않는다. 이 신은 또한 심판자가 되려고 하지 않았는가? 그러나 진정으로 사랑하는 자는 보답과 징벌을 초월하여 사랑하는 것이다.

동방 태생인 이 신이 젊었을 때, 그는 혹독했고 복수심에 가득 차 있었으며, 자기 마음에 드는 자들을 기쁘게 해 주기 위해 스스로 지옥을 만들었다.

그러나 마침내 그는 늙어, 부드럽고, 연약하고, 동정심이 많아져, 아버지라기보다는 할아버지처럼, 아니, 비틀거리는 늙은 할머니처럼 되어 버렸다.

그리하여 그는 쭈글쭈글한 채 그의 난롯가에 앉아, 자기의 약한 다리와 세상에 대한 지침과 의욕의 지침을 한탄하고 있었다. 그러던 어느 날 그는 자신의 지나친 동정심으로 인해 질식해 죽었다."

"늙은 교황이여", 차라투스트라가 말을 가로챘다. "그대는 '그것을' 그대 자신의 눈으로 보았는가? 분명 그렇게 죽었을지도 모른다. '그러나' 다르게 죽었을지도 모른다. 신들이 죽을 때, 그들은 항상 여러 종류의 죽음을 죽는 것이다.

그러나 좋다! 어쨌든─그는 죽은 것이다! 그는 나의 귀에도 나의 눈에도 거슬렸다. 이제 나는 그에 대해 더 이상 험담을 하지 않으리라.

나는 맑은 눈동자로 정직하게 말하는 모든 것들을 사랑한다. 그러나 늙은 성직자여 그대는 알아야 한다. 그에게는 그대의 본성과 같은 어떤 것, 성직자의 본성과 같은 어떤 것이 있었다는 것을─그는 이중적(二重的)이었던 것이다.

그는 또한 분명치 못했다. 분노를 못 이겨 씩씩거리는 자인 그는 우리가 그의 말을 잘 이해하지 못한다고 얼마나 우리에게 화를 냈던가! 그러나 어찌하여 그는 좀 더 분명하게 말하지 않았는가?

만일 그것이 우리의 귀가 무딘 탓이라면, 어찌하여 그는 자기 말을 잘 알아들을 수 있는 귀를 우리에게 주지 않았는가? 만일 우리의 귓속에 진흙이 들어 있었기 때문이라면, 좋다! 누가 우리의 귓속에 진흙을 넣었는가?

기술을 충분히 익히지 못한 도공(陶工)인 그는 너무나 많은 불량품들을 만들어냈다! 그럼에도 불구하고 그가 만든 항아리와 피조물들이 잘못되었다고 해서 그것들에게 복수한 것은 '좋은 취미'에 어긋나는 죄였다.

신앙심 속에도 또한 좋은 취미가 있다. 신앙심 속의 좋은 취미가 마침내 말했다. '신 따위는 없어져라! 신은 없는 편이 낫다, 혼자서 운명을 개척해 나가는 편이 낫다, 바보가 되는 편이 낫다, 스스로 신이 되는 편이 낫다!'라고."

"나는 무슨 말을 듣고 있는가!" 귀를 바짝 기울이고 있던 늙은 교황이 말했다. "오, 차라투스트라여, 그대는 그토록 신앙이 없는 자이면서도 그대가 믿고 있는 것보다 더 경건하다! 그대 내부에 있는 어떤 신이 그대를 그대의 무신적 상태로 만든 것이다.

그대로 하여금 더 이상 신을 믿지 못하게 하는 것, 그것은 그대의 경건, 바로 그것이 아닌가? 그대의 지나친 정직함이 또한 그대를 선악의 피안으로 데리고 갈 것이다!

왜냐하면 보라, 그대를 위해 남겨져 있는 것이 무엇인가? 그대는 영원으로부터 축복해 주도록 운명 지어진 두 눈과 손과 입을 갖고 있다. 인간은 손만으로 축복하는 것은 아니다.

비록 그대가 가장 신을 믿지 않는 자이고자 할지라도, 나는 그대의 친근한 정의(情誼)에서 긴 축복으로부터 나오는 신성함과 행복의 은은한 향기[11]를 맡는다. 그것은 나를 기쁨과 슬픔으로 가득 채운다.

오, 차라투스트라여, 하룻밤만이라도 나를 그대의 손님으로 맞이해 다오! 이제 내가 그대와 함께 있는 것보다 더 행복해질 수 있는 곳은 세상에 없다!"

"아멘! 그렇게 되기를!" 차라투스트라는 크게 놀라며 말했다. "저 위의 길은 차라투스트라의 동굴로 통한다.

진실로 나는 나 자신이 그대를 기꺼이 그곳으로 인도하고 싶다. 존경할 만한 자여, 왜냐하면 나는 모든 경건한 사람들을 사랑하기 때문이다. 그러나 지금 고통의 외침이 내게 그대에게서 급히 떠나기를 요구하고 있다.

나는 나의 영내에서 아무도 해를 입기를 원치 않는다. 나의 동굴은 훌륭한 피난처이다. 그리고 무엇보다도 나는 슬픔과 비탄에 빠진 모든 사람들을 견고한 대지 위에 견고한 다리로 다시 서게 하고 싶다.

그러나 누가 그대의 어깨에서 '그대의' 우수를 내려 줄 수 있겠는가? 그렇게 하기에는 나는 너무도 약하다. 실로 우리들은 누군가가 그대를 위해 그대의 신을 다시 깨워줄 때까지 오랫동안 기다려야만 할 것이다.

왜냐하면 이 늙은 신은 이미 살아 있지 않기 때문이다. 그는 완전히 죽어 버린 것이다."

차라투스트라는 이렇게 말했다.

---

11) 초인의 예감.

7. 가장 추악한 인간

　그리고 나서 차라투스트라의 발은 다시 숲들과 산들을 지나 달려갔다. 그의 눈은 찾고 또 찾았으나, 그의 눈이 보고 싶어 하는 자, 즉 큰 곤경을 당하여 고통의 소리를 지르는 자는 보이지 않았다. 그러나 그는 달려가면서 줄곧 마음속으로 기뻐하고 감사했다. "이 날은 얼마나 훌륭한 것들을 내게 주었는가", 그가 중얼거렸다. "그토록 시작이 나빴던 데 대한 보상으로! 나는 얼마나 이상한 설교자들을 발견했는가!

　이제 나는 그들의 말을 훌륭한 곡식처럼 오랫동안 씹으리라. 그것들이 젖처럼 나의 영혼 속으로 흘러들어 올 때까지 나의 이빨로 그것들을 잘게 씹어 가루가 되게 하리라!"

　그러나 길이 다시 어떤 바위를 끼고돌았을 때, 갑자기 경치가 바뀌어 차라투스트라는 죽음의 왕국으로 들어서게 되었다. 그곳에는 검붉은 절벽들이 치솟아 있었으며, 풀 한 포기, 나무 한 그루 없었으며, 새소리 하나 들리지 않았다. 그곳은 모든 짐승들이, 심지어 맹수들까지도 피하는 계곡이었기 때문이다. 다만 푸른빛을 띤 커다란 추한 뱀들만이 늙으면 이곳에 와서 죽을 뿐이었다. 그리하여 목자들은 이 계곡을 '뱀의 죽음'이라고 불렀다.

　그러나 차라투스트라는 어두운 추억 속으로 빠져들어 갔다. 왜냐하면 언젠가 이 계곡에 들어섰던 적이 있었던 것처럼 생각되었기 때문이다. 많은 무거운 것들이 그의 마음을 짓눌렀다. 그러자 그의 발걸음이 점점 느려지더니 마침내 멈춰 섰다. 그때 그가 눈을 크게 뜨자, 뭔가가 길바닥에 앉아 있는 것이 보였다. 그것은 인간과 같은 모양을 하고 있었으나, 인간이라고 하기는 어려운, 말로 형용할 수 없는 것이었다. 그러자 갑자기 차라투스트라는 그러한 것을 보았다는 커다란 수치심에 사로잡혔다. 그는 그의 흰 머리카락까지 붉히면서 시선을 돌리고는, 이 불길한 곳을 떠나려고 발을 들었다. 그러나 그때 죽은 듯했던 황야가 울렸다. 마치 밤중에 막힌 수관(水管)을 흐르는 물소리와 같은 소리가 땅에서 들려오더니, 마침내 인간의 목소리로 변하여 그것에서 인간의 말소리가 흘러나왔다. 그것은 이렇게 외쳤다.

"차라투스트라여! 차라투스트라여! 나의 수수께끼를 풀어 보라! 말해 보라, 말해 보라! '목격자에 대한 복수'는 무엇인가?

나는 그대를 유혹하여 다시 오게 했다. 이곳에는 미끄러운 빙판이 있다! 조심하라, 그대의 긍지가 이곳에서 발을 부러뜨리지 않도록!

그대는 자신을 지혜롭다고 생각하고 있다. 오만한 차라투스트라여! 그러니 수수께끼를 풀어 보라, 그대 딱딱한 호두를 까는 자여[12]—그 수수께끼는 바로 나인 것이다! 그러니 말해 보라, 내가 누구인가를."

차라투스트라가 이 말을 들었을 때, 그의 영혼에게 어떤 일이 일어났다고 그대들은 생각하는가? '동정심이 그를 엄습한 것이다.' 그리하여 그는 갑자기 쓰러졌다. 마치 오랫동안 수많은 벌목꾼들을 대항하여 버티어 온 한 그루의 참나무가, 그 나무를 베어 쓰러뜨리려던 자들까지도 두려워할 정도로, 육중하게 갑자기 쓰러지듯이. 그러나 그는 곧 일어났다. 그의 표정은 굳어 있었다.

"나는 그대를 잘 알고 있다." 그는 청동과 같은 소리로 말했다.

---

12) 어려운 문제나 수수께끼를 푸는 사람.

"그대는 '신의 살해자'이다! 나를 보내 다오.

그대 가장 추악한 자여, 그대는 '그대를' 본 자를—눈 하나 깜빡 거리지 않고 '그대를' 속속들이 꿰뚫어본 자를 '견딜 수' 없었다. 그래서 그대는 이 목격자에게 복수를 한 것이다!"

차라투스트라는 이렇게 말하고는 그곳을 떠나려 했다. 그러나 그 말로 형언할 수 없는 존재는 차라투스트라의 옷자락을 움켜쥐 고는 다시 말을 하려고 그르렁 소리를 내기 시작했다. "그대로 있 으라!" 마침내 그가 말했다.

"그대로 있으라! 그냥 가 버리지 말라! 나는 그대를 찍어 쓰러뜨 린 것이 어떤 도끼였는지 알고 있다. 환영한다, 오, 차라투스트라 여, 그대가 다시 서 있는 것을!

나는 잘 알고 있다. 신을 죽인 자가—신의 살해자가 어떤 심정 을 갖고 있는지 그대는 알고 있다는 것을. 그대로 있으라! 내 곁에 앉으라, 그것은 무의미한 일이 아니다.

그대에게가 아니라면 내가 누구에게 가려고 했겠는가? 그대로 있으라, 앉으라! 그러나 나를 쳐다보지 말라! 그리하여 나의 추악 함에—영광을 다오!

사람들은 나를 뒤쫓는다. 이제 '그대는' 나의 최후의 피난처이 다. 그들은 그들의 증오심으로 나를 뒤쫓는 것도 '아니며', 그들의 심복을 시켜 뒤쫓게 하는 것도 '아니다'—오, 그런 추적이라면, 나 는 비웃고 자랑스럽게 여기고 기뻐할 것이다!

이제까지 모든 성공은 훌륭한 추적을 당한 자들의 것이 아니었 던가? 추적을 잘 하는 자는 '추종하는' 것도 쉽게 배운다—그는 이 미 다른 사람들의 뒤쪽에 있기 때문이다. 그러나 그것은 그들의 '동정'으로부터이다.

내가 도망쳐 나와 그대에게로 달아나는 것은 그들의 동정으로 부터 인 것이다. 오, 차라투스트라여, 나의 최후의 피난처여, 나를 보호해다오. 그대 나의 심정을 짐작할 수 있는 유일한 자여,

그대는 '신을' 죽인 자의 심정이 어떠한지를 알고 있다. 그대로 있으라! 만일 그대가 가기를 원한다면, 성급한 자여, 내가 온 길로 가지 말라. '그' 길은 험하다.

그대는 내가 너무 오랫동안 횡설수설한다고 내게 화를 내고 있는가? 내가 그대에게 충고했다고 해서 내게 화를 내고 있는가? 그러나 알고 있으라, 나야말로 가장 추악한 인간[13]이며,

또한 가장 크고 가장 무거운 발을 갖고 있다는 것을. 내가 지나가면 길은 험해진다. 나는 모든 길을 밟아 엉망으로 파괴해 버린다.

그러나 그대가 말없이 내 곁을 지나간 것과 그대가 얼굴을 붉힌 것, 그것을 나는 똑똑히 보았다. 그것 때문에 나는 그대가 차라투스트라라는 것을 알았다.

다른 사람이었더라면 시선과 말로써 그의 동냥과 동정을 내게 던졌을 것이다. 그러나 나는 그것을 받을 만큼 거지는 아니다. 그대는 그것을 알아챘다―

나는 그것을 받기에는 너무나 '부유하며', 커다란 것들과 끔찍한 것들, 가장 추악한 것들, 가장 형언하기 어려운 것들에 있어서는 부유하다는 것을! 오, 차라투스트라여, 그대의 부끄러움이 나를 '영광스럽게' 했다!

---

13) 인간의 자기 자신에 대한 구역질을 말함. 인간이 자기 자신을 혐오스럽게 생각하여 자기 자신에게서 떠나 자신을 초월하려고 하는 이상, 인간은 위대해질 수 있음을 나타냄.

나는 동정하는 치근대는 자들의 무리에서 간신히 도망쳐 나왔다. 오늘날 '동정은 주제넘은 짓이다'라고 가르치는 유일한 자—오, 차라투스트라여, 그대를 찾기 위해!

—신의 동정이건, 인간의 동정이건, 동정은 겸손에 대립되는 것이다. 도와주려 하지 않는 것이 도와주려고 달려오는 저 덕보다 더 고귀한 것이다.

그러나 '그' 덕, 즉 동정이 오늘날 모든 소인들에게는 덕 그 자체라고 불리고 있다—그들은 커다란 불행에 대하여, 커다란 추악함에 대하여, 커다란 실패에 대하여 존경심을 갖고 있지 않은 것이다.

마치 한 마리의 개가 떼지어 있는 양떼 너머를 바라보듯이, 나는 이러한 모든 자들 너머를 바라본다. 그들은 왜소한, 마음씨 좋은, 좋은 털을 가진 회색의 무리인 것이다.

마치 한 마리의 백로가 머리를 치켜들고 얕은 연못 너머를 바라보듯이, 나는 회색의 잔물결과 의지와 영혼들의 무리 저 너머를 바라본다.

그들에게 너무 오랫동안 권리가 허용되었다. 그리하여 마침내 이들 소인들은 권력까지도 누리게 되었다—이제 그들은 가르치고 있다. '오직 소인들이 선이라고 부르는 것만이 선이다'라고.

그리하여 소인 출신인 설교자, 즉 스스로 '나는—진리이다'라고 증언한, 소인들의 대변자인 저 이상한 성자[14]가 말한 것이 오늘날 '진리'라고 불리고 있는 것이다.

이 오만불손한 자는 오랫동안 소인들을 거만하게 만들어 왔다

---

14) 예수를 가리킴.

—'나는—진리이다'라고 가르침으로써 적지 않은 잘못을 가르친 그는.

오만불손한 자 중에서 그보다 더 정중한 대접을 받은 자가 있었던가? 그러나 오, 차라투스트라여, 그대는 그를 모르는 척 지나쳐 버리며 말했다. '아니다! 아니다! 세 번 아니다!'라고.

그대는 그의 잘못에 조심하라고 경고했다. 그대는 동정하지 말라고 경고한 최초의 인간이다—그대는 다른 사람들에게가 아니라 그대 자신과 그대와 같은 부류의 사람들에게 경고했다.

그대는 커다란 고뇌자의 수치를 부끄럽게 생각한다. 그대가 '거대한 구름은 동정에서 생겨나는 것이다. 조심하라, 그대 인간들이여!'라고 말할 때,

그대가 '모든 창조자들은 엄격하며, 모든 위대한 사랑은 동정을 초월해 있다'라고 가르칠 때, 오, 차라투스트라여, 내게는 그대가 뇌우(雷雨)의 전조(前兆)를 잘 알고 있는 것처럼 생각되었다.

그러나 그대는—그대 자신에게도 또한 '그대의' 동정을 조심하라고 경고해야 한다! 왜냐하면 괴로워하는 많은 자들이, 회의를 품은 많은 자들이, 절망에 빠진 많은 자들이, 물에 빠진 많은 자들이, 얼어 죽어가고 있는 많은 자들이 그대에게로 가고 있기 때문이다.

나는 그대에게 경고한다, 나 자신에게도 또한 조심하라고. 그대는 나의 최선의 수수께끼이자 나의 최악의 수수께끼인 나 자신과, 내가 행한 일들을 알아냈다. 나는 그대를 찍어 쓰러뜨리는 도끼를 알고 있다.

그러나 그[신]는—죽을 '수밖에' 없었다. 그는 '모든 것을' 본 눈으로 보았다—그는 인간의 깊은 곳과 심연을 보았으며, 인간의 숨

겨진 모든 치욕과 추악함을 보았던 것이다.

그의 동정심은 조금도 부끄러움을 몰랐다. 그는 나의 가장 불결한 구석구석으로 기어들었다. 이 가장 호기심 많고, 지나치게 치근거리고, 지나치게 동정심 많은 신은 죽을 수밖에 없었다.

그는 항상 '나를' 보고 있었다. 나는 이런 목격자에게 복수를 하고 싶었다—그렇게 하지 않고서는 나는 더 이상 살고 싶지 않았던 것이다.

모든 것을 보았던, '인간까지도' 보았던 이 신은 죽을 수밖에 없었다! 인간은 이런 목격자가 살아 있다는 것을 '견딜 수가' 없었던 것이다."

가장 추악한 자는 이렇게 말했다. 그러나 차라투스트라는 자리에서 일어나 떠날 준비를 했다. 왜냐하면 그는 뼛속까지 추위를 느꼈기 때문이었다.

"그대, 말로 형언할 수 없는 자여" 차라투스트라가 말했다. "그대는 내게 그대의 길을 가지 말라고 경고해 주었다. 그에 대한 보답으로 나는 그대에게 나의 길을 권한다. 보라, 저 위에 차라투스트라의 동굴이 있다.

나의 동굴은 크고 깊으며 수많은 구석들을 갖고 있다. 그곳에서는 가장 잘 숨겨진 자도 더 잘 숨을 곳을 찾을 수 있다. 그리고 동굴 바로 곁에는 기어다니는 짐승들과, 날개를 퍼덕거리는 짐승들과, 뛰어다니는 짐승들을 위한 은밀한 샛길이 백 개가 있다.

자기 자신을 추방한 그대 추방된 자여, 인간과 인간의 동정 사이에서 살고 싶지 않다고? 좋다, 그럼 나처럼 행동하라. 그러면 그대는 또한 내게서 배울 수 있으리라. 오직 행동하는 자만이 배울 수 있는 것이다.

먼저 나의 동물들과 이야기를 나누라! 가장 긍지 있는 동물과 가장 지혜로운 동물—그들이야말로 우리 두 사람에게는 진정한 충고자일 것이다!"

차라투스트라는 이렇게 말하고는 전보다 더욱 깊은 생각에 잠긴 채 천천히 그의 길을 갔다. 왜냐하면 그는 자신에게 많은 것들을 물었으나 쉽사리 대답을 얻을 수 없었기 때문이었다.

"인간은 얼마나 가련한가!"(그는 마음속으로 생각했다). "인간은 얼마나 추악하고, 얼마나 투덜거리며, 얼마나 남모를 수치심에 가득 차 있는가!

사람들은 내게 말한다. '인간은 자기 자신을 사랑한다'라고. 아, 이 자기애(自己愛)는 얼마나 위대해야 하는가! 이 자기애는 얼마나 많은 자기 경멸을 갖고 있는가!

이 사람까지도 자신을 경멸하는 것만큼 자신을 사랑하고 있다—그는 크게 사랑하는 자인 동시에 크게 경멸하는 자처럼 보인다.

이제까지 나는 이 사람보다 더 자기 자신을 경멸하는 자를 본 적이 없다. '저것도' 또한 '높이'인 것이다. 아, '저 사람이야말로' 내가 그의 고통의 외침 소리를 들었던 바로 그보다 높은 인간이 아니었을까?

나는 위대한 경멸자들을 사랑한다. 그러나 인간은 초극되어야 할 존재인 것이다."

8. 자진해서 거지가 된 자

차라투스트라가 가장 추악한 인간의 곁을 떠났을 때, 그는 온

몸이 얼어붙는듯했으며 또한 고독에 사로잡혔다. 왜냐하면 그의 사지(四肢)까지도 싸늘하게 할 정도로, 많은 추위와 고독이 그의 정신을 엄습했기 때문이었다. 그러나 그가 푸른 초원을 지나기도 하고, 전에는 분명 물이 세차게 흘러내렸을 듯한 돌투성이의 황량한 하천 바닥을 지나기도 하고, 비탈을 오르고 계곡을 내려가기도 하면서 앞으로 나아가자, 갑자기 그의 마음은 한결 따뜻해지고 상쾌해졌다.

"내게 무슨 일이 일어난 것일까?" 그는 자신에게 물었다. "뭔가 따뜻하게 살아 있는 것이 나의 기운을 북돋아 준다. 그것은 나의 가까이에 있음에 틀림없다.

이미 나는 한결 덜 외롭다. 알 수 없는 동료들과 형제들이 나의 주위를 둘러싸고 있으며, 그들의 따뜻한 숨결이 나의 영혼을 어루만져 주고 있다."

그러나 그가 주위를 살피며 자신의 고독의 위안자들을 찾았을 때, 보라, 그것은 언덕 위에 모여 있는 암소들이었다. 그의 마음이 따뜻해진 것은, 이 암소들이 가까이 있었기 때문이었으며, 그들이 냄새를 풍겼기 때문이었다.

그러나 그 암소들은 어떤 설교자에게 열심히 귀를 기울이고 있는 듯했으며, 가까이 다가가는 자에게는 주의를 기울이지 않았다. 차라투스트라가 암소들 바로 밑에까지 다가갔을 때, 그는 암소들의 한가운데서 들려오는 사람의 목소리를 분명히 들을 수 있었다. 암소들은 모두 설교자 쪽으로 머리를 돌리고 있었다.

차라투스트라는 힘껏 암소들을 헤치며 달려들었다. 왜냐하면 누군가가 암소들의 동정으로도 치료하기 어려운 사고를 당한 게 아닐까 하고 걱정이 되었기 때문이었다. 그러나 그는 속은 것이다. 왜냐하면 보라, 거기에는 한 사람이 땅바닥에 앉아 동물들에게 자기를 두려워하지 말라고 설득하고 있었기 때문이었다. 그는 눈으로부터 선(善) 그 자체가 설교하는 평화를 사랑하는 산상(山上)의 설교자였다. "그대는 이곳에서 무엇을 찾고 있는가?" 차라투스트라가 놀라 소리쳤다.

"내가 이곳에서 무엇을 찾고 있느냐고?" 그가 대답했다. "당신이 찾고 있는 것과 똑같은 것을 찾고 있다, 그대, 훼방꾼이여! 나는 지상의 행복을 찾고 있는 것이다.

그러나 그것을 위해 나는 이 암소들에게서 배우려고 한다. 왜냐하면 잘 들으라, 나는 이미 오전의 절반 동안 이 암소들에게 이야기해왔으며, 그들은 이제 막 내게 대답을 하려던 참이었기 때문이다. 그대는 어찌하여 그들을 방해하는가?

만일 우리가 변모하여 암소들처럼 되지 않는다면 우리는 천국에 들어갈 수 없을 것이다. 우리가 그들에게서 배워야 할 것이 한 가지 있다. 그것은 되새김질을 하는 것이다.

진실로 어떤 인간이 전 세계를 얻었다 하더라도, 이 한 가지, 되새김질하는 것을 배우지 못했다면 무슨 소용이 있겠는가! 그는 그의 고통으로부터 해방될 수 없을 것이다.

그의 커다란 고통으로부터. 그러나 그것은 오늘날 '구역질'이라고 불리고 있다. 오늘날 가슴과 입과 눈에 구역질이 가득 차 있지 않은 자가 어디 있겠는가? 그대도! 그대도! 그러나 이 암소들을 보라!"

산상의 설교자는 이렇게 말하고는 차라투스트라를 바라보았다. 그때까지 그는 사랑스러운 눈길로 암소들을 바라보고 있었던 것이다. 그러나 그때 그의 태도가 돌변했다. "내가 이야기를 나누고 있는 자는 누구인가?" 그는 이렇게 외치고는 땅에서 펄쩍 뛰어 일어났다.

"이 사람은 구역질을 갖고 있지 않은 사람이다. 이 사람은 커다란 구역질을 초극한 차라투스트라 바로 그 사람이다. 이것은 차라투스트라 자신의 눈이며, 이것은 차라투스트라 자신의 입이며, 이것은 차라투스트라 자신의 가슴이구나."

그는 이렇게 말하면서 자기가 눈물을 흘리며 이야기하고 있는 상대방의 손에 입을 맞추었다. 그리고는 마치 하늘로부터 뜻밖의 값진 선물과 보석을 받은 자처럼 행동했다. 그러나 암소들은 이 광경을 물끄러미 바라보며 이상하게 생각했다.

"나에 대해 이야기하지 말라. 그대, 이상한 자여, 호의적인 자여!" 차라투스트라는 이렇게 말하면서 그의 애정을 저지했다. "먼저 내게 그대 자신에 대하여 말하라! 일찍이 그대는 막대한 재산을 버리고 자진하여 거지가 된 자가 아닌가,

—그대의 재산과 부유한 자들을 부끄럽게 생각하여, 자신의 풍요함과 마음을 나누어 주려고 가난한 자들에게로 달아났던 자가 아닌가? 그러나 그들은 그대를 받아들이지 않았다."

"그러나 그들은 나를 받아들이지 않았다." 자진하여 거지가 된 자가 말했다. "그대는 그것을 알고 있구나. 그래서 결국 나는 동물들에게로, 이 암소들에게로 온 것이다."

"그래서 그대는 배웠다." 차라투스트라가 말을 가로막았다. "올바르게 주는 것이 올바르게 받는 것보다 얼마나 더 어려운가를, 그리고 올바르게 주는 것은 하나의 '기술'이며 친절을 베푸는 가장 교활한 최후의 기술이라는 것을."

"오늘날에는 특히 그러하다." 자진하여 거지가 된 자가 대답했

다. "오늘날 모든 저열한 것들이 반란을 일으키게 되었으며, 배타적이면서도 그들 방식으로 교만해졌다. 즉 천민의 방식으로.

왜냐하면 그대도 아는 바와 같이 천민과 노예들의 거대하고도 사악한, 오랜 반란의 때가 왔기 때문이다. 그 반란은 점점 커지고 있다!

이제 모든 자선과 자비는 저열한 자들을 분개시킨다. 그러므로 지나치게 부유한 자는 조심해야 한다!

오늘날 배가 불룩한 병이 지나치게 가느다란 목에서 물방울을 떨어뜨리듯이 그렇게 물방울을 떨어뜨리는 모든 자들—오늘날 사람들은 이러한 병들의 목을 부러뜨리고 싶어 한다.

욕정에 찬 탐욕, 노기(怒氣)를 띤 질투, 원한을 품은 복수심, 천민의 긍지, 이 모든 것들을 나는 보았다. 가난한 자가 복이 있다는 것은 이미 진리가 아니다. 천국은 암소들과 함께 있는 것이다."

"어찌하여 천국은 부유한 자들과 함께 있지 않는가?" 차라투스트라는 그를 시험하면서 물었다. 그러면서 그는 평화를 구하는 자에게 호의적으로 콧숨을 들이쉬며 쿵쿵거리는 암소들을 제지했다.

"어찌하여 그대는 나를 시험하는가?" 그가 말했다. "그것은 그대 자신이 나보다 훨씬 더 잘 알고 있다. 오, 차라투스트라여, 무엇이 나를 가장 가난한 자들에게 가게 했는가? 그것은 우리 가장 부유한 자들에 대한 구역질이 아니었던가?

—눈은 냉혹하고 생각은 정욕에 가득 차 있는, 온갖 쓰레기 속에서 이익을 긁어모으는, 부의 형벌을 받은 자들에 대한 구역질이 아니었던가? 하늘을 향해 악취를 풍기는 이 천민에 대한 구역질이 아니었던가?

조상이 소매치기이거나, 아니면 썩은 고기를 쪼아 먹는 까마귀이거나, 아니면 고분고분하고 음탕하고 건망증이 심한 아내들—왜냐하면 그녀들은 모두 창녀들과 다름없기 때문이다—을 데리고 사는 넝마주이인, 이 금박을 입힌 타락한 천민에 대한 구역질이 아니었던가?

위에도 천민, 아래에도 천민! 오늘날 '가난함'은 무엇이며, '부유함'은 무엇인가! 나는 그 구별을 잊어버렸다—그래서 나는 멀리 더욱 멀리 도망친 것이며, 마침내 이 암소들에게 오게 된 것이다."

평화를 구하는 자는 이렇게 말했다. 그는 말을 하면서 씩씩거리며 땀을 흘렸다. 그러자 암소들은 다시 의아하게 생각했다. 그러나 차라투스트라는 그가 그토록 엄격하게 이야기하는 동안 줄곧 미소를 지으며 그의 얼굴을 바라보다가 말없이 머리를 저었다.

"산상의 설교자여, 그대가 그렇게 엄격한 말을 할 때, 그대는 그대 자신을 해치는 것이다. 그대의 입과 눈은 그런 엄격함에 어울리지 않는다.

내가 보기에는 그대의 위장도 또한 그러하다. '그대의 위장은' 그러한 모든 분노와 증오와 격앙(激昻)을 거부한다. 그대의 위장은 보다 부드러운 것을 원한다. 그대는 육식(肉食)을 하는 자가 아니다.

오히려 그대는 채식을 하는 자로 보인다. 아마도 그대는 곡식을 씹을 것이다. 분명 그대는 육식의 즐거움을 싫어하고 꿀을 좋아한다."

"그대는 나를 잘 간파했다." 자진하여 거지가 된 자는 밝은 마음으로 대답했다. "나는 꿀을 좋아하며, 또한 곡식을 씹어 먹기도 한다. 왜냐하면 나는 좋은 맛을 내고, 달콤한 숨결을 나게 하는 것을 찾았기 때문이다.

—또한 나는 오랜 시간이 걸리는 것, 온순한 게으름뱅이들과 건달들에게 어울리는 하루의 일, 하루 종일 씹는 것을 찾았기 때문이다.

분명 이 암소들은 그러한 일에 가장 익숙해 있다. 그들은 되새김과 햇빛 속에 누워 있기를 생각해낸 것이다. 그뿐만 아니라 그들은 마음을 팽창시키는 모든 무거운 사상들을 멀리한다."

"좋다!" 차라투스트라가 말했다. "'나의' 동물들도 또한 만나 보라, 나의 독수리와 나의 뱀을—오늘날 이 지상에는 그들과 견줄 만한 것이 없다.

보라, 저 길은 나의 동굴로 통한다. 오늘 밤 나의 동굴로 오라, 그리하여 동물들의 행복에 대해 나의 동물들과 이야기를 나누라,

내가 나의 집으로 돌아갈 때까지. 왜냐하면 지금 고통의 외침이어서 그대에게서 떠나라고 내게 요구하고 있기 때문이다. 또한 그대는 나의 동굴에서 새로운 꿀을 발견하게 될 것이다. 벌집 속에 들어 있는 얼음처럼 차가운 황금빛 꿀을. 그것을 먹으라!

이제 어서 그대의 암소들과 작별하라, 그대 이상한 자여, 호의적인 자여! 그 이별이 견디기 어렵다 하더라도. 그들은 그대의 가장 따뜻한 친구이며 스승이니까!"

"내가 보다 더 사랑하는 한 사람을 제외하고는." 자진하여 거지가 된 자가 대답했다. "그대야말로 훌륭하며 암소보다 훨씬 훌륭하다. 오, 차라투스트라여!"

"가거라, 사라지라! 그대 사악한 아첨꾼이여!" 차라투스트라는 화가 나서 외쳤다. "어찌하여 그대는 그런 칭찬과 아첨의 꿀로 나의 기분을 상하게 하는가?"

"가거라, 내게서 사라지라!" 그는 다시 외치고는 사랑하는 거지를 향해 지팡이를 휘둘렀다. 그러자 거지는 재빨리 도망쳐 버렸다.

9. 그림자[15]

그러나 자진해서 거지가 된 자가 도망쳐, 다시 혼자 있게 되자마자 차라투스트라는 등 뒤에서 "그대로 있으라! 차라투스트라여! 잠깐만 기다려라! 나다, 오, 차라투스트라여, 나다, 그대의 그림자이다!" 하고 외치는 새로운 목소리가 들려왔다. 그러나 차라투스트라는 기다리지 않았다. 왜냐하면 그의 산 위에 많은 사람들이 혼잡을 이루고 있어, 그는 갑자기 불쾌감에 사로잡혔기 때문이었다. "나의 고독은 어디로 달아나 버렸는가?" 그가 말했다.

"참으로 어찌할 수가 없구나, 이 산은 사람들로 들끓고 있으니, '이' 세계는 이미 나의 왕국이 아니다. 내게는 새로운 산이 필요하다.

나의 그림자가 나를 부르고 있는가? 나의 그림자가 무슨 소용이란 말인가! 나를 뒤쫓겠으면 뒤쫓으라! 나는—그에게서 도망치리라."

차라투스트라는 마음속으로 이렇게 중얼거리고는 도망쳤다. 그러나 그의 등 뒤에 있던 자가 그를 뒤쫓았다. 그리하여 세 사람이 일렬로 달리게 되었다. 맨 앞에는 자진해서 거지가 된 자이고, 다

---

15) 차라투스트라의 그림자가 독립적인 인물로 등장한다. 이 그림자는 일체를 부정하지만, 그 부정의 배후에 별판을 갖지 못한 자로서의 자유정신이다. 이 영원한 부정자(否定者)는 고향을 상실한 방랑자이다.

음은 차라투스트라, 세 번째는 그의 그림자였다. 그들이 그렇게 달린 지 얼마 안 되어, 차라투스트라는 자기의 어리석음을 깨닫고는, 즉시 모든 불쾌감과 혐오를 털어 버렸다.

"어찌 된 셈이냐!" 그가 말했다. "우리 늙은 은둔자들과 성자들에게는 항상 가장 우스꽝스러운 일들이 일어나곤 하지 않았던가?

참으로 나의 어리석음은 산속에서 크게도 성장했구나! 지금 나는 여섯 개의 어리석은 늙은 다리들이 앞뒤에서 달리는 소리를 듣고 있다!

그런데 차라투스트라가 그림자를 두려워하다니! 어쨌든 그림자가 나보다 더 긴 다리를 갖고 있는 것 같구나."

차라투스트라는 눈과 내장(內臟)으로 웃으며 이렇게 말하고는 멈춰 서더니 재빨리 돌아섰다─그러자 보라, 하마터면 그는 자기를 뒤쫓아 오는 그림자를 내동댕이칠뻔했다.

그림자는 그만큼 차라투스트라의 발뒤꿈치에 바짝 붙어 뒤쫓아 왔으며, 또 그만큼 허약하기도 했다. 차라투스트라는 그림자를 자세히 살펴보고는 갑자기 나타난 유령을 본 것처럼 깜짝 놀랐다. 뒤쫓아 온 자는 그토록 가냘프고, 어둡고, 공허하고, 지친 모습이었다.

"그대는 누구인가?" 차라투스트라가 화가 나서 물었다. "그대는 이곳에서 무엇을 하고 있는가? 또 어찌하여 그대는 나의 그림자라고 자처하는가? 나는 그대를 좋아하지 않는다."

"용서해 다오." 그림자가 대답했다. "내가 그런 자임을. 만일 그대가 나를 좋아하지 않는다면, 좋다, 오, 차라투스트라여! 나는 그 점에서 그대와 그대의 훌륭한 취미를 찬양한다.

나는 방랑자이며, 줄곧 그대의 발뒤꿈치를 뒤쫓아 왔다. 나는 언제나 길을 가고 있지만, 내겐 목적지도 없고 집도 없다. 그러므로 실로 나는 영원히 방랑하는 유대인과 다를 게 없다. 내가 영원한 자가 아니며, 또 유대인이 아니라는 점을 제외하고는.

뭐라고? 나는 항상 길을 가야만 한다고? 바람에 날려 끊임없이 앞으로 나아가야 한다고? 오, 대지여, 내게는 네가 너무나 둥글구나![16]

나는 모든 표면에 앉아 있곤 했다. 지쳐 버린 먼지처럼 나는 거울 위에서 그리고 창틀 위에서 잠들곤 했다. 모든 것이 내게서 빼앗아갈 뿐 내게 주는 것은 아무것도 없었다. 그래서 나는 야윈 것이다—나는 거의 그림자와 마찬가지이다.

그러나 오, 차라투스트라여, 나는 그대를 가장 오랫동안 따라다녔다. 그리고 내가 그대로부터 나 자신을 숨겨 오긴 했지만, 나는 그대의 가장 훌륭한 그림자였다. 그대가 앉아 있는 곳이라면 어디에나 나도 또한 앉아 있었던 것이다. 나는 눈길과 겨울 지붕 위를 걸어 다니기 좋아하는 유령처럼, 그대와 함께 가장 먼, 가장 추운 세계를 돌아다녔다.

나는 모든 금지된 곳, 가장 불길한 곳, 가장 먼 곳에도 그대와 함께 들어갔다. 그리고 내게 있는 어떤 것이 덕이라면, 그것은 내가 어떠한 금지도 두려워하지 않았다는 것이다.

나는 그대와 함께 나의 마음이 존경했던 것은 무엇이건 파괴해 버렸다. 나는 경계석들과 우상들을 뒤엎어 버렸으며, 가장 위험한 욕망들을 추구해 왔다. —실로 나는 어떠한 범죄도 두려워하지 않았다.

---

16) 그림자에게는 대지는 굴러가는 공과 같아서, 그 위에 확고히 발을 붙이고 설 수가 없다.

나는 그대와 함께 언어와 가치와 위대한 이름들에 대한 믿음을
잊어버렸다. 악마가 그의 껍질을 벗어 버릴 때, 그의 이름 또한 떨
어져 나가는 것이 아닌가? 이름도 또한 껍질이기 때문이다. 악마
자체가 아마도—껍질일 것이다.

 '참된 것은 없다, 모든 것이 허용되어 있다.' 나는 나 자신에게
이렇게 말했다. 나는 가장 차가운 물속에 뛰어들었다, 머리와 가
슴으로. 아, 나는 얼마나 자주 붉은 게처럼 발가벗은 채 서 있었
던가!

 아, 나의 모든 선, 나의 모든 부끄러움, 선한 자들에 대한 나의
모든 믿음은 어디로 가 버렸는가! 아, 일찍이 내가 소유했던 거짓
된 천진난만함, 선한 자들과 그들의 고상한 거짓말의 천진난만함
은 어디로 가 버렸는가!

 실로 나는 너무도 자주 진리의 발뒤꿈치를 바짝 따라다녔다. 그
러자 진리는 나의 얼굴을 발로 찼다. 때때로 나는 거짓말을 하려
고 했다. 그리하여, 보라! 그럴 때만 나는 알아맞혔던 것이다—
진리를.

 너무나 많은 것들이 내게 분명해졌다. 이제 나는 더 이상 그런
것과는 관계가 없다. 내가 사랑하는 것은 이미 아무것도 살아 있
지 않다—내가 어찌 아직도 나 자신을 사랑할 수 있겠는가?

 '내가 살고자 하는 대로 살거나 아니면 살지 않는 것', 그것이
내가 원하는 바이다. 가장 성스러운 자도 그것을 원한다. 그러나,
아! 어찌 '내가' 아직도 갖고 있겠는가—욕망을?

 아직도 '나는'—목표를 갖고 있는가? '나의' 돛단배가 질주해 갈
항구를?

 좋은 바람을? 아, 자기가 '어디로' 가고 있는지 아는 자만이, 어

떤 바람이 자기를 위해 좋은 바람인지 아는 것이다.

내게 남은 것은 무엇인가? 지쳐 버린 오만한 가슴, 침착하지 못한 의지, 연약한 날개, 부러진 척추뿐이다.

'나의' 고향을 찾는 이러한 탐구, 오, 차라투스트라여, 그대는 이러한 탐구가 '나의' 괴로움이라는 것을 알고 있다. 그것은 나를 소멸시키고 있다.

어디 있는가―'나의' 고향은? 나는 그것을 묻고 또 찾고 있다. 나는 그것을 찾아왔지만 찾지 못했다. 오, 영원히 어디에나 있으며, 오, 영원히 어디에도 없는, 오, 영원한―공허함이여!"

그림자는 이렇게 말했다. 그림자의 말을 듣자, 차라투스트라는 슬픈 얼굴을 했다. "그대는 나의 그림자이다!" 마침내 그는 슬픔에 찬 어조로 말했다.

"그대의 위험은 결코 작은 것이 아니다. 그대 자유로운 정신이여 방랑자여! 그대는 오늘 불쾌한 낮을 보냈다. 더 불쾌한 저녁을 보내지 않도록 조심하라!

그대처럼 떠도는 자에게는 마침내 감옥조차도 행복한 곳으로 생각되는 것이다. 그대는 체포된 죄수들이 잠들어 있는 모습을 본 일이 있는가? 그들은 평화롭게 잠을 잔다. 그들은 그들의 새로운 안전을 즐기는 것이다.

마침내 그대가 편협한 신앙과 완고하고 엄격한 망상에 사로잡히지 않도록 조심하라! 왜냐하면 이제부터 편협하고 완고한 모든 것들이 그대를 유혹하고 시험하려 할 것이기 때문이다.

그대는 그대의 목적지를 잃어버렸다. 아, 그대는 어찌 그러한 상실을 외면하고 웃어 버리려 하는가? 그대의 목적지를 잃어버림으로써―그대는 그대의 길도 또한 잃어버린 것이다!

그대 가엾은 여행자여, 방랑자여, 그대 지쳐 버린 나비여! 그대는 오늘 밤 쉴 곳과 집을 원하는가? 그렇다면 나의 동굴로 올라가라!

저 길은 나의 동굴로 통한다. 지금 나는 다시 그대에게서 빨리 도망치고 싶다. 이미 그림자가 내 머리 위에 드리워 있는 것 같다.

나는 혼자 달리고 싶다, 나의 주위가 다시 밝아지도록. 그러기 위해서는 나는 나의 다리로 아직도 오랜 시간 동안 즐겁게 뛰어다녀야 한다. 그러나 저녁에는 우리는—춤을 추게 될 것이다!"

차라투스트라는 이렇게 말했다.

10. 정오에

그리하여 차라투스트라는 달리고 또 달렸다. 그는 더 이상 아무도 발견하지 못했으며 고독했다. 그는 수없이 자기 자신을 발견했다. 그는 오랜 시간 동안 자신의 고독을 즐기고 감상했으며, 좋은 일들에 대해 생각했다. 그러나 정오가 가까워 태양이 차라투스트라의 머리 바로 위에 머물렀을 때, 그는 비비꼬이고 구부러진 늙은 나무 곁을 지나게 되었다. 그 나무는 포도넝쿨의 풍만한 사랑에 휘감긴 채 자신을 숨기고 있었으며, 포도넝쿨로부터 노란 포도송이의 풍요로움이 방랑자를 향해 주렁주렁 매달려 있었다. 차라투스트라는 약간의 갈증으로 인해 목을 축이고 싶은 욕망과 포도송이 하나를 따고 싶은 욕망을 느꼈다. 그러나 그가 포도송이를 따려고 손을 뻗쳤을 때, 그는 훨씬 더 큰 다른 욕망을 느꼈다. 즉 정오 시간에 그 나무 옆에 누워 잠을 자고 싶었던 것이다.

차라투스트라는 그렇게 했다. 그는 형형색색의 풀의 고요함과 은밀함 속에 눕자마자 작은 갈증도 잊어버리고 잠들어 버렸다. 왜냐하면 차라투스트라의 잠언대로, 한 가지 일이 다른 일보다 더 필요했기 때문이었다. 그러나 그의 눈만은 뜨고 있었다—그의 눈은 그 나무와 포도넝쿨의 사랑을 보고 감탄하는 데 싫증을 느끼지 않았기 때문이었다. 그러나 잠들면서 차라투스트라는 마음속으로 이렇게 중얼거렸다.

"조용히! 조용히! 세계는 지금 막 완전해지지 않았는가? 내게 무슨 일이 일어났는가?

미풍이 매끄러운 바다 위에서 자취도 없이 깃털처럼 가볍게 가볍게 춤추듯이—그렇게 잠은 내 위에서 춤을 춘다.

잠은 나의 눈을 감게 하지 않으며, 나의 영혼을 깨어 있게 한다. 잠은 참으로 가볍다! 깃털처럼 가볍다.

잠은 나를 설복시킨다. 나는 어찌할 수가 없다. 잠은 어루만지는 듯한 손길로 나의 내부를 어루만진다. 잠은 내게 강요한다. 그렇다, 잠은 내게 강요하고 있다, 나의 영혼이 몸을 쭉 뻗을 것을. 나의 영혼은 얼마나 기진맥진 지쳐 버렸는가, 나의 이상한 영혼은! 제7일의 저녁이 정각 정오에 나의 영혼을 찾아온 것일까? 나의 영혼은 행복에 넘쳐 너무도 오랫동안 좋은 무르익은 것들 사이를 방황한 것일까?

나의 영혼은 몸을 쭉 뻗는다. 길게, 길게—더욱 길게! 나의 영혼은 조용히 누워 있다, 나의 이상한 영혼은. 나의 영혼은 좋은 것들을 너무나 많이 맛보았으며, 이 황금빛 비애가 나의 영혼을 짓누른다. 그리하여 나의 영혼은 입을 찡그린다.

자신의 가장 조용한 만(灣)에 들어간 배처럼—지금 나의 영혼은 오랜 항해와 변덕스러운 바다에 지쳐 대지에 기대어 있다. 대지가 바다보다 더 충실하지 않은가?

이러한 지친 배가 육지에 기대어 있을 때, 육지에 기대어 정박(定泊)해 있을 때—그때에는 거미가 그 배에서 육지로 거미줄을 치는 것만으로 충분하다. 그보다 더 강한 밧줄은 필요치 않은 것이다.

이러한 지친 배가 가장 조용한 만(灣)에서 쉬는 것처럼, 나는 지금 가장 가느다란 실로 대지에 묶인 채, 성실하게, 믿으면서, 기다리면서 대지에 달라붙어 쉬고 있다.

오, 행복이여! 오, 행복이여! 오, 나의 영혼이여, 너는 노래를 부르려 하는가? 너는 풀밭에 누워 있다. 그러나 지금은 어떤 목자도 피리를 불지 않는 은밀하고 엄숙한 시간이다.

조심하라! 뜨거운 정오가 벌판에서 잠들어 있다. 노래 부르지 말라! 조용히 하라! 세계는 완전해졌다.

노래 부르지 말라, 그대 풀새〔草鳥〕여. 오, 나의 영혼이여! 속삭이지도 말라! 보라—조용히! 늙은 정오가 잠들어 있다, 늙은 정오가 입을 움직인다. 그는 지금 한 방울의 행복을 마신 것이 아닌가—

—황금빛 행복의, 황금빛 포도주의 오래된 갈색 한 방울을? 무언가가 그를 스쳐 지나간다, 그의 행복이 웃는다. 그렇게—신은 웃는다. 조용히 하라!

'행복해지기 위해서는 얼마나 근소한 것으로 족한가!' 전에 나는 이렇게 말하고는 나 자신을 현명하다고 생각했다. 그러나 그것은 모독이었다. '그것을' 나는 지금 배웠다. 현명한 바보[17]들은 보다 훌륭한 말을 한다.

분명 가장 사소한 것, 가장 부드러운 것, 가장 가벼운 것, 한 마리의 도마뱀의 작은 움직임, 한 호흡, 한 동작, 눈의 깜박임—이런 사소한 것들이 '최고의' 행복의 특성을 이루는 것이다. 조용히 하라!

내게 무슨 일이 일어났는가? 귀를 기울이라! 시간이 날아가 버렸는가? 내가 떨어져 버리는 것이 아닐까? 내가 이미 떨어져 버린 것이 아닐까?—귀를 기울여라! 영원의 우물 속으로.

내게 무슨 일이 일어나고 있는가? 조용히 하라! 그것이 나를—아—나의 심장을 찌르고 있지 않는가? 심장을! 오, 깨져 버려라, 깨져 버려라, 심장이여, 이런 행복을 맛보았으니, 이런 찔림을 당했으니!

뭐라고? 세계는 지금 막 완전해지지 않았는가? 둥글고 완숙해지지 않았는가? 오, 황금빛 둥근 반지여—그것은 어디로 날아가는 것일까? 나는 그것을 따라가리라! 서둘러!

조용히 하라—(이때 차라투스트라는 기지개를 켜고는 자신이 잠들어 있었다는 것을 깨달았다.)

일어나라! (그는 자신에게 말했다.) 일어나라, 잠들어 있는 자여! 그대 정오에 잠들어 있는 자여! 자, 어서, 늙은 다리들이여! 일어날 시간이 되었다. 일어날 시간이 지났다. 너희들에겐 아직도 가야 할 길이 많이 남아 있다.

---

17) 보통의 자기 평가에 얽매이지 않는 자로서의 바보들은 가장 사소한 일에서 행복을 발견하는데, 거기에 현명의 극치가 있다.

너는 이제 충분히 잤다, 얼마나 오랫동안 잤을까? 영원의 절반 동안! 자, 어서 일어나라, 나의 늙은 심장이여! 그토록 오랫동안 잠을 잤으니 얼마나 오랫동안 너는—깨어 있을 수 있겠느냐?

(그러나 그는 다시 잠들어 버렸다. 그러자 그의 영혼은 그에게 반박하고 대항하며 다시 누워 버렸다.) 혼자 있게 해 다오! 조용히 하라! 세계는 지금 막 완전해지지 않았는가? 오, 황금빛 둥근 공이여!

일어나라(차라투스트라가 말했다). 그대 작은 도둑이여, 그대 대낮을 훔치는 게으름뱅이여! 어찌 된 일인가! 아직도 기지개를 켜고, 하품을 하고, 한숨 쉬며 깊은 우물 속으로 떨어지고 있는가?

대체 그대는 누구냐, 오, 나의 영혼이여? (이때 그는 깜짝 놀랐다. 한 줄기의 햇살이 하늘로부터 그의 얼굴에 내리비쳤기 때문이었다.)

오, 나의 위에 있는 하늘이여(그는 한숨을 지으며 이렇게 말하고는 일어나 똑바로 앉았다). 그대는 나를 지켜보고 있는가? 그대는 나의 이상한 영혼에 귀를 기울이고 있는가?

그대는 지상의 모든 것들 위에 내린 이 이슬방울을 언제 마시려 하는가—그대는 이 이상한 영혼을 언제 마시려 하는가,

—언제, 영원의 우물이여! 맑고 두려운 정오의 심연이여! 그대는 나의 영혼을 언제 그대 자신 속으로 다시 들이키려 하는가?"

차라투스트라는 이렇게 말하고는 이상한 취기(醉氣)에서 깨어나듯 나무 옆 그의 잠자리에서 일어났다. 보라, 그의 태양은 아직도 그의 머리 바로 위에 머물러 있었다. 그러므로 사람들이 차라투스트라가 오랫동안 잠을 잔 것이 아니라고 생각하는 것도 당연

한 일일 것이다.

11. 인사

　오랫동안의 헛된 탐색과 방황을 끝내고, 차라투스트라가 그의 집인 동굴로 돌아온 것은 오후 늦게였다. 그러나 그가 그의 동굴에서 20보도 채 떨어지지 않은 곳에 이르렀을 때, 전혀 예기치 않은 일이 일어났다. 그는 다시 커다란 고통의 외침을 들었던 것이다. 놀랍게도 그 외침 소리는 이번에는 그의 동굴에서 들려왔다. 그 소리는 긴, 여러 가지의 이상한 외침이어서, 멀리서 들으면 한 목구멍에서 나오는 외침처럼 들릴지 모르지만, 차라투스트라는 그것이 수많은 목소리들로 이루어진 것이라는 것을 분명히 알아차렸다.

　그리하여 차라투스트라는 그의 동굴을 향해 달려갔다. 그러자 보라! 이러한 합주(合奏) 다음에 그를 기다리고 있던 것은 얼마나 볼만한 장관이었던가! 그가 낮에 만났던 자들이 모두 모여 앉아 있었던 것이다. 즉 오른쪽 왕과 왼쪽 왕, 늙은 마술사, 교황, 자진하여 거지가 된 자, 그림자, 정신의 양심가, 슬픔에 찬 예언자, 그리고 당나귀가 모여 앉아 있었던 것이다. 그러나 가장 추악한 인간은 머리에 왕관을 쓰고 두 개의 붉은 띠를 두르고 있었다 ―왜냐하면 모든 추악한 자들이 그렇듯이, 그는 아름답게 꾸미기를 좋아했기 때문이었다. 그러나 이 침울한 자들 한복판에 차라투스트라의 독수리가 털을 곤두세운 채 안절부절못하고 서 있었다. 왜냐하면 그의 긍지가 대답할 수 없는 많은 것들에 대해 대답하도록 되어 있었기 때문이었다. 그러나 영리한 뱀은 독수리의 목에 휘감겨 있었다.

차라투스트라는 이 모든 광경을 보고는 크게 놀랐다. 그러나 그는 그의 손님들을 부드러운 호기심으로 자세히 살펴보고 그들의 영혼을 간파하고는 또다시 놀랐다. 그러는 동안에 모여 앉아 있던 손님들은 자리에서 일어나 존경심 어린 태도로 차라투스트라가 말하기를 기다리고 있었다. 그러자 차라투스트라는 이렇게 말했다.

그대 절망에 빠져 있는 자들이여! 그대 이상한 자들이여! 그렇다면 내가 들은 것은 '그대들의' 고통의 외침이었는가? 이제 알겠구나, 내가 오늘 헛되이 찾아다녔던 자, 즉 '보다 높은 인간'을 어디서 찾아야 하는지를.

―그는 바로 나의 동굴 속에 앉아 있다. 보다 높은 인간은! 그러나 내가 어찌 놀라겠는가! 나 자신이 꿀과 나의 행복의 교활한 유혹의 목소리로 그를 내게 끌어들인 것이 아닌가?

그러나 그대 고통의 비명을 외치는 자들이여, 그대들은 함께 어울리기에는 적당치 않은 것 같다. 그대들은 이곳에 함께 앉아 서로가 서로의 마음을 상하게 하고 있지 않는가? 무엇보다도 먼저 다른 어떤 사람이 오지 않으면 안 된다.

―그대들을 다시 웃도록 만드는 사람이, 선량하고 쾌활한 익살광대가, 무도자이며 산들바람이며 엉뚱한 자가, 어떤 늙은 바보와 같은 자가―그대들은 어떻게 생각하는가?

그대 절망하고 있는 자들이여, 내가 그대들 앞에서 이렇게 시시한 말을 하는 것을, 이러한 손님들에게 아무런 가치도 없는 말을 하는 것을 용서해 다오! 그러나 '무엇이' 나의 마음을 방자하게 만들고 있는지 그대들은 짐작하지 못할 것이다.

그대들 자신이 그렇게 만들고 있는 것이다. 그대들의 모습이 그렇게 만들고 있는 것이다. 그것에 대해 나를 용서해 다오! 왜냐하면 절망에 빠져 있는 자를 바라보고 있는 자는 누구나 용감해지기 때문이다. 절망하고 있는 자에게 용기를 북돋아 주는 것—누구나가 자기 자신은 그런 일을 하기에 충분한 힘을 갖고 있다고 생각하는 것이다.

그대들은 내게 그러한 힘을 주었다—훌륭한 선물이었다, 나의 고귀한 손님들이여! 자, 내가 그대들에게 나의 어떤 것을 준다고 해서 내게 화내지 말라.

이곳은 나의 왕국이며 나의 영토이다. 그러나 오늘 저녁과 오늘 밤에는, 나의 것은 그대들의 것이 될 것이다. 나의 동물들은 그대들에게 봉사할 것이며, 나의 동굴은 그대들의 휴식처가 될 것이다!

나의 집에서는 아무도 절망에 빠지지 않을 것이다. 나는 나의 영역 안에서는 모든 자들을 그의 야수로부터 보호해 준다. 그것이 내가 그들에게 주는 첫 번째 선물이다, 안전이!

그리고 두 번째 선물은 나의 새끼손가락이다. 그대들은 나의 새끼손가락을 가졌으니 나의 손 전체를 가지라. 좋다! 그리고 또한 마음까지도! 이곳에 온 것을 환영한다, 어서 오라, 나의 손님들이여!

차라투스트라는 이렇게 말하고는 사랑과 악의로 크게 웃었다. 이러한 인사가 끝나자, 그의 손님들은 다시 허리를 굽혀 인사하고는 경건한 마음으로 침묵을 지켰다. 그러자 오른쪽 왕이 그들을 대표하여 그에게 대답했다.

오, 차라투스트라여, 우리는 그대가 우리들에게 손을 내밀어 주고 인사하는 태도를 보고, 그대가 차라투스트라라는 것을 알아차렸다. 그대는 우리들 앞에서 스스로를 낮추었다. 그대는 우리의 존경심을 손상시킬 뻔했다.

—누가 그대처럼 그런 긍지를 가지고서도 스스로를 낮출 수 있겠는가? '그것은' 우리들 자신을 고양(高揚)시켜 주고, 우리들의 눈과 심장에 원기를 회복시켜 준다.

오직 이것을 보기 위해서만도 우리는 이 산보다 높은 산에라도 올라갈 것이다. 왜냐하면 우리는 유람객으로 이곳에 왔으며, 흐린 눈을 맑게 해 주는 것을 보고 싶었기 때문이다.

그리하여 보라, 고통에 찬 우리의 외침은 이미 사라져 버렸다. 이미 우리의 가슴과 마음은 활짝 열려 기쁨에 넘쳐 있다. 우리의 가슴은 곧 자유분방해질 것이다.

오, 차라투스트라여, 지상에서 자라는 것 중에는 고귀하고 강한 의지보다 더 기쁘게 해 주는 것은 없다. 그것이야말로 대지의 가장 아름다운 식물인 것이다. 그러한 나무 하나로 인해 풍경 전체가 생기를 얻는다.

오, 차라투스트라여, 그대처럼 자라 올라가는 자를, 나는 소나무에 비유한다. 크고, 묵묵하고, 튼튼하고, 홀로 서 있는 소나무, 가장 훌륭하고 가장 부드러운 재질을 가진 장엄한 소나무에.

—그러나 마침내 '자기의' 영토를 향해 강하고 푸른 가지들을 내뻗어, 바람과 폭풍과 높은 곳에 사는 모든 것들에게 대담하게 질

문을 던지는,

질문을 던지는 것보다 더욱 대담하게 대답하는, 지배자이며 승리자인 이런 나무를 보기 위해, 오, 누가 높은 산에 오르려 하지 않겠는가?

오, 차라투스트라여, 우울한 자도, 절망에 빠진 자도 그대의 나무에 의해 원기를 회복하며, 방랑자조차도 그대의 모습을 보고 안정을 얻고 위로를 받는다.

그리하여 실로 오늘날 많은 눈들이 그대의 산과 그대의 나무에 쏠리고 있다. 커다란 동경이 생기자, 사람들은 묻게 되었다. "차라투스트라가 누구냐?"라고.

그리하여 일찍이 그대가 그대의 노래와 그대의 꿀을 귓속에 부어 넣어 주었던 자들, 즉 모든 숨어 있는 자들, 혼자 사는 은둔자들, 둘이 사는 은둔자들은 한결같이 마음속으로 말하고 있다.

"차라투스트라는 아직 살아 있는가? 삶에는 더 이상 아무런 가치도 없다. 모든 것이 동일하며, 모든 것이 헛되다. 우리가 차라투스트라와 함께 살지 않는다면!"

"그렇게 오래전부터 자기의 도래를 예고하고도 어찌하여 그는 오지 않는 것일까?" 많은 사람들이 이렇게 묻고 있다. "고독이 그를 삼켜 버린 것일까? 아니면 우리가 그에게로 가야 하는 것일까?"

이제 고독은 붕괴되고 산산조각이 나서, 더 이상 시체를 간직할 수 없는 허물어진 무덤처럼 되었다. 곳곳에서 부활한 자들을 볼 수 있다.

오, 차라투스트라여, 이제 파도가 그대의 산을 에워싸고 점점 높이 올라오고 있다. 그대의 높이가 아무리 높다 하더라도 많은 파도가 그대에게 밀어닥칠 것이다. 그러므로 그대의 배는 그다지 오랫동안 마른 땅에 머물러 있지는 못할 것이다.

그리고 우리들 절망에 빠진 자들이 지금 그대의 동굴 속으로 들어와 이미 더 이상 절망하고 있지 않는 것, 그것은 보다 더 훌륭한 자들이 그대를 향해 오고 있다는 표시이며 징후일 뿐이다.

왜냐하면 인간들 중의 신의 최후의 잔재(殘滓)인 자들이 그대를 향해 오고 있기 때문이다. 커다란 동경, 커다란 구역질, 커다란 혐오에 사로잡힌 모든 자들이.

다시 '희망하기를' 배우지 않고서는, —오, 차라투스트라여, 그대로부터 커다란 희망을 배우지 않고서는 살기를 원치 않는 자들이!

오른쪽 왕은 이렇게 말하고 나서 차라투스트라의 손을 움켜잡고도 입을 맞추려고 했다. 그러나 차라투스트라는 깜짝 놀라 그의 경의를 저지하고는, 마치 먼 곳으로 도망치듯이 아무 말 없이 황급히 뒷걸음질 쳤다. 그러나 잠시 후 그는 다시 그의 손님들에게 다가서서 맑고 의아한 눈으로 그들을 바라보면서 말했다.

나의 손님들이여, 그대, 보다 높은 인간들이여, 나는 그대들에게 평범한 독일식으로 분명하게 말하려 한다. 내가 이 산속에서 기다리고 있었던 것은 '그대들이' 아니다.

("평범한 독일식으로 분명하게라고? 얼마나 터무니없는 말인가!" 이때 왼쪽 왕은 속으로 중얼거렸다. "그는 훌륭한 독일인들을 모르는 게 분명하다, 동방 태생의 이 현자는!

그러나 그는 '독일식으로 거칠게'라는 뜻으로 말했을 것이다. —좋다! 오늘날 그것은 가장 나쁜 취미에 속하는 것은 아니다!")

실로 그대들은 모두 보다 높은 인간일지도 모른다. (차라투스트라는 말을 계속했다.) 그러나 내가 보기에는 그대들은 그다지 높지도 않고 강하지도 않다.

내가 보기에는, 다시 말해 침묵을 지키고 있지만 언제까지나 침묵을 지키고 있지는 않을, 나의 내부에 있는 확고부동한 것이 보기에는. 그대들이 내게 속해 있다 하더라도 그것은 나의 오른팔로서가 아니다.

왜냐하면 그대들처럼 병든, 가냘픈 다리로 서 있는 자는, 그가 그 사실을 알고 있든 아니면 자기 자신에게 숨기고 있든, 무엇보다도 '보살펴지기를' 바라기 때문이다.

그러나 나의 팔과 나의 다리를 나는 보살피지 않는다. 나는 '나의 전사(戰士)들을' 보살피지 않는다. 그러니 그대들이 어찌 '나의' 전투에 도움이 될 수 있겠는가?

그대들과 함께 싸운다면, 오히려 나는 모든 승리를 더럽히게 될 것이다. 그대들 중 몇몇은 우렁찬 나의 북소리를 듣기만 해도 기가 죽을 것이다.

그대들은 내가 보기에는 그다지 훌륭하지도 못하며, 그다지 훌륭한 태생도 아니다. 나는 나의 가르침을 위해 맑고 매끄러운 거울을 필요로 한다. 그대들의 표면 위에서는 나 자신의 모습까지도 일그러진다.

수많은 무거운 짐과 수많은 추억들이 그대들의 어깨를 짓누르고 있다. 수많은 사악한 난쟁이들이 그대들의 구석구석에 도사리고 있다. 그대들의 내부에도 또한 보이지 않는 천민이 들어 있는 것이다.

비록 그대들이 보다 높은 인간이며 보다 높은 유형(類型)의 인간이라 하더라도, 그대들의 내부에 있는 많은 것들이 구부려져 있으며 흉한 꼴을 하고 있다. 그대들을 망치질하여 똑바른 모양으로 만들 수 있는 대장장이는 '나' 이외에는 없다.

그대들은 다리[橋]에 지나지 않는다. 그대들보다 더 높은 인간들이 그대들을 밟고 건너가기를! 그대들은 층계이다. 그러므로 그대들을 넘어 '자신의' 높이로 올라가는 자에게 화를 내지 말라!

언젠가는 그대들의 씨앗으로부터 진정한 아들과 완전한 상속인이 나를 위해 태어날 것이다. 그러나 그것은 먼 후일의 일이다. 그대들 자신은 나의 유산과 이름을 물려받을 자가 아니다.

내가 이 산속에서 기다리고 있는 것은 그대들이 아니며, 내가 마지막으로 이곳에서 내려간다 하더라도, 그대들과 함께 가지는 않을 것이다. 그대들은 오직 보다 높은 인간들이 이미 나를 향해 오고 있음에 대한 전조(前兆)로서 내게 온 것일 뿐이다.

내가 기다리고 있는 것은 커다란 동경, 커다란 구역질, 커다란 혐오에 사로잡혀 있는 자들이 '아니며', 그대들이 신의 잔재(殘滓)라고 불렀던 자들도 또한 '아니다'.

아니다! 아니다! 세 번 아니다! 내가 이곳에서 기다리고 있는 것은 그런 자들이 아닌 '다른 자들'이며, 그들과 함께 가 아니라면 나는 이곳에서 나의 다리를 들어 올리지 않을 것이다.

보다 높고, 보다 강하고, 보다 당당하고, 보다 쾌활한 자들, 육체와 영혼이 당당한 그러한 자들을 나는 기다리고 있는 것이다. '웃는 사자들이' 와야만 하는 것이다!

오, 나의 손님들이여, 그대 이상한 자들이여, 그대들은 나의 아이들에 대해 아무것도 듣지 못했는가? 나의 아이들이 나를 향해 오고 있다는 말을?

나의 정원에 대해, 나의 행복의 섬에 대해, 나의 아름다운 새로운 혈통에 대해 이야기해다오―어찌하여 그대들은 그것들에 대해 이야기하지 않는가?

그대들이 나의 아이들에 대해 내게 이야기해주는 것, 그러한 선물을 주기를 나는 그대들의 사랑에 애걸한다. 그들을 위해 나는 부유해졌으며, 그들을 위해 나는 가난해졌다. 내가 나누어주지 않은 것이 무엇인가.

내가 한 가지를 소유하기 위해 나누어주려고 하지 않은 것이 무엇인가, '이' 아이들, '이' 살아 있는 정원, 나의 의지와 나의 최고의 희망인 '이' 생명의 나무들을 소유하기 위해!

차라투스트라는 이렇게 말하고는 갑자기 설교를 중지했다. 그의 동경(憧憬)이 그를 엄습했기 때문이었다. 그는 흥분으로 인해 눈을 감고 입을 다물었다. 그러자 그의 손님들도 모두 당황하여 침묵을 지킨 채 조용히 서 있었다. 그러나 늙은 예언자만은 두 손과 몸짓으로 신호를 하기 시작했다.

12. 최후의 만찬

이때 예언자는 차라투스트라와 그의 손님들 사이의 인사를 가로막았다. 그는 마치 잠시도 지체할 수 없다는 듯이 앞으로 달려 나와 차라투스트라의 손을 잡고 외쳤다. "그러나 차라투스트라여!

한 가지가 다른 것보다 더 필요하다, 그대 자신이 그렇게 말하고 있다. 자, 지금 '내게는' 한 가지 일이 다른 어떠한 일보다 더 필요하다.

때에 알맞은 말이지만 그대는 나를 '식사에' 초대하지 않았는가? 그리고 이곳에는 먼 길을 걸어온 사람들이 많이 있다. 그대는 설마 이야기로 우리들을 대접할 생각은 아니겠지?

한 마디 더 하지만, 그대들은 동사(凍死)니, 익사(溺死)니, 질식이니, 그 밖의 육체적인 위험에 대해 너무도 많은 것들을 생각해 왔지만 '나의' 위험인 아사(餓死)에 대해서는 아무도 생각하지 않았다—"

(예언자는 이렇게 말했다. 그러자 차라투스트라의 동물들은 이 말을 듣고 겁에 질려 모두 도망쳐 버렸다. 왜냐하면 그들이 낮에 모아들인 것으로는 이 예언자 한 사람의 배도 채울 수 없으리라는 것을 알았기 때문이었다.)

"목말라 죽는 것에 대해서도 또한 그렇다." 예언자는 말을 계속했다. "비록 나는 이곳에서 지혜의 말처럼 넘치듯이 끊임없이 흐르는 물소리를 듣기는 했지만, 나는—'포도주를' 원한다!

누구나 차라투스트라처럼 물만 마셔도 사는 타고난 금주가(禁酒家)는 아니다. 또한 물은 지쳐 늘어진 자에게는 아무런 도움도 되지 못한다. '우리는' 포도주를 마셔야 한다—'그것'만이 신속한 회복과 건강을 가져다준다!"

예언자가 포도주를 요구하는 바로 이때, 침묵을 지키고 있던 왼쪽 왕도 발언할 기회를 갖게 되었다. "포도주는 우리가 준비했다." 그가 말했다. "나와 나의 형제인 오른쪽 왕이. 우리들에겐 충분한 포도주가 있다—당나귀 한 마리에 잔뜩 실어 왔다. 그러니 없는 것은 빵뿐이다."

"빵이라고?" 차라투스트라가 웃으며 대답했다. "빵이야말로 은둔자들이 갖고 있지 않은 것이다. 그러나 인간은 빵만으로 사는 것이 아니다. 좋은 어린양고기로도 살 수 있는 것이다. 내게 어린 양 두 마리가 있다.

어서 '이' 양들을 잡아 샐비어 향료로 향기롭게 요리를 만들자. 나는 그렇게 만든 요리를 좋아한다. 그리고 채근류(菜根類)와 과일도 식도락가(食道樂家)와 미식가(美食家)들도 만족시킬 만큼 충분히 있으며, 깨서 먹어야 하는 호두와 수수께끼들도 많이 있다.

그러니 어서 훌륭한 만찬을 열기로 하자. 그러나 우리들과 함께 식사하기를 원하는 자는 일을 거들어야 한다. 왕들도 마찬가지이다. 차라투스트라에게 있어서는 왕까지도 요리사가 되어야 하기 때문이다."

모두가 이 제안에 흔쾌히 동의했다. 그러나 자진하여 거지가 된 자만은 고기와 포도주와 향료에 대해 반대의 주장을 했다.

"미식가인 이 차라투스트라의 말을 들어 보라!" 그는 빈정거리듯 말했다. "그러한 식사를 위해 우리가 동굴과 높은 산에 왔단 말인가?

이제야 알겠구나. 일찍이 그가 우리들에게 '작은 가난을 찬양하라!'라고 가르친 까닭을. 그가 왜 거지들을 몰아내려고 하는가를."

"기운을 내라, 나처럼." 차라투스트라가 그에게 대답했다. "그대의 관습을 지키도록 하라, 그대 훌륭한 자여, 그대의 곡식을 씹고, 그대의 물을 마시고, 그대의 요리를 찬양하라, 그것이 그대를 행복하게 해주기만 한다면!

나는 내게 속하는 자들을 위한 율법일 뿐, 모든 자들을 위한 율법은 아니다. 그러나 내게 속하는 자는 튼튼한 뼈대와 민첩한 발을 갖고 있어야 한다.

전쟁과 축제를 좋아하는 자, 슬픔에 잠기지 않는 자, 몽상가가 아닌 자, 축제를 맞이하듯 가장 어려운 일을 맞이하는 자, 건강하고 건전한 자라야 한다.

최상의 것은 나와 내게 속하는 자들의 것이다. 만일 우리가 그것을 얻을 수 없다면 우리는 그것을 빼앗는다. 가장 훌륭한 음식, 가장 맑은 하늘, 가장 강한 사상들, 가장 아름다운 여인들을!"

차라투스트라는 이렇게 말했다. 그러자 오른쪽 왕이 대답했다. "놀라운 일이다! 일찍이 이렇게 영리한 말이 현자의 입에서 흘러나온 적이 있었던가?

실로 지혜로우면서도 영리한, 그리고 당나귀도 아닌 현자를 발견한다는 것은 가장 드문 일이다."[18]

오른쪽 왕은 이렇게 말하고는 의아해했다. 그러나 당나귀는 그의 말에 악의에 찬 목소리로 '야—' 하고 긍정했다. 그러나 이것은 많은 역사책에서 '최후의 만찬'이라고 부르는 저 긴 향연의 시작이었다. 그리고 이 향연이 베풀어지는 동안 이야기된 것은 오직 '보다 높은 인간'에 대해서뿐이었다.

13. 보다 높은 인간들에 대하여

1

내가 처음으로 인간들에게 갔을 때, 나는 은둔자들의 어리석음

---

18) 차라투스트라이면서 동시에 실천인으로서 처세의 지혜도 풍부한 사람은 드물다는 뜻.

을, 큰 어리석음을 저질렀다. 나는 나 자신을 시장에 세워 놓았던 것이다.

그리고 내가 모든 사람들에게 이야기했을 때, 나는 아무에게도 이야기하지 않은 것이다. 그러나 그날 저녁 줄 타는 광대와 시체가 나의 길동무였다. 그리고 나 자신이 하나의 시체와 마찬가지였다.

그러나 새로운 아침과 함께 새로운 진리가 내게 찾아왔다. 그리하여 나는 이렇게 말하게 되었다. "시장과, 천민들과, 천민들의 소란과, 천민들의 긴 귀가 나와 무슨 상관이 있는가!"라고.

그대, 보다 높은 인간들이여, 내게서 배우라, 시장에는 보다 높은 인간을 믿는 자는 아무도 없다는 것을. 만일 그대들이 시장에서 이야기하기를 원한다면, 좋다, 그렇게 하라! 그러나 천민들은 눈을 껌벅거리며 말할 것이다. "우리는 모두가 동등하다"라고.

"그대, 보다 높은 인간들이여"—이렇게 말하듯이 천민들은 눈을 껌벅거린다—"보다 높은 인간은 존재하지 않는다, 우리는 모두가 동등하다, 인간은 인간일 뿐이며, 신 앞에서—우리는 모두 동등하다!"

신 앞에서라고! 그러나 이제 신은 죽었다. 그리고 우리는 천민 앞에서 동등해지기를 원치 않는다. 그대, 보다 높은 인간들이여, 시장에서 떠나라!

2

신 앞에서라고! 그러나 이제 신은 죽었다! 그대, 보다 높은 인간들이여, 이 신은 그대들의 최대의 위험이었다.

그가 무덤 속에 누워 있게 되자, 비로소 그대들은 소생했다. 이제야 비로소 위대한 정오[19]가 다가온다. 이제야 비로소 보다 높은 인간이—주인이며 지배자가 되는 것이다!

오, 나의 형제들이여, 그대들은 이 말을 이해했는가? 그대들은 두려운가? 그대들의 심장이 현기증을 느끼는가? 이제 지옥이 그대들을 향해 입을 벌리고 있는가? 이제 지옥의 문지기 개가 그대들을 향해 입을 벌리고 있는가?

자! 들으라, 그대, 보다 높은 인간들이여! 이제야 비로소 인류의 미래라는 산이 진통을 겪고 있다. 신은 죽었다. 이제 '우리는' 원한다—초인이 살게 되기를.

3

오늘날 가장 조심스러운 자들은 묻는다. "어떻게 하면 인간은 영원히 보존될 수 있을까?"라고. 그러나 차라투스트라는 이렇게 묻는 유일한 인간, 최초의 인간으로서 묻는다. "어떻게 하면 인간은 '초극될' 수 있을까?"라고.

초인은 나의 가슴에 바짝 붙어 있다. 나의 최고의 관심사이며 유일한 관심사는 '초인'이며—인간이 '아니다.' 즉 가장 가까운 자도 아니고, 가장 가난한 자도 아니고, 가장 괴로움을 당하고 있는 자도 아니며, 가장 선한 자도 아니다.

오, 나의 형제들이여, 내가 인간에게서 사랑할 수 있는 것은, 인간은 하나의 과도(過渡)이며 하나의 몰락이라는 것이다. 그리고

---

19) 인류 최고의 자기 성찰의 순간.

그대들에게도 또한 나로 하여금 사랑하게 하고 희망을 갖게 하는 것들이 많이 있다.

그대, 보다 높은 인간들이여, 그대들이 경멸해 왔다는 것, 그것이 나로 하여금 희망을 갖게 하는 것이다. 왜냐하면 크게 경멸하는 자는 크게 존경하는 자이기 때문이다.

그대들이 절망해 왔다는 것, 거기에는 존경할 점이 많이 있다. 왜냐하면 그대들은 복종하는 법을 배운 적이 없으며, 사소한 현명함을 배운 적이 없기 때문이다.

오늘날 하찮은 자들이 주인이며 지배자가 되었기 때문이다. 그들은 모두 복종·체념·현명·근면·신중함 및 온갖 하찮은 덕들에 대해 설교한다.

여성적인 것, 노예근성으로부터 나오는 것, 특히 천민이라는 뒤범벅으로부터 나오는 것, '그것들이' 오늘날 인류의 모든 운명의 주인이 되려고 하는 것이다—오, 구역질! 구역질! 구역질! '그것들은' 지치지도 않고 되풀이하여 묻는다. "어떻게 하면 인간은 가장 훌륭하게, 가장 오랫동안, 가장 유쾌하게 보존될 수 있는가?"라고. 그러므로—그들은 오늘의 주인인 것이다.

오, 나의 형제들이여, 나를 위해 이 오늘의 주인들을 초극해 다오—이 사소한 자들을. '그들은' 초인의 최대의 위험인 것이다!

그대, 보다 높은 인간들이여, 사소한 덕들을 초극하라, 사소한 현명과 모래알 같은 신중함, 개미와 같은 초조함, 비참한 안일, '가장 많은 자들의 행복'을!—

그리고 복종하기보다는 차라리 절망하라. 실로 내가 그대들을 사랑하는 것은, 그대들이 오늘을 어떻게 살아가야 하는지를 모르기 때문이다. 그대, 보다 높은 인간들이여! 왜냐하면 그렇게 하면

'그대들은'—가장 훌륭하게 사는 것이기 때문이다!

4

오, 나의 형제들이여, 그대들은 용기를 갖고 있는가? 그대들은 용감한가? 목격자 앞에서의 용기가 '아닌', 어떠한 신도 더 이상 목격하지 않는 은둔자의 용기, 독수리의 용기를.

나는 싸늘한 영혼을 지닌 자들, 당나귀와 같은 자들, 눈먼 자들, 술 취한 자들을 용감한 자라고 부르지 않는다. 용감한 자란 두려움을 알되 두려움을 '지배하는' 자, 심연을 들여다보되 '긍지로' 들여다보는 자이다.

심연을 들여다보되 독수리의 눈으로 들여다보는 자—독수리의 발톱으로 심연을 '움켜잡는' 자, '그런 자가' 용기 있는 자이다.

5

"인간은 악하다"—모든 최고의 현자들은 나를 위로해 주기 위해 내게 그렇게 말했다. 아, 오늘날 그것이 사실이라면! 왜냐하면 악은 인간의 최선의 힘이기 때문이다.

"인간은 보다 선해져야 하며, 또한 보다 악해져야 한다"—나는 이렇게 가르친다. 초인의 최선을 위해서는 최악이 필요한 것이다.

사소한 자들의 저 설교자[20]에겐 인간의 죄를 스스로 짊어지고 괴로워하는 것은 훌륭한 일이었을지도 모른다. 그러나 나는 큰 죄

---

20) 예수를 가리킴.

를 나의 큰 '위안'으로 즐거워한다.

그러나 이런 말들은 긴 귀[21]에 들려주기 위한 것은 아니다. 모든 말이 누구의 입에나 어울리는 것은 아닌 것이다. 이러한 말들은 미묘하고 심원하다. 그러므로 그것들은 양[22]의 발톱으로는 움켜잡을 수 없는 것이다!

6

그대, 보다 높은 인간들이여, 그대들은 내가 이곳에 있는 것이 그대들이 그르쳐 놓은 일을 똑바로 고쳐 놓기 위해서라고 생각하는가?

아니면 앞으로 그대 괴로워하는 자들에게 좀 더 편안한 잠자리를 마련해 주기 위해서라고 생각하는가? 아니면 그대 방황하는 자들, 길을 잃고 헤매는 자들, 길을 잘못 든 자들에게 보다 평탄한 새로운 길을 제시해 주기 위해서라고 생각하는가?

아니다! 아니다! 세 번 아니다! 그대들과 같은 부류의 인간들 중 더욱더 많은 자들이, 더욱더 선한 자들이 멸망해야 한다—왜냐하면 그대들에겐 삶이 더욱더 견디기 어려운 것이 되어야 하기 때문이다. 그렇게 해야만—

그렇게 해야만 인간은 번개가 그를 때려 파괴시킬 수 있는 높이까지 성장하는 것이다. 번개에 닿을 만큼 높이!

나의 마음과 동경은 드문 것, 긴 것, 먼 것을 향해 치닫는다. 그

---

21) 천민을 당나귀에 비유한 말
22) 속물적인 학자.

대들의 많은, 작은, 짧은 고통이 나와 무슨 상관이란 말인가!

그대들은 아직 충분히 괴로워하지 않았다! 왜냐하면 그대들은 그대들 자신 때문에 괴로워했을 뿐, 이제까지 '인간' 때문에 괴로워한 적은 없기 때문이다. 만일 그대들이 그렇지 않다고 말한다면, 그대들은 거짓말을 하는 것이다! 그대들은 아무도 '내가' 괴로워해 온 그것 때문에 괴로워하지는 않는다.

7

번개가 더 이상 나를 해치지 않는 것만으로는 나는 만족하지 못한다. 나는 번개를 빗나가게 하려고 생각지 않는다. 나는 번개에게—'나를' 위해 일하라고 가르치리라.

나의 지혜는 오래전부터 마치 구름처럼 군집해 왔다. 나의 지혜는 점점 조용해지고 점점 어두워지고 있다. 훗날 번개를 낳을 지혜는 모두 그러한 것이다.

나는 오늘날의 인간들을 위한 '빛이' 되기를 원치 않으며, 또한 그들에 의해 빛이라고 불리기를 원치 않는다. '오늘날의 인간들을'—나는 눈멀게 하고 싶다. 나의 지혜의 번개여! 저들의 눈을 뽑아 버려라!

8

그대들의 능력이 미치지 못하는 일을 하려고 하지 말라. 자기의 능력이 미치지 못하는 일을 하려고 하는 자들의 주위에는 사악한 속임수가 있는 것이다.

특히 그들이 위대한 일을 하려고 할 때는 더욱 그러하다! 왜냐하면 그들은 위대한 일에 대한 불신을 불러일으키기 때문이다. 이 교묘한 화폐 위조자들, 이 배우들은.

그리하여 그들은 마침내 자기 자신을 속이고 사팔뜨기가 되어, 교묘한 말과 가장된 덕과 번쩍거리는 거짓된 행위로 장식된, 겉만 번드르르한 벌레 먹은 인간이 되어 버리는 것이다.

그대들 자신이 그렇게 되지 않도록 조심하라, 그대, 보다 높은 인간들이여! 왜냐하면 나는 오늘날 정직보다 더 가치 있고, 진귀한 것은 없다고 생각하기 때문이다.

오늘날은 천민들의 것이 아닌가? 그러나 천민들은 위대함이란 무엇이며 왜소함이란 무엇인지, 올바름이란 무엇이며 정직함이란 무엇인지 알지 못한다. 그들은 무지의 상태에서 구부러져 있는 것이다. 그들은 언제나 거짓말을 한다.

9

오늘날 건전한 불신감을 가지라, 그대, 보다 높은 인간들이여, 그대, 용감한 자들이여! 그대 솔직한 자들이여! 그리고 그대들의 근거들을 드러내지 말라! 왜냐하면 오늘날은 천민들의 것이기 때문이다. 일단 천민들이 근거 없이 믿게 된 것을, 누가 근거를 제시하며 뒤엎을 수 있겠는가?

시장에서는 사람들을 몸짓으로 설득시킨다. 그러나 근거는 천민들로 하여금 불신감을 갖게 한다.

그리고 진리가 승리했을 때, 그대들은 건전한 불신감을 가지고 묻곤 했다, "어떤 강력한 오류가 진리를 위해 싸웠는가?"라고.

또한 학자들을 경계하라! 그들은 그대들을 미워한다. 왜냐하면 그들은 열매를 맺지 못하기 때문이다! 그들은 싸늘하고 냉담한 눈을 갖고 있으며, 그들의 눈앞에서는 모든 새들이 깃털이 뽑힌 채 누워 버린다.

그들은 거짓말하지 않는 것을 자랑으로 여긴다. 그러나 거짓말을 할 능력이 없다는 것은 진리를 사랑하고 있다는 것과는 전혀 다른 것이다. 그러므로 조심하라!

열병으로부터 자유롭다는 것은, 인식하고 있다는 것과는 전혀 다른 것이다! 나는 얼어붙은 영혼의 소유자들을 믿지 않는다. 거짓말을 할 줄 모르는 자는 진리가 무엇인지 알지 못한다.

10

만일 그대들이 높이 올라가기를 원한다면, 그대들 자신의 다리로 올라가라! 실려 올라가지 말라, 다른 사람들의 등이나 머리에 올라타지 말라!

그런데 그대는 말에 올라탔는가? 이제 그대는 그대의 목적지를 향해 재빨리 말을 타고 달리려 하는가? 좋다, 나의 친구여! 그러나 그대의 절뚝거리는 발도 또한 그대와 함께 그대의 말위에 올라앉아 있는 것이 아닌가!

그대가 그대의 목적지에 도착했을 때, 그리하여 그대가 그대의 말에서 뛰어내릴 때, 그대, 보다 높은 인간이여, 그대는 바로 그대의 '높이로' 인해 넘어질 것이다!

11

그대, 창조자들이여, 그대, 보다 높은 인간들이여! 인간은 오직 자기 자신의 어린아이만을 잉태할 뿐이다. [23]

아무것에도 속아 넘어가지 말고, 아무것에도 현혹되지 말라! 대체 '그대들의' 이웃이 누구란 말인가? 그대들은 '그대들의 이웃을 위해' 일하기는 하지만, 그대들의 이웃을 위해 창조하지는 않는다!

이 '……을 위하여'를 잊어버려라, 그대, 창조자들이여, 그대들의 덕은 그대들이 '……을 위하여'와 '……할 목적으로'와 '……때문에'와는 아무런 관계도 없기를 원한다. 그대들은 이 거짓에 찬 하찮은 말에 귀를 막아야 한다.

이 '이웃을 위해'라는 것은 오직 사소한 자들의 '덕'일 뿐이다. 그들은 '유유상종(類類相從)'이라든가 '가는 정 오는 정'이라고 말한다─그들에게는 '그대들과' 같은 이기심을 소유할 권리도 능력도 없는 것이다.

그대, 창조자들이여, 그대들의 이기심 속에는 임신한 자의 사리 분별과 조심성이 깃들어 있다! 아직 아무도 보지 못한 것, 즉 열매를 그대들의 온 사랑이 보호하고 돌보고 기르는 것이다.

그대들의 온 사랑이 있는 곳, 즉 그대들의 아기에게, 그대들의 온 덕도 또한 있는 것이다! 그대들의 창조, 그대들의 의지야말로 '그대들의' '이웃'인 것이다. 거짓된 가치에 현혹되지 말라!

---

23) 니체의 위대한 이기주의를 비유로 나타내고 있다.

12

그대, 창조자들이여, 그대, 보다 높은 인간들이여! 출산해야 하는 자는 병들어 있으며, 출산한 자는 불결하다.

여인들에게 물어 보라, 즐거움을 위해 아기를 낳는 것이 아니다. 출산의 고통은 암탉들과 시인들로 하여금 울음소리를 내게 만든다.

그대, 창조자들이여, 그대들의 내부에는 불결한 것들이 많이 있다. 왜냐하면 그대들은 어머니가 되어야 하기 때문이다.

새로운 아기, 오, 그로 인해 얼마나 많은 오물들이 이 세상에 생겨났는가! 비켜라! 아기를 낳은 자는 자기 영혼을 깨끗이 씻어야 한다!

13

그대들의 능력 이상으로 유덕(有德)해지려고 하지 말라! 그리고 스스로 해낼 수 없는 일을 자신에게 요구하지 말라!

그대들 조상들의 덕이 남긴 발자국을 따라가라! 그대들 조상들의 덕이 그대들과 함께 올라가지 않는다면, 어떻게 그대들이 높이 올라갈 수 있겠는가?

그러나 가장 먼저 태어난 자가 되기를 원하는 자는, 가장 나중에 태어난 자가 되지 않도록 조심해야 한다! 그리고 그대들의 조상들이 악덕에 쌓여 있었던 것들에 있어서는 그대들은 성자인 체해서는 안 된다!

일생을 여자와 독한 포도주와 멧돼지 고기와 함께 보낸 조상을 가진 자가 자기 자신에게 순결을 요구한다면 어떻게 되겠는가?

그것은 어리석은 짓일 것이다! 실로 이런 자가 한 여자 혹은 두 여자 혹은 세 여자의 남편이 된다면, 그것은 그에게 어울리는 일일 것이다.

그리고 이런 자가 수도원을 세우고 출입문 위에 '신성으로 가는 길'이라고 써 붙였다 하더라도, 나는 역시 말할 것이다. "그것이 뭐란 말이냐! 그것은 또 하나의 어리석은 짓이 아닌가!"라고.

그는 자기 자신을 위해 피난처와 참회실을 세운 것이다. 그것이 그에게 많은 도움이 되기를! 그러나 나는 그것이 그에게 도움이 된다고 생각하지 않는다.

그곳에서 성장하는 것은 그가 고독 속으로 갖고 간 것, 즉 내부에 숨어 있는 짐승인 것이다. 그리하여 많은 사람들이 고독을 단념하지 않을 수 없게 되는 것이다.

일찍이 사막의 성자들보다 더 불결한 것이 이 지상에 있었던가? '그들의' 주위에는 악마뿐만 아니라—돼지도 마구 날뛰었던 것이다.

14

그대, 보다 높은 인간들이여, 그대들이 마치 뛰어오르다가 떨어진 호랑이처럼 겁을 먹고 부끄러워하며 슬금슬금 옆으로 도망치는 것을 나는 종종 보아 왔다. 그대들은 '주사위를' 잘못 던졌던 것이다.

그러나 그대, 주사위를 던지는 자들이여, 그것이 어떻단 말인가! 그대들은 인간으로서 마땅히 해야 할 도박과 조롱의 방법대로 도박하고 조롱하는 방법을 배운 적이 없지 않은가! 우리들은 도박과 조롱을 위해 항상 커다란 테이블에 앉아 있는 것이 아닌가?

그대들이 시도했던 커다란 일이 실패로 밝혀졌다고 해서, 그것이 그대들 자신이 실패자임을 뜻하는 것일까? 그리고 그대들 자신이 실패자임이 밝혀졌다고 해서, 그것이—인간이 실패자임을 뜻하는 것일까? 그러나 인간이 실패자임이 밝혀졌다 하더라도, 좋다! 상관없다!

15

그 유형(類型)이 높으면 높을수록, 성공하기는 그만큼 어렵다. 그대, 보다 높은 인간들이여, 그대들은 모두—실패자들이 아닌가?

용기를 내라, 그것이 무슨 문제인가! 아직도 가능한 일들이 얼마나 많은가! 인간으로서 마땅히 그렇게 해야 하듯이, 그대들 자신을 비웃는 법을 배우라!

그대들이 실패하여 절반밖에 성공하지 못했다고 하더라도, 그것은 조금도 이상한 일이 아니다, 그대, 반쯤 파괴된 자들이여! 그대들 내부에서—인간의 '미래가' 몸부림치고 있지 않은가?

인간의 가장 먼 것, 가장 깊은 것, 별처럼 가장 높은 것, 인간의 거대한 힘—이 모든 것들이 그대들의 단지 속에서 뒤섞여 거품을 내뿜고 있지 않은가?

수많은 단지들이 깨지는 것은 당연한 일이다! 인간으로서 마땅히 그렇게 해야 하듯이, 그대들 자신을 비웃는 법을 배우라. 그대, 보다 높은 인간들이여, 오, 아직도 가능한 일들이 얼마나 많은가!

그리고 얼마나 많은 것들이 이미 이루어졌는가! 이 대지에는 작고, 훌륭하고, 완전한 것들, 잘 조화된 것들이 얼마나 많은가!

그대, 보다 높은 인간들이여! 그대들의 주위에 작고, 훌륭하고, 완전한 것들을 놓아 두라. 황금빛으로 무르익은 것들은 마음을 치료해 준다. 완전한 것들은 희망을 가르쳐 준다.

16

이 지상에서 지금까지 가장 큰 죄는 무엇이었던가? 그것은 "화 있을진저! 너희, 이제 웃는 자여!"라고 말했던 자[24]의 말이 아니었던가?

그 자신은 이 지상에서 웃을 이유를 찾아내지 못했던 것일까? 만일 그렇다면 그것은 그가 잘못 찾았기 때문이다. 어린아이조차도 웃을 이유 몇 가지쯤은 찾아낼 수 있을 것이다.

그는—충분히 사랑하지 못했다. 그렇지 않다면 그는 우리들도 또한 사랑했을 것이다, 우리 웃는 자들도! 그러나 그는 우리들을 미워하고 조롱했다. 그는 우리로 하여금 통곡하고 이빨을 갈게 만들겠다고 약속했다.

사랑하지 않는다고 해서 곧 저주해야만 하는가? 그것은 내게는 나쁜 취미로 보인다. 그러나 그는 그렇게 행동했다, 이 강압적인 자는. 그는 천민 출신이었던 것이다.

그리고 그는 충분히 사랑하지 못했던 것이다. 만일 그렇지 않다면 자기가 사랑받지 못했다고 해서 그렇게 화를 내지는 않았을 것이다. 위대한 사랑은 사랑을 '갈망하지' 않는다—위대한 사랑은

---

24) 예수를 가리킴.

그 이상의 것을 갈망하는 것이다. [25]

이런 모든 강압적인 자들을 멀리하라! 그들은 가난하고 병든 자들이며, 천민의 부류에 속하는 자들이다. 그들은 인생을 병든 의지로 바라보며, 이 대지를 사악한 눈으로 바라본다.

이런 모든 강압적인 자들을 멀리하라! 그들은 무거운 발과 숨막히는 가슴을 갖고 있다―그들은 춤추는 법을 알지 못한다. 이런 자들에게 어떻게 대지가 가벼울 수 있겠는가!

17

모든 훌륭한 것들은 구부러진 채 그의 목표를 향해 접근해 간다. 그들은 고양이처럼 등을 구부린 채, 다가오는 행복으로 인해 속으로 쾌재를 부른다―모든 훌륭한 것들은 웃게 마련이다.

그의 걸음걸이는 그가 '자기 자신의 길'을 가고 있는지 아닌지를 폭로한다. 내가 걷는 모습을 보라! 자기의 목표에 접근하고 있는 자는 춤을 추게 마련이다.

실로 나는 동상이었던 적이 없다. 그리고 지금 이곳에서도 딱딱하게, 뻣뻣하게, 돌처럼, 기둥처럼 서 있지는 않다. 나는 빨리 달리기를 좋아한다.

비록 지상에는 늪과 심한 고통이 많지만, 가벼운 발을 가진 자는 진흙 구덩이를 가로질러 달려가기도 하고, 말끔한 얼음 위에서처럼 춤을 추기도 한다.

그대들의 가슴을 들어올려라, 나의 형제들이여, 높이, 보다 높

---

25) 위대한 사랑은 상대방의 사랑을 요구하지 않고, 오히려 사랑의 대상을 창조하려 한다.

이! 그리고 그대들의 다리도 잊지 말라! 그대들의 다리도 들어올려라, 그대, 훌륭한 무도자들이여, 그보다 더 바람직한 것은, 그대들의 머리로 서는 것이다!

18

웃는 자의 이 관(冠), 장미꽃으로 장식된 이 관을, 나 자신이 나의 머리 위에 올려놓았다. 나 자신이 나의 웃음을 신성의 명부에 올려놓았다. 나는 오늘날 그렇게 할 만큼 강한 자를 보지 못했다.

춤추는 자인 차라투스트라, 그의 날개로 손짓하는 경쾌한 자인 차라투스트라, 비상(飛翔)할 준비를 마치고 모든 새들에게 신호하는 자, 준비를 마치고 행복에 겨워 마음이 가벼운 자,

예언자인 차라투스트라, 웃는 예언자인 차라투스트라, 성급하지도 않고 강압적이지도 않은 자, 도약과 탈선적 행위를 사랑하는 자, 나 자신이 이 관을 나의 머리 위에 올려놓았다!

19

그대들의 가슴을 들어올려라, 나의 형제들이여, 높이! 보다 높이! 그리고 그대들의 다리를 잊지 말라! 그대들의 다리도 또한 들어올려라, 그대 훌륭한 무도자들이여, 그보다 더 바람직한 것은 그대들의 머리로 서는 것이다!

행복 속에서조차도 발이 무거운 짐승들이 있다, 태어나면서부터 다리를 저는 자들이 있다. 그들은 마치 머리로 서려고 애쓰는 코끼리처럼 이상한 몸짓을 하며 기를 쓴다.

그러나 불행한 바보보다 행복한 바보가 되는 편이 더 낫고, 절름거리며 걷는 것보다 서툴게 춤추는 편이 더 낫다. 그러므로 내게서 나의 지혜를 배우라, 최악의 사물조차도 두 개의 좋은 면을 갖고 있다는 지혜를.

최악의 사물조차도 훌륭한 춤추는 다리를 갖고 있다는 지혜를. 그러므로 배우라, 그대, 보다 높은 인간들이여, 그대들 자신의 다리로 서는 법을!

그러므로 고통의 나팔 불기를 멈추고 천민의 비애를 잊으라, 오, 오늘날 천민의 익살은 내게 얼마나 슬프게 보이는가! 그러나 오늘날은 천민들의 것이다.

20

바람처럼 행동하라, 자신의 산 위의 동굴에서 불어닥치는 바람처럼. 이 바람은 자신의 피리 소리에 맞추어 춤추기를 좋아하며, 이 바람의 발자국 아래에서 바다가 떨면서 뛰어오른다.

당나귀들에게 날개를 주고 암사자의 젖을 짜주는[26], 모든 현재와 모든 천민들에게 폭풍처럼 불어닥치는 이 자유분방한 정신을 찬양하라,

—그것은 모든 엉겅퀴 머리[27]들과 탐색하는 코들과 시들은 낙엽[28]과 잡초들에겐 적이다. 마치 풀밭 위에서 춤추듯 늪과 고통

---

26) 당나귀(민중)들을 천마(天馬)가 되게 하고, 가장 사나운 자들을 길들여, 그 온유함을 자기 것으로 만드는 자유로운 정신.
27) 모가 난 까다로운 자들.
28) 퇴폐적이며 자포자기(自暴自棄)하는 자들.

위에서 춤을 추는 이 사납고 훌륭하고 자유분방한 폭풍의 정신을 찬양하라!

그것은 천민이라는 말라빠진 개들과 잘못된 모든 우수(憂愁)의 종족들을 미워한다. 모든 비관론자들과 궤양 환자들의 눈에 먼지를 불어 넣는, 웃는 폭풍인 이 정신, 모든 자유정신 중의 정신인 이 정신을 찬양하라.

그대, 보다 높은 인간들이여, 그대들에게 있어서 가장 나쁜 점은 그대들 중 아무도 인간으로서 마땅히 춤추어야 하는 방식대로 춤추는 법을 배우지 않았다는 것이다―그대들 자신을 초월하여 춤추는 법을. 그대들이 실패자라는 것이 무슨 문제인가!

아직도 가능한 것들이 얼마나 많은가! 그러므로 그대들 자신을 초월하여 웃는 법을 '배우라!', 그대들의 가슴을 들어올려라, 그대 훌륭한 무도자들이여, 높이! 보다 높이! 그리고 잘 웃을 것을 잊지 말라!

웃는 자의 이 관, 장미꽃으로 장식된 이 관을, 나의 형제들이여, 나는 그대들에게 던진다! 나는 웃음을 신성의 명부에 올려놓았다. 그대, 보다 높은 인간들이여, '배우라'―웃는 것을!

14. 우수(憂愁)의 노래

1

차라투스트라가 이 설교를 했을 때, 그는 자신의 동굴 입구 근처에 서 있었다. 그러나 말을 마치자 그는 손님들에게서 빠져나와 잠깐 동안 대기(大氣) 속으로 달아났다.

"오, 나를 에워싼 순수한 향기여," 그는 외쳤다. "오, 나를 에워싼 행복한 고요여! 그런데 나의 동물들은 어디 있는가? 오라, 오라, 나의 독수리여, 나의 뱀이여!

말해 다오, 나의 동물들이여, 이보다 높은 인간들은 모두—악취를 '풍기는' 것이 아닐까? 오, 나를 에워싼 순수한 향기여! 내가 너희들을 얼마나 사랑하는지를 이제야 알겠구나, 나의 동물들이여."

—그리고 나서 차라투스트라는 다시 말했다. "나의 동물들이여, 나는 너희들을 사랑하고 있다!" 그가 이렇게 말하자, 독수리와 뱀은 그의 주위로 달려와 그를 올려다보았다. 이들 셋은 그런 상태로 말없이 서서 함께 향기로운 공기를 냄새 맡고 마셨다. 왜냐하면 이곳 바깥공기는 보다 높은 인간들 사이의 공기보다 더 향기로웠기 때문이었다.

2

그러나 차라투스트라가 그의 동굴을 떠나자마자, 늙은 마술사가 자리에서 일어나 교활하게 주위를 돌아보고 나서 말했다. "그는 이곳에서 나갔다!

그리고 그대, 보다 높은 인간들이여—차라투스트라처럼 내가 찬양과 아첨의 이름으로 그대들을 간질여도 좋다면—이미 나의 사악한 기만과 마법의 요정이, 나의 우수의 악마[29]가 나를 습격

---

29) 중력의 영(靈).

했다.

그는 철두철미하게 차라투스트라에게 대항하는 자이다. 그것에 대해 그를 용서하라! 지금 그는 그대들 앞에서 마법을 펼치기를 '고집한다'. 이제 그는 '자신의' 때를 얻은 것이다. 그러므로 내가 이 사악한 요정과 싸워도 소용이 없다.

그대들이 그대들 자신에게 말로써 어떤 영예를 주더라도, 즉 그대들이 그대들 자신을 '자유정신'이니, '성실한 자'니, '정신의 참회자'니, '사슬에서 풀려난 자' 혹은 '크게 동경하는 자'라고 부르더라도 그대들 모두를,

나처럼 '심한 구역질에' 시달리고 있는 그대들을 위해 늙은 신은 죽었으며, 포대기에 싸인 채 요람 속에 누워 있는 새로운 신도 아직 없는 그대들 모두를, 나의 사악한 요정과 마법의 악마는 좋아한다.

나는 그대들을 알고 있다, 그대, 보다 높은 인간들이여, 나는 그 우수의 악마를 알고 있다―또한 나는 어쩔 수 없이 사랑하게 되는 이 괴물, 차라투스트라도 잘 알고 있다. 그는 때때로 내게 성자의 아름다운 가면처럼 보인다.

나의 사악한 요정과 우수의 악마가 좋아하는 이상한, 새로운 가면처럼 보이는 것이다―그래서 내가 차라투스트라를 사랑하는 것은 나의 사악한 요정 때문이라고 나는 때때로 생각하는 것이다.

그러나 이미 '그가' 나를 습격하여 짓누르고 있다, 이 우수의 정신이, 이 황혼의 악마가. 그리고 실로 그대, 보다 높은 인간들이여, 그는 갈망하고 있다.

―그대들의 눈을 크게 떠라! ―그는 벌거벗은 채 오고 싶어 하는 것이다. 그가 남자의 모습을 하고 올 것인지 여자의 모습을 하

고 올 것인지 나는 아직 모른다. 그러나 그는 오고 있으며, 나를 짓누르고 있다. 아! 그대들의 감각기관들을 열라!

낮이 사라지고 있다. 이제 만물에게 저녁[30]이 찾아오고 있다. 가장 훌륭한 것들에게까지도. 자, 들으라, 그리고 보라, 그대, 보다 높은 인간들이여, 이 저녁 우수의 요정이 어떠한 악마인지를, 남자인지 여자인지를!"

늙은 마술사는 이렇게 말하고 나서 교활하게 주위를 돌아보고는 그의 하프를 집어 들었다.

3

대기(大氣)가 맑아질 때,
위안자인 이슬이
모든 온화한 위안자들처럼
부드러운 신을 신고 있는 까닭에—
보이지도 않고 들리지도 않게
이슬의 위안이
대지 위에 내릴 때,
그때 그대는 기억하는가, 기억하는가
뜨거운 가슴이여,
일찍이 그대가 하늘의 눈물과 이슬이 쏟아지기를 얼마나 갈망했던가를.

---

30) 우울한 죽음의 때.

사악한 저녁 햇살이,

눈부시게 작열하는 악의에 찬 햇살이 검은 나무들을 뚫고 그대
주위를 맴돌 때,

노랗게 바란 풀밭 길 위에서

햇볕에 그을고, 지친 채 목말라하며

얼마나 갈망했던가를.

"'진리를' 구하는 자라고? 그대가?"—

햇살은 이렇게 조롱했다—

"아니다! 그대는 시인일 뿐이다!

거짓말을 해야 하는,

알면서도 짐짓 거짓말을 해야 하는,

먹이를 노리고, 살금살금 기어다니는

한 마리의 교활한 짐승일 뿐이다.

먹이를 노리고

오색찬란한 가면을 쓰고

자신에 대해 가면이며

자신에 대해 먹이인—

'그런 자가'—진리를 구하는 자라니?

아니다! 그대는 바보[31]일 뿐이다!

그대는 시인일 뿐이다!

화려한 것만을 말하는,

---

31) 너무 오랫동안 고독 속에 있었기 때문에 세상 사람들과 잘 어울릴 수 없게 되어, 사람들의 웃
음거리가 되고, 따라서 그의 가르침도 받아들여지지 않게 된 인간.

바보 가면 속에서 소리치는,
기만적인 언어의 다리 위를 서성거리는,
거짓 하늘과 거짓 대지 사이의
아름다운 무지개 위를
이리저리 헤매며 방황하는—
바보일 '뿐'이다! 시인일 '뿐'이다!

'그런 자가'—진리를 구하는 자라니?
움직이지 않는, 뻣뻣한, 번들거리는, 싸늘한 모습으로,
조각상이 된 적이 없고,
신의 동상이 된 적이 없고,
신전 앞에 세워진
신의 문지기가 된 적이 없다.
아니! 그런 진리의 동상에 적의를 품었으며,
아무리 거친 곳이라 하더라도 신전보다도 아늑하며,
고양이의 방종함으로 가득 차,
모든 창문을 뚫고
재빨리! 모든 우연 속으로 뛰어들며,
모든 원시림을 샅샅이 뒤지며,
탐욕스러운 동경으로 냄새 맡는 것은,
그대가 원시림 속에서 얼룩무늬 맹수들 사이를
사악하게, 건강하게, 쾌활하게, 아름답게 뛰어다니기 위해서이다.
탐욕스러운 입술로,
행복하게 조롱하며, 행복하게 지옥의 악마처럼, 행복하게 피에
굶주려,

먹이를 노리며, 살금살금 기어다니며,
속이며 뛰어다니기 위해서이다.

혹은 독수리처럼
오랫동안, 오랫동안 심연을 들여다보면서,
'자신의' 심연을 들여다보면서,
오, 그 심연들은 얼마나 아래로, 속으로,
훨씬 더 깊은 심연 속으로
소용돌이치며 떨어지는가!
그리고는
갑자기, 쏜살같이
날개 치면서
'어린양들'에게 덤벼든다,
굶주려 사납게 밑으로 내려간다.
어린양들을 노리며,
어린양의 영혼을 가진 모든 자들에게 화를 내며,
어린양과 같은 눈동자를 가진 모든 것,
곱슬곱슬한 털을 가진 모든 것,
양과 어린양의 유순함이 깃든
회색인 모든 것에 격렬하게 화를 내며!

이와 같이
독수리와 같고, 표범과 같다,
시인의 동경은,
천 개의 가면 뒤에 숨어 있는 '그대의' 갈망은,

그대 바보여! 그대 시인이여!
그대는 인간을
신으로, 그리고 양으로 보았다.
그리하여 그대는 인간 내부에 있는
양을 찢어발기듯
인간 내부에 있는 신을 찢어발겼다.
그리고 찢어발기면서 '웃었다'—

'그것이', '그것이야말로' 그대의 행복이다!
표범이며 독수리인 자의 행복이다!
시인이며 바보인 자의 행복이다!"

대기가 맑아질 때,
질투심에 찬 푸른 달〔月〕의 낫〔鎌〕이
자줏빛 황혼 속으로 살금살금 기어들어갈 때,
낮에게 적의를 품고
한 발짝 한 발짝 은밀하게 나아가며
매달려 있는 장미의 정원을 낫질해 내려간다.
그리하여 마침내 장미의 정원은
창백한 얼굴로 아래쪽 밤을 향해 가라앉는다—

일찍이 나는 그렇게 가라앉았다.
나의 진리의 광기로부터
나의 대낮의 동경으로부터
대낮에 지치고 빛에 병든 채

아래쪽으로 저녁을 향해, 아래쪽으로 그림자를 향해.
유일한 진리로 인해
불타고 갈증을 느끼면서.
그대는 기억하는가, 기억하는가, 뜨거운 가슴이여,
그때 그대가 얼마나 갈증을 느꼈는가를?
유일한 진리란 이러하다.
'나는 모든 진리로부터 추방되었으며,
바보일 뿐이다!
시인일 뿐이다!'

15. 지식에 대하여

　마술사는 이렇게 노래 불렀다. 그러자 주위에 있던 사람들은 모두 자기도 모르는 사이에 새처럼 그의 교활하고 우울한 환락의 그물에 걸려들었다. 그러나 영혼의 양심가만은 걸려들지 않았다. 그는 재빨리 마술사로부터 하프를 잡아채고 외쳤다. "공기를! 신선한 공기를 들어오게 하라! 차라투스트라를 들어오게 하라! 그대는 이 동굴을 숨막히게 만들고 있으며, 독으로 채우고 있다. 그대, 사악한 늙은 마술사여!

　그대, 거짓된 자여, 교활한 자여, 그대는 알 수 없는 욕망과 황야로 유혹하는 자이다. 아, 그대와 같은 자가 '진리에' 대해 지껄여대고 야단법석을 떨다니!

　'이러한' 마술사들을 경계하지 않는 모든 자유로운 영혼들에게 화 있으라! 그들의 자유는 끝났다. 그대는 감옥으로 되돌아가라고 가르치고 유혹하는 것이다.

그대, 늙은 우수의 악마여, 그대의 탄식으로부터 유혹의 피리 소리가 들려온다, 그대는 순결을 찬양함으로써 은근히 환락으로 유인하는 자들과 똑같다!"

정신의 양심가는 이렇게 말했다. 그러나 늙은 마술사는 주위를 둘러보고는 자기의 승리를 즐거워했다. 그리고 그 때문에 그는 양심가로 인해 생긴 불쾌감을 삼켰다. "조용히 하라!" 그는 점잖은 목소리로 말했다. "훌륭한 노래는 잘 울려 퍼지기를 원한다. 훌륭한 노래가 끝나면 오랫동안 침묵을 지켜야 하는 것이다.

이들은 모두 그렇게 하고 있다, 이들 보다 높은 인간들은. 그러나 그대는 아마도 나의 노래를 거의 이해하지 못한 것이 아닌가? 그대에게는 마술의 정신이 거의 없다."

"그대가 나를 그대 자신으로부터 분리시키는 것은 나를 칭찬하는 것이다." 양심가가 말했다. "좋다! 그러나 그대, 다른 자들이여, 그게 무슨 꼴인가? 그대들은 모두 음탕한 눈을 하고 앉아 있구나.

그대, 자유로운 영혼들이여, 그대들의 자유는 어디로 달아났는가! 그대들은 마치 부정한 소녀들이 나체로 춤추는 것을 오랫동안 구경하고 있는 자들처럼 보인다. 바로 그대들의 영혼이 춤을 추고 있는 것이다!

그대, 보다 높은 인간들이여, 그대들의 내부에는 저 마술사가 자신의 마법과 기만의 사악한 요정이라고 불렀던 것이 상당히 많이 들어 있음에 틀림없다. 우리들은 분명 서로 다른 종족임에 틀림없다.

실로 우리는 차라투스트라가 자기의 동굴로 돌아오기 전에 함께 충분히 대화를 나누었으며, 함께 충분히 생각했다. 그러므로 나는 알고 있다, 우리는 서로 다르다는 것을.

우리는 서로 다른 것들을 '찾고' 있다—이곳 위에서조차도, 그대들과 나는. 나는 보다 많은 '안전함'을 찾고 있다, 내가 차라투스트라에게 온 것은 그 때문이다. 왜냐하면 그는 여전히 가장 견고한 탑이며 의지이기 때문이다.

—모든 것이 비틀거리고, 대지 전체가 흔들리는 오늘날에. 그러나 그대들의 눈초리를 보니, 그대들은 '보다 많은 불안전함'을 찾고 있는 것처럼 보인다—

—보다 많은 두려움, 보다 많은 위험, 보다 많은 지진(地震)을. 그대들은 갈망하고 있다. 내게는 이렇게까지 생각된다, 나의 추측을 용서하라, 그대, 보다 높은 인간들이여,

그대들은 내가 가장 두려워하는 가장 나쁜 삶, 가장 위험한 삶, 야수들의 삶, 숲과 동굴과 험한 산과 미로(迷路)를 갈망하고 있다고.

그리고 그대들을 가장 기쁘게 해주는 자는 위험에서 '건져내주는' 자들이 아니라, 그대들을 모든 길로부터 나쁜 길로 인도하는 유혹자들이다. 그러나 '실제로' 그대들이 그러한 욕망을 가지고 있다 하더라도, 유혹자들은 그렇게 '할 수 없으리라'고 나는 생각한다.

왜냐하면 두려움—그것은 인간의 최초의 감정이며 기본적인 감정이기 때문이다. 모든 것은 두려움에 의해 설명되는 것이다. 원죄(原罪)도, 원덕(原德)도, 지식이라고 불리는 '나의' 덕도 또한 두려움으로부터 성장한 것이다.

왜냐하면 야수들에 대한 두려움—그것은 가장 오랫동안 인간의

마음속에 소중히 간직되어 왔기 때문이며, 야수들 중에는 인간이 자신의 내부에 숨긴 채 두려워하고 있는 동물도 포함된다—차라투스트라는 그 동물을 '내부에 있는 짐승'이라고 부른다.

오랫동안 간직되어 온, 이 고래(古來)의 두려움은 마침내 미묘한 것, 종교적인 것, 정신인 것으로 성장하여—오늘날 '지식'이라고 불리고 있는 것으로 내게도 생각된다."

양심가는 이렇게 말했다. 그러자 때마침 자신의 동굴로 돌아와 이야기의 끝부분을 듣고 그 뜻을 헤아린 차라투스트라는 양심가에게 한 줌의 장미꽃을 던져 주고는 그의 진리를 비웃었다. "뭐라고?" 그가 외쳤다. "'그대는' 무슨 말을 했는가? 그대가 바보이거나 아니면 나 자신이 바보일 것이다. 나는 그대의 '진리'를 단번에 뒤엎으리라.

왜냐하면 '두려움'은—우리 인간에게 있어서는 예외적인 것이기 때문이다. 그러나 '용기'야말로, 미지의 것과 시도되지 않은 것에 대한 모험과 흥미야말로—인간의 역사 이전의 전부를 이루는 것이라고 나는 생각한다.

인간은 가장 사납고 가장 용감한 등물들의 모든 덕들을 시기해 왔으며, 그들에게서 그들의 덕들을 빼앗았다. 그리하여 비로소 인간은—인간이 된 것이다.

'이' 용기, 독수리의 날개와 뱀의 지혜를 지닌 인간의 이 용기는 마침내 미묘한 것, 종교적인 것, 정신적인 것이 되었다. 내가 보기에는 오늘날 '이' 용기는—"

"차라투스트라다!" 함께 앉아 있던 자들은 모두 이구동성으로 외치고는 큰 웃음을 터뜨렸다. 그 웃음소리는 마치 무거운 구름처럼 피어올랐다. 마술사까지도 크게 웃고 나서 교활하게 말했다.

"자! 그는 사라졌다, 나의 사악한 요정은!

내가 그대들에게, 그는 사기꾼이며 기만과 거짓말의 요정이라고 말했을 때, 나는 그대들에게 그를 경계하라고 경고한 것이 아닌가?

특히 그가 벌거벗은 자신을 보여 줄 때는. 그러나 '내가' 어찌 그의 간계(奸計)를 막을 수 있겠는가! '내가' 그를 그리고 세계를 창조했는가?

자! 다시 유쾌하고 즐거운 기분을 갖도록 하자! 차라투스트라가 사나운 눈초리로 노려본다 하더라도—그를 보라! 그는 내게 화를 내고 있다—

—밤이 되기 전에 그는 다시 나를 사랑하고 찬양하게 될 것이다. 그는 그러한 어리석음[32]을 저지르지 않고서는 오랫동안 살 수가 없는 것이다.

'그는'—자신의 적을 사랑한다.[33] 그는 이 기술을 내가 만난 어떤 사람보다도 잘 알고 있는 것이다. 그러나 그는 그것에 대한 앙갚음으로 복수를 한다—그의 친구들에게!"

늙은 마술사가 이렇게 말하자, 보다 높은 인간들은 그에게 박수 갈채를 보냈다. 그러자 차라투스트라는 주위를 돌면서, 마치 모든 사람들에게 무언가 보상하고 사과해야 하는 사람처럼 악의와 사랑에 찬 손길로 그의 친구들과 악수를 나누었다. 그러나 그가

---

32) 자기가 미워하는 자와 자기의 적을 사랑하고 찬양하는 것.

33) 여기서 말하는 적이란 차라투스트라에게 대적하는 것, 즉 차라투스트라에 의해 초극되어야 하는 모든 것을 의미한다. 초인을 지향하는 차라투스트라는 초극되어야 하는 자로서, 그러한 적대자들, 특히 중력의 영을 필요로 한다. 이런 의미에서 적을 사랑하는 것은 삶에 대한 사랑이며 운명에 대한 사랑인 것이다.

그의 동굴 입구까지 오자, 그는 다시 바깥의 신선한 공기와 그의
동물들에 대한 갈망을 느끼고는 몰래 밖으로 빠져나가려고 했다.

16. 사막의 딸들 사이에서

1

"떠나지 말라!" 그때 차라투스트라의 그림자라고 자청했던 방랑
자가 말했다. "우리와 함께 있어 다오—그렇지 않으면 저 늙은 음
침한 고뇌가 다시 우리들을 덮칠지도 모른다.

저 늙은 마술사는 이미 우리들에게 자신의 최악의 것으로부터
최선의 것까지 주었다. 그리하여 보라, 저기 저 선량하고 경건한
교황은 눈물을 글썽이며 다시 우수의 바다에 배를 띄웠다.

저기 저 왕들은 아직도 우리들 앞에서 억지로 즐거운 얼굴을
하고 있는지도 모른다. 왜냐하면 '그들은' 오늘날 우리들 중 누구
보다도 그런 재주가 뛰어나 있기 때문이다! 그러나 보는 사람이
없다면, 분명코 그들에게도 또한 사악한 유희가 다시 시작될 것이
다—

—떠도는 구름·축축한 우수·뒤덮인 하늘·도둑맞은 태양·
울부짖는 가을바람과 같은 사악한 유희가,

—우리들의 울부짖음과 고통의 외침과 같은 사악한 유희가. 오,
차라투스트라여, 우리들과 함께 있어 다오, 이곳에는 큰 소리로
떠들어 대고 싶어 하는 감춰진 고통이 많이 있다. 많은 저녁, 많
은 구름, 많은 갑갑한 공기가!

그대는 우리에게 강한 자의 음식과 영양 많은 잠언을 먹여 주었다. 그러니 후식(後食) 때에 연약한 여성적인 정신이 우리를 덮치지 않도록 해 다오!

그대만이 그대 주위의 공기를 강하고 맑게 한다! 일찍이 내가 지상에서 그대의 동굴 속에서 그대와 함께 있을 때처럼 그렇게 신선한 공기를 마셔 본 일이 있었던가?

나는 많은 나라들을 보아 왔으며, 나의 코는 여러 종류의 공기들을 맛보고 음미하는 법을 배워 왔다. 그러나 그대와 함께 있으면 나의 콧구멍은 가장 큰 기쁨을 느낀다!

다만 한 가지 예외로서—오, 옛 추억에 잠기는 것을 용서하라! 일찍이 내가 사막의 딸들 사이에서 지은 오래된 후식(後食)의 노래에 대해 용서하라—

그녀들 주위에도 이곳만큼 좋은, 맑은, 동양(東洋)의 공기가 있었다. 나는 흐리고, 축축하고, 우수에 가득 찬 늙은 유럽[34]으로부터 가장 멀리 떨어져 있는 그곳에 있었다.

그 당시 나는 그런 동양의 소녀들과 한 조각의 구름도 사상도 떠 있지 않은 색다른 푸른 하늘나라를 사랑했다.

춤을 추지 않을 때, 그녀들이 앉아 있는 모습이 얼마나 아름다운지 그대들은 믿으려 하지 않을 것이다. 심오하게, 그러나 아무런 사상도 없이, 마치 작은 신비처럼, 리본이 달린 수수께끼처럼, 후식의 호두처럼—

다채롭게 그리고 참으로 기묘하게! 그러나 한 조각의 구름도 없

---

34) 신선한 삶을 상징하는 아침의 나라, 동양과 대비시킨 것으로, 우수의 나라 · 저녁의 나라라는 의미로서의 유럽을 가리킴.

이 풀 수 있는 수수께끼처럼 그렇게 앉아 있었다. 그때 나는 이런 소녀들을 기쁘게 해주기 위해 만찬(晚餐) 후의 찬가를 지었다."

방랑자인 그림자는 이렇게 말했다. 그리고는 아무도 대답할 틈도 없이, 그는 재빨리 늙은 마술사의 하프를 잡은 다음 다리를 교차시키고는 조용히 지혜로운 눈으로 주위를 둘러보았다—그러나 그는 마치 낯선 나라에서 낯선 공기를 맛보는 자처럼 콧구멍으로 시험해 보듯이 천천히 공기를 들이마셨다. 그리고 나서 그는 울부짖는 듯한 목소리로 노래하기 시작했다.

2

'사막은 성장한다. 사막을 숨기는 자에게 화 있으라!'

아! 장엄함이여!
참으로 장엄함이여!
위엄 있는 시작이여!
아프리카 풍(風)의 장엄함이여!
사자에게 어울리는
혹은 도덕적인 원숭이에게 어울리는
장엄함이여!
—그러나 그대들에게는 아무것도 아니다,
그대 사랑스러운 여자 친구들이여,
나는 유럽인으로서
처음으로

그대들의 발밑에,
야자나무 아래 앉아 있는 것이 허용되었다. 셀라.

참으로 놀랍도다!
나는 지금 이곳에 앉아 있다,
사막 가까이에,
그러나 사막에서 멀리 떨어져서,
결코 황폐해지지 않고,
왜냐하면 이 가장 작은 오아시스가
나를 삼켜 버렸기 때문이다.
—그 오아시스는 입을 한껏 벌리고 하품을 하고 있다,
그 사랑스럽기 짝이 없는 입을,
모든 작은 입들 중에서도 가장 향기로운 입을,
그러자 나는 그 속으로 빠져 들어갔다,
아래로, 그대들 사이로,
그대, 가장 사랑스러운 여자 친구들이여! 셀라.

저 고래에게 축복 있으라,
그토록 손님에게 즐거움을 안겨 주었다면! —그대들은 이해하
는가,
나의 박식한 비유를?
저 고래의 배〔腹〕에게 축복 있으라, [35]
그것이 그토록 사랑스러운 오아시스의 배〔腹〕였다면,

---

35) 〈요나〉 1장 17절 참조.

이 오아시스의 배처럼.

그러나 나는 그것을 의심한다,

—왜냐하면 나는 모든 초로(初老)의 부인들보다 의심이 많은 유
럽 태생이기 때문이다.

신이여, 그것을 고쳐 놓기를!

아멘!

나는 지금 이곳에 앉아 있다,

이 가장 작은 오아시스에,

갈색의, 달콤한 황금빛으로 무르익은

대추야자의 열매처럼,

소녀의 둥근 입을 갈망하면서,

소녀의 얼음처럼 차갑고, 눈처럼 흰,

날카로운 이빨을 더 갈망하면서.

왜냐하면 모든 뜨거운 대추야자 열매의 가슴은

이러한 것들을 갈망하기 때문이다. 셀라.

방금 말한 남국의 열매와

흡사하게, 너무도 흡사하게,

나는 이곳에 누워 있다.

작은 날벌레들에 의해

냄새 맡아지고 희롱당하면서,

그리고 그보다 훨씬 작고, 보다 어리석고, 보다 죄 많은

욕망과 생각들에 의해

냄새 맡아지고 희롱당하면서,

그대들에게 둘러싸인 채,

그대, 말 없는, 불안에 가득 찬

소녀 암괭이들이여,

두두와 줄라이카여, [36]

　—여러 가지 감정들을 한마디로 응축시켜 말한다면, '스핑크스에 둘러싸인 채',

(신이여, 이렇게 말하는 죄를 용서하라!)

나는 가장 신선한 공기를 냄새 맡으며 이곳에 앉아 있다,

실로 낙원의 공기를 냄새 맡으며

맑고 경쾌한 황금빛 줄무늬의 공기를,

달나라에서 내려온 것과 같은 좋은 공기를—

그것은 우연히 생긴 것일까,

아니면 옛 시인들이 말한 것처럼

분방함에서 생긴 것일까?

그러나 의심 많은 자인 나는

그런 말을 의심한다,

왜냐하면 나는 모든 초로(初老)의 부인들보다 더 의심 많은

유럽 태생이기 때문이다.

신이여, 그것을 고쳐 놓기를!

아멘!

가장 향기로운 공기를 마시면서,

콧구멍을 술잔처럼 부풀린 채,

---

36) 동양적 매력을 지닌 여성을 가리킴.

미래도 추억도 없이
나는 이렇게 이곳에 앉아,
그대, 가장 사랑스러운 여자 친구들이여,
야자나무를 바라보고 있다,
야자나무가 마치 무희(舞姬)처럼
몸을 굽히고 엉덩이를 흔드는 모습을 바라보고 있다.
—그 모습을 오랫동안 바라보는 자는 따라 하게 마련인 것이다!
야자나무는 무희처럼, 내게 보이는 바와 같이
지나치게 오랫동안, 위험할 정도로 오랫동안
항상 한쪽 다리로만 서 있었던 것일까?
—그래서 그녀는, 내게 보이는 바와 같이,
다른 한쪽 다리를 잃어버린 것일까?
헛수고였지만, 적어도 나는 찾아보았다,
쌍둥이 보석의 한쪽을,
—즉, 다른 한쪽 다리를—
아름답고 우아한,
부채꼴로 나부끼며 반짝이는
그녀의 작은 스커트의 신성한 곳 주위에서.
그렇다, 그대들은 나를 믿어 주기 바란다,
그대 사랑스러운 여자 친구들이여,
그녀는 한쪽 다리를 잃어버린 것이다!
그것은 사라졌다!
영원히 사라져 버린 것이다!
다른 한쪽 다리는!
오, 귀여운 한쪽 다리를 잃다니!

그 다리는 지금 어디서
버림받은 신세를 슬퍼하고 있을까?
저 외로운 다리는?
혹시 황갈색 갈기의 성난 사자와 같은 괴물 앞에서
두려움에 떨고 있는 것은 아닐까?
아니면 이미 갈갈이 물어뜯기고 토막 났는지도 모른다—
가엾어라, 아! 아! 토막 나다니! 셀라.

오, 울지 말라,
연약한 가슴이여!
울지 말라, 그대,
대추야자의 가슴이여! 젖을 지닌 가슴이여!
그대, 감초 같은 마음을 지닌
주머니여!
이제 울지 말라,
창백한 두두여!
기운을 내라, 줄라이카여!
기운을 내라! 기운을!
—어쩌면 기운을 북돋아 주는 것,
가슴에 원기를 주는 것이
이 경우에는 적합한 것이 아닐까?
기름부음 받은 잠언〔聖經〕이?
엄숙한 격려의 말이?

하! 일어나거라, 위엄이여!

덕의 위엄이여! 유럽인의 위엄이여!

바람을 내뿜어라, 다시 바람을 내뿜어라,

덕의 풀무여!

하!

다시 한 번 포효하라,

도덕적으로 포효하라!

도덕적인 사자처럼

사막의 딸들 앞에서 포효하라!

―왜냐하면 그대 가장 사랑스러운 소녀들이여,

덕의 울부짖음이야말로,

유럽인의 열정이며, 유럽인의 갈망이기 때문이다!

그리고 나는 지금 이곳에 서 있다,

유럽인으로서,

나는 달리 어떻게 할 수가 없다,

그러므로 신이여, 나를 도와주소서!

아멘!

'사막은 성장한다. 사막을 숨기는 자에게 화 있으라!'

17. 각성(覺醒)

1

방랑자인 그림자의 노래가 끝나자, 동굴은 갑자기 소란과 웃음소리로 가득 찼다. 모여 있던 손님들이 동시에 저마다 떠들어댔으며, 심지어 당나귀까지도 이러한 흥분 상태를 보자 더 이상 침묵을 지키고 있지 않았기 때문이었다. 그러자 손님들에 대한 작은 혐오감과 경멸이 차라투스트라를 덮쳤다. 그러나 한편 그는 그들의 쾌활함을 기쁘게 생각했다. 왜냐하면 그것은 그들이 회복되어 가는 징후라고 생각되었기 때문이었다. 그래서 그는 몰래 대기(大氣) 속으로 빠져나와 그의 동물들과 대화를 나누었다.

"그들의 슬픔은 어디로 갔는가?" 그가 말했다. 그는 이미 자신의 작은 혐오감에서 벗어나 길게 숨을 들이쉬었다. "그들은 내 집에서 고통의 외침을 잊은 것 같구나!

유감스럽게도 아직 외침 그 자체는 잊지 못했지만." 이때 차라투스트라는 귀를 막았다. 당나귀의 "야―" 하는 울음소리가 이들, 보다 높은 인간들의 환호성에 섞여 들려왔기 때문이었다.

"저들은 유쾌하구나." 그는 다시 말하기 시작했다. "그래서 주인에게 방해가 될지도 모른다는 생각을 하지 않는구나. 그들은 내게서 웃음을 배웠지만, 그들이 배운 것은 '나의' 웃음[37]이 아니다.

하지만 그것이 어떻단 말인가! 그들은 늙은이들이다. 그들은 그들 방식대로 원기를 회복하고, 그들 방식대로 웃는 것이다. 이제까지 내 귀는 이보다 더 사악한 소리들에 의해 시달려 왔으면서도 화를 낸 적이 없다.

오늘은 승리의 날이다. 나의 최대의 숙적인 '중력의 영'은 이미 비틀거리며 도망치고 있다! 그토록 불길하고 음침하게 시작된 이

---

37) 삶에의 절망을 참으로 초극한 자의 웃음이며, 그것은 소란스러운 웃음이 아니라 조용한 웃음이다.

하루가 얼마나 훌륭하게 막을 내리고 있는가!

오늘은 끝나가고 '있다', 이미 저녁이 되었다. 훌륭한 기사(騎士)인 저녁이 말을 타고 바다를 건너 우리들을 향해 다가오고 있다! 이 행복한 자, 집으로 돌아가는 자는 붉은 안장에 앉아 얼마나 몸을 흔들고 있는가!

하늘은 맑은 눈동자로 그 모습을 내려다보고 있으며, 세계는 깊이 누워 있다. 오, 그대, 나를 찾아온 이상한 자들이여, 나와 함께 사는 것만으로도 이미 보람있는 일이다!"

차라투스트라는 이렇게 말했다. 그때 다시 동굴로부터 보다 높은 인간들의 외침과 웃음소리가 들려왔다. 그는 다시 말하기 시작했다.

"그들은 물어뜯고 있다. 나의 미끼가 효과를 나타내고 있다. 그들 앞에서도 또한 그들의 적인 중력의 영이 비틀거리고 있다. 그들은 이미 자기 자신을 비웃는 법을 배우기 시작했다. 내가 잘못 들은 것은 아닐까?

나의 남성의 음식이, 나의 활력에 넘치는 말이 효과를 나타내고 있다. 나는 그들에게 고창(鼓脹:배에 가스가 차서 배가 탱탱하게 붓는 병)을 일으키는 야채를 먹이지 않았다! 나는 그들에게 전사(戰士)의 음식, 정복자의 음식을 먹여 주었다. 그리하여 나는 새로운 욕망들을 일깨워 주었다.

그들의 팔과 다리에는 새로운 희망들이 스며들어 있으며, 그들의 가슴은 기지개를 켜고 있다. 그들은 새로운 말들을 찾아내고 있으며, 머지않아 그들의 영혼은 자유분방함을 호흡하게 될 것이다.

분명 그러한 음식은 어린아이들이나, 연모(戀慕)에 사로잡힌 늙은 여자들이나, 젊은 여자들에게는 적합하지 않을 것이다. 그들의 내장은 다른 방법으로 설득해야 한다. 나는 그들의 선생이나 의사가 아니다.

구역질이 이보다 높은 인간들에게 굴복하고 있다. 됐다! 그것은 나의 승리이다. 그들은 나의 영토에서 점점 안정을 얻고 있으며, 모든 어리석은 수치심은 그들에게서 사라지고 있다. 그들은 스스로 짐을 벗어 버리고 있다.

그들은 마음의 짐을 벗어 버리고 있다. 좋은 때가 다시 그들에게 되돌아오고 있다. 그들은 편안한 마음으로 되새김질을 하고 있다—그들은 '감사하는 마음을' 갖게 된 것이다.

그들이 감사하는 마음을 갖게 된 것—그것을 나는 가장 좋은 징표(徵表)로 간주한다. 그들은 머지않아 축제를 생각해 내어 그들의 옛날의 기쁨을 기념하는 기념비를 세울 것이다.

그들은 '회복되어 가는 자들'이다!" 하고 차라투스트라는 기쁜 듯이 마음속으로 이렇게 중얼거리고는 바깥쪽을 바라보았다. 그러나 그의 동물들은 그의 주위에 몰려와 그의 행복과 그의 침묵에 경의를 표했다.

2

그러나 갑자기 차라투스트라의 귀는 깜짝 놀랐다. 지금까지 소란과 웃음소리로 가득 찼던 동굴이 갑자기 죽음처럼 조용해졌기 때문이었다—그러나 그의 코는 마치 불타고 있는 솔방울에서 풍겨 나오는 것과 같은 향기로운 증기와 향냄새를 맡았다.

"무슨 일이 일어나고 있는 것일까? 그들은 무엇을 하고 있는 것일까?" 그는 이렇게 자기 자신에게 묻고는 그의 손님들을 훔쳐보기 위해 살금살금 입구로 다가갔다. 이보다 놀라운 일이 있는가! 그때 그가 두 눈으로 본 것은 무엇이었던가!

"그들에게 다시 '신앙심'이 생긴 것이다. 그들은 '기도하고' 있다. 그들은 미쳐 버린 것이다." 그는 이렇게 말하고는 혼비백산할 정도로 놀랐다.

놀랍게도 이보다 높은 인간들은, 즉 두 왕들과 실직한 교황, 사악한 마술사, 자진해서 거지가 된 자, 방랑자인 그림자, 늙은 예언자, 정신의 양심가, 가장 추악한 자는 모두 어린아이들이나 믿기 잘하는 늙은 여자들처럼 무릎을 꿇고 앉아 당나귀에게 경배를 드리고 있었다. 그러자 바로 그때 가장 추악한 자는 마치 말로 형용할 수 없는 그 무엇이 그에게서 나오려고 발버둥치기라도 하듯이 그르렁거리며 씩씩거리기 시작했다. 그러나 실제로 그가 말하게 되었을 때, 보라, 그것은 경배와 분향을 받고 있는 당나귀를 찬양하는 이상하고도 경건한 연도(連禱:사제가 기도문을 읊고, 신도들이 사제를 따라 기도문을 읊는 것)였던 것이다. 연도는 이렇게 들려왔다.

아멘! 찬양과 영예와 지혜와 감사와 영광과 권세가 영원히 우리의 신에게 있기를!
―그러자 당나귀는 "야―(그렇다)" 하고 울음소리를 냈다.
그는 우리의 무거운 짐을 짊어지시고, 종의 모습을 취하셨으며, 마음속으로부터 인내하시고 절대로 "아니다"라고 말씀하시지 않는다. 그런데 자기의 신을 사랑하는 자가 자기의 신을 징벌한다.
―그러자 당나귀는 "야―" 하고 울음소리를 냈다.

그는 자신이 창조하신 세계를 향해 항상 "그렇다"라고 긍정하는 이외에는 말하지 않으신다. 이와 같이 그는 그의 세계를 찬양하신다. 말하지 않는 것이 그의 정묘(精妙)함이다. 그리하여 그는 오해를 받는 일이 거의 없다.

―그러자 당나귀는 "야―" 하고 울음소리를 냈다.

그는 눈에 띄지 않게 세계를 돌아다니신다. 그가 자신의 덕을 감싸기를 좋아하는 색깔은 회색이다. 그에게는 정신이 있지만, 그는 그 정신을 감추고 계신다. 그러나 모두가 그의 기다란 귀를 믿는다.

―그러자 당나귀는 "야―" 하고 울음소리를 냈다.

그가 기다란 귀를 갖고 계시면서도 "그렇다"라고만 말씀하실 뿐 결코 "아니다"라고 말씀하시지 않는 것, 그것은 감춰진 지혜가 아닌가! 그는 세상을 자신의 형상대로, 즉 가능한 한 어리석게 창조하신 것이 아닌가?

―그러자 당나귀는 "야―" 하고 울음소리를 냈다.

당신은 똑바른 길과 굽은 길을 가리지 않고 가십니다. 우리 인간들이 어떤 것을 똑바른 것이라고 생각하든, 아니면 굽은 것이라고 생각하든, 당신은 거의 관계하지 않습니다. 당신의 나라는 선악의 피안에 있습니다. 천진난만함이 무엇인지 알지 못하는 것, 그것이 당신의 천진난만함입니다.

―그러자 당나귀는 "야―" 하고 울음소리를 냈다.

당신은 아무도, 거지들도 왕들도 내쫓지 않습니다. 당신은 어린아이들이 당신에게 오는 것을 허락하시며, 짓궂은 소년들이 당신을 끌고 다녀도 당신은 그냥 "그렇다"라고만 말씀하십니다.

―그러자 당나귀는 "야―" 하고 울음소리를 냈다.

당신은 암탕나귀들과 신선한 무화과 열매를 좋아합니다. 당신은 아무 음식이나 잘 먹습니다. 배가 고플 때는, 당신의 마음은 엉겅퀴에도 끌립니다. 그 속에는 신으로서의 지혜가 담겨 있습니다.

─그러자 당나귀는 "야─" 하고 울음소리를 냈다.

18. 당나귀 축제

1

연도(連禱)가 여기에 이르자, 차라투스트라는 더 이상 자신을 억제할 수 없어, 당나귀 소리보다 훨씬 더 큰 소리로 당나귀 소리를 흉내 내어 "야─" 하고 외치며, 미쳐 버린 그의 손님들 한가운데로 뛰어들었다. "그대들은 무슨 짓을 하고 있는가? 그대 인간의 자식들이여," 그는 경배하고 있는 자들을 땅바닥에서 잡아 일으키며 소리쳤다. "아, 그대들의 모습을 본 것이 차라투스트라가 아닌 다른 사람이었다면, 그대들을 어떻게 생각하겠는가?

모두가 그대들의 새로운 신앙을 보고 그대들을 심판할 것이다, 가장 사악한 신성 모독자들이거나 아니면 가장 어리석은 늙은 여인들이라고!

그대, 늙은 교황이여, 그대는 이렇게 당나귀를 신으로 경배하는 것을 그대 자신과 어떻게 화해시킬 수 있겠는가?"

"오, 차라투스트라여" 교황이 대답했다. "용서해 다오, 그러나 신에 관한 일이라면 내가 그대보다 훨씬 더 잘 알고 있다. 그것은 당연한 일이다.

이렇게 신의 형체를 갖고서 신을 숭배하는 것이, 아무런 형체도 없이 신을 숭배하는 것보다 낫다! 나의 고귀한 친구여, 이 말을 깊이 생각해 보라, 그대는 이 말속에 지혜가 숨어 있음을 곧 알게 되리라.

'신은 영이다'라고 말한 자는 이제까지 지상에서 취해진 것 중에서 가장 큰 발걸음과 도약으로 불신앙을 향해 다가간 자이다. 이러한 말은 지상에서 쉽사리 고쳐질 수 없는 것이다!

아직도 지상에 숭배할 것이 남아 있다는 사실을 알고, 나의 늙은 가슴은 마구 뛰고 있다. 오, 차라투스트라여, 이 신앙심 깊은, 늙은 교황의 마음을 용서해 다오!"

"—그리고 그대," 차라투스트라는 방랑자인 그림자에게 말했다. "그대는 스스로를 자유로운 정신이라고 자칭하며 또 자유로운 정신임을 자부하고 있지 않은가? 그러면서도 그대는 여기서 이렇게 성직자처럼 우상을 숭배하는가?

실로 그대는 사악한 갈색 소녀들 사이에서 행했던 것보다 훨씬 더 사악한 짓을 저지르고 있구나, 그대 사악한 새로운 신자여!"

"사실 사악한 짓이다," 방랑자인 그림자가 대답했다. "그대의 말이 맞다. 그러나 내가 어찌할 수 있겠는가! 늙은 신이 되살아난 것이다, 오, 차라투스트라여, 그대가 뭐라고 말할지라도.

그 모든 것은 저 가장 추악한 인간의 책임이다. 그가 신을 다시 깨운 것이다. 그는 일찍이 자기가 신을 죽였다고 말하지만, 신에게 있어서는 '죽음'은 항상 편견에 지나지 않는 것이다."

"—그리고 그대," 차라투스트라가 말했다. "그대 사악한 늙은 마술사여, 그대는 무슨 짓을 하고 있었는가? '그대가' 그러한 어처구니없는 것을 신으로 믿는다면, 이 자유로운 시대에 앞으로 누가 그대를 믿겠는가?

그대가 행한 것은 어리석은 짓이었다. 현명한 자인 그대가 어찌 그렇게 어리석은 짓을 저지를 수 있단 말인가!"

"오, 차라투스트라여," 현명한 마술사가 대답했다. "그대의 말이 맞다. 그것은 어리석은 짓이었다. 그런 어리석은 짓을 하는 것은 무척 힘든 일이었다."

"—그리고 그대조차도," 차라투스트라는 정신의 양심가에게 말했다. "손가락을 그대의 코 위에 올려놓고 깊이 생각해 보라! 그대의 양심에 가책되는 것이 하나도 없는가? 그대의 정신은 이러한 기도와 이러한 광신자들의 분위기에 어울리기에는 너무도 깨끗하지 않은가?"

"그러나 거기에는 그 무엇인가가 들어 있다," 양심가는 손가락을 코 위에 올려놓으며 대답했다. "이 연극에는 나의 양심까지도 즐겁게 해주는 그 무엇이 들어 있는 것이다.

아마도 나는 신을 믿지 않는 자일 것이다. 그러나 내게는 분명 이런 형태의 신이 가장 믿을 만한 가치가 있는 신이라고 생각된다.

가장 신앙심 깊은 자들의 증언에 의하면, 신은 영원한 존재라고 한다. 그렇게 많은 시간을 가지고 있는 자는 서둘지 않는다. 가능한 한 천천히 얼빠진 모습으로 움직인다. 그럼에도 불구하고 그러한 자는 매우 멀리 갈 수 있는 것이다.

그리고 지나치게 많은 정신을 지닌 자는 어리석음에 휘말리기 쉬운 법이다. 그대 자신을 잘 생각해 보라, 오, 차라투스트라여!

그대 자신도—실로! 그대조차도 풍요로움과 지혜로 인해 한 마리의 당나귀가 될 수 있는 것이다.

진정한 현자는 가장 꾸불꾸불한 길을 가기를 좋아하지 않는가?

외모가 그것을 말해 준다, 오, 차라투스트라여, '그대의' 외모가!"

"—그리고 끝으로 그대," 차라투스트라는, 아직도 당나귀를 향해 팔을 들어 올린 채 땅바닥에 엎드려 있는 가장 추악한 인간을 돌아보며 말했다. (그는 당나귀에게 마실 포도주를 바치고 있었던 것이다.) "말하라, 그대, 말로 형용할 수 없는 자여, 그대는 무슨 짓을 하고 있는가?

그대는 변한 것처럼 보인다. 그대의 두 눈은 불타고 있으며, 숭고함의 외투가 그대의 추악함을 가리고 있다. 그대는 '무슨 짓'을 했는가?

그대가 신을 다시 깨웠다는 저들의 말이 사실인가? 왜 깨웠는가? 신은 당연히 살해되어 사라져 버려야 했던 게 아니었던가?

바로 그대 자신이 깨어난 것처럼 보이는구나. 그대는 무슨 짓을 했는가? 어찌하여 '그대는' 변했는가? 어찌하여 '그대는' 개종(改宗)했는가? 말하라, 그대, 말로 형용할 수 없는 자여!"

"오, 차라투스트라여," 가장 추악한 인간이 대답했다. "그대는 악한(惡漢)이다!

'신이' 아직까지 살아 있는 것인지, 아니면 다시 살아난 것인지, 아니면 정말로 죽은 것인지 완전히 아는 자가 우리 둘 중 누구인가? 나는 그대에게 묻고자 한다.

그러나 나는 한 가지만은 알고 있다. —오, 차라투스트라여, 나는 일찍이 그대에게서 그것을 배웠다. 가장 철저히 죽이고자 하는 자는—'웃는다'는 것을.

'분노에 의해 죽이는 것이 아니라, 웃음에 의해 죽인다'—그대는 일찍이 그렇게 말했다. 오, 차라투스트라여, 그대, 알 수 없는 자여, 그대, 화를 내지 않고 파괴하는 자여, 그대, 위험한 성자여,

그대는 악한이다!"

2

그러자 차라투스트라는 그런 거친 대답에 깜짝 놀라 그의 동굴 입구까지 물러섰다. 그리고는 그의 손님들을 돌아보며 큰 소리로 외쳤다.

"오, 그대 익살꾼들이여, 그대 광대들이여, 어찌하여 그대들은 내 앞에서 그대들 자신을 위장하고 숨기는가!

그대들의 마음은 얼마나 기쁨과 장난기에 들떠 있는가, 그대들은 마침내 다시 어린아이들처럼 되었으며 경건해졌다—

—그대들은 마침내 기도하고 두 손을 움켜잡고 '사랑하는 신이여'라고 말하며, 다시 어린아이들처럼 행동했다.

그러나 이제 '이' 어린아이의 방에서 떠나라, 오늘날 온갖 어린아이다움이 있는 나의 동굴에서 밖으로 나와 그대들의 뜨거운 어린아이 같은 방종과 그대들의 마음의 소란함을 식혀라!

분명코 어린아이와 같이 되지 않으면, 그대들은 '이' 천국에 들어가지 못할 것이다. (그리고는 차라투스트라는 두 손으로 위쪽을 가리켰다.)

그러나 우리들은 천국에 들어가기를 조금도 원치 않는다. 우리는 어른이 되었다—그러므로 우리는 '지상의 왕국을' 원한다."

3

그러자 차라투스트라는 다시 말하기 시작했다. "오, 나의 새로운 친구들이여." 그가 말했다. "그대, 이상한 자들이여, 그대, 보다 높은 인간들이여, 이제 그대들은 참으로 내 마음에 드는구나.

그대들이 다시 유쾌해진 이후부터는! 실로 이제 그대들은 모두 꽃을 피운 것이다. 나는 그대들과 같은 꽃들을 위해 '새로운 축제'가 필요하다고 생각한다.

어떤 용감한 어리석은 짓, 어떤 신성한 예식과 당나귀 축제, 기쁨에 찬 늙은 차라투스트라와 같은 바보, 그대들의 영혼을 밝게 해줄 광풍이.

그대, 보다 높은 인간들이여, 이 밤과 이 당나귀 축제[38]를 잊지 말라! 그대들은 '그것을' 나의 집에서 생각해냈으며, 나는 그것은 좋은 징조라고 생각한다. 오직 회복되어 가는 자들만이 그런 것을 생각 해낼 수 있는 것이다!

만일 그대들이 다시 이 당나귀 축제를 행한다면, 그대들 자신을 위해 행하라, 또한 나를 위해! 그리고 '나를' 기억하기 위해!"

차라투스트라는 이렇게 말했다.

19. 취가(醉歌)

1

그러는 동안에 그들은 하나씩 하나씩 대기 속으로, 깊은 생각에

---

[38] 절망의 초극을 상징함.

잠겨 있는 서늘한 밤 속으로 나왔다. 그러나 차라투스트라는 가장 추악한 인간의 손을 이끌면서 그에게 자신의 밤의 세계와 크고 둥근 달과 그의 동굴 옆에 있는 은빛 폭포를 보여 주었다. 마침내 그들은 아무 말없이 함께 서 있게 되었다. 그들은 모두 노인들이었지만 명랑하고 의연(毅然)했으며, 자기들이 이 지상에서 이렇게 즐거운 마음을 갖게 된 것을 놀랍게 생각했다. 밤의 신비가 점점 그들의 가슴속 깊이 스며들었다. 차라투스트라는 다시 마음속으로 중얼거렸다. "오, 이제 이들은 참으로 내 마음에 드는구나, 이보다 높은 인간들은!"―그러나 그는 이것을 입 밖에 내지는 않았다. 왜냐하면 그는 그들의 행복과 침묵을 존중했기 때문이었다.

그러자 그때 그 길고도 놀라운, 하루 중에서도 가장 놀라운 일이 일어났다―가장 추악한 인간이 다시 한 번, 그리고 마지막으로 그르렁거리며 헐떡거리기 시작한 것이다, 그리하여 마침내 그가 말을 하게 되었을 때, 보라, 그의 입에서 질문이 튀어나왔다, 그 말을 들은 모든 사람들의 마음을 감동시킨 훌륭하고, 깊고, 명석한 질문이 솔직하게 그리고 거침없이 튀어나온 것이다.

"나의 친구 여러분" 가장 추악한 인간이 말했다. "그대들은 어떻게 생각하는가? 이 날로 인해―나는 처음으로 나의 전 생애를 살아온 것에 대해 만족스럽게 생각한다. 그러나 내가 이렇게 증언하는 것만으로는 충분하지 않다. 이 지상에서 사는 것은 보람 있는 일이다. 차라투스트라와 함께 지낸 하루가, 단 한 번의 축제가 내게 대지를 사랑하도록 가르쳐 준 것이다.

'그것이―인생이었는가' 나는 죽음에게 말하리라. '좋다! 한 번 더!'라고.

나의 친구들이여, 그대들은 어떻게 생각하는가? 그대들도 나처럼 죽음에게 말하지 않겠는가? '그것이—인생이었는가? 차라투스트라를 위해, 자! 한 번 더!'라고."

가장 추악한 인간은 이렇게 말했다. 한밤중이 머지않은 때였다. 그때 무슨 일이 일어났다고 당신은 생각하는가? 가장 추악한 인간의 질문을 듣자, 보다 높은 인간들은 갑자기 자신들이 변화하고 회복되었음을 깨달았으며, 또한 누가 자기들에게 이러한 변화와 회복을 안겨 주었는지도 깨닫게 되었다. 그러자 그들은 차라투스트라에게 달려가 각기 자기 나름대로 감사하고, 경모하고, 애무하고, 그의 손에 키스를 했다. 그 방법은 각자에 따라 달랐으며, 어떤 자는 웃기도 하고 어떤 자는 울기도 했다. 그러나 늙은 예언자는 기쁨에 겨워 춤을 추었다. 많은 전설의 이야기꾼들이 믿고 있듯이 그 늙은 예언자가 달콤한 포도주에 잔뜩 취해 있었다 하더라도, 그는 분명 달콤한 삶에 훨씬 더 많이 취해 있었으며, 모든 권태를 끊어 버렸다. 심지어 그 당시에 당나귀가 춤을 추었다고 말하는 자들도 있다. 가장 추악한 인간이 당나귀에게 포도주를 마시게 한 것은 헛일이 아니었던 것이다. 그것은 사실일지도 모르며, 사실이 아닐지도 모른다. 실제로 그날 밤 당나귀가 춤을 추지 않았다 하더라도 당나귀의 춤보다 훌륭하고 신기한 일들이 일어났던 것이다. 요컨대 차라투스트라의 말처럼 "그것이 무슨 문제인가!"

2

그러나 가장 추악한 인간으로 인해 이러한 일이 일어났을 때, 차라투스트라는 마치 술에 취한 사람처럼 그대로 서 있었다. 그의 눈은 흐려지고, 그의 혀는 굳어졌으며, 그의 다리는 비틀거렸다.

그때 어떤 생각들이 차라투스트라의 영혼을 스쳐갔는지 누가 알 수 있겠는가? 그러나 그의 영혼은 뒷걸음질치며 그에게서 도망쳐 아득히 먼 곳에 가있는 것처럼 보였다. 마치 "두 바다 사이의 높은 산마루 위에서—무거운 구름처럼 과거와 미래 사이를 방황하면서"라고 기록된 것과 같이.

그러나 보다 높은 인간들이 그의 양팔을 잡고 있는 동안, 그는 차츰차츰 정신이 들었으며, 두 손으로 경모와 걱정에 싸여 있는 무리를 제지했다. 그러나 그는 여전히 말이 없었다. 그때 갑자기 그는 재빨리 머리를 돌렸다. 무슨 소리가 들리는 것 같았기 때문이었다. 그리고는 그는 손가락을 입술에 대고 말했다. "쉿!"

그러자 갑자기 주위가 조용해지고 신비에 잠겼다. 그러자 골짜기 아래서 종소리가 천천히 울려왔다. 보다 높은 인간들처럼 차라투스트라는 그 종소리에 귀를 기울였다. 그리고는 그는 두 번째로 손가락을 입술에 대고 다시 말했다. "쉿! 쉿! 한밤중이 다가오고 있다!" 그의 목소리는 변해 있었다. 그러나 그는 여전히 꼼짝도 하지 않았다. 그러자 주위는 더욱 조용해지고 더욱 신비에 잠겼다. 모두가 귀를 기울였다. 당나귀도, 차라투스트라의 자랑스러운 동물들인 독수리와 뱀도, 차라투스트라의 동굴도, 차가운 달도, 그리고 밤 그 자체도. 그때 차라투스트라는 세 번째로 손가락을 입술에 대고 말했다.

"쉿! 쉿! 쉿! 이제 산책을 하자! 때가 되었다. 밤 속을 산책하자!"

3

그대, 보다 높은 인간들이여, 한밤중이 다가오고 있다. 그러므로 저 낡은 종이 나의 귓속에 이야기해주는 것을, 나는 그대들의 귓속에 이야기해 주리라.

저 한밤중의 종이 내게 이야기해주는 것을, 저 종처럼 은밀하게, 두렵게, 진심으로, 한 인간보다 더 많은 체험을 한 저 종이 내게 이야기해주는 것을,

—그대들 조상들의 고통에 찬 심장의 고동소리를 헤아려 온 저 종이 내게 이야기해주는 것을—아! 아! 한밤중은 얼마나 탄식하는가? 한밤중은 꿈속에서 얼마나 웃는가! 태곳(太古)적부터 있어 온 깊고 깊은 한밤중은!

조용히 하라! 조용히 하라! 그래야만 낮에는 이야기하지 않는 많은 것들을 들을 수 있다. 그러나 지금 차가운 대기 속에서, 그대들 마음의 온갖 소란도 잠잠해진 지금—

—그것은 말하고 있으며, 지금 그것이 들린다. 지금 그것은 깨어있는 밤의 영혼 속으로 살금살금 기어든다. 아! 아! 그것은 얼마나 탄식하는가! 그것은 꿈속에서 얼마나 웃는가!

그대들에게는 들리지 않는가? 태곳적부터 있어온 깊고 깊은 한밤중이 은밀하게, 두렵게, 따뜻하게 그대들에게 이야기하는 것이.

'오, 인간이여! 귀를 기울여라!'

4

아! 시간은 어디로 달아나 버렸는가? 나는 깊은 우물 속에 가라앉은 것이 아닌가? 세계는 잠들어 있다—

아! 아! 개가 짖어대고 있다, 달이 빛나고 있다. 지금 나의 한밤중의 마음이 생각하고 있는 것을 그대들에게 이야기하느니 차라

리 죽고 싶다. 차라리 죽고 싶다.

이제 나는 이미 죽었다. 이제 끝나 버린 것이다. 거미여, 어찌하여 너는 내 주위에 거미줄을 치는가? 너는 피를 원하는가? 아! 아! 이슬이 내리고 있다, 때가 온 것이다―

―나를 추위에 떨게 하고 꽁꽁 얼게 하는 때가. 그 때는 묻고 묻고 또 묻는다. "그것을 견딜 만한 가슴을 가진 자가 누구인가?

―대지의 지배자가 되어야 할 자는 누구인가? '너희 크고 작은 시냇물이여, 너희는 지금처럼 그렇게 흘러가야 한다!'라고 말할 자는 누구인가?"라고.

―때가 다가오고 있다. 오, 인간이여, 그대, 보다 높은 인간들이여, 귀를 기울여라! 이 말은 예민한 귀에, 그대들의 귀에 들려주기 위한 것이다―'깊은 한밤중은 무엇을 말하고 있는가?'

5

나는 운반되어 가고, 나의 영혼은 춤을 춘다. 대낮의 일이여! 대낮의 일이여! 대지의 지배자가 되어야 할 자는 누구인가?

달은 싸늘하고, 바람은 침묵을 지키고 있다. 아! 아! 그대들은 이미 충분히 높이 날아올라갔는가? 그대들은 춤을 춘다. 그러나 다리는 날개가 아닌 것이다.

그대 훌륭한 무도자들이여, 이제 모든 즐거움은 끝났다. 포도주는 바닥이 나고, 모든 술잔들은 못쓰게 되어 버렸으며, 무덤들은 더듬거리며 말한다.

그대들은 충분히 높이 날아오르지 못했다. 이제 무덤들은 더듬거리며 말한다. "죽은 자들을 구제하라! 어찌하여 밤은 이토록 긴

가? 달이 우리들을 취하게 하지 않는가?"라고.

그대, 보다 높은 인간들이여, 무덤들을 구제하라, 시체들을 깨우라! 아, 어찌하여 벌레는 아직도 파먹어 들어가고 있는가? 때가 다가오고 있다. 때가 가까워지고 있다,

—종은 불만스럽게 울리고, 가슴은 아직도 신음하고 있으며, 나무를 파먹는 벌레, 가슴을 파먹는 벌레는 아직도 파먹어 들어가고 있다. 아! 아! '세계는 깊다!'

6

감미로운 칠현금이여! 감미로운 칠현금이여! 나는 너의 가락을 사랑한다, 취한 듯한, 불길한 너의 가락을! 아주 오래전부터, 아주 먼 곳으로부터 너의 가락은 내게 들려왔다, 멀리 떨어진 곳으로부터 사랑의 연못으로부터!

너, 오래된 종이여, 너, 감미로운 칠현금이여! 온갖 고통이 너의 가슴을 찢었다, 아버지의 고통이, 우리 할아버지들의 고통이, 우리 조상들의 고통이. 너의 말은 무르익었다—

—황금빛 가을과 오후처럼, 나 은둔자의 마음처럼—이제 너는 말한다. "세계 그 자체가 무르익었으며, 포도송이는 갈색으로 물들었고—

—이제 그들은 죽기를 원한다, 행복에 겨워 죽기를 원한다. 그대, 보다 높은 인간들이여, 그대들은 그 냄새를 맡지 못하는가? 향기가 은밀하게 풍겨 나오고 있다,

—영원의 향기가, 장밋빛 행복의 향기가, 오랜 행복이 풍기는 갈색, 황금빛 포도주 향기가,

—취한 한밤중의 죽어가는 행복의 향기가.” 이 죽어가는 행복의 향기는 이렇게 노래한다—‘세상은 깊다, 낮이 생각하는 것보다 더 깊다!’라고.

7

나를 건드리지 말라! 나를 건드리지 말라! 그대가 건드리기에는 나는 너무도 순결하다. 내게 손대지 말라! 나의 세계는 이제 막 완전해지지 않았는가?

그대의 손이 닿기에는 나의 피부는 너무도 순결하다. 나를 건드리지 말라, 그대 어리석고, 무례한, 질식시키는 대낮이여! 한밤중이 오히려 더 밝지 않은가?

가장 순결한 자들이 세계의 지배자가 되어야 한다, 가장 알려지지 않은 자들, 가장 강한 자들, 대낮보다도 더 밝고 깊은 한밤중의 영혼을 지닌 자들이.

오, 대낮이여, 그대는 손을 더듬거리며 나를 찾는가? 그대는 손을 뻗어 나의 행복을 찾는가? 그대에겐 내가 부유하고 고독한 보물 구덩이, 황금 창고로 보이는가?

오, 세계여, 그대는 나를 원하는가? 그대들에겐 내가 세속적으로 보이는가? 그대들에겐 내가 종교적으로 보이는가? 그대들에겐 내가 신적(神的)으로 보이는가? 그러나 대낮과 세계여, 그대들은 너무도 우둔하다—

—좀 더 현명한 손을 가져라, 보다 깊은 행복을 향해 손을 뻗어라, 보다 깊은 불행을 향해 손을 뻗어라, 그 어떤 신을 향해 손을 뻗어라, 나를 향해 손을 뻗지 말라.

—그대, 이상한 대낮이여, 나의 불행과 나의 행복은 깊다. 그러나 나는 신도 아니며, 신의 지옥도 아니다. '신의 고통은 깊다.'

8

신의 고통은 더욱 깊다, 그대, 이상한 세계여! 신의 고통을 향해 손을 뻗어라, 나를 향해 뻗지 말라! 나는 어떤 자인가? 취한 감미로운 칠현금이다—

—아무도 이해하지는 못하지만, 그래도 귀머거리들 앞에서 말해야 '하는' 한밤중의 칠현금이며, 불길하게 울리는 종이다, 그대보다 높은 인간들이여! 왜냐하면 그대들은 나를 이해하지 못하기 때문이다!

가 버렸도다! 가 버렸도다! 오, 청춘이여! 오, 정오여! 오, 오후여! 이제 저녁과 밤과 한밤중이 오고 있다—개가 울부짖고 바람이 울부짖는다.

—바람은 개가 아닌가? 바람은 킹킹거리며 운다, 바람은 깽깽거리며 큰 소리로 운다, 바람은 울부짖는다. 아! 아! 얼마나 탄식하는가! 얼마나 웃어대는가, 얼마나 그르렁거리며 신음하는가, 한밤중은!

지금 얼마나 말짱한 정신으로 말하고 있는가, 이 취한 여류 시인은! 그녀는 자신의 취함을 마셔 버린 것일까? 그녀는 완전히 깨어난 것일까? 그녀는 되새김질을 하고 있는 것일까?

—그녀는 꿈속에서 자신의 고통을 되새김질하고 있으며, 이상 (理想)으로 자신의 기쁨을 되새김질하고 있는 것이다, 이 태곳적부터 있어온 깊은 한밤중은. 왜냐하면 고통이 깊기는 하지만 '기

쁨은 마음의 고뇌보다 더 깊기 때문이다.'

9

그대, 포도나무여! 어찌하여 그대는 나를 찬양하는가? 나는 그대를 잘라 버리지 않았는가! 나는 잔인하며, 그대는 피를 흘리고 있다. 그런데도 그대는 어찌하여 나의 술 취한 잔인성을 찬양하는가?

"완전해진 것, 모든 무르익은 것은—죽기를 원한다!" 그대는 이렇게 말한다. 포도를 자르는 칼에게 축복이 있기를! 그러나 모든 익지 않은 것들은 살기를 원한다. 아!

고통은 말한다. "사라져라! 사라져라, 고통이여!"라고. 그러나 모든 괴로워하는 것들은 살기를 원한다, 무르익고 기쁨과 동경에 충만하기 위해,

—더욱 먼 것, 더욱 높은 것, 더욱 밝은 것들에 대한 동경으로 충만하기 위해. "나는 상속자들을 원한다." 모든 괴로워하는 것들은 이렇게 말한다. "나는 어린아이들을 원한다, 나는 '나 자신'을 원치 않는다."

그러나 기쁨은 상속자들이나 어린아이들을 원치 않는다. 기쁨은 자기 자신을 원하며, 영원을 원하며, 순환(循環)을 원하며, 영원히 변치 않는 모든 것들을 원한다.

고통은 말한다. "찢어져라, 피 흘려라, 심장이여! 방황하라, 다리여! 날아라, 날개여! 위로! 위로, 고통이여!"라고. 좋다! 좋다! 나의 늙은 심장이여. 고통은 말한다, "사라져라! 사라져라!"라고.

10

그대, 보다 높은 인간들이여, 그대들은 어떻게 생각하는가? 나는 예언자인가? 꿈꾸는 자인가? 술 취한 자인가? 해몽(解夢)하는 자인가? 한밤중의 종인가?

한 방울의 이슬인가? 영원의 향기인가? 그대들에게는 들리지 않는가? 그대들에게는 냄새가 나지 않는가? 나의 세계는 이제 막 완전해졌다. 한밤중은 또한 대낮이며—

—고통은 또한 기쁨이며, 저주는 또한 축복이며, 밤은 또한 태양이다[39]—떠나가라, 그렇지 않으면 그대들은 배워야만 할 것이다, 현자는 또한 바보라는 것을.

오, 나의 친구들이여, 그대들은 일찍이 어떤 기쁨에게 "예스!"라고 말한 적이 있는가? 그렇다면 그대들은 마찬가지로 '모든' 고통에게 "예스!"라고 말한 것이다. 모든 것들은 서로 연결되어 있으며, 서로 얽혀져 있으며, 서로 사랑하고 있다—

—만일 그대들이 한순간을 두 번 원한 적이 있다면, 만일 그대들이 "너는 나를 기쁘게 해 준다. 행복이여, 찰나여, 순간이여!"라고 말한 적이 있다면, 그대들은 '모든 것들이' 다시 돌아오기를 원한 것이다!

—모든 것들이 새롭고, 모든 것들이 영원하고, 모든 것들이 서로 연결되어 있고, 모든 것들이 서로 얽혀져 있고, 모든 것이 서로 사랑하기를 그대들은 원한 것이다. 오, 그대들은 세계를 그렇게 '사랑한' 것이다—

—그대, 영원한 자들이여, 그대들은 세계를 영원히 그리고 언

---

39) 완성된 자의 내부에서는 모든 대립이 해소되어 하나로 되는 것을 의미함.

제나 사랑한다. 심지어 그대들은 고통에게 이렇게 말한다. "사라지라, 그러나 다시 돌아오라!"라고. '왜냐하면 모든 기쁨은—영원을 원하기 때문이다!'

11

모든 기쁨은 모든 것들이 영원하기를 원하며, 꿀을 원하며, 찌꺼기를 원하며, 취한 한밤중을 원하며, 무덤을 원하며, 무덤가에서 흘리는 눈물의 위안을 원하며, 금빛으로 물든 황혼을 원한다—

—기쁨이 원하지 않는 것이 '무엇'인가! 기쁨은 모든 고통보다 더 목마르고, 더 열망하고, 더 굶주리고, 더 두렵고, 더 은밀하다. 기쁨은 '자기 자신'을 원한다. 기쁨은 '자기 자신'을 물어뜯으며, 기쁨 속에는 순환의 의지가 몸부림치고 있는 것이다.

—기쁨은 사랑을 원하며, 기쁨은 증오를 원한다. 기쁨은 넘치도록 풍요로우며, 나누어 주고, 던져 버리고, 자기를 받아 줄 것을 애걸하며, 받아 주는 자에게 감사하며, 증오받기를 좋아한다—

—기쁨은 너무도 풍요로워 고통을 갈망하며, 증오를 갈망하며, 치욕을 갈망하며, 불구자를 갈망하며, '세계'를 갈망한다—기쁨은 알고 있기 때문이다. 아, 기쁨은 이 세계를 알고 있는 것이다!

그대, 보다 높은 인간들이여, 억누를 수 없는 행복에 찬 기쁨은 그대들을 동경하며—그대들의 고통을 동경한다, 그대 잘못된 자들을! 모든 영원한 기쁨은 잘못된 자들을 동경한다.

왜냐하면 모든 기쁨은 자기 자신을 원하기 때문이다. 그러므로 기쁨은 마음의 고뇌도 또한 원한다! 오, 행복이여! 오, 고통이여! 오, 찢어져라, 가슴이여! 그대, 보다 높은 자들이여, 이것을 배우

라, 기쁨은 영원을 원한다는 것을,

—기쁨은 모든 것들이 영원하기를 원하며, '깊고 깊은 영원을 원한다!'는 것을.

12

이제 그대들은 나의 노래를 배웠는가? 그대들은 나의 노래가 무엇을 뜻하는지 알아냈는가? 좋다! 됐다! 그대, 보다 높은 인간들이여, 그렇다면 이제 나의 돌림노래를 불러 다오! '한 번 더'라는 이름의 노래, '언제까지나 영원히!'라는 뜻의 노래를 이제 그대들 자신이 부르라—노래하라, 그대, 보다 높은 인간들이여, 차라투스트라의 돌림노래를!

오, 인간이여! 귀를 기울여라!
깊은 한밤중은 무엇을 말하고 있는가?
"나는 잠들어 있었다, 나는 잠들어 있었다,
그러다가 나는 깊은 꿈에서 깨어났다.
세계는 깊다,
대낮이 생각하는 것보다 더 깊다.
세계의 고통은 깊다,
기쁨은—마음의 고뇌보다 더 깊다.
고통은 말한다, '사라져라! 사라져라!'라고.
그러나 모든 기쁨은 영원을 원한다,
—깊고 깊은 영원을 원한다!"

20. 신 호

그러나 그 밤이 지나고 아침이 되자, 차라투스트라는 잠자리에서 벌떡 일어나 여행 채비를 하고, 그의 동굴을 빠져나왔다. 어두컴컴한 산봉우리 뒤에서 솟아오르는 아침 해처럼 이글거리듯 강렬하게.

"너, 위대한 천체여!" 그는 일찍이 말했던 것과 똑같이 말했다. "너 행복에 찬 심오한 눈이여, 만일 너에게 너의 햇살을 비춰 줄 '상대가' 없었다면, 너의 행복은 무엇이었겠는가!

만일 네가 이미 잠을 깨고 솟아올라 나누어 주는 동안, 그들은 아직도 그들의 방 안에 있다면, 너의 긍지에 찬 수치심은 얼마나 화가 나겠는가!

좋다! 나는 깨어났는데도 그들은 아직도 잠들어 있다, 저 보다 높은 인간들은 '그들은' 나의 진정한 길동무가 아니다! 내가 나의 산속에서 기다리고 있는 것은 그들이 아니다.

나는 나의 일을 향해 가려고 한다. 나의 대낮을 향해. 그러나 그들은 나의 아침의 신호가 무엇인지 이해하지 못한다. 나의 발짝소리는—그들에겐 결코 기상 신호가 되지 못한다.

그들은 아직도 나의 동굴 속에서 잠들어 있으며, 그들의 꿈은 아직도 나의 취한 노래를 마시고 있다. 그러나 '내게' 귀를 기울이는 귀, '순종하는' 귀는 그들에겐 없다."

—차라투스트라가 마음속으로 이렇게 중얼거렸을 때, 태양이 떠올랐다. 그때 그는 이상하다는 듯이 위쪽을 쳐다보았다. 머리 위쪽에서 그의 독수리의 날카로운 울음소리를 들었기 때문이었다. "좋다!" 그는 위쪽을 향해 외쳤다. "저놈은 참으로 내 마음에

드는구나, 참으로 내게 합당하구나. 내가 깨어나자, 나의 동물들도 깨어났다.

나의 독수리는 깨어나 나처럼 태양에게 경의를 표하고 있다. 나의 독수리는 독수리의 발톱으로 새로운 빛을 잡으려고 한다. 너희들은 진정한 나의 동물들이다. 나는 너희들을 사랑한다.

그러나 아직도 내게는 진정한 나의 인간들이 없다!"

차라투스트라는 이렇게 말했다. 그러자 그때, 그는 갑자기 마치 수많은 새들이 자기를 에워싸고 떼 지어 날아다니며 날개 치는 소리를 들었다—그의 머리 주위를 퍼덕거리며 날아다니는 엄청나게 많은 날개들과 새떼들의 소리가 너무도 요란하여 그는 눈을 감았다. 실로 그것은 구름처럼 그의 머리 위에 쏟아져 내렸다, 마치 새로운 적의 머리 위에 퍼붓는 화살의 구름처럼. 그러나 보라, 그것은 사랑의 구름, 새로운 친구에게 퍼붓는 사랑의 구름이었다.

'내게 무슨 일이 일어나고 있는가?' 차라투스트라는 놀라 마음속으로 이렇게 생각했다. 그리고는 그의 동굴 입구 옆에 있는 커다란 바위 위에 천천히 앉았다. 그러나 그가 양손으로 주위를, 위쪽을, 아래쪽을 움켜잡으며 사랑스러운 새들을 제지하고 있을 때, 보라, 그때 더욱 이상한 일이 일어났다. 그러는 동안 그는 자기도 모르는 사이에 털이 많은 따뜻한 갈기를 움켜잡았다. 그러자 그와 동시에 그의 앞에서 울부짖는 소리가 울려왔다—부드럽고 긴 사자의 포효가.

"신호가 왔구나." 차라투스트라가 말했다. 그러자 그의 마음에 변화가 일어났다. 그의 앞쪽이 차츰 밝아지자, 누런 힘센 짐승 한 마리가 그의 발밑에 앉아 있었다. 그 짐승은 마치 옛 주인을 다시 만난 개처럼 행동하며, 머리를 그의 무릎에 기댄 채 그에게서 떠나려 하지 않았다. 그러나 비둘기들도 그들의 사랑으로 사자 못지않게 열정적이었다. 비둘기가 사자의 코앞을 가로질러 날아갈 때마다 사자는 머리를 흔들며 놀라며 웃었다.

이 모든 일에 대해 차라투스트라는 단지 한마디밖에 말하지 않았다. "나의 아이들이 가까이 왔구나, 나의 아이들이"라고. —그는 완전히 입을 다물었다. 그러나 그의 마음은 풀렸으며, 그의 눈에서는 눈물이 흘러내려 그의 손에 떨어졌다. 그는 이미 아무것에도 주의를 기울이지 않았으며, 더 이상 동물들을 제지하지도 않고, 꼼짝도 하지 않고 그대로 앉아 있었다. 그러자 비둘기들은 앞뒤로 날아다니기도 하고, 그의 어깨 위에 앉기도 하고, 그의 백발을 애무하기도 하면서 애정과 기쁨에 싫증을 내지 않았다. 그러나 힘센 사자는 차라투스트라의 손에 떨어지는 눈물을 계속해서 핥으며 울부짖었다. 동물들은 이처럼 행동했다.

이 모든 일들은 오랫동안 계속된 것 같기도 하고 잠시 동안 계속된 것 같기도 했다. 왜냐하면 정확하게 말하자면, 이러한 일들을 측정할 시간은 지상에 존재하지 '않기' 때문이다. 그러는 동안 차라투스트라의 동굴 속에 있는 보다 높은 인간들은 잠에서 깨어나 차라투스트라에게 가서 아침 인사를 하기 위해 한 줄로 서 있었다. 왜냐하면 잠에서 깨어나자, 그들은 이미 차라투스트라가 자기들과 함께 있지 않다는 것을 알았기 때문이었다. 그러나 그들이 동굴 입구에 이르렀을 때, 그들의 발짝 소리가 그들보다 앞서 나아가자, 사자는 깜짝 놀라 갑자기 차라투스트라에게서 돌아서더니 사납게 울부짖으며 동굴을 향해 달려갔다. 그러자 보다 높은 인간들은 사자의 울부짖음을 듣고는 동시에 비명을 지르며 뒤돌아 도망쳐 사라져 버렸다.

그러나 차라투스트라는 당황하고 어리둥절한 채 자리에서 일어나 주위를 둘러보았다. 그는 놀란 채 그대로 서서 자신의 가슴을 향해 질문을 던지면서 정신을 가다듬고는 자신이 혼자임을 알았다. "나는 무슨 소리를 들었는가?" 마침내 그는 천천히 입을 열었다. "방금 내게 무슨 일이 일어난 것일까?"

그때 갑자기 기억이 떠올라, 그는 어제와 오늘 사이에 일어났던 모든 일들을 이해하게 되었다. "그렇다, 여기 이곳은 바위이다." 그는 이렇게 말하고는 수염을 쓰다듬었다. "나는 어제 아침에 '이 바위' 위에 앉았다." 그러자 예언자가 이곳 내게로 다가왔다. 그리고 나는 방금 내가 들었던 외침을 여기서 처음 들었던 것이다, 고통의 커다란 외침을.

오, 그대, 보다 높은 인간들이여, 어제 아침 그 늙은 예언자가 내게 예언한 것은 '그대들의' 고통에 대한 예언이었다—

—그는 나를 그대들의 고통으로 유혹하여 시험하려 했다. "오, 차라투스트라여," 그가 내게 말했다 "나는 그대를 그대의 최후의 죄에로 유혹하기 위해 왔다"라고.

"나의 최후의 죄에로라고?" 차라투스트라는 이렇게 외치고는, 화가 나서 자신의 말을 비웃었다. "나의 최후의 죄로서 내가 지금까지 보류해 온 것이 대체 '무엇'이란 말인가?"

그리고는 차라투스트라는 다시 자기 자신 속에 침잠했다. 그는 다시 그 커다란 바위 위에 앉아 생각에 잠겼다. 이윽고 그는 갑자기 벌떡 일어났다—

"동정이다! 보다 높은 인간들에 대한 동정이다!" 그는 이렇게 외쳤다. 그의 얼굴은 청동빛으로 변해 있었다. "자! '그것도'—이제는 끝났다!

나의 고통과 나의 동정—그것이 뭐란 말인가! 내가 '행복'을 열망하고 있는가? 내가 열망하는 것은 나의 '사업'이다.

됐다! 사자가 왔다, 나의 아이들이 가까이 왔다. 이제 차라투스트라는 완전히 성숙했다, 나의 때가 온 것이다!

이것은 '나의' 아침이다, '나의' 대낮이 시작되는 것이다. 자, '솟아라, 솟아라, '너', 위대한 정오여!'"

차라투스트라는 이렇게 말하고 나서 그의 동굴을 떠났다, 어두컴컴한 산봉우리 뒤에서 솟아오르는 아침 해처럼 이글거리듯 강렬하게.

F.니체 연 보

1844년

• 10월 15일, 프리드리히 빌헬름 니체(Friedrich Wilhelm Ni-
etzsche)는 라이프치히(Leipzig) 근처에 있는 작센(Sachsen) 주
(州) 뤼첸(Lützen) 근교의 뢰켄(Röcken)에서, 루터(Luther)교
목사인 아버지 카를 루드비히 니체와 어머니 프란치스카 사이의
장남으로 태어남.

1846년(2세)

• 7월 10일, 누이동생 엘리자베트 태어남.

1848년(4세)

• 2월, 동생 요제프 태어남.

1849년(5세)

• 7월 30일, 아버지 뇌경화증으로 죽음.

1850년(6세)

• 2월, 동생 요제프 죽음.

• 4월, 뢰켄(Röcken)에서 나움부르크(Naumburg)로 이사함. 초
등학교에 입학.

1854년(10세)

• 김나지움(Gymnasium)에 입학.

1856년(12세)

•두통과 안질의 증상이 나타남. 크리미아 전쟁(1853~1856) 끝남.

1860년(16세)

•나움부르크에서 문학과 음악을 위한 동아리 〈게르마니아(Ger-mania)〉를 만듦. 쇼펜하우어(Schopenhauer. 1788~1860) 죽음.

1861년(17세)

• 처음으로 리하르트 바그너(Wilhelm Richard Wagner. 1813~1883)의 음악을 알다. 셰익스피어, 쉴러 등을 읽다.

1862년(18세)

• 때때로 두통에 시달리다. 논문《운명과 역사》를 〈게르마니아〉에 발표.《의지의 자유와 운명》을 씀.

1863년(19세)

• 에머슨을 읽다. 자전(自傳)《나의 생애》를 쓰다.

1864년(20세)

• 시 〈미지의 신에게〉를 쓰다.

•10월, 본(Bonn) 대학에 입학하여, 신학과 고전문헌학을 공부함.

1865년(21세)

•10월, 라이프치히(Leipzig) 대학으로 옮겨 고전문헌학을 공부함. 쇼펜하우어의《의지와 표상으로서의 세계》를 읽고 큰 감명을 받음.

1866년(22세)

• 프로이센과 오스트리아의 전쟁이 일어남. 두 차례의 소집 명령을 받았으나 심한 근시로 인해 징병이 연기되다.

1867년(23세)

• 10월, 나움부르크 포병연대에 입영. 《쇼펜하우어에 대하여》를 쓰다.

1868년(24세)

• 군복무 중에 말에서 떨어져 가슴을 다쳐, 오랫동안 병원에서 보냄.

• 10월, 제대하여 라이프치히 대학에 복학. 바그너 음악에 완전히 빠짐.

• 11월, 처음으로 바그너를 만나다.

1869년(25세)

• 2월, 바젤(Basel) 대학의 교수가 되다.

• 3월, 라이프치히 대학에서 학위를 받다.

• 4월, 대학의 임명 규약에 의해 스위스로 국적을 옮김.

• 5월, 처음으로 바그너의 집을 방문.

1870년(26세)

• 7월, 독·불 전쟁이 일어남.《디오니소스(Dionysos)적 세계관》을 씀.

• 8월, 독·불 전쟁에 자원입대하여 간호병으로 일함. 그러나 곧 디프테리아에 걸려 제대함.

• 10월, 바젤 대학으로 돌아옴. 동료 신학자 프란츠 오버베크 (Franz Overbeck)와 알게 되다.

1871년(27세)

• 2월, 병으로 인해 휴가를 얻어 누이동생과 함께 루카노에 6주 간 머물다. 이때《비극의 탄생》을 씀.

1872년(28세)

• 1월, 〈우리나라의 교육기관의 장래에 대하여〉라는 주제로 연속 5회 강연을 하다.

• 4월, 마지막으로 바그너의 집을 방문.

1873년(29세)

• 이때부터 심한 편두통에 시달리다.《희랍 비극시대의 철학》,《도 덕 이외의 의미에 있어서의 진리와 허위에 대하여》를 씀. 《반시대적 고찰》제1편《신앙고백자로서의 저술가 다비드 프리드 리히 슈트라우스》출판.

1874년(30세)

•《반시대척 고찰》제2편《생에 대한 역사의 이해(利害)》, 제3편 《교육자로서의 쇼펜하우어》를 출판.

1875년(31세)

• 눈병과 위장병을 앓다. 젊은 음악가 페터 가스트(Peter Gast) 가 니체의 강의를 듣기 위해 바젤 대학에 오다.《과학과 지혜와 의 싸움》을 쓰다.

1876년(32세)

- 2월, 건강악화로 인해 강의를 중지하다. 마이젠부크(Meysen-bug)의 《어떤 이상주의자의 회상》을 읽고 감명을 받음.
- 7월, 《반시대적 고찰》 제4편 《바이로이트에 있는 리하르트 바그너》 출판.
- 10월, 병으로 인해 휴직, 대학의 모든 의무를 면제받음. 소렌토(Sorrent)에 머무는 동안 바그너와 마지막으로 교제함.

1878년(34세)

- 1월, 바그너가 니체에게 〈파르지팔(Parsifal)〉을 보냄.
- 5월, 니체가 바그너에게 《인간적인 너무나 인간적인—자유정신을 위한 글》을 보냄. 여기서 이 두 사람의 우정은 운명적으로 끝난다. 바그너의 심한 공박으로 인해 니체는 깊은 상처를 받았다.

1879년(35세)

- 《인간적인 너무나 인간적인》 제2부 상권 《여러 가지 의견과 잠언》을 출판. 병이 악화하여 심한 두통과 안질이 일어남.
- 6월, 대학 교수직을 사직함. 고골리, 레르몬토프, 포우, 마크 트웨인 등을 읽다. 이 1년 동안 심한 발작에 시달렸다. 그는 스스로 그 기간을 '내 생애의 가장 어두운 겨울'이라고 불렀다.

1880년(36세)

- 《인간적인 너무나 인간적인》 제2부 《방랑자와 그 그림자》를 출판. 베네치아, 제노바 등에서 보냄.

1881년(37세)

- 6월, 《서광》 출판.

- 7월부터 10월까지 스위스의 실스 마리아(Sils Maria)에 머무름. 이때 실버 푸라나 호반에서 영겁회귀 사상을 느낌.
- 비제의 〈카르멘〉을 듣고 감명을 받음
- 《즐거운 지식》을 씀.

1882년(38세)

- 3월, 제노바로부터 시실리섬으로 배를 다고 여행함. 마이젠부크의 초대를 받아 로마를 여행함. 로마에서 루 살로메를 알게 됨.
- 《힘에의 의지》 착수.

1883년(39세)

- 2월, 《차라투스트라는 이렇게 말했다》 제1부 완성. 바그너 죽음.
- 7월, 《차라투스트라는 이렇게 말했다》 제2부 완성.

1884년(40세)

- 1월, 《차라투스트라는 이렇게 말했다》 제3부 완성.

1885년(41세)

- 2월, 《차라투스트라는 이렇게 말했다》 제4부 완성. 아우구스티누스의 《고백록》 읽음.
- 5월, 누이동생 엘리자베트 결혼하여 남미 파라과이로 이주함.

1886년(42세)

- 《선악의 피안》 완성. 《비극의 탄생》 출간.

1887년(43세)

- 7월, 《도덕의 계보》를 완성.

1888년(44세)

- 8월, 《우상의 황혼》 완성.
- 9월, 《안티크리스트》를 완성.
- 10월, 《이 사람을 보라》를 집필하여 11월에 완성.
- 12월, 《니체 대 바그너》 완성. 정신 착란의 징후가 보임.

1889년(45세)

- 1월 3일, 토리노의 카를로 알베르토 광장에서 졸도.
- 1월 9일, 바젤로 돌아와 정신병원에 입원.
- 1월 27일, 어머니 정신병원에 입원.

1890년(46세)

- 5월, 어머니와 함께 나움부르크로 돌아옴. 누이동생 엘리자베트의 남편이 경제적 좌절로 인해 자살하자, 엘리자베트는 파라과이로부터 귀국. 이후 어머니와 누이동생의 간호를 받으며 완전한 정신 붕괴 상태에서 10년을 보냄.

1894년(50세)

- 병의 악화로 문밖출입이 불가능해짐.

1897년(53세)

- 4월 20일, 71세의 나이로 어머니 죽음.
- 어머니가 사망하자 누이동생과 바이마르로 거처를 옮김.

1900년(55세)

- 8월 25일, 바이마르(Weimar)에서 죽음.
- 8월 28일, 고향 뢰켄(Röcken)의 부모 곁에 묻힘.

세상을 보는 눈과
마음을 키우는 책 !

세상을 움직이는 책 시리즈

※ 세상을 움직이는 책 시리즈는 계속 출간됩니다.

경기도 고양시 일산동구 산두로 128, 909동 202호 | T · 031-902-9948 | F · 031-903-4315   육문사
Yukmoonsa